Deborah Ziegler

Die Welt ist ein schöner Ort

GOLDMANN
Lesen erleben

Inhalt

Die Geschichte von Brittany Maynard hat Millionen von Menschen auf der ganzen Welt bewegt. Brittany war mit 29 Jahren an Krebs erkrankt. Nachdem sich ihr Hirntumor als unheilbar herausstellte, fasste sie den Entschluss, ihrem Leben ein Ende zu setzen, statt zu warten, bis der Tumor sie allem beraubte. Da dies jedoch in ihrem Heimatstaat Kalifornien nicht erlaubt war, zog Brittany nach Oregon, wo sie im November 2014 im Kreis von Familie und Freunden eine tödliche Medikamentendosis einnahm. Doch Brittany kämpfte nicht nur für ihr eigenes Recht auf einen selbstbestimmten Tod, sie intensivierte die grundsätzliche Debatte um Sterbehilfe durch zahlreiche Interviews und Videobotschaften und sorgte damit international für Schlagzeilen. In vielen US-Staaten wurde aufgrund ihres Falles erwogen, selbstbestimmtes Sterben zu legalisieren. In Kalifornien wurde es bereits umgesetzt.

In »Die Welt ist ein schöner Ort« erzählt Brittanys Mutter eindringlich und bewegend aus dem kurzen Leben ihrer geliebten Tochter. Zusammen mit Erinnerungen an Brittanys Kindheit entseht so ein einfühlsames Bild der komplexen Beziehung zwischen Mutter und Tochter, Leben und Tod – und Festhalten und Loslassen.

Autorin

Deborah Ziegler wurde 1956 in Albuquerque, New Mexico, geboren. Sie studierte Pädagogik und unterrichtete fünfzehn Jahre lang Englisch und Naturwissenschaften. Derzeit lebt sie mit ihrem Mann Gary und zwei Hunden in Kalifornien und hält Vorträge über selbstbestimmtes Sterben.

Deborah Ziegler

Die Welt ist ein schöner Ort

Der Weg meiner Tochter in einen würdevollen Tod

Aus dem Amerikanischen
von Eva Kemper

GOLDMANN

Sollte diese Publikation Links auf Webseiten Dritter enthalten,
so übernehmen wir für deren Inhalte keine Haftung,
da wir uns diese nicht zu eigen machen, sondern lediglich auf
deren Stand zum Zeitpunkt der Erstveröffentlichung verweisen.

Dieses Buch ist auch als E-Book erhältlich.

MIX
Papier aus verantwortungsvollen Quellen
FSC® C014496

Verlagsgruppe Random House FSC® N001967

1. Auflage
Taschenbuchausgabe August 2018
Wilhelm Goldmann Verlag, München,
in der Verlagsgruppe Random House GmbH,
Neumarkter Str. 28, 81673 München

Umschlaggestaltung: UNO Werbeagentur, München,
unter Verwendung von Motiven von FinePic®, München,
sowie eines Autorenfotos von © Deborah Ziegler
DF · Herstellung: kw
Satz: Uhl + Massopust, Aalen
Druck und Einband: GGP Media GmbH, Pößneck
Printed in Germany
ISBN: 978-3-442-15957-4
www.goldmann-verlag.de

Für Brittany, meine Sweet Pea.
Flattere in mein Herz, wann immer du willst.

»Urteile nicht über die trauernde Mutter. Sie kann in vielen Gestalten auftreten. Sie atmet, aber sie stirbt. Sie mag jung aussehen, aber im Innern ist sie uralt geworden. Sie lächelt, aber ihr Herz weint. Sie ist hier, aber ein Teil von ihr ist für alle Ewigkeit an einem anderen Ort.«

Unbekannter Verfasser

Inhalt

Vorwort

»Sei sanft. Lass nicht zu, dass die Welt dich hart macht. Lass nicht zu, dass Schmerz dich in den Hass treibt. Lass dir deine Zartheit nicht von der Verbitterung stehlen. Und wenn dir auch die ganze Welt widerspricht, sei stolz darauf, dass sie in deinen Augen noch immer ein schöner Ort ist.«

Iain Thomas, I Wrote This For You

Diese Geschichte erzählt von gewöhnlichen Menschen, die Ungewöhnliches geleistet haben. Es ist die Geschichte einer Familie, die mehr als einen verheerenden Sturm überstehen musste. Der letzte Sturm war der finsterste, er hat Wunden und gebrochene Herzen hinterlassen. Wer mir in die Augen blickt, kann das nicht übersehen. Die Schwermut ist immer da, selbst wenn ich lächele. Auch meinem Mann steht ins Gesicht geschrieben, dass er leidet. Die Geschehnisse haben uns für immer verändert.

Ich werde oft gefragt: »Was hast du auf deiner Reise gelernt?« Ich weiß noch, dass ich in den ersten Phasen der Trauer dachte: *Ich soll nicht nur weiterleben, einen Fuß vor den anderen setzen, ich soll dabei auch noch was lernen?* Das war ein stiller Vorwurf, eine instinktive Reaktion auf diese Frage. Im Laufe der Zeit habe ich durch meine Trauer begriffen, dass es die Mühe wert ist, nach einer Antwort darauf zu suchen, und dass es vielleicht sogar etwas verändert. Wenigstens war es bei mir so.

Kurz nach dem Tod meiner Tochter habe ich mir zwei Worte auf den rechten Fußrücken tätowieren lassen, die mich daran erinnern sollen, dass ich durch meinen Schmerz nicht hart oder verbittert werde. Sie lauten: »Sei sanft«. Darunter steht Brittanys Geburtsdatum.

Dieses Buch ist meine Art, sanft zu sein. Darin entblöße ich meine verletzliche Seite. Ich offenbare die wunderbare Seele meiner Tochter, ihre Wut und Furchtlosigkeit, ihre feste Entschlossenheit und unseren verzweifelten Kampf gegen etwas, das der natürlichen Ordnung so vollkommen widerspricht. Keine Mutter sollte ihr Kind begraben müssen. Kein Kind sollte seiner um sich schlagenden Mutter die Augen öffnen müssen, weil sie sich die hässliche Wahrheit einfach nicht eingestehen will. Meine tapfere Brittany stellte sich der Wahrheit eher als ich. Ich brauchte lange, aber am Ende musste ich dem Tod direkt ins Auge blicken. »Ich werde bald sterben, Momma. Begreifst du das nicht?«

Neunundzwanzig Jahre lang habe ich meine Tochter über alles geliebt. Doch ich habe gelernt, dass sie nicht körperlich anwesend sein muss, damit ich sie lieben kann. Ich kann sie auch jetzt noch lieben, obwohl sie von mir fortgeflogen ist. Mein Herz ist offen, sie kann einfach hinein- und wieder davonflattern.

Meine Tochter hat ihr Bestes gegeben. Davon bin ich felsenfest überzeugt. Sie hat sich bemüht, das Richtige zu tun. Das klingt einfach, aber das ist es nicht. Schauen Sie sich um. Wer enttäuscht Sie, wer verletzt Sie? Geben diese Menschen ihr Bestes? Tun Sie das? Fühlen wir uns sicherer, wenn wir glauben, unser Bestes sei besser als das der anderen?

Sehen Sie sich unheilbar Kranke an. Geben sie ihr Bestes? Wie können wir es wagen, über sie zu urteilen? Wie können wir es wagen, ihnen zu sagen, wie sie sterben sollen? Warum drängen wir ihnen unsere Überzeugungen auf? Warum manipulieren wir sie so, dass sie weiterkämpfen, obwohl sie nicht mehr kämpfen können?

Alle, die Brittany in den Tod begleitet haben, waren fehlbar. Wir waren wütend, traurig, tapfer und ängstlich. Wir waren Menschen. Aber jeder von uns in dem gelben Häuschen in Portland hat sein Bestes gegeben. Das ist eines der wichtigsten Dinge, die ich gelernt habe, und es tröstet mich sehr. Meine Tochter wusste, dass sie geliebt wurde. Selbst in den schlimmsten Momenten wusste sie es, genau wie ich ihre Liebe spürte. Die Liebe hat uns Kraft gegeben, damals und jetzt.

Unser Leben ist wild und kostbar, und ich habe versprochen, dass ich versuchen werde, diese Worte in meinem Herzen, in meinem Lachen, in meinen Plänen für ein mutiges Leben zu bewahren. Das hat Brittany sich für mich gewünscht.

EINS

Katastrophe

»Ich habe als Mutter wie verrückt auf alles geachtet, um nur ja jede Katastrophe von uns abzuwenden.«

Ann Hood, What I Never Told Anyone About Her Death, *life@salon.com, 16. Mai 2011*

I

Das Unheil kündigt sich an

31. Dezember 2013 bis 1. Januar 2014

»Den schlimmsten Momenten im Leben gehen manchmal kleine Beobachtungen voraus.«

Andy Weir, Der Marsianer

Der erste Schritt aus der Welt, in der ich früher gelebt habe, glich eher einem heftigen Schubs. Ich konnte nicht erst vorsichtig die Zehen aus der Tür strecken. Ich wurde brutal in ein neues Leben gestoßen.

Spät am Silvesterabend 2013, als Brittany eigentlich essen und tanzen gehen sollte, rief mich mein Schwiegersohn aus einem Krankenwagen heraus an. Dan sagte, Brittany habe scheußliche Kopfschmerzen. Sie waren in ein Krankenhaus gefahren, wo eine Computertomografie einen Schatten auf ihrem Hirn gezeigt hatte. Weil das Krankenhaus keine Kernspinuntersuchung durchführen konnte, waren sie jetzt unterwegs zu einer größeren Klinik mit den richtigen Geräten.

»Soll ich versuchen, heute Nacht einen Flug zu bekommen? Falls es Nachtflüge nach Oakland gibt.«

Dan antwortete, sie müsse erst die Aufnahmeuntersuchung und die Kernspintomografie hinter sich bringen, deshalb wäre es am nächsten Morgen früh genug. Er gab das Handy an meine Tochter weiter.

»Momma, ich habe solche Kopfschmerzen«, sagte Britt. Durch die Schmerzmittel klang ihre Stimme belegt und undeutlich. »Sie haben ein CT gemacht und einen Schatten auf meinem Hirn gefunden. Vielleicht ist es ein Tumor.«

Mir blieb das Herz stehen, mein Verstand wollte diese Möglichkeit nicht wahrhaben. »Denk nicht gleich so etwas, Schätzchen. Zieh keine voreiligen Schlüsse. Kleines, ich bin bald da. Morgen bin ich bei dir.«

Gary buchte mein Flugticket, während ich wahllos Kleider in einen Koffer warf. »Hör auf deinen eigenen Rat«, sagte Gary. »Zieh keine voreiligen Schlüsse. Ich besorge jemanden, der nach deinem Vater sieht und bei den Hunden bleibt. Dann komme ich später nach.« Er legte mir die Hände auf die Schultern. »Versuch, heute Nacht ein bisschen zu schlafen. Du musst ausgeruht sein, wenn du ankommst.«

Als ich am nächsten Morgen von San Diego nach Oakland flog, überlegte ich, woher der Schatten auf Brittanys Hirn stammen konnte. Meine Tochter und ein Hirntumor? Das war einfach unmöglich.

Brittany war immer ein gesundes, aktives Kind gewesen. Mit ihren guten eins fünfundsiebzig strahlte sie Stärke und Lebenskraft aus. Als ich durch das Flugzeugfenster in den wolkenlosen Himmel schaute, schoben sich Bilder vor mein inneres Auge wie bei einer lautlosen Diaschau.

Drei Jahre alt. Sie hatte die Füße auf dem Armaturenbrett ihres Bobbycars und kreischte begeistert. »Schneller, Momma, schneller!«

Vorschule. Das Gesicht hinter ihren Locken verborgen hing sie kopfüber am Klettergerüst. »Guck mal! Momma, guck mal!«

Erste Klasse. Britt beugte sich über ihre Hausaufgaben und malte so lange Buchstaben, dass sie vom festen Druck auf ihren dicken Anfängerstift eine Beule am Finger bekam.

Grundschule. Mit blitzenden grünen Augen und glockenklarer Stimme trug Britt ihre Soli als Prinzessin Jasmin vor. Im Duett mit dem Jungen, der Aladin spielte, schmetterte sie furchtlos ihren Text und sang davon, unbeschwert durch den funkelnden Himmel zu fliegen. Sie streckte dem strahlenden Publikum die Arme entgegen, jeder Ton saß perfekt. Wie prophetisch dieses Lied über wundersame Dinge, die man entdecken kann, werden sollte. Aber einen Aladin, der sie begleitet, würde sie nie brauchen.

Zehn, elf Jahre alt. Die Mittelstufe gehörte dem Tumbling, einer Turnsportart, dem Cheerleading und Schlittschuhlaufen. Mühelos gelangen ihr sportliche Glanzleistungen.

Highschool. Zwischen Höhenflügen und Bruchlandungen rebellierte Britt, um sich ihre Freiheit zu erkämpfen. Fast taillenlanges honigbraunes Haar, ein Lächeln, das den Jungs den Atem verschlug. Sie schwänzte vor Übermut den Unterricht und war in der Schule trotzdem immer hervorragend.

Gerade erwachsen. Eine Reise nach Costa Rica zu einer von Frauen geleiteten Farm weckte in Britt eine tiefe Sehnsucht nach ehrenamtlicher Arbeit, nach unberührter Natur und Abenteuern voller Action. Damals zeigte sich zum ersten Mal die junge Frau, die gern wanderte, Bungeejumping liebte und Fremde zu Freunden machte.

Während ich zu meiner kranken Tochter flog, stellte ich mir ihr strahlend weißes Lächeln vor, ihre muskulösen Beine und kräftigen Arme, mit denen sie sich in die Lüfte schwang und sich unbekümmert ins Leben stürzte. Ich sah ihre langen gebräunten Beine im weiß schäumenden Wasser vor mir, als sie sich über rutschige Felsen abseilte. Ich sah meine Kleine mit Schwimmweste und Helm auf einem Floß, das im Wildwasser kaum noch zu erkennen war. Britt brachte als Einzige ein verschmitztes Grinsen für die Kamera zustande, während alle anderen das Gesicht verzogen und wild paddelten. Ich dachte an ihr Lachen – der allerschönste Laut, den ich je gehört hatte –, als sie über eine Hängebrücke lief und sie absichtlich zum Schwanken brachte, um den Rest der Gruppe aufzuscheuchen.

Britt still und reglos in einem Bett konnte ich mir nicht vorstellen. Meine Tochter gehörte einfach auf einen fliegenden Teppich.

Brittanys Schwiegermutter Carmen holte mich vom Flughafen ab. Wir umarmten uns. Ihr gedrungener Körper war stocksteif, als sie mich an sich drückte. Sie fuhr mich zum Krankenhaus, wo mein einziges Kind auf frischen weißen Laken in der neurologischen Intensivstation schlief.

Carmen sagte, an diesem Tag solle eine Kernspinuntersuchung durchgeführt werden, die deutliche Ergebnisse hervorbringen würde. Die Computertomografie im ersten Krankenhaus hatte ja nur ein verschwommenes Bild geliefert. Ihre Stimme war klar und hatte einen leichten kubanischen Akzent, den ich bezaubernd fand. Carmen und ihr Mann Barry waren seit dem Verlobungsessen unserer Kinder mit Gary und mir eng befreundet. Sie erzählte auch, dass Barry sich um Charley und Bella kümmerte, Britts und Dans Hunde. Ich dachte an den gutherzigen, starken Barry, bei dem die Hunde sofort ruhig wurden. Die ganze Familie nannte ihn nur den »Hundeflüsterer«.

Carmen und ich liebten unsere Kinder von ganzem Herzen. Dan war Carmens ganzer Stolz, und ich empfand Brittany gegenüber genauso.

Damals wusste ich nicht, dass eine Kernspintomografie die bevorzugte Untersuchungsmethode bei Hirntumoren ist. Eine Weile lang fuhren wir schweigend weiter. »Was bedeutet ein Schatten auf dem Hirn?«, fragte ich schließlich.

Carmen antwortete, das wisse sie nicht, aber Dan würde es uns erklären, wenn wir dort wären. Auf dem Weg zum Krankenhaus betete ich stumm, während ich in dem stillen Van saß. Brittany klagte seit fast einem Jahr über Kopfschmerzen. Hatte sie Migräne? Wurden sie von Stress ausgelöst? Den Nebenhöhlen? Wir hatten zusammen eine ganze Reihe von Hypothesen aufgestellt, was die immer lähmenderen Schmerzen verursachen könnte. Nachts wurde das Pochen in ihrem Kopf manchmal so stark, dass es alles andere ausblendete und Brittany sich nur noch in die Dusche hocken und sich warmes Wasser auf Hals und Nacken laufen lassen konnte. Ich hatte im Internet nach Antworten gesucht, aber es gab Hunderte von möglichen Gründen.

Brittany trank, so gut es ging, keinen Wein. Sie achtete darauf, regelmäßig Sport zu treiben. Sie mied Nitrate und kaufte frische Biolebensmittel. Bildeten wir es uns nur ein, oder besserten sich ihre Kopfschmerzen, wenn sie Gary und mich in Südkalifornien besuchte?

Nach ihrer Hochzeit mit Dan Ende September 2012 hatte Brittany sich eine junge Deutsche Dogge gekauft, zusätzlich zu ihrem anhänglichen, aus schlechten Verhältnissen geretteten Beagle Bella. Sie meinte, sie sei in Nordkalifornien einsam und wolle so gern einen Welpen haben, der ihr Gesellschaft leistete. Waren die Hunde eine zu große Belastung?

Kurz nach der Heirat hatte Brittany auch einen Neurologen aufgesucht. Sie hatte sich für ihn entschieden, weil er in westlicher und östlicher Medizin ausgebildet war und mit einem ganzheitlichen Ansatz warb. Obwohl Brittany beschrieb, dass die Kopfschmerzen einsetzten, wenn sie zu Bett ging, und so heftig waren, dass sie sich übergeben musste, sagte der Arzt ihr, sie habe »Frauenkopfschmerzen«, die sich legen würden, wenn sie ein Kind bekäme. Brittany war deswegen ein bisschen beleidigt, weil er ihrer Meinung nach andeutete, die Kopfschmerzen seien eine Kombination aus dem Stress als Frischverheiratete und einem hormonellen Ungleichgewicht. Ich traute mich nicht, es auszusprechen, aber ich dachte, er könnte vielleicht recht haben.

Später sprachen Britt und ich darüber, dass dieser Neurologe keine Kernspintomografie angeordnet hatte und der wachsende Tumor deswegen nicht entdeckt worden war. Der Arzt hatte offensichtlich wichtige Informationen nicht beachtet. Die Kopfschmerzen wurden schlimmer, wenn Britt lag. Nachts musste sie sich vor Schmerzen heftig übergeben und flüchtete sich unter eine warme Dusche. Allerdings hörten wir von anderen Neurologen (verteidigen sie sich immer gegenseitig?), dass jedes Jahr hundert Millionen Amerikaner über starke Kopfschmerzen klagen und fünfunddreißig Millionen von ihnen unter migräneartigen Schmerzen leiden. Würden Ärzte für all diese Patienten eine Kernspintomografie anordnen, würde das gesamte Gesundheitssystem bankrottgehen. Deshalb ebbten unsere Wut und das Bedürfnis, dem Arzt einen geharnischten Brief zu schreiben, mit der Zeit ab. Es gab so viele andere Dinge, mit denen wir fertigwerden mussten – uns blieb nichts weiter übrig, als mit dieser Sache abzuschließen und nach vorne zu sehen.

Der Arzt riet ihr außerdem von zu viel Koffein, Rotwein, industriell verarbeitetem Fleisch, Lebensmitteln mit Natriumglutamat und Süßstoff ab, denn all das könne Kopfschmerzen auslösen. Brittany entwickelte eine tiefe Abneigung gegen Süßstoff und schimpfte immer mit mir, wenn ich zuckerfreie, aromatisierte Kaffeesahne nahm.

Der Neurologe verschrieb ein unter die Haut zu spritzendes Schmerzmittel, einen selektiven Serotonin-Antagonisten, der die Blutgefäße im Gehirn verengt. Das Mittel wird gegen Migränekopfschmerzen eingesetzt. Britt suchte sich eine Stelle oben am Oberschenkel aus, wischte sie mit einem Alkoholtuch ab und benutzte einen Autoinjektor. Nur halfen die Spritzen nicht. »Sagst du ihm, dass das Medikament nicht wirkt?«, fragte ich.

»Weiß nicht. Vielleicht muss ich dem Mittel erst eine Chance geben.« Brittany wechselte das Thema, bevor ich weitere Ratschläge anbringen konnte. »Mom, hast du nicht Lust herzufliegen? Ich suche jemanden, der mit mir Haitauchen geht.«

»Großer Gott. Nein, ich will nicht Haitauchen.«

»Wir würden mit einem Boot zu den Farallon-Inseln vor San Francisco fahren, da sieht man oft weiße Haie, die so groß wie ein Auto sind! Du könntest sie dir einfach vom Boot aus ansehen. Und ich gehe im Haikäfig runter.«

»Für ein paar Tage Wellness und Massage würde ich schon kommen. Wie schaut es damit aus?«

»Typisch Mütter. Du kannst doch nicht immer nur

Wein und Massagen wollen«, zog sie mich auf. »Weißt du, was dieser Dussel Charley gemacht hat? Er hat meine Zahnspangen gefressen, alle beide. 750 Dollar für kieferorthopädische Mittel. Einfach runtergeschluckt.«

Als ich auflegte, dachte ich, so ernst könnten die Kopfschmerzen nicht sein, wenn sie mit Haien tauchen will.

Als ich jetzt, am 1. Januar 2014, neben Carmen in ihrem makellos gepflegten Van saß, überlegte ich, was dieser Schatten auf dem Hirn sein könnte. Könnte Flüssigkeit einen Schatten verursachen? Könnte es ein Blutgerinnsel sein? Ich weigerte mich schlicht, das Wort »Tumor« überhaupt zu denken.

Das war absolut unwahrscheinlich, nichts, worüber ich mir Sorgen machen müsste, sagte ich mir. Niemand würde einen Tumor als »Schatten« bezeichnen. War es vielleicht eine Art Infektion? Auch wenn ich mir einreden wollte, dass wir der Ursache der Kopfschmerzen auf den Grund gehen und Brittany dann mit nach Hause nehmen würden, ertönte in meinem Innersten ein Warnsignal. Keine schrille mechanische Sirene, eher der dumpfe, schwermütige Ton eines Nebelhorns. Dieser kummervolle Klang verließ mich nicht mehr. Ich höre ihn immer noch, wenn es Nacht wird und ich zu viel nachdenke.

Carmen fuhr auf den Parkplatz eines weitläufigen, modernen Glasbaus, und wir eilten zum Empfang. Im ersten Stock setzten wir uns in ein kleines Wartezimmer. Weil Brittany nur zwei Besucher gleichzeitig erlaubt waren, wollte Dan mich auf die Intensivstation mitnehmen, während Carmen im Wartezimmer blieb.

Dan erschien in der Tür. Ich lief zu ihm und umarmte ihn. Er berichtete, auf ihrem Hirn sei ein großer Schatten zu sehen, es seien weitere Untersuchungen angesetzt und sie sei wach. Er wirkte so gefasst, dass ich ruhiger wurde.

Dan nannte an einer Gegensprechanlage unsere Namen, der Summer wurde gedrückt, und wir wurden in die Intensivstation eingelassen. Auf der Suche nach meiner Tochter blickte ich durch die Fenster des Korridors in die Zimmer, an denen wir vorbeikamen. Die wuchtigen Geräte, die ich dort entdeckte, waren schon zu viel für mich; mir schossen die Tränen in die Augen. An die bedrohlichen Maschinen, die blinkten und piepsten, waren Patienten angeschlossen.

Dan bog in ein Zimmer ab, und dann sah ich sie. Eine Krankenschwester zog Brittany an den Schultern hoch, aber ihr Kopf hing schlaff zurück. Der elegante, lange Hals war gestreckt, die dunklen Haare hoben sich scharf vom frischen weißen Kopfkissen ab. Der Arzt wiederholte ihren Namen laut und eindringlich. »Brittany, wachen Sie auf! Brittany!« Sie hatte die Augen geschlossen und antwortete nicht. Im Hintergrund piepste eine der Maschinen unaufhörlich und ließ eine rote Zahl aufblinken, die mir nichts sagte. Der Arzt zog Britts Lider hoch und leuchtete ihr mit einer winzigen Taschenlampe in die Augen. Keine Reaktion.

Ich lief zu ihrem Bett und berührte ihre Hand, aber ich hob sie nicht an, weil auf den Handrücken zwei Infusionsschläuche geklebt waren. »Brittany, Schätzchen. Momma ist hier. Wach auf.« Ich sprach laut und beugte mich zu ihrem Ohr. »Wach auf, Schätzchen! Momma ist hier.« Tränen strömten mir über das Gesicht. »Sweet Pea, ich bin hier.« Ich wünschte mir so sehr, sie würde meine Stimme erkennen und zu sich kommen.

Immer noch nichts.

Mein Gott, sie ist tot, dachte ich. Mir zitterten die Knie. *Ich konnte mich nicht einmal verabschieden.*

Was sagten die Leute da – ging es um mich? Jemand zog mich am Arm. Dan und ich wurden hinausgeschickt. Eine Krankenschwester drängelte sich an uns vorbei.

Im Wartezimmer fiel ich auf die Knie. »Nimm mich«, flehte ich. »Nimm mich. Nicht sie, nicht sie!«

Mein ganzes Gesicht war tränennass. Mein Haaransatz war verschwitzt. Ich bekam keine Luft. Es war, als hätte man mir ein lebenswichtiges Organ herausgerissen.

Carmen kam herüber und streichelte meinen Rücken. Mit verschwommenem Blick schaute ich zu ihrer besorgten Miene auf. Ich hatte das Gefühl, ich würde auf einer ganz urwüchsigen Ebene reagieren, wie eine Wölfin, die von ihrem Welpen getrennt wurde. Mein Innerstes wollte einfach am Bett meines Kindes wachen. »Ich muss Gary anrufen«, keuchte ich.

Carmen holte ihr Handy heraus und suchte seine Nummer.

Dan ließ sich auf einen Stuhl fallen. Fassungslos sagte er, er habe gehört, wie der Arzt Narcan verordnet hätte, ein Medikament, das Drogenabhängigen verabreicht wird.

»Wer hat das veranlasst?« Ich hörte auf zu wimmern und versuchte, mich zu konzentrieren.

»Hat der Arzt ihr etwa eine Überdosis gegeben?«, fragte ich. Erneut traten mir die Tränen in die Augen. Dan zog los, um herauszufinden, warum Britt Narcan erhalten hatte.

Carmen hielt mir das Handy ans Ohr, und ich hörte es klingeln. Ich umklammerte das Gerät. Garys Stimme riss den Damm vollends ein.

»Komm her«, schluchzte ich ins Handy. »Britt geht es schlecht. Sehr schlecht. Ich brauche dich.«

»Schatz, nicht so schnell. Ich verstehe dich nicht.« Garys Stimme verklang, als ich Carmen das Handy reichte.

Ein kehliger Laut stieg aus meinem Innersten auf. Ich heulte wie ein Tier und wiegte mich auf dem Boden vor und zurück. Als das Wehklagen zu einem Schluchzen abgeebbt war, kehrte Dan ins Wartezimmer zurück. Auf seinem Gesicht lag ein Lächeln. Britt war bei Bewusstsein. Das Narcan hatte angeschlagen.

Sie lebt.

Ich folgte ihm den Flur entlang, wo jemand die Doppeltür öffnete und uns wieder hereinließ.

In Britts Zimmer war der Vorhang zugezogen. Der ganze Raum war schwach beleuchtet. An den Geräten blinkten Zahlen auf, aber nichts piepste warnend. Die Schwester wies uns darauf hin, dass wir uns an die Verhaltensweisen bei Hirnschäden halten mussten, die auf der weißen Wandtafel standen. »Gedämpftes Licht. Kein Fernsehen. Leise sprechen.« Brittany saß hochgelagert im Bett.

»Diesen Winkel dürfen Sie nicht verstellen«, warnte die Schwester uns. »Senken Sie nicht das Kopfteil ab.«

Ich ging zu Brittany und sagte leise: »Ich bin's, Momma, Britt. Momma ist hier.« Ich berührte ihr Haar.

Britt öffnete die Augen. Ihre Pupillen, winzige Punkte, richteten sich auf mich. Ein Auge öffnete sich weiter als das andere. Das schwere Augenlid flatterte.

»Es tut mir leid, Momma«, flüsterte sie. »Ich werde nicht für dich sorgen können, wenn du alt bist, so wie du für Grandpa sorgst.« Tränen traten ihr in die Augen und liefen über ihr Gesicht. »So lange werde ich nicht leben.«

Warum kam sie auf solche Gedanken? Weil sie in den letzten drei Jahren mitbekommen hatte, wie ich mich um meinen alten Vater kümmerte? Ich streichelte ihre gerötete Wange. »Nicht reden, Liebes. Ruh dich einfach aus. Alles wird gut. Ich bin jetzt hier. Momma ist hier.« Leise und liebevoll strömten die Worte über meine Lippen, aber in meinem Inneren dröhnte immer noch das schwermütige Warnsignal. Ich strich ihr die zerzausten Haare hinters Ohr.

»Ich fühle mich so mies. Ich will das nicht.« Brittany griff nach den Infusionsschläuchen, aber es war, als könnte sie ihre Hand nicht sehen.

»Lass sie erst mal drin.« Ich streichelte ihr übers Haar, während Dan die vier Schläuche, die in ihren Körper führten, entwirrte. Sanft legte er sie gerade auf ihr Bett.

Dan erklärte Brittany, dass die Schläuche bleiben müssten. »Was ist passiert?«, fragte ich die Schwester im Flüsterton.

Aus irgendeinem Grund konnte sie mir nicht in die Augen sehen. »Meine Güte, ja. Wir wissen es nicht genau. Vielleicht hatte sie einen Krampfanfall.«

Mir sträubten sich die Nackenhaare. »Sie war doch bewusstlos, sie hat nicht gezuckt.« Diese Erklärung kaufte ich ihr nicht ab. »Sie hatte noch nie einen Krampfanfall.«

Die Schwester tätschelte mir den Rücken. »Na ja, jedenfalls war es schlimm, dass Sie Ihre Tochter gleich als Erstes so erlebt haben. Keine Angst, jetzt sind ihre Werte in Ordnung.« Sie drückte ein paar Knöpfe an den Geräten, dann verschwand sie eilig aus dem Zimmer.

Dan ging hinaus zu Carmen, um ihr zu erzählen, was passiert war.

Ich überlegte ernsthaft, ob ich dieser Krankenschwester mein Kind anvertrauen konnte. Meine Tochter war ein Teil von mir und mir sehr ähnlich, nur jünger, klüger, hübscher. Sie war meine innigste Hoffnung. Sie verkörperte die Enkel, die ich hoffentlich irgendwann haben würde. Sie war die vielversprechende Karriere, das Ergebnis des hervorragenden Studiums, das ich mir vom Munde abgespart hatte. Nicht dass sie mir diese Dinge schuldig gewesen wäre; das alles war sie schon, und noch viel mehr. Sie war mein einziges Kind – mein Ein und Alles.

Als ich an ihrem Bett saß, fühlte ich mich alt, steinalt sogar. Ich spürte, wie mir meine Jugend entglitt, wie ich meine Zukunft verlor, wie mein restliches Leben ins Nichts stürzte. Tief in mir wusste ich, dass Brittany, mein Baby, sterben würde. Im Rückblick ist mir klar, dass mein Instinkt es erkannte. Aber an der dünnen Fassade meines angeblich überlegenen menschlichen Verstandes prallte diese Erkenntnis ab. Alles, was ich in meinen siebenundfünfzig Lebensjahren gelernt hatte – von meinen Eltern, in der Schule, vom Leben –, sagte mir, ich müsse weiter diese Maske menschlicher Überlegenheit tragen und das warnende Wimmern in mir überhören.

Wissenschaft. Medizin. Sie würden Brittany retten. Oder Gott würde Brittany retten, durch einen Arzt, der die Wissenschaft und Medizin nutzte. *Genau, eine Kombination aus Glauben und Wissenschaft und Medizin ist doch unschlagbar.* Wenigstens redete ich mir das ein.

Als ich meine schlafende Tochter betrachtete, verspürte ich die gleichen Gefühle, die gleiche Ehrfurcht wie an dem Tag, an dem die Geburtshelferin mit der glitschigen nackten Brittany neben mir gestanden hatte.

»Es ist ein Mädchen«, verkündete die Schwester und streckte mir etwas entgegen, was wie ein winziger Marsmensch aussah.

In diesem Moment empfand ich eine unvergleichliche Liebe. Ich hätte unbarmherzig jeden zermalmt, der meinem Baby wehtun wollte. Meine Tochter war seit nicht einmal fünf Minuten aus meinem Bauch heraus, und trotzdem wusste ich schon, dass ich notfalls für sie sterben würde. Es war, als hätte jemand einen Schalter umgelegt, und von diesem Augenblick an dachte ich unaufhörlich daran, ob es ihr auch gut ging. Bereits jetzt war ich ganz darauf ausgerichtet, dass sie es warm hatte und in Sicherheit war. Ich wollte sie vor allen Gefahren beschützen.

Später schob die Schwester ein Kinderbett ins Zimmer. Darin lag das schönste kleine Wesen, das mir je zu Gesicht gekommen war. Ihr Kopf war perfekt geformt, nicht abgeflacht oder spitz nach dem Weg durch den Geburtskanal, weil ich einen Notkaiserschnitt hatte. Sie hatte dunkle Haare und wunderschöne Haut, als wäre sie sonnengebräunt zur Welt gekommen. Ich liebte mein Kind mit einer leidenschaftlichen Fürsorge, die mich für immer veränderte.

Brittany Lauren lautete der Name, den ich im November 1984 für mein Baby aussuchte. Ich fand ihn originell; meine Mutter war Britin, und der Name bedeutete »aus Britannien«. Tatsächlich hatte ich mich damit in einen Namen verliebt, der zu einem der beliebtesten Mädchennamen der Achtziger wurde.

Weil Brittany mit dem Becken nach unten gelegen hatte und das Krankenhaus Erstgeburten mit Beckenendlage als hochriskant einstufte, hatten die Ärzte einen Kaiserschnitt vorgenommen. Mein Gynäkologe hatte gesagt, wenn ich eine natürliche Geburt wolle, müsse ich in ein anderes Krankenhaus wechseln. Fast einen ganzen Monat vor dem Geburtstermin hatte Brittany heftig gestrampelt und die Fruchtblase zerrissen. Dadurch entging ich um einen Tag einer schmerzhaften Prozedur, bei der die Ärzte versucht hätten, sie per Hand herumzudrehen. Sie war mit einer leichten Hüftdysplasie zur Welt gekommen. Ihre Haut wirkte gebräunt, weil sie eine Neugeborenengelbsucht hatte. Sie war absolut vollkommen.

Als ich jetzt am Bett meiner erwachsenen Tochter stand, reagierten mein Körper und meine Seele wieder extrem heftig, wie nach der Geburt. Brittany lag hilflos und mit Schmerzen vor mir. Ihr Hirn war von einer Krankheit bedroht. Sie schwebte in Gefahr, und genau wie damals, als ich sie zum ersten Mal sah, spürte ich, dass ich für sie sterben würde.

Nur ist es in einem solchen Fall absolut nutzlos, für sein Kind sterben zu wollen. So etwas wie eine Hirntransplantation gibt es nicht. Ich saß neben meiner wunderhübschen Tochter und wiederholte immer wieder das gleiche Gebet: »Nimm mich, nicht sie. Nimm mich …« Diese Bitte, dieses Flehen ergab keinen Sinn, es änderte nichts und beruhigte mich auch nicht. Trotzdem konnte ich nicht aufhören.

2
Schlechte Neuigkeiten

1. bis 3. Januar 2014

»In der wirklich finsteren Nacht der Seele ist es immer drei Uhr morgens, Tag für Tag.«

F. Scott Fitzgerald, Der Knacks

Zwei junge Männer ratterten mit einer Tragbahre in das Zimmer der Intensivstation. Brittany wachte kurz auf, blinzelte, wobei ein Lid hing, und sank dann wieder in Schlaf. Dan war zuvor hinausgegangen, um Erkundigungen einzuholen und ein paar wichtige Anrufe zu erledigen. »Was haben Sie vor?«, fragte ich, als die Männer ihren schlaffen Körper auf die Trage zogen.

»Der Neurologe hat eine funktionelle Kernspinuntersuchung angeordnet. Dabei wird das Hirn untersucht, während sie einige Aufgaben erledigt.« Die Pfleger schoben die Trage schon wieder aus dem Zimmer.

»Es ist nur ein Kernspin«, beruhigte ich Brittany auf dem Weg zur Tür der Intensivstation. »Du musst dir keine Sorgen machen, Süße!«, rief ich ihr nach.

»Momma, bleib bei mir«, bat Brittany schläfrig.

Viel zu schnell kam sie zurück. Ein Kernspin hätte länger gedauert, das wusste ich. Ich sah Dan an, der wieder bei mir war. Irgendetwas stimmte nicht.

»Wir konnten die Kernspinuntersuchung nicht durchführen«, sagte der Mann, der die Trage schob. »Sie hat klaustrophobisch reagiert. Wir müssen ihr ein leichtes Beruhigungsmittel geben und es noch mal versuchen.«

»Sie hat noch nie unter Angst oder Klaustrophobie gelitten. Und sie hat solche Untersuchungen schon durchlaufen.« Ich wollte nicht, dass Brittany noch mehr Medikamente bekam, nicht nachdem sie vorhin nicht ansprechbar gewesen war.

Dan wiederholte meine Worte und stand auf, als sie Britt auf ihr Bett umlagerten.

»Sie wollte aus der Röhre klettern. Und hat was von Paradigmen erzählt.« Der Krankenpfleger zuckte mit den Schultern und ging. Gleichzeitig kam ein Arzt herein.

»Sie war höchst unkooperativ und hat sehr deutlich gemacht, dass sie die Untersuchung nicht will.« Der Arzt zog die Augenbrauen hoch. »Vielleicht müssen wir sie ruhigstellen.«

Ich sah ihm unverwandt in die Augen. »Ich finde, sie ist jetzt schon viel zu weggetreten. Sie braucht wohl kaum Medikamente, die sie noch weiter abdriften lassen.«

»Möglicherweise können wir wirklich warten, bis die Wirkung des Dilaudids nachlässt, und es noch einmal versuchen«, räumte er ein. »Dann kann sie auch besser den Anweisungen für die Aufgaben folgen. Ich werde versuchen, die Untersuchung auf später zu verschieben.«

Der Nachmittag verstrich. Dan ging immer wieder hinaus, erledigte ein paar Anrufe und setzte sich danach an Britts Bett. Als Britt zu sich kam, erklärte ich ihr, dass sie vorhin nicht ganz bei sich war und die Ärzte sie für klaustrophobisch hielten. Ich sagte ihr, dass sie die Untersuchung nicht hatten durchführen können.

»Schaffst du den Kernspin ohne Beruhigungsmittel, Kleines?«, fragte ich. Dan schlüpfte ins Zimmer.

»Klar schaffe ich das. Ich bin nicht klaustrophobisch. Du bist klaustrophobisch, Momma. Das ist dein Problem.« Brittany konnte offensichtlich kaum glauben, dass jemand sie für klaustrophobisch hielt. »Ich will mein Laptop haben, Dan. Wo ist es?« Brittany klang energisch, und ihr hängendes Augenlid zuckte.

Während Dan ihr erklärte, dass sie in ihrem Zimmer keinen Computer haben dürfe, fingerte Brittany an ihrem Bett herum und versuchte, das Kopfteil abzusenken.

»Die Schwester hat gesagt, dass dein Bett in diesem Winkel bleiben muss. Du darfst es nicht flacher stellen«, warnte ich.

Dan streckte die Hand aus und wollte Brittany davon abhalten, auf den Knopf zu drücken.

»Ist mir scheißegal, was sie sagt. Es ist unbequem.« Brittany versuchte weiter, das Bett abzusenken. »Und ich habe immer noch Kopfschmerzen.«

Zum Glück wurde sie von den jungen Männern unterbrochen, die mit der Tragbahre zurückkamen.

»Bereit für eine Spritztour?« Lächelnd und plaudernd betteten sie Britt auf die Trage um.

»Dan, ich will mein Laptop!«, rief Brittany, als sich die Doppeltüren der Station leise wieder schlossen.

Dieses Mal blieb sie recht lange weg, daher wusste ich, dass sie die Kernspinuntersuchung erfolgreich durchführen konnten. Aber als ich mir vorstellte, wie Britt mit ihrem armen schmerzenden Kopf in der engen Röhre lag, in der es laut klopfte und wummerte, zuckte ich zusammen.

»Was glaubst du, wie lange wir ihr den Computer vorenthalten können?«, fragte ich Dan. Er antwortete, wir sollten es so lange wie möglich versuchen.

Ich vertrieb mir die Zeit damit zu googeln, was mit ihr gemacht wurde. Bei einer funktionellen Kernspinuntersuchung bestimmen die Ärzte Hirnregionen, die mit wichtigen Funktionen wie Sprache, Bewegung, Wahrnehmung oder Planung verbunden sind. Ziel der Untersuchung ist, Wechselbeziehungen zwischen den aktivierten Hirnarealen und den Aufgaben, die der Patient während der Untersuchung ausführen soll, zu ermitteln. Das klang nach einem vernünftigen Test. Dann las ich nach, was bei einer Überdosis Dilaudid passiert. Die Situation, die ich bei meinem Eintreffen im Krankenhaus vorgefunden hatte, als Brittany nicht ansprechbar war und bewusstlos dalag, wurde als Reaktion auf Dilaudid beschrieben, bei der sofort eingegriffen werden musste. Ich fand heraus, dass Dilaudid nach Milligramm berechnet achtmal so stark wie Morphium war. Brittanys schwacher Puls, der niedrige Blutdruck und die winzigen Pupillen passten alle zu einer Überdosis Dilaudid. Schließlich las ich noch, dass als Gegenmaßnahme Narcan verabreicht wurde, genau das Mittel, das der Arzt angeordnet hatte. Narcan wurde als reiner Opioid-Antagonist beschrieben, der der Wirkung einer Opioid-Überdosis entgegenwirkte. Auch wenn ich nicht genau wusste, was mit Brittany passiert war, flößte mir das nicht gerade großes Vertrauen in ihre Behandlung ein. Darüber würde ich mit Gary reden müssen, wenn er kam.

Dann dachte ich darüber nach, dass Brittany beim ersten Anlauf für die Kernspinuntersuchung über Paradigmen gesprochen hatte. Auch wenn sie mit Dilaudid vollgepumpt war, ergab ihre Bemerkung für mich absolut

Sinn. Brittany war in Naturwissenschaften hervorragend. Als Lehrerin für Naturwissenschaften hatte ich gehofft, sie würde in diesen Bereich gehen. Eine Zeit lang hatte sie sich für Immunologie als Studienfach interessiert.

Früher hatten wir manchmal über Paradigmenwechsel gesprochen, über weitreichende Veränderungen von Denkweisen und auch über Paradigmen-Paralysen, die Weigerung, über gängige Denkmodelle hinauszublicken. Damals wusste ich noch nicht, dass meine Tochter einem guten Teil unserer Bevölkerung den Weg zu einem großen Paradigmenwechsel zeigen würde. Meine mütterliche Intuition sagte mir, dass Brittany trotz der starken Medikamente und obwohl sie die Ergebnisse der Kernspinuntersuchung noch nicht kannte, ihren Fokus verlagerte. Sie war immer drei Schritte voraus.

Carmen war so fürsorglich, Gary vom Flughafen abzuholen und ihn direkt zum Krankenhaus zu bringen. Er kam zu mir ins Wartezimmer.

Mit meinen verquollenen Augen, dem verschmierten Make-up und dem panischen Gesichtsausdruck bot ich sicher einen schönen Anblick. Ich lief zu ihm. Er nahm mich in die Arme und strich mir übers Haar. »Was haben die Ärzte gesagt?«

»Noch nichts. Aber es ist schlimm.« Ich weinte an seiner Schulter.

Später schlug ich vor, ich könne die Nacht über bei Brittany auf der Intensivstation bleiben, aber das medizinische Personal lehnte das nachdrücklich ab und erklärte mir, dass Besuche über Nacht verboten seien. Ich widersprach, es sei doch keine gute Idee, sie allein zu lassen, aber ich lief gegen eine Wand.

Gary und ich fuhren mit Dan nach Hause, um ein wenig zu schlafen, und fanden auf dem Herd einen riesigen Topf duftender, heißer Linsensuppe. Während ich eine Schüssel mit der herzhaften Suppe füllte, dachte ich, wie lieb es von Carmen war, zwischen den ganzen Fahrten zum Krankenhaus auch noch das zu erledigen. Sie konnte wirklich gut kochen. Die Suppe war ein echtes Trostessen, wie eine feste Umarmung von ihr.

Wir drei setzten uns mit Rotweingläsern an den Tisch und aßen. Wir waren müde, hungrig und stumm. Am liebsten hätte ich wieder geweint. Alle Zimmer waren mit Brittanys Weihnachtsschmuck dekoriert. Überall um mich herum spürte ich, wie sehr sie die Feiertage liebte. Britts Seele erfüllte das ganze Haus. Ihre Hochzeitsfotos und Bilder von ihren Reisen nach Afrika brachten Leben an die Wände des Wohnzimmers.

Dan bestand darauf, allein zu spülen, also gingen Gary und ich ins Bett. Bevor ich das Licht ausschaltete, betrachtete ich die Fotos von dem Elefantenreservat in Thailand, in dem Brittany eine Weile lang gearbeitet hatte. Mein Lieblingsfoto war die Nahaufnahme eines riesigen Elefantenauges. Das freundliche, ausdrucksstarke Auge blickte mich an, als würde das Tier meine Angst und meinen Kummer verstehen. Brittany hatte mir erzählt, dass Elefantenmütter, deren Kalb gestorben war, häufig tief verzweifelt waren. Sie sagte, die Mutter stünde dann über ihrem toten Baby, würde den Leichnam mit ihrem empfindsamen Rüssel berühren, ihn herumdrehen und streicheln. In einer Elefantenherde gab es keine größere Liebe als die Liebe einer Mutter.

Hilf mir, Elefantenmama, dachte ich, als ich das Licht ausschaltete.

In den frühen Morgenstunden erhielt Dan einen Anruf von der Nachtschwester. Brittany hatte ihre Infusionsschläuche herausgezogen und wollte aus der Intensivstation verschwinden. Ob er kommen könne und helfen? Ich schlief weiter, von dem Anruf bemerkte ich nichts.

Als Gary und ich am nächsten Morgen aufwachten, war Dan nicht da. Wir fuhren mit Brittanys Auto zum Krankenhaus. Ärzte kamen und gingen. Immer wieder sollte Brittany sich aufsetzen und kleine Aufgaben erledigen. Der Arzt wirkte zufrieden, weil sie die Tests mit Bravour bestand. Sie sollte auf seine Nase starren, und er überprüfte ihr peripheres Sehen. Er nahm eine Stifttaschenlampe, beobachtete ihre Pupillen und bat sie, das Licht von Seite zu Seite zu verfolgen. Mit einem Gummihammer schlug er sanft gegen ihre Knie, und ihre Beine zuckten genau wie bei jedem anderen. Sie sollte lächeln, Grimassen schneiden und die Stirn runzeln. Sie wurde gefragt, wie der Präsident hieß, welchen Wochentag und welches Jahr wir hätten. Ich war beeindruckt; ich selbst hätte vielleicht 2013 gesagt, weil wir erst den 2. Januar hatten. Aber Brittany beantwortete alle Fragen richtig.

Selbst als man ihr drei Gegenstände nannte und Brittany sie nach einigen anderen Tests aufzählen sollte, machte sie keine Fehler. Sie spürte die Nadelstiche auf der Haut und erkannte die Zahlen, die man ihr auf den Rücken malte. Sie konnte mit ihrem Finger erst ihre Nasenspitze und dann den Finger des Arztes berühren. Sie erkannte das Stethoskop, das sie mit geschlossenen Augen abtasten sollte. Jeder Test gab meinem Herzen neue Hoffnung und Ruhe. Sie schaffte es problemlos, mit einer Ferse über das Schienbein des anderen Beines zu fahren. Meine Tochter bestand jeden Test mit Leichtigkeit. Es konnte also gar nichts Ernstes sein. *Es ist bestimmt nur ein Problem mit dem Auge,* dachte ich, *nur mit diesem einen hängenden Lid.*

Am späten Nachmittag des dritten Tages, den wir im kommunalen Krankenhaus verbrachten, betrat ein anderer Arzt Brittanys spärlich beleuchtetes Zimmer. Wir waren ihm früher schon mal begegnet. Er wiederholte die Tests mit dem Licht, dem Hammer, dem Hochdrücken und Runterdrücken. Dan, Gary und ich beobachteten ihn, als er Brittanys Krankenblatt durchsah, etwas darauf kritzelte und zur Tür ging. Er trug Freizeitkleidung, die einem Jogginganzug ähnelte, fast, als wolle er laufen gehen, nachdem er kurz bei uns hereingeschaut hatte.

Als er schon halb zur Tür hinaus war, hörte ich Brittanys Stimme. »Hey, sind Sie mein Arzt? Gehen Sie nicht. Ich würde gerne mit Ihnen reden.«

Der Mann zögerte, dann kam er wieder herein. »Ja, ich bin Ihr Neurochirurg«, erwiderte er.

»Haben Sie meine Kernspinbilder ausgewertet? Können Sie mir sagen, was los ist?« Britts Stimme schien aus den Schatten des Zimmers zu dringen. »Ich bin jetzt seit über achtundvierzig Stunden hier, und niemand hat mir etwas erzählt.«

Der Arzt trat von einem Bein aufs andere. Er schlug die Mappe in seiner Hand auf und blätterte ein paar Seiten um, um Zeit zu schinden. Diese Sekunden waren kein gutes Zeichen.

»Sie haben eine große infiltrierende Läsion ohne Kontrastmittelaufnahme im linken Präfrontallappen, die sich posterior in den linken Temporallappen erstreckt. Zusätzlich reicht sie in die rechte Hemisphäre und drückt auf die rechte Hirnkammer.« Der Neurochirurg sprach leise, aber deutlich. Er sah kurz von der Akte auf, dann senkte er wieder den Blick. Er ging zur Tür.

Dumm, wie ich bin, war ich erleichtert. Eine Läsion klang nicht allzu schlimm. Er hatte nicht *Tumor* gesagt. Er hatte nicht das K-Wort benutzt. Nach einem Eingriff im Mund hatte ich auch eine Läsion gehabt; war das nicht so etwas Ähnliches wie ein Geschwür?

»Ich habe also einen Hirntumor. Einen großen Hirntumor?« Brittany sprach mit fester Stimme und deutlich lauter als der Arzt. »Können Sie das genauer ausführen? *Infiltrierend?*« Britt zog die Augenbrauen hoch. »Können Sie mir erklären, was eine ›große infiltrierende Läsion‹ ist? Was bedeutet das?«

Ich sah meine Tochter an, die versuchte, den Blick des Arztes aufzufangen. Ihre grünen Augen waren durchdringend wie Laser. Das Wort »infiltrierend« hatte ich auch gehört. Es war mir ebenso aufgestoßen, trotzdem hoffte ich, Britt würde nur einen voreiligen Schluss ziehen.

Dem Chirurgen war sichtlich unbehaglich zumute. »Der Kernspintomografie nach würde ich sagen, dass Sie einen primären Hirntumor haben. Das heißt, der Tumor ist im Gehirn entstanden. Er hat nicht von einem anderen Teil Ihres Körpers aus metastasiert.« Der Arzt trat von einem Fuß auf den anderen und vermied Blickkontakt. »Ausgehend von den Bildern und Ihrem Alter vermute ich, dass es ein Gliom ist, möglicherweise astrozytär.«

Diese Information war ein Schlag in die Magengrube. Ich war von dem Wort »Hirntumor« wie benommen und kramte hektisch in meiner Handtasche nach Stift und Zettel, um mir »Gliom« und »astrozytär« aufzuschreiben. Der Arzt redete schnell und benutzte medizinische Fachausdrücke, die ich nicht verstand.

»Wir vermuten, dass der Tumor schon seit einiger Zeit wächst, zum einen wegen seiner Größe und zum anderen weil wir in der funktionalen Kernspinuntersuchung festgestellt haben, dass sich einige Hirnfunktionen des Präfrontallappens und des Temporallappens verlagert haben. Solche Veränderungen, die neue Verbindungen zwischen den Neuronen schaffen, gehen sehr langsam vonstatten. Der Tumor ist recht groß und hat den intrakraniellen Druck erhöht. Gegen ein Hirnödem geben wir Ihnen intravenös Steroide.«

Der Neurologe atmete scharf ein und sprach weiter. »Als infiltrierend bezeichnen wir den Tumor, weil man auf den Aufnahmen des Kernspins sieht, dass er unscharfe Ränder hat und in einen großen Teil des angrenzenden Hirngewebes gedrungen ist. Für eine eindeutige Diagnose ist noch eine Biopsie nötig. Wir müssen eine Gewebeprobe entnehmen und sie untersuchen, damit wir genau wissen, womit wir es zu tun haben.«

»Und er wird mich umbringen, richtig?«, fragte Brittany. Im Dämmerlicht wirkte ihr Gesicht wie ein bleicher, stoischer Mond. Am Tag zuvor hatte ich ihre Haare entwirrt und geflochten, und jetzt wurde ihr Gesicht von langen Zöpfen eingerahmt.

Der Arzt hob die Hände. »Nicht sofort. Ihnen bleibt noch einige Zeit.«

»Aber irgendwann bringt er mich um?«, fragte Brittany mit kräftiger Stimme.

»In einiger Zeit, ja. Dieser Tumor erscheint gut differenziert. Erfahrungsgemäß entwickeln sich solche Tumore zu malignen Gliomen. Ich würde gerne eine stereotaktische Biopsie vornehmen, bei der nur ein kleines Bohrloch im Schädel benötigt wird, und mit einer Nadel einige

Zellen entnehmen und untersuchen lassen. Das wäre der nächste logische Schritt.«

»Wie lange, glauben Sie, wächst der Tumor schon?« Wieder stellte Brittany mit klarer Stimme schwere Fragen, an die ich nicht einmal denken konnte.

»Ich schätze, seit etwa sieben bis zehn Jahren«, antwortete er.

Wieder eine Information, die mich traf wie ein Schlag. *Zehn Jahre?* Mir wurde plötzlich übel.

»Überweisen Sie Patienten nach Oregon?«, fragte Brittany.

Einen Moment ließ sich der Arzt anmerken, dass er begriff. Bei mir kam es nicht sofort an. Oregon? Irgendwo zwischen den dunklen Spinnweben meines Verstandes schlummerte in einer alten Schublade die Erinnerung an ein umstrittenes Gesetz in diesem Staat. Es ging um Ärzte, die den Menschen beim Sterben halfen. »Warum fragen Sie nach Oregon?« Dass der Arzt sich dumm stellte, war ein strategischer Fehler.

»Wenn Sie nicht wissen, warum ich nach Oregon verlegt werden will, ist das Gespräch beendet«, sagte Brittany empört.

Ich schauderte. Gary legte mir einen Arm um die Schultern, bevor er leise nachhakte: »Kann der Tumor operiert werden?«

»Der Tumor ist im Hirn entstanden, deshalb hat er Tentakel oder auch Wurzeln gebildet. Ich halte ihn für inoperabel.« Der Chirurg sah in unsere bestürzten Gesichter.

»Gibt es andere Ärzte, die solche Tumore mit neuer Technologie operieren, mit dem Gamma-Knife oder mit Laser?«, fragte Gary. Mein Mann mit Harvard-Abschluss war nach Brittany der Erste, der eine intelligente Frage stellte. Unsere Firma arbeitete an der Entwicklung einer ähnlichen Technologie mit.

»Drüben an der UCSF gibt es einen Chirurgen, der einige echt verrückte …« Der Arzt beschrieb mit den Händen Kreise in der Luft. »Ich sollte wohl sagen, innovative Sachen macht.« Er zuckte mit den Schultern. »Ich bin von seinen Ansätzen nicht unbedingt überzeugt, aber Sie können sich ja anhören, was er dazu meint.«

Auf diese Art wollte er uns an einen Kollegen verweisen? Es machte mich wütend, wie er uns dieses Todesurteil überbracht hatte. Warum hatte er sich nicht hingesetzt? Warum hatte er uns nicht die Bilder von der Kernspinuntersuchung erklärt? Warum schlich er sich jetzt langsam aus dem Zimmer?

»Wenn Brittany Ihre Schwester wäre, Doktor, wie würden Sie dann entscheiden? Würden Sie sie hier in diesem Krankenhaus behandeln – oder würden Sie woanders eine zweite Meinung einholen?« Ich hörte selbst, wie verbittert ich klang.

»Wahrscheinlich würde ich mir anhören, was der Neurochirurg an der UCSF zu sagen hat, und dann weitersehen.«

Sofort schlug Dan vor, wir sollten alles in die Wege leiten, um Britt in die Klinik der University of California in San Francisco zu verlegen.

Ja, dachte ich, *holen wir sie aus diesem scheußlichen Loch heraus. Dieser Arzt ist ja kalt wie ein Fisch, ich kann ihn nicht leiden.*

Der Neurochirurg verzog sich wieder. Man spürte richtig, dass er dieses Treffen hinter sich bringen wollte.

»Schicken Sie mir bitte jemanden mit Informationen über eine Verlegung nach Oregon«, rief Brittany ihm nach.

Gary schaute mich an und ergriff meine kalten Hände. Er schlug vor, wir sollten für eine Stunde hinausgehen und Dan und Brittany ein wenig Zeit allein gönnen.

Ich gab Brittany einen Kuss auf die Stirn. Mit einem schmerzhaften Kloß in der Kehle flüsterte ich heiser: »Wir holen eine zweite Meinung ein. Gib nicht auf, Schätzchen. Ich bin bald wieder da.«

Während ich undefinierbare Laute von mir gab, zog Gary mich auf den Gang und um die nächste Ecke. Ich konnte mich nicht kontrollieren. Ich stammelte und stöhnte und versuchte zurückzuhalten, was sich hinter dem Kloß in meinem Hals anstaute. Gary wollte mich von der Intensivstation schaffen, damit Brittany nicht hörte, was gleich kommen würde.

Vor dem Fahrstuhl blieben wir stehen, und ich schlug meinem Mann fest gegen die Schulter. »Nein«, sagte ich. »Nein … nein … nein!« Jedes Nein war lauter als das vorherige.

»Komm mit. Wir gehen raus und schnappen etwas frische Luft.« Gary zog mich in den Fahrstuhl. Ich rutschte an der Wand zu Boden und schluchzte hemmungslos. Ich erblickte mein Spiegelbild in der Tür, bemerkte meinen aufgerissenen, verzerrten Mund, die Wimperntusche, die mir über das Gesicht lief, den Schleim unter meiner Nase. Prustend lachte ich auf. Ich sah genau das, was Brittany immer als »hässliches Weinen« bezeichnete. Sie fand hässliches Weinen ganz schrecklich. Brittany weinte immer unter der Dusche, weil es niemand sehen sollte. Einmal sagte meine Tochter, in ganz Hollywood könne Claire Danes am besten hässlich weinen. Als ich mir die laufende Nase am Ärmel abwischte, wusste ich, dass Claire mir nicht das Wasser reichen konnte.

»Deb. Komm schon, Schatz.« Gary zog mich hoch und aus dem Fahrstuhl. »Halt durch. Gleich haben wir es geschafft.« Sanft schob er mich Richtung Ausgang.

Die kühle Abendluft schlug mir entgegen. Ich konnte es nicht mehr zurückhalten, ich schrie und heulte entsetzlich. Menschen, die das Krankenhaus besuchten oder es verließen, gingen schneller, um dem ohrenbetäubenden Lärm zu entkommen. Zwischen den Grünpflanzen sackte ich auf die Knie, bevor Gary mich zum Auto bringen konnte. Ich holte mein Handy hervor und blätterte hektisch meine Kontakte durch. Meine Schwester Sarah in Atlanta wusste, dass ich hergeflogen war. Sie wartete sicher auf eine Nachricht, wie es Brittany ging.

»Deb. O Gott.« Sarah hatte die scheußlichen Laute gehört, die ich von mir gab. Bis jetzt hatte ich noch kein verständliches Wort herausgebracht.

»Mein Baby«, schluchzte ich ins Handy.

»Was ist los?« Sarah zögerte, dann sprach sie mit zittriger Stimme weiter. »Was ist mit Brittany?«

»Sie hat einen riesengroßen Hirntumor!«, schrie ich, bevor ich den Kopf in den Nacken warf und wieder gequält aufheulte. Nur heulte ich dieses Mal nicht allein.

»O Gott, nein!«, rief Sarah. Sie brüllte immer wieder: »Nein, nein, nein!« Ihr Mann hatte ihr das Telefon weggenommen. Trotz seiner ruhigen Stimme konnte ich noch hören, wie meine Schwester wimmerte und schrie, genau wie ich. Gary zog mir das Handy aus der Hand, und ich blickte hinauf in den mondlosen Himmel. Es tat so gut, zusammen mit Sarah zu weinen.

Als ich auf die Intensivstation zurückkehrte, saß ein Pfleger am Computer vor der Station. Brittany schlief. Ich hatte ein wenig in einem Abendessen herumgestochert und versuchte, mich zusammenzureißen.

Auf der weißen Wandtafel stand etwas Neues: »Dilaudid langsam verabr. – 3 bis 4 Min. Patientin empfindlich.«

Ich verließ Britts Zimmer wieder, um den Pfleger zu fragen, was das bedeutete.

»Bei Ihrer Tochter rötet sich der Oberkörper, und ihr wird übel, wenn sie dieses Medikament zu schnell erhält. Deshalb müssen wir es ihr langsam verabreichen.« Zögernd schüttelte er den Kopf. »Wie lange hat die Schwester vorhin gebraucht, um das Dilaudid in den Katheter zu spritzen?«, fragte er.

»Nur ein paar Sekunden.« Ich überlegte. »Bestimmt weniger als zehn.«

»Das ist falsch. Man sollte es über vier Minuten in den Zugang laufen lassen. Ganz langsam. Gibt man das Dilaudid zu schnell, kann es gefährlich werden.«

»Steht in ihren Unterlagen, dass sie gestern bewusstlos geworden ist, nachdem sie das Medikament zu schnell bekommen hat?«, fragte ich.

Der Pfleger sah mich lange genug an, um zu zeigen, dass er die Frage gehört hatte. Fast unmerklich nickte er. »Fragen Sie von jetzt an, was man ihr geben will. Bei Dilaudid zeigen Sie auf die Wandtafel, und erinnern Sie die Schwestern daran, es langsam zu verabreichen.« Er sah mir in die blutunterlaufenen Augen. »Es tut mir sehr leid. Das war ein schlimmer Tag für Sie.«

Bei seinen freundlichen Worten liefen mir wieder Tränen über die Wangen. »Ich glaube, heute Nacht muss jemand bei Britt bleiben. Sie hat Angst und ist unruhig. Letzte Nacht hat sie ihre ganzen Zugänge rausgerissen. Sie wollte aus dem Krankenhaus weglaufen.« Ich holte

Luft. »Ich habe auf meinem iPad Achtsamkeitsübungen mitgebracht. Vielleicht helfen sie während der Nacht. Das ist eine Meditationstechnik.«

»Die Neurologen verbieten das immer. Die Vorschriften bei Hirnverletzungen setzen Besuchen und stimulierenden Reizen enge Grenzen.« Er tippte etwas in den Computer ein. Als er aufblickte und mein verquollenes Gesicht sah, wurde seine Miene weicher. »Ehrlich gesagt belegt die Literatur ganz klar, dass es Intensivpatienten besser geht, wenn sie Angehörige bei sich haben. Alle Werte sind besser. Ich sehe mal nach, wer ihr Neurologe ist.«

»Er ist ein Arsch«, antwortete ich.

»Ob Sie es glauben oder nicht, er ist schon der Herzigste von allen.« Der Pfleger lächelte mich an, und ich versuchte zurückzulächeln.

»Ich will bei meiner Tochter sein. Sie hat heute eine Diagnose bekommen, die ihr große Angst macht, und das auf eine kaltschnäuzige und gefühllose Art.« Mein Kinn zitterte. »Ich kann helfen und sie beruhigen. Glauben Sie mir, das erleichtert Ihnen die Arbeit.«

»Na gut, ich rufe den Arzt an, der Bereitschaft hat. Aber er wird Nein sagen.« Der Pfleger nahm den Hörer in die Hand. Er kämpfte richtig für mich, erwähnte die Forschungsdaten, erzählte vom Fluchtversuch letzte Nacht. Am Ende klang es, als würde der Arzt kapitulieren.

Der Pfleger legte auf und streckte die Hand zum Abklatschen hoch. »Dann suchen wir mal ein Zustellbett für Sie.«

Was sie fanden, glich eher einem elektrischen Stuhl für eine Hinrichtung. Es war ein Transportstuhl mit hoher Lehne, Metallarmlehnen und feststellbaren Rädern. Erleichtert sah ich, dass man ihn zu einer Liege umklappen konnte. Das Gute daran war, dass er fast dieselbe Höhe hatte wie Brittanys Bett. Ich bekam Laken, eine Decke und ein Kissen und legte mich neben meine schlafende Tochter.

Man hatte Brittany dicke Manschetten um die Beine geschnallt, die sie hasste. Sie füllten sich regelmäßig mit Luft und übten Druck auf ihre Venen aus, dann wurde der Druck schlagartig abgebaut, und ein paar Minuten später ging das Ganze von vorne los. Für Brittany war die Vorrichtung nur eine Foltermethode, die sie jedes Mal weckte. Die Manschetten sollten die Beine sozusagen melken und Blut und Lymphe herausdrücken. Wenn die Manschetten die Luft abließen, wurde die Durchblutung angeregt. Das sollte eine tiefe Beinvenenthrombose und eine Lungenembolie verhindern.

Seit Brittany aus dem Krankenhaus hatte türmen wollen, musste sie außerdem auf einer Sensormatte schlafen, die die Schwester alarmierte, wenn sie versuchte aufzustehen. »Momma, komm mal her«, flüsterte Brittany. »Ich habe mir was für diesen dämlichen Weglaufschutz überlegt.« Sie zeigte auf die druckempfindliche Sensormatte auf ihrem Bett. »Ich will ohne eine Krankenschwester im Zimmer pinkeln, wie ein normaler Mensch.«

»Ach, Britt. Ich will keinen Ärger haben. Rufen wir doch einfach die Schwester.«

»Auf keinen Fall. Schscht!«, zischte Britt. »Ich sage dir, wie wir's machen. Wenn ich von der Matte rutsche, rutschst du drauf. Wie in *Indiana Jones*.« Britt zwinkerte mir zu.

Ich musste laut lachen. »Nur bin ich kein Sandsack, und du bist nicht das goldene Idol.« Ich lächelte. »Wenn das Ding richtig eingestellt ist, merkt es die Gewichtsveränderung. Wenn deine mopsige Momma sich aufs Bett schiebt, geht der Alarm los.«

»Ich glaube, wir schaffen das. Du musst dich nur flach auf dem Rücken rüberschieben.« Britt reckte die Daumen hoch.

»Du weißt aber schon noch, dass der Trick bei Indy nicht funktioniert hat, oder? Bestimmt kommt gleich eine Schwester reingewalzt wie der Felsbrocken im Film.«

»Wo ein Wille ist, ist auch ein Weg«, sagte sie, trotzdem klingelte sie nach der Schwester.

Nach der Toilettenpause hörten wir uns noch einmal die Achtsamkeitsübung an, und irgendwann nickte Britt ein. Ich schloss die Augen und dachte über ihre Dickköpfigkeit nach, darüber, dass sie sich gegen jedes neue Gerät, das die Ärzte anschleppten, wehrte. Ich konnte nur hoffen, dass ihr dieser Kampfgeist auf lange Sicht helfen würde.

3
Kleiner Dickkopf

1986–1988, zwei und drei Jahre alt

»So viel Tatkraft habe ich noch bei keinem Mädchen erlebt«, sagte sie. »Aber ob das gut ist, weiß ich nicht.«

Jeannette Walls, Ein ungezähmtes Leben

Brittany war zwei Jahre alt und trug einen rot-weißen Spielanzug und weiße Ledersandalen. In den Händen hielt sie eine leichte Gießkanne mit langer Tülle. Ich hörte durch die Fliegengittertür, wie ihre Sandalen auf die Veranda hinter dem Haus klatschten. Sie verteilte mehr Wasser auf ihren neuen Schuhen und unserer Hündin, die ihr hinterherzockelte, als auf den Blumen.

»Mehr«, verlangte sie sofort, als ich die Fliegengittertür aufschob. »Mehr, Mami.«

Ich schüttete ein wenig Wasser in die Kanne, nur so viel, dass Britt sie noch tragen konnte. Sie marschierte los und goss schön gleichmäßig die Steine neben den Blumen.

»Sollen wir dem Wauwau mal ein Leckerchen geben?«, fragte ich.

Ohne viel Federlesen ließ Britt die Kanne fallen und kam angerannt. Ihre Sandalen trommelten auf den Beton. Ich reichte ihr einen Streifen Trockenfleisch.

Brittany hielt das Fleisch gerade außer Reichweite

der Hündin. Jedes Mal wenn Heather nach dem Bissen schnappte, zog Brittany ihn weg.

»Brittany, gib Heather ihr Leckerli. Das ist nicht nett«, rief ich.

»Nein.« Brittany hielt das Leckerli über den Kopf, während der Hund hechelnd hinter ihr herlief. »Meins.«

»Schätzchen, das ist nicht dein Essen. Das ist Hundefutter.« Als ich das sagte, führte sie das Fleisch ganz langsam Richtung Lippen.

»Brittany«, sagte ich streng. »Du isst nicht das Hundeleckerli.«

Sie sah mir unverwandt in die Augen. Der Fleischstreifen hing zwischen ihren Fingern herunter, direkt vor ihrem Mund.

»Gib mir das.« Mit ausgestreckter Hand ging ich auf sie zu.

Brittany steckte sich das Fleisch in den Mund, kaute und zog eine Grimasse, sobald sie den Geschmack bemerkte.

»Spuck das aus!«, befahl ich und hielt die offene Hand unter ihren Mund.

Brittany schluckte. »Meins!«, rief sie triumphierend.

Die Hündin und ich konnten uns nur ungläubig ansehen.

Ich hatte in Texas das College abgeschlossen und meine große Liebe aus der Highschool in Dallas geheiratet. Als sich nach sieben Jahren Ehe herausstellte, dass Britts Vater und ich es keinen Tag mehr miteinander aushielten, bat ich ihn auszuziehen. Schon Wochen später waren wir in einen Scheidungskrieg verwickelt.

Mir wurde bald klar, dass ich einen Job brauchte, in

dem ich mehr als in meinem Beruf als Lehrerin verdiente. Eine Nachbarin erzählte mir von einer freien Stelle in einem Vertriebsbüro einer Firma für Halbleitertechnik, das fast eine Stunde entfernt lag. Obwohl es wie eine fremde Welt klang, schlug ich mich im Vorstellungsgespräch gut, und mein aktuelles Gehalt konnte ich dort auch bekommen. Meine neuen Chefs würden mich dabei unterstützen, mein Kind anständig zu versorgen. Sie konnten mir bei den Terminen viel besser entgegenkommen als der Schulbezirk. Also packte ich meinen Unterrichtskram zusammen und wurde ihre neue Verwaltungsassistentin. Nach sechs Monaten wurde ich zur Distributionsmanagerin befördert.

Durch meine neuen Arbeitszeiten wurde Brittanys Zubettgehritual zur größten Freude und zum Fluch eines jeden Tages. Es dauerte jeden Abend mehr als eine Stunde. Das heißt, von ihrem vierten bis zu ihrem siebten Lebensjahr verbrachten meine Tochter und ich mehr als tausend Stunden mit der immer gleichen allabendlichen Prozedur. Ganz zu schweigen von den Stunden, in denen wir den Disneyfilm sahen, auf dem das Ritual basierte. Eine Weile lang schauten wir uns mindestens einmal die Woche *Mary Poppins* an. Als ihr Vater an Weihnachten auszog, wurde unser Ritual ausgefeilter. Britt hatte eine alte Truhe voller altmodischer Hüte und Brautschleier und dazu die winzigsten hochhackigen Schuhe, die ich hatte finden können. Meine beste Freundin Sherri durchstöberte oft Garagenflohmärkte und Secondhandläden nach Dingen, die in die Truhe passten. Outfits aus Schals, Handschuhen und verspielten Kleidern, die hinter ihr über den Boden schleiften, rundete Brittany mit langen Perlenketten und sogar mit einem glitzernden Zauberstab ab. An der Kostümtruhe hatte sie unendlich viel Spaß.

Sherri kaufte für Brittany eine alte schwarze Damenhandtasche, die Mary Poppins' Reisetasche ersetzte. Bald lagen darin ein Spiegel, ein Bandmaß, ein Paar Handschuhe, ein Knäuel Wolle und Stricknadeln. Trotzdem lief Brittany weiter mit Trauermiene durchs Haus und suchte etwas, das sie »Kadraal« nannte. Ich kam beim besten Willen nicht darauf, was noch fehlte. Irgendwann begriff ich, dass sie »Kathedrale« sagen wollte. Sie war auf der Suche nach einer Glaskugel mit Vögeln, die um die Londoner St.-Pauls-Kathedrale herumflatterten. Aber sie war auch mit einer normalen Schneekugel zufrieden.

Meine britische Mum fand es zu schön, dass Brittany so versessen auf eine englische Filmfigur war, und schenkte ihr eine gestärkte weiße Trägerschürze, eine Kameebrosche und britische Münzen, unter anderem einen Tuppence. So entstand unser abendliches Ritual. Zuerst steckte ich in der Rolle von Mary Poppins die kleine Brittany in die Badewanne und schrubbte sie ab, dann drehte ich ihr hopp, hopp die Haare auf. Wenn sie ihren Schlafanzug angezogen hatte, holte ich das Maßband aus der Tasche. Bei Brittanys Körpergröße hatte ich geschrieben: »Brittany Maynard, so gut wie vollkommen.« Das Maßnehmen machte ihr immer einen Riesenspaß. Bei meinen eins siebzig stand auf dem Band: »Mommy, kichert außerordentlich viel und räumt *ständig* auf.«

Danach trug ich Brittany zum Fenster ihres Schlafzimmers, und wir betrachteten den Abendhimmel. Sie wollte wissen, ob das Sturmsignal gehisst war, ob der Wind nach Osten drehte. Ich beruhigte sie immer, der Wind habe sich nicht gedreht, selbst wenn es regnete. Denn das bedeutete, dass Mary noch blieb. Bei den vielen Veränderungen, die durch die Scheidung über uns hereingebrochen waren, sollte Brittany wissen, dass ich sie nie verlassen würde, egal, wie heftig der Wind wehte.

Ich brachte sie ins Bett, legte mich neben sie und las ihr drei Geschichten vor. Dann schlüpfte ich hinaus, zog ihre Decke hoch und strich ihr übers Haar, so wie Mary Poppins der kleinen Jane übers Haar strich und »Bleibt schön wach« sang, eine augenzwinkernde Ermahnung, ja nicht einzuschlafen.

Als Brittany und ich in ein kleineres, gemietetes Haus zogen, spielte ich weiter die allwissende Mary, obwohl ich mich abstrampeln musste, um in meinem neuen Leben als alleinerziehende Mutter Fuß zu fassen. Irgendwann hörte Brittanys Vater auf, sie zu besuchen. Sein Fernbleiben führte dazu, dass sie ihn jahrelang idealisierte. Er wurde zu dem abwesenden, aber perfekten Daddy, der jedes Problem gelöst hätte, wäre er nur da gewesen.

Ich versuchte, mir die wunderbare Poppins zum Vorbild zu nehmen. Ihre entschiedene Autorität und ihre Zuversicht gingen mir ab, aber ich tat, was ich konnte. Anders als Mary gab ich mir Mühe, das Unbegreifliche zu erklären, nämlich warum Brittanys Vater sie nie besuchte. Bei unseren zahlreichen Ausflügen in Mary Poppins' Welt lernten Mutter und Tochter eine ganze Menge. Britt träumte sich an ferne und exotische Orte, und als junge Erwachsene reiste sie tatsächlich dorthin. Sie machte sich sogar genau wie Mary allein auf den Weg, nur mit einem Seesack statt einer Reisetasche. Ich versuchte, so einfallsreich wie Mary Poppins zu sein und mit Brittany Abenteuer zu unternehmen. Ich ging mit ihr ins Theater, in Museen und auf Spaziergänge.

Brittany trug Mary Poppins ihr ganzes Leben lang in sich. Sie strahlte Autorität und Zuversicht aus. Sie wusste, dass sie von Menschen, die ein vollkommen anderes Leben führten, viele Weisheiten lernen konnte, wenn sie richtig zuhörte. In ihren Zwanzigern, während ihrer Zeit in Berkeley, arbeitete Brittany als Kindermädchen. Wie Mary Poppins warf sie Fragen auf und ließ ihre jungen Schützlinge selbst die Antworten finden. Die Kinder liebten sie. Sie war sachlich, zuverlässig und so gut wie immer Herrin der Lage.

Mary hatte eine Nase dafür, wann sie kommen und gehen sollte. Sie reiste mit dem Wind, und wenn sie ihre Aufgabe erfüllt hatte, verschwand sie wieder. Aber sogar Mary Poppins fiel es schwer, sich zu verabschieden. Am Ende des Films sieht man ganz kurz, wie sie die Tränen wegblinzelt, während der Papageienkopf an ihrem Regenschirm sagt, ihn würde sie nicht zum Narren halten, er wisse genau, dass sie die Kinder sehr lieb habe. Die unermüdliche Mary Poppins hielt dem Papagei einfach den Schnabel zu, klappte ihren Regenschirm auf, straffte die Schultern und schwebte hinauf in den Himmel.

In vielerlei Hinsicht glaube ich, dass meine Tochter Marys Vorbild gefolgt ist. Sie brachte alle zum Schweigen, die sie mit Sentimentalität von ihrer Entscheidung zu sterben abhalten wollten; sie straffte die Schultern und entschied ganz allein, wann sie mit dem Wind unsere Welt verließ.

4
Lieder aus anderen Büchern

3. Januar 2014, die Nacht nach der Diagnose

»Alle müssen aus dem gleichen Gesangbuch singen.«

Dean Lombardi

»Momma.«

Mitten in der Nacht wachte ich auf. Im dämmrigen Krankenhauszimmer sah ich, dass Brittany im Bett saß und an ihrem Katheter zog.

»Süße, was ist los?« Ich richtete mich auf und griff nach ihren Händen. Ich hatte Sorge, sie könnte den Weglaufschutz auslösen.

Britt schüttelte mich ab. »Ich bekomme keine Luft.« Sie legte sich eine Hand auf die Brust. »Ich muss hier raus. Ich muss nach Oregon«, sagte sie und schlug die Bettdecke zurück.

Ich sprang von meinem provisorischen Bett und beugte mich über sie. »Brittany, wir müssen jetzt nirgendwohin.« Flüsternd hielt ich ihre Hände fest. »Zieh bitte nicht die Schläuche raus, Schätzchen. Es ist doch immer scheußlich, wenn sie bei dir nach Venen suchen müssen. Du hast jetzt schon so viele blaue Flecken.«

Brittany betrachtete ihre Arme. Sie schien die Blutergüsse erst jetzt zu bemerken. Auf ihren Händen hatten alte Einstiche Knoten hinterlassen, von denen einer besonders dick war. In beiden Ellenbeugen waren große Blutergüsse aufgetreten, weil Venen durchstochen oder Katheter verrutscht waren.

»Brittany, du machst es nur noch schlimmer, wenn du die Zugänge herausziehst. Du willst doch nicht, dass die Ärzte dich an den Handgelenken fixieren lassen, oder?« Ich berührte sanft den Knoten auf ihrer rechten Hand. »Du hast schon einen Weglaufschutz.«

»Momma, ich muss hier raus. Dieser Hirntumor wird mich auf scheußliche Art umbringen. So will ich nicht sterben. Bitte hilf mir.« Panik sprach aus ihrem Blick. »Hier können sie nichts für mich tun.«

»Versuchen wir doch, es einen Tag nach dem anderen anzugehen. Wir sollten uns erst mal besser informieren. Diesem Arzt traue ich nicht.« Ich streichelte ihr übers Haar und zog ihre Decke wieder hoch. »Nachts wird es ganz schön kalt hier. Ich mache erst mal alles ordentlich.«

»Ich friere auch.« Britt versuchte, die dünne Decke hochzuziehen. »Ich kann nicht schlafen. Ich denke immer daran, dass ich einen schrecklichen Tod sterben werde.« Unruhig bewegte sie die Arme auf der Decke. »Ich habe das Gefühl, mein Herz schlägt zu schnell.«

Mir dagegen blieb das Herz stehen, bis es schließlich zögernd weiterschlug. Am liebsten wäre ich zu ihr ins Bett gekrochen und hätte sie an mich gedrückt, hätte ihr mit den Fingerspitzen über die Stirn gestrichen und den Rücken gestreichelt, immer im Kreis herum; schlichte Gesten, die sie als Kind immer besänftigt hatten. Aber sie war kein Kind mehr, und ich konnte nicht zu ihr ins Bett kriechen. Meine Gedanken überschlugen sich. Ich überlegte, wie ich sie beruhigen und ablenken konnte.

»Ich sage dir, was wir machen.« Mir waren die Achtsamkeitsübungen auf meinem iPad eingefallen. »Erst mal sorge ich dafür, dass deine Infusionsschläuche gerade liegen, in Ordnung?« Ich richtete die Schläuche auf ihrem Bett, ganz vorsichtig, um nicht an den Einstichstellen zu ziehen. »Dann decke ich alles leicht zu, damit deine Arme und Hände es auch ein wenig warm haben.« Ich zog ein Laken von meinem behelfsmäßigen Bett und breitete es sanft über ihren reglosen Körper.

»Und jetzt hören wir uns die Achtsamkeitsübung an.«

»Ach, Momma. Dieses Meditationszeug ist nichts für mich.« Britt versuchte, den Kopf zu heben.

Ich strich Britts Zöpfe glatt, die ihr Gesicht einrahmten. »Wenn du es nicht magst, schalte ich es aus. Meine Achtsamkeitstrainerin hat eine sehr beruhigende Stimme. Es ist besser, als nur dazuliegen und sich Sorgen zu machen.«

»Ich versuche es. Aber du musst mir versprechen, es auszustellen, wenn es mir nicht gefällt.« Sie klang schläfrig.

Ich setzte mich im Schneidersitz auf mein Bett, damit Brittany mich bei den Atemübungen sehen konnte, wenn sie die Augen öffnete. Ich startete die Aufnahme und schloss die Augen.

In der Stille von Britts dämmrigem Krankenhauszimmer erklangen leise eine Flöte und Geigen. Karen Sother las mit ihrer wunderbaren Stimme ein Zitat von Thomas Merton vor. Es ging um Orte des Friedens inmitten von Lärm und Hektik, an denen Liebe erblühen könne, wie Merton sagt. Ich spürte, wie mein Herz leichter wurde und losließ. Heiße Tränen strömten über meine Wangen.

Die Stimme sprach weiter. »Innere Gelassenheit ist ein Zustand der Ruhe, Klarheit, Stille und Gefasstheit. Gleichmut ist umfassender Frieden, der akzeptiert, was sich von Augenblick zu Augenblick entfaltet.«

Ich fragte mich, wie wir diesen Geisteszustand je erreichen sollten. Karen forderte uns auf, eine entspannte Haltung einzunehmen. Ich sah, dass Brittany sich eine Hand auf den Bauch gelegt hatte.

Gut.

Leise flüsterte ich »ein« und »aus«, wie es die Aufnahme verlangte. Zum ersten Mal seit Tagen ließ ich los. Ich atmete bewusst und betete dabei, dass Brittany ein wenig Ruhe empfand.

Aufrecht saß ich da und lauschte der Stimme, die darüber sprach, im Augenblick zu verweilen, als würde mein Leben davon abhängen. In gewisser Weise tat es das auch.

Als Britt eingeschlafen war, schaltete ich die Aufnahme aus und legte mich unter meine Decke. Aber bis zum Frühstück wachte sie noch dreimal auf. Jedes Mal mit einer Panikattacke, die so schlimm war wie die zuvor. Immer wieder wollte sie ihre Venenkatheter herausziehen und aus dem Krankenhaus verschwinden. »Momma, hol mich bitte hier raus. Hier wartet nichts Gutes auf mich. Wir müssen hier weg.«

Während einer ihrer Attacken stellten der Pfleger und ich einen Toilettenstuhl neben ihr Bett, und ich hielt die Schläuche fest, während sie Wasser ließ. »Momma, ich werde sterben. Das lässt sich nicht ändern. Bitte hilf mir, nach Oregon zu kommen.«

Ich gab Britt etwas Toilettenpapier und sah den Pfleger an. Er hatte uns den Rücken zugedreht, um Brittany etwas Privatsphäre zu gönnen. *Wie oft wird mir meine Tochter mit diesem Satz einen Stich ins Herz versetzen? Müssen wir uns nicht erst besser informieren, bevor wir uns mit dieser Diagnose abfinden?*

»Wir müssen abwarten und eine zweite Meinung einholen.« Ich half ihr, das Krankenhaushemd glattzustreichen und hochzuhalten.

Mir war klar, dass der Pfleger uns hörte, aber er beschäftigte sich mit seinem Papierkram und kehrte uns weiter den Rücken zu.

»Ich brauche meinen Computer. Warum hat Dan mein Laptop noch nicht mitgebracht?«, fragte Britt.

»Der Arzt möchte nicht, dass du auf einen Fernseher oder einen Computer schaust. Erst muss die Schwellung in deinem Gehirn zurückgehen. Das gefällt dir nicht, ich weiß, aber du kannst später noch recherchieren.«

Wenn sie erst einmal anfängt, sich über ihre Krankheit zu informieren, ist sie bald ein wandelndes Lexikon, dachte ich. *Dann liest sie die gleichen verstörenden Sachen wie ich. Aber wie soll ich sie vor diesem Kummer bewahren? Ich habe ihr immer erklärt, dass Wissen Macht ist.*

»Mir ist egal, was die verdammten Ärzte wollen. Die Zeit läuft mir davon. Mom, du musst das begreifen.« Sie hielt sich an meinen Händen fest, um sich wieder aufs Bett zu setzen. »Hast du gehört, was der Arzt gesagt hat? Ich habe einen riesigen Hirntumor!« Sie drehte sich und zog die Beine hoch. »Er wird mich umbringen. Das ist bei dir angekommen, oder?« Sie zerrte an meinem Arm, und aus ihren Augen sprach nackte Angst. »Ich brauche einen Plan.«

Gary und ich haben schon einen Plan. Wir werden nicht aufgeben. Irgendwo auf der Welt gibt es einen Arzt, der uns mehr Zeit verschaffen kann. Gary ist schon das eine oder andere eingefallen. Aber das will Britt jetzt alles gar nicht hören.

Meine Tochter klammerte sich an mich, als würde sie in Treibsand versinken. Der Pfleger half mir, sie zuzudecken und das Kissen richtig hinzulegen. Dann schaltete er die Druckmatte ein, auf der sie lag, und schnallte ihr die Manschetten um die Beine.

Das ist alles nicht wahr. Wir holen eine zweite Meinung ein, und ich weiß einfach, dass sie diesen kaltschnäuzigen Arzt Lügen strafen wird. Mein einziger Gedanke lautete, uns eine bessere Prognose zu beschaffen, einen Weg zu finden, auf dem es weiterging, eine Behandlung, die uns mehr Zeit schenkte. *Meine Tochter wird nicht sterben. Das darf sie nicht. Ich lasse es nicht zu.*

»Ich bin bei dir, Kleines. Wir besorgen uns eine zweite Meinung. Wir loten jede Möglichkeit aus, das schwöre ich.«

»Eine zweite Meinung. Das ist eine gute Idee«, pflichtete mir der Pfleger bei. »Jetzt müssen Sie sich erst mal ausruhen.«

»Möchtest du wieder die Achtsamkeitsübung hören?«, fragte ich.

»Ich kann mit diesem Meditationsmist nichts anfangen.« Unruhig schob Britt ihre Kissen zurecht und verhedderte dabei wieder ihre Schläuche. »Ich habe schreckliche Angst. Ich kann es nicht glauben. Warum habe ausgerechnet ich einen Hirntumor?«

Das fragte ich mich auch. *Lag es an den Reisen ins Ausland? Am Stress, weil sie in allem hervorragend sein wollte? Hat es sie zu sehr belastet, ihren Vater zu verlieren, als sie noch so klein war? Hat die Krankheit vielleicht angefangen, als sie als Teenager mit dem Kopf gegen die Windschutzscheibe geprallt ist? War der Tumor genetisch bedingt? Ihre Großmutter väterlicherseits war an einem metastasierten Melanom am Kopf gestorben. Im Laufe der Zeit habe ich all diese Dinge Ärzten gegenüber erwähnt, aber nie eine Antwort darauf bekommen, ob irgendetwas davon den Tumor verursacht haben könnte.*

»Ich weiß, aber jetzt im Moment musst du nichts weiter tun, als einfach nur zu atmen.« *Mehr kann ich dir gerade nicht geben. Diese Achtsamkeitsübung ist alles, was ich in meiner Mary-Poppins-Tasche habe. Sie ist das Einzige, was mir hilft, für dich da zu sein und nicht schreiend über den Flur zu rennen. Bitte, bitte … hör sie mit mir an.*

»Vorhin hat es dir geholfen einzuschlafen, Liebes«, meinte ich.

»Wir können sie uns leise anhören. Ich muss nicht verstehen, was sie sagt, aber ich höre gerne ihre Stimme.« Britt ließ den Kopf auf ihr Kissen sinken und schloss die Augen. Die Aufnahme lief weiter. »In jedem Augenblick, in dem du zur ruhigen Phase deines Atems zurückfindest, bist du im Einklang mit der unantastbaren Zuflucht des Friedens und der Stille in dir.«

Ich wusste, dass ich diese Zuflucht finden musste, aber in diesem Augenblick gab es im ganzen Universum keinen sicheren Ort, und schon gar nicht in mir. Ich trug keinen Frieden und keine Ruhe in mir. In mir tobten Panik und Schrecken. Ich hatte schon oft im Leben Angst gehabt, aber eine solch existenzielle Furcht hatte ich noch nie empfunden. Ich hatte mich als Mutter noch nie so machtlos gefühlt. Nie so verletzlich als Mensch. Nie so allein als spirituelles Wesen.

Brittany war so lange der Mittelpunkt meines Lebens gewesen. Untragbare Gefühle – Verzweiflung und Hoffnungslosigkeit – wollten die Oberhand gewinnen, aber ich war entschlossen, sie zu verbergen. Ich musste dafür sorgen, dass Brittany nicht aufgab.

Und Gary musste jemanden finden, der uns mehr Zeit

verschaffen konnte. Ich bat ihn darum, weil ich es nicht ertrug, etwas über Brittanys Diagnose zu lesen. Mein Magen schmerzte, wenn ich las, wie sich sternförmige Astrozyten teilten und vermehrten. Wenn ich mich damit beschäftigte, dass gesunde Astrozyten lange als »Kitt« oder Stützgewebe des Hirns galten und man jetzt wusste, dass sie wesentlich zu den komplexen Vorgängen im Hirn beitrugen, überlief mich ein Schauer. Mir wurde vollends schlecht, wenn ich las, dass Hirntumore aus bösartigen Astrozyten als »diffuse Astrozytome« bezeichnet und meist bei jungen Erwachsenen zwischen zwanzig und fünfunddreißig festgestellt wurden. *O Gott, das klingt genau nach dem glialen Tumor, den sie wahrscheinlich hat.* Das Schlimmste war für mich die Beschreibung der mikroskopisch kleinen, tentakelartigen Finger, die sich in das gesunde Gewebe der »denkenden« Hirnareale streckten.

Leider nahm diese Recherche mir den naiven Glauben, der Tumor wäre nur eine dünne Schicht abnormer Zellen, die sich auf Brittanys Hirn gelegt oder sich auf ihm ausgebreitet hatte. Auch wenn ich vor der Einsicht zurückschreckte, wusste ich schon nach einem Bruchteil der Informationen, dass der Tumor in ihr Gehirn eingedrungen war und einen Teil des angrenzenden gesunden Gewebes befallen hatte. Das Hirn und der Tumor waren miteinander verflochten. Noch schlimmer war, dass auf den meisten Kernspinbildern in der Literatur nur kleine begrenzte Gebiete durch das Kontrastmittel aufleuchteten. Auf Brittanys Kernspinaufnahmen erschienen große Teile ihres Hirns unscharf und sanft leuchtend. Ich hatte gelesen, dass sich diffuse Astrozytome chirurgisch nicht vollständig entfernen ließen, weil die Tentakel des Tumors so heimtückisch in das normale Hirngewebe eindrangen.

Was ich erfahren hatte, quälte mich, selbst wenn ich die Augen schloss und versuchte, mich ein paar Minuten auszuruhen. Im wunderhübschen Kopf meiner Tochter – im Frontallappen, dem Teil des Gehirns, der für die höheren Funktionen wie Denken, Gedächtnis und Urteilsvermögen zuständig war – verschoben sich seit zehn Jahren die Hirnfunktionen in andere Bereiche. Ich fand es erstaunlich, wie wandlungsfähig ihr Gehirn war. Es hatte sich so gut wie möglich an die Invasion der kleinen sternförmigen Zellen angepasst. Aus irgendeinem Grund war es mir wichtig, mir vorzustellen, wie der Tumor aussah. Vielleicht gab es mir das Gefühl, ich hätte irgendein Maß an Kontrolle, wenn ich mir ein Bild davon schuf; als könnte ich eher auf medizinische Hilfe hoffen, wenn ich von einem Bauplan ausgehen konnte. Ich hatte gelesen, dass das Hirn durch die Astrozyten fester und elfenbeinfarben wäre. Und wenn sich der Tumor ausbreitete, würde er das Gewebe weicher machen und sogar selbst seine Blutversorgung sicherstellen, indem er neue Blutgefäße wachsen ließ.

Natürlich wollte ich wissen, woher dieses scheußliche Monster kam, das mein Kind angriff, aber ich fand nur heraus, dass sich die genetische Struktur ihrer Hirnzellen aus einem unbekannten Grund verändert hatte. Nur ein winziger Prozentsatz aller Menschen erbte diese genetische Abweichung. Manche Forscher hielten Umweltfaktoren für eine mögliche Ursache von Hirntumoren, aber schlüssige Beweise dafür gab es nicht. Anscheinend waren Menschen, die mit Petrochemikalien oder Pestiziden in Berührung gekommen waren (was Brittany nie war), stärker gefährdet. Es gab auch Studien über starke elektromagnetische Felder, aber im Grunde wusste niemand, was Hirntumore verursachte.

Irgendwann an diesem Tag hatte ich den Computer ausgeschaltet und mich danach im Bad übergeben. Ich hatte Gary gesagt, ich könne nicht weiterrecherchieren. »Vielleicht später. Einerseits will ich es wissen, aber andererseits ertrage ich es nicht.«

Auch wenn mir die Recherche die Augen öffnete – keiner dieser Realitätschecks änderte etwas an dem Plan, den ich in Gedanken schmiedete. Wir würden eine Möglichkeit finden, uns mehr Zeit zu verschaffen – wahrscheinlich eine Operation, die einen Teil des Tumors entfernte –, und während dieser Gnadenfrist würde jemand ein Heilmittel entwickeln. Ein verbreiteter Krebsmythos, an den ich mich klammerte. Gary stimmte mir zu, und diese Vorstellung fing uns emotional ein wenig auf. Britt dagegen blickte dem Tod schon direkt ins Auge.

5
Zu zweit

1987–1988, drei und vier Jahre alt

»Man bleibt Kindern nicht in Erinnerung für die Dinge, die man ihnen gegeben hat, sondern für das Gefühl, dass sie geschätzt und geliebt wurden.«

Richard L. Evans

Nach der Scheidung zogen Brittany und ich in ein schlichtes einstöckiges Haus in Orange County, Kalifornien, das ich gekauft hatte. Ich machte ein richtiges Mädchenhaus daraus. Die Wände wurden in einem blassen Hellrosa gestrichen. Unser winziges Esszimmer tapezierten wir mit einer wunderschönen Blumentapete. Unser neues Heim war etwa ein Viertel so groß wie das Haus, in dem wir mit ihrem Vater gewohnt hatten, aber es war ein friedliches Heim, und es war unser Heim.

Meine Eltern fuhren den weiten Weg von Dallas, Texas, her, um uns beim Umzug zu helfen. Meine Mum Iris, die Brittany »Nanna« nannte, bemerkte geradeheraus wie immer: »Für das Haus braucht ihr Barbiemöbel. Deine Sachen sehen überdimensional aus, als wolltest du Sardinen in eine Dose stopfen. Die Proportionen passen überhaupt nicht zueinander.«

»Es wird schon gehen.« Ich gab mir Mühe, meine

Mum nicht anzuschnauzen; immerhin war sie weit gefahren, um uns zu helfen. Aber ich schwöre, wenn es eine Möglichkeit gab, mir eine Situation noch mehr zu vermiesen, fand meine Mutter sie.

Mein Vater, der während der Weltwirtschaftskrise der 1930er Jahre in Oklahoma aufgewachsen war, in einer Gegend, die damals nur die »Dust Bowl« genannt wurde, die »Staubschüssel«, sagte wie üblich nichts. Er brummelte nur irgendetwas und ging mit seinem Werkzeug nach draußen, um für Brittany ein kleines Spielhaus mit einem richtigen Schindeldach zu bauen.

Ich war in Dallas bei diesem ungleichen Paar aufgewachsen, einem Okie und einer Britin. Meine Mutter sagte *tomaato,* mein Vater sagte *tomäyto*. Meine Mum benutzte britische Schreibweisen, mein Dad amerikanische. Sie waren so unterschiedlich, wie zwei Menschen es nur sein konnten. Schon als Kind begriff ich, dass es meine Mum an einen Ort verschlagen hatte, den ihre Seele als eine einzige Einöde empfand. In der Sonntagsschule lernte ich etwas über Samen, die man auf fruchtbaren Boden streute. Meine Mum stellte ich mir als britischen Setzling vor, der in den ton- und alkalihaltigen Boden von Texas gepflanzt worden war. Meine Mum hieß Iris, nach einer Blume, die auf fruchtbarem, lehmigem Boden wuchs, und jetzt lebte sie in einer Gegend, in der nur eine dünne Schicht Erde den festen Kalkstein bedeckte.

Mums spröder britischer Akzent war das genaue Gegenteil von Dads gedehnter Sprechweise. Meine Verwandten aus Oklahoma und Texas verteilten großzügig Umarmungen, Kniffe in die Wange und Sprüche wie »Nein, wie reizend«. Mum und ihre Familie waren distanzierte, knausrige Menschen, die immer Haltung bewahrten.

Mum bläute uns Ehrfurcht vor Gott (und sich selbst) ein und achtete darauf, dass wir sauber und wohlgenährt waren. Die Umarmerei in Dads überschwänglicher Familie fand sie »ein wenig fragwürdig«. Iris war kein Mauerblümchen und hatte Freude an anständigen Auseinandersetzungen, sie blühte dabei regelrecht auf. Mein ganzes Leben lang stritten Mum und Dad sich laut und wurden sogar handgreiflich. Ich stellte die Regel auf, dass sie sich nicht vor Brittany streiten durften, wenn sie sie sehen wollten. Meine Geschwister, zwei Schwestern und ein kleiner Bruder, und ich wuchsen in Dallas, wenn man so sagen will, auf der Schnalle des Bibelgürtels auf. Ich lernte konservative religiöse Werte und beobachtete gleichzeitig, dass manche Leute Wasser predigten und Wein tranken. In meiner Familie war tatsächlich alles, wie es nach außen schien. Meine Eltern schreckten nicht vor einer ordentlichen Abreibung zurück, und Mum konnte unsere Namen so laut brüllen, dass man sie noch eine Straße weiter hörte.

Wir vier Kinder waren hervorragend in der Schule. Größtenteils spurten wir, weil wir den Zorn unserer Mutter fürchteten. Und dann war da noch Daddy, der schlafende Vulkan, den Mum an- und ausstellen konnte, wenn sie ihm genug in den Ohren lag. Oft sagte Mum: »Wenn ihr Kinder auszieht, lasse ich mich von eurem Vater scheiden, das war's dann für mich.« Als alle vier Kinder ausgezogen waren, grummelte Mum immer noch, sie wolle sich scheiden lassen, und einmal sagte Dad zu ihrer Überraschung sogar: »Können wir gern machen.« Aber bei der Aussicht auf ein Leben allein beschloss Mum dann doch zu bleiben. Es war ein Schock, dass Mum, als es hart auf hart kam, doch »nur Limetten und kein Tropfen Tequila« war, wie man in Texas sagt.

Als ich einem Leben als alleinerziehende Mutter entgegenblickte, tat es gut, mich daran zu erinnern, dass es mit zwei schreienden, streitenden Eltern auch kein Spaziergang gewesen war. Brittany hatte nur einen Elternteil, aber wenigstens würde sie nicht das Gefühl haben, dass sie auf einem Pulverfass saß, wie ich früher.

Als Kind war ich auf Pferden geritten und im Sommer barfuß herumgelaufen und hatte an langen Abenden Glühwürmchen gefangen. All das hat mich zu dem Menschen gemacht, der ich bin, und hat indirekt auch Brittany geprägt. Meine Tochter nannte mich »Momma«, weil mein Daddy seine Mutter »Momma« genannt hatte. Meiner Familie gegenüber empfand ich ein starkes Pflichtgefühl und Loyalität, etwas, das ich von den Eltern meines Vaters gelernt hatte, von Okies, die sich nicht hatten vertreiben lassen und dem teuflischen Trio aus Dürre, Wind und Wirtschaftskrise getrotzt hatten. Britt und ich bewahrten unsere Trinkgläser mit der Öffnung nach unten auf, weil meine Familie es in der Dust Bowl so gehalten hatte.

Manchmal war ich etwas gereizt und konnte meine Gefühle nicht richtig ausdrücken (womit schon meine Mutter gekämpft hatte). Und war es eine typisch britische Manie, dass Mum sich ständig laut wünschte, ihre vollbusigen Töchter mit den stämmigen Beinen wären so »gertenschlank, zartgliedrig oder hager« wie sie? Brittanys Nanna Iris lachte über sehr seltsame Dinge und auch aus Schadenfreude. Und unsere extreme Vorliebe für die Jagd nach Schnäppchen hatten Brittany und ich sicher auch von Iris geerbt. Meine Tochter und ich konnten auf die besten und die schlimmsten Eigenschaften von Okies und Briten zurückgreifen – eine interessante Kombination.

Eines Tages stand die vierjährige Brittany neben mir und sah zu, wie ich mit einer Blumenkelle unseren kaputten Rasensprenger freigraben wollte. Wir hatten uns in unserem neuen Haus eingelebt. Unsere Nothündin Heather hatten wir mitgenommen. Weil unser Leben so weiterlaufen sollte wie vor der Scheidung, wollte ich aus dem Garten hinter dem Haus eine grüne Oase schaffen, in der wir Croquet und Kickball spielen konnten. Brittany würde hier herumlaufen und mit unserer Hündin spielen. Ihren Vater würde sie gar nicht vermissen.

»Wir brauchen Daddy«, sagte sie mit ernster Kindermiene.

»Nein, Sweet Pea, wir brauchen nur eine anständige Schaufel.« Ich stand auf und wischte mir die matschigen Hände an einem Lappen ab. »Wir müssen uns das richtige Werkzeug und ein paar Ratschläge holen. Also auf in den Baumarkt.«

Brittany hockte im Kindersitz eines riesigen Einkaufswagens und hörte zu, wie ich einem Mitarbeiter des Baumarkts mein Problem schilderte.

»Eigentlich brauchen wir einen Daddy«, wiederholte sie. »Können Sie kommen und es für uns fertig machen?«

Ich lächelte den älteren Herrn an, der uns half. »Brittany weiß nicht, dass Mommys genauso gut Sachen reparieren können wie Daddys.« Ich warf ihm einen vielsagenden Blick zu in der Hoffnung, er würde darauf einsteigen.

»Also, wenn ich mir deine Mom so anschaue, würde ich sagen, sie schafft das genauso gut wie ich.« Er lächelte Brittany an. »Und wenn sie noch Fragen hat, kann sie gerne wiederkommen.«

Wir verließen den Laden mit einer großen Schaufel, einem rosa Werkzeugkoffer, PVC-Rohren und Klebstoff.

Dieses Mal sah Britt zu und malte dabei in ihrem Malbuch. Nachdem ich alles nach Anleitung erledigt und die Rohre verklebt hatte, kletterte ich aus dem Loch und schnappte mir Britt, um duschen zu gehen.

Nach einer Pause, in der der Kleber trocknete, stellte ich den Sprenger an und suchte nach undichten Stellen. »Sieh mal, Süße«, triumphierte ich. »Ich habe es repariert!« Ich schaufelte das Loch zu und ebnete die Erde mit der Schaufel ein.

»Mommy, du hast es geschafft!« Brittany tanzte um mich herum, als ich eine Grassode festklopfte.

Mit dem, was die Gärtner in meinem kleinen Garten anstellten, war ich nicht zufrieden. Ich bezahlte sie, obwohl ich sie mir kaum leisten konnte, und sie waren nicht mal fünf Minuten bei mir. Drei Männer sprangen aus einem Truck, mähten, bliesen die Wege frei und verschwanden wieder.

An einem Samstag beschloss ich, ich würde mich verflixt noch mal selbst um meinen Garten kümmern. Also fuhren Britt und ich wieder zum Baumarkt und holten einen neuen elektrischen Rasenmäher, einen Rasentrimmer und eine elektrische Heckenschere. In den nächsten Wochen saß der Feuerwehrmann, der gegenüber wohnte, samstagnachmittags mit einem Bier und seinen Kumpeln in der Garage und beobachtete, wie ich mich abrackerte. Bestimmt amüsierten sie sich über meine Gartenarbeit, aber ich winkte ihnen einfach nur zu und machte weiter.

Das lange orangefarbene Kabel des Rasenmähers kostete mich reichlich Nerven. Ich musste lernen, bei jeder Kehrtwende so fest damit zu schlackern, dass es auf die andere Seite des Mähers fiel. Außerdem musste ich erst einmal herausfinden, wie ich mit dem Rasentrimmer die Ränder schnitt, ohne den Beton oder die Backsteine zu erwischen. Jedes Mal wenn ich gegen den Putz des Hauses schlug, beugte ich mich vor und begutachtete den Schaden, den ich angerichtet hatte.

Bei meinem Publikum auf der anderen Straßenseite sorgte ich auch für Heiterkeit, als ich versuchte, den Liguster in Form zu bringen. Ich besah mir die Aufgabe, dann kletterte ich auf meine Betonmauer und drosch mit der Heckenschere auf die Pflanzen ein. Ich kam mir vor wie Rambo, erntete jedoch auch das größte Gelächter aus der Garage meines Nachbarn.

Eines Tages kam die Frau des Feuerwehrmanns zu einem Plausch herüber, als ich die Blumen goss, und erzählte, ihr Mann habe sie gefragt, warum sie sich nicht auch selbst um ihren Garten kümmere. »Immerhin«, habe er gesagt, »arbeitet die Frau in Vollzeit und hat ein Kind. Du bist nur Hausfrau und Mutter.«

Ich lachte. »Na ja, ich habe die ganzen Geräte gekauft, weil ich mich über die Gärtner geärgert habe. Ehrlich gesagt fällt es mir jede Woche schwerer, mich daran zu erinnern, was an ihnen so schlimm war.«

Dabei mochte ich das Rasenmähen sogar irgendwie. Im Gegensatz zur Hausarbeit hielt sich das Ergebnis ein paar Tage lang. Wenn ich mit Brittany im Kindersitz hinter mir nach Hause kam, konnte ich die Früchte meiner Arbeit bewundern. Ich kümmerte mich mehrere Jahre lang selbst um den Garten, bis ich zur Kundenberaterin befördert wurde und mit dem Verkauf von Halbleitern so viel Provision erzielte, dass ich mir wieder einen Gärtner leisten konnte.

Ein Windhauch wehte mir den schwachen, würzigen Geruch nach feuchter Erde in die Nase. Brittany stand im Garten und wandte das Gesicht dem Himmel zu. »Mommy, ich glaube, es regnet«, flüsterte sie staunend.

Die zart versprenkelten Sommersprossen auf ihrer Stupsnase rührten mein Herz. Sie fand die kupferfarbenen Pünktchen nicht süß, aber ich fand es einfach wunderhübsch, wie sie ihre grünen Augen betonten. Ich hatte Brittany gesagt, ihre Sommersprossen seien die Stellen, an denen die Engel sie küssten, während sie schlief, aber das nahm sie mir nicht ab.

Als ich den Kopf in den Nacken legte, spürte ich die Tropfen. Ein Lächeln breitete sich auf meinem Gesicht aus. Südkalifornien erlebte gerade das vierte Jahr einer schweren Dürre; der Boden war ausgetrocknet, das Gras färbte sich stellenweise braun. Ob der Regen die unablässige Hitze milderte?

Die Tropfen fielen dichter. Das war richtiger Regen, und ich streckte ihm die Arme entgegen und blinzelte, als mir ein Tropfen direkt ins Auge fiel.

Brittany drehte sich langsam im Kreis. Sie blieb stehen und streckte die Zunge heraus.

»Regen schmeckt gut!«, rief sie.

»Er riecht auch gut«, sagte ich.

»Regen fällt endlich auf uns zwei«, improvisierte ich zur Melodie von »Raindrops keep falling on my head«, »und wie Mom wünscht sich auch Britt ihn herbei …« Ich nahm Britts Hände und drehte mich mit ihr im Kreis. Dabei sangen wir schief »Singin' in the Rain«, und ich baute Britts Namen in den Text ein, um sie zum Lachen zu bringen. Wir wurden langsamer, stoppten und grinsten uns mit tropfnassen Gesichtern an.

Ich schrammelte auf einer imaginären Gitarre und sang Eddie Rabbitts »I Love a Rainy Night«. Britt klatschte dazu im Takt. Wir spielten unser Luftgitarrenduett mit Hingabe und verhunzten den Song, bis wir nass bis auf die Knochen waren. Brittanys Augen blitzen, und ihre Ohren lugten unter ihren feuchten braunen Haaren hervor. Dann liefen wir zur Veranda. Die Luft war erfüllt vom tropischen Duft des weißen Jasmins, und Britt schauerte wohlig. Ich zog sie zu mir. »Jetzt müssen wir erst mal die nassen Sachen loswerden«, sagte ich und streifte ihr das Shirt über den Kopf.

»Momma, wir sind draußen!« Sie hielt sich das tropfnasse Shirt vor die schmale Brust.

»Na und?« Ich zog mein nasses Oberteil auch aus und wrang es aus. »Wir ziehen uns hier aus und gehen dann rein.« Mit einem Blick auf die hohe Betonmauer schlackerte ich meine Tennisschuhe von den Füßen. »Wir sind im Garten ganz unter uns.«

Ich hockte mich hin und knotete Britts nasse Schnürsenkel auf. Sie streifte ihre Schuhe ab, und ich half ihr aus den Shorts und der Unterhose, die aneinanderklebten.

Mein kleiner Spatz lief splitternackt mitten in den Garten, reckte das Gesicht dem Himmel entgegen und drehte sich im Kreis. Bevor ich zu meinem klatschnassen, vor Glück strahlenden Kind lief und es auf den Arm nahm, betrachtete ich einen Moment lang, wie der Regen mein kleines Mädchen küsste.

Brittany nahm in ihrer Vorschule an einem Eignungstest für den Kindergarten teil, weil ihr Geburtstag am 19. November gerade »an der Grenze« lag, wie es hieß. Vom kommenden Herbst an konnte sie entweder als eines der jüngsten Kinder den Kindergarten besuchen, der in den USA den Grundschulen angegliedert ist, oder ein weiteres Jahr in der Vorschule bleiben und wäre dort eines der ältesten Kinder. Der Mann, der den Test durchführte, stufte Brittany als begabt und talentiert ein. Er sagte, der Stoff für das Jahr im Kindergarten würde ihr leichtfallen. Trotzdem solle ich es mir überlegen. Wollte ich, dass Brittany in ihrer Gruppe die Jüngste ist? Bei ihrer Geburt galt sie als Frühchen, was ihm zufolge durchaus eine Rolle bei der Bewertung spielte, ob sie reif genug war. Ich wusste auch, dass sie wegen der Scheidung emotionale Unterstützung brauchte. Am Ende dachte ich, dass es für Brittany nur vorteilhaft sein konnte, eines der älteren Kinder in ihrer Gruppe zu sein.

Als Vorschulkind tat Brittany Beständigkeit gut. Wenn sich in ihrem Tagesablauf etwas veränderte, warf es sie immer leicht aus der Bahn. Um für einen festen Rahmen zu sorgen, gab ich Brittany immer zu Frauen, deren Kinder die gleiche Gruppe besuchten. So konnte sie mit einer Freundin nach Hause gehen und bei ihr bleiben, bis ich sie nach der Arbeit abholte. Brittany hatte das Glück, dass sie von zwei sehr reizenden Frauen betreut wurde, die ihr die Liebe, Aufmerksamkeit und Sicherheit angedeihen ließen, die sie brauchte, um stark und unabhängig zu werden.

In Brittanys Vor- und Grundschule wusste man, dass Britts Vater sich abgesetzt hatte und dass sie sehr an Mary Poppins hing. Wenn Britt unruhig wurde, nahmen die Erzieherinnen sie auf den Schoß und lasen mit ihr ein Buch.

Bücher spendeten Brittany Trost, in der Schule wie zu Hause. Ganz oben auf der Liste standen *Madeline* von Ludwig Bemelmans, die Bücher über Amelia Bedelia von

Peggy Parish und *Matilda* von Roald Dahl. Mit Hilfe ihrer großartigen Erzieherinnen konnte ich meine Tochter sanft durch die schlimmsten Phasen der Scheidung leiten. Sie bekam jede Menge Kuscheleinheiten und Aufmerksamkeit und die Möglichkeit, sich in Bücher zu flüchten.

6
Versprechen

5. Januar 2014, Verlegung in die UCSF

»Wir machen Brot und Versprechen,
um sie zu brechen.«

Jonathan Swift, »Polite Conversation«,
The Prose Works of Jonathan Swift

Die nächsten Tage im Krankenhaus verliefen angespannt, weil wir alle nur noch dort wegwollten. Wir warteten darauf, dass unser Antrag auf eine Verlegung in das Brain Tumor Research Center an der University of California in San Francisco, ein auf Hirntumore spezialisiertes Forschungszentrum, bearbeitet wurde. Wir hatten das Zentrum gebeten, Brittany als Patientin aufzunehmen und ein freies Zimmer für sie zu finden. Der *US News Health Report* führte das Medical Center der UCSF als fünftbestes Krankenhaus für Neurologie und Neurochirurgie für Erwachsene auf. Die vier Krankenhäuser auf den ersten Plätzen der Rangliste waren weit entfernt. Solange wir erst einmal Brittanys intrakraniellen Druck senken mussten, war die UCSF eindeutig die beste Wahl an der Westküste.

Das Forschungszentrum wurde von Dr. Mitchel Berger geleitet. Er hatte in Harvard studiert und war ein landesweit anerkannter Neurochirurg, spezialisiert auf Hirntumore bei Erwachsenen und Kindern und umfassend in intraoperativem Brain Mapping geschult, einem Verfahren zum Nachweis von Hirnarealen, die die Leistungsfähigkeit des Gehirns sicherstellten. Den guten Listenplatz hatte das Forschungszentrum der UCSF für den Einsatz fortschrittlicher Technologie bekommen, weil es für die Bildgebung einen 3-Tesla-Kernspintomografen mit wesentlich besserer Bildqualität einsetzte. Einweisender Arzt war Edward Chang, Gastprofessor für Neurochirurgie. Dr. Chang hatte einen bedeutenden Beitrag dazu geleistet, die Sprachverarbeitung des Gehirns besser zu verstehen. Bei Britt wurde dieses Hirnareal von dem Tumor angegriffen.

Dan und ich hatten abwechselnd die Nächte bei Britt verbracht, seit sie im kommunalen Krankenhaus lag.

»Allein schaffst du das nicht, Dan. Wir müssen als Team zusammenarbeiten und uns die Verantwortung teilen«, hatte ich ihm erklärt.

Erschöpft hatte Dan zugestimmt.

»Wir haben einen langen Weg vor uns«, setzte ich hinzu. Er sollte nicht das Gefühl haben, er müsse alles allein bewältigen. »Wir müssen uns unsere Kraft einteilen. Wir müssen ein richtiges Gespann werden.«

In der letzten Nacht im kommunalen Krankenhaus war ich an der Reihe, bei Brittany zu bleiben. Nach der schroffen und plumpen Diagnose ihres Arztes und der respektlosen Beschreibung von Dr. Berger war es mit Brittanys Stimmung natürlich bergab gegangen. Man hatte ihr gesagt, sie leide an einem tödlichen Tumor und der einzige Mensch, der vielleicht eine Operation wagen würde, mache »wirklich verrückte Sachen«. Hatte der Arzt erwartet, diese Beschreibung würde bei ihr irgendeine Art von Enthusiasmus oder Vertrauen wecken?

Brittany versank immer mehr in einer düsteren Hoffnungslosigkeit, die verständlicherweise von Wut durchsetzt war. Was sollte man auch sonst tun, wenn man hört, dass man keinerlei Chance gegen den Krebs hat, der das eigene Hirn erdrückt? Die Angst riss ihren Schlund am weitesten auf, wenn es dunkel war. Wir wachten dann mitten in der Nacht auf und führten immer wieder das gleiche Gespräch – ich klammerte mich fest an die Hoffnung, und Britt wiederholte, was sie über ihre Krankheit gelesen hatte. Den Kampf um ihr Laptop hatten wir gegen Brittany verloren. Es machte sie wütend, dass jemand dachte, er könne sie von der Recherche über ihre Krankheit abhalten.

Brittanys Reaktion – Wut über die Diagnose und Angst vor der Zukunft – war absolut verständlich, aber ich begriff einfach nicht, warum sie direkt zur Akzeptanz übergegangen war. Was war mit den anderen Phasen der Trauer, dem Leugnen und Verhandeln? Ich wollte kämpfen. Ich wollte Hoffnung. Ich wollte ein Wunder.

Ich befand mich noch im Land des Leugnens, wo ich mir stur einbildete, wir würden eine Lösung finden. Gary recherchierte unermüdlich, er rief sogar Ärzte im Ausland an. Wir arbeiteten an einem Plan.

»Ich bin erledigt, Momma«, sagte Brittany. »Du musst das begreifen. Ich habe einen riesigen Tumor, der mich auf eine widerliche, beschissene Art umbringen wird, wenn ich nichts unternehme.«

»Niemand hat von einem schrecklichen Tod gesprochen.« Ich versuchte, sie zu besänftigen. Wenn sie solche Dinge sagte, hatte ich das Gefühl, jemand würde mir ein Messer in den Bauch rammen.

»Verstehst du das nicht? Hast du überhaupt was darüber gelesen? Wir müssen genau vor dem Angst haben, was sie *nicht* gesagt haben.« Sie knackte mit ihrem Hals, legte die Hände an den Kopf und bewegte ihn mit einem Ruck zur Seite. »Ist dir nicht aufgefallen, dass niemand darüber reden will? Nicht mal der Arzt kann darüber sprechen. Er hat kaum die Diagnose rausgebracht.« Britt ruckte ihren Kopf in die Gegenrichtung, wobei es ein zweites Mal laut knackte.

Ich verzog das Gesicht. »Lass das bitte. Das kann deinem armen Kopf doch nicht guttun.« Mir wurde übel, wenn sie so mit dem Hals knackte.

»Gott, Momma! Ich habe keinen Hirntumor, weil ich mit meinem Hals geknackt habe. Wen kümmert es, was das mit meinen Wirbeln macht? Ist doch völlig egal, ob meine Knochen zu Staub zerfallen. In nicht mal einem Jahr ist sowieso nichts mehr von mir übrig. Nur noch Staub.« Sie ließ ihren Hals noch zweimal knacken.

Der Schmerz stach mir ins Herz. Ich tat ein paar winzige, ängstliche Atemzüge. Mein Kopf juckte, im Nacken spürte ich brennende Knubbel. Auf meiner linken Wange suppte goldene Flüssigkeit aus einer offenen Pustel. Ich befürchtete, dass es ansteckende Impetigo war. Wer weiß, vielleicht hatte ich mir irgendwo Staphylokokken eingefangen – in Dads Heim für Demenzkranke womöglich? Im Flugzeug oder hier im Krankenhaus? Jedenfalls wollte ich Britt auf keinen Fall anstecken. Über all diese Dinge konnte ich leichter nachdenken als über das, was meine Tochter gerade gesagt hatte.

»Wir geben nicht auf, Schätzchen. Gary lotet jede Möglichkeit aus. Wir verschwinden aus diesem unfähigen Krankenhaus, und wir werden jemanden finden, der weiß, wovon er redet.« Ich kratzte an den brennenden Knubbeln, bis meine Fingerspitzen blutverschmiert waren.

»Mein Nacken, Momma. Er tut so weh.« Seufzend ließ sie sich in ihre Kissen sinken.

Ich wusch mir mit warmem Wasser die Hände.

»Leg dich gerade hin, Kleines. Ich massiere dich.« Ich schob die Hände unter Britts Nacken und suchte mit festem Druck nach Knoten, um die unablässigen Schmerzen zu lindern. Schmerzen, die jedes Gespräch unterbrachen. Schmerzen, die Furchen in ihre Stirn gruben. Von denen sie einen glasigen Blick bekam. Die ihr das Mitgefühl raubten. Und den Schlaf. Schmerzen, die sie seit fast einem Jahr ertrug.

»Du musst mir helfen, meinen Wohnsitz nach Oregon zu verlegen. Wir müssen uns beeilen. Ich habe nicht mehr viel Zeit.« Ihre Stimme war sanft und leise. Ich fand einen Knoten und massierte ihn, fast im Schlaf, wie ich es schon so oft getan hatte. Mit den Daumen übte ich Druck auf die Verspannungen aus, während Brittany mir ein Versprechen abnehmen wollte, von dem ich nicht wusste, ob ich es halten konnte.

»Gib mir dein Wort, dass du mich nicht leiden lässt, Momma. Bitte verlang nicht von mir, blind, taub und stumm zu werden. Der Druck in meinem Kopf ist wirklich schlimm. Mein Schädel fühlt sich an, als würde er gleich explodieren.«

Der hübsch geformte Kopf meiner Tochter lag schlaff und schwer in meinen Händen, während ich hier und da sanft drückte. »Die Prognose ist nicht gut«, sprach Brittany weiter. »Primäre Hirntumore sind selten, deshalb gibt es keine Gelder für die Forschung. Sie wissen rein gar nichts über die ganze Sache. Wenn ich irgendeine andere Krebsart hätte, sähe es besser aus. Ich habe den schlimmsten Mist, den man bekommen kann.«

Ich hörte meiner logischen Tochter zu, während ich die Muskeln neben ihrer Wirbelsäule bearbeitete. Hätte ich sie doch nur heilen können, indem ich Liebe durch meine Hände strömen ließ.

»Diese Art von Primärtumor ist ein Sonderfall. Er ist unheilbar. Er ist ein Todesurteil.« Behutsam drehte sie sich auf die Seite und beugte den schlanken Hals, während ich den Handballen zwischen ihre Schulterblätter drückte und mit langen bedächtigen Bewegungen über ihren Rücken strich.

»Du hast diesen bescheuerten Arzt doch gehört. Dieser Monstertumor wird keine Ruhe geben. Er wird ins nächste Stadium wechseln, und ein Hirntumor Grad 4 ist grausam. Ich werde gelähmt sein. Ich werde das Gedächtnis verlieren. Vielleicht werde ich dich nicht mal wiedererkennen.« Vor Traurigkeit kippte ihre Stimme ein wenig. »Ich werde alles verlieren, was mich ausmacht.«

Ich hörte ihr zu, obwohl jede Zelle meines Körpers »Nein« schrie. Es kostete mich meine ganze Willenskraft, um es nicht laut herauszubrüllen. Alles, was ich von meiner Mutter, meinem Vater, meinen Großeltern und von klein auf in der Kirche gelernt hatte, schoss mir durch den Kopf. Nach all den Lektionen aus der Kindheit, die meinen Verstand geprägt hatten und mir bis in die Blutkörperchen eingehämmert worden waren, konnte ich nur ablehnen, was ich da hörte.

Ich antwortete nur: »Leg dich auf den Rücken, Süße. Ich massiere dir noch den Kopf und das Gesicht.« Ich half ihr, die Schläuche zu ordnen, achtete darauf, dass sie nicht an den Einstichstellen zogen, und tupfte Britts Wangen mit einem Zipfel des Lakens trocken.

»Momma, bitte hilf mir. Hirntumore sind nicht wie andere Tumore. Das Gliom auf meinen Kernspinaufnahmen wird sich zu einem Glioblastom entwickeln. Das ist der bösartigste, am schnellsten wachsende Tumor, den es gibt. Mein Hirn ist dann nur noch Brei. Er wird mir die Augen aus den Höhlen drücken.«

Mir vorzustellen, wie die Augen meines Kindes, die Fenster zu seiner Seele, durch den hohen intrakraniellen Druck hervorgedrückt wurden, war die Hölle. Mir drehte sich der Magen um. Während ich ihr über die Schläfen strich, dachte ich daran, dass ich gelesen hatte, das Hirn würde weicher und dunkler.

Gott im Himmel, hilf mir … hilf uns.

»Ich verspreche es«, flüsterte ich. »Ich verspreche, dass ich dir helfe, mein Schatz.«

Vor meinem inneren Auge blitzte ein lebhaftes Bild der Hölle auf. In jeder Predigt, die ich in Texas gehört hatte, war ein kleines bisschen Hölle mitgeschwungen. Mein Pastor hatte mir beigebracht, dass die Hölle genauso echt war wie jeder andere Ort; dass Jesus (den ich schon als Kind geliebt hatte) an die Hölle glaubte und regelmäßig Menschen dorthin schickte und Leute, die ich gekannt hatte, jetzt in der Hölle waren. Im Reich der Finsternis brannte ein unauslöschliches Feuer. Die Menschen dort litten auf alle Ewigkeiten Durst und wurden unaufhörlich von Flammen gequält. Vor Schmerzen rissen sie die Münder weit auf, und Kreaturen mit Flügeln und Hörnern folterten sie Tag und Nacht.

Ich strich meiner Tochter sanft über die Stirn und betete für ein Wunder. *Bitte, Gott, heile ihr Hirn unter meinen Fingern. Du bist der Einzige, der noch helfen kann.*

Brittany blickte auf und sah mir fest in die Augen. »Versprich es mir. Ich muss mir sicher sein können, dass du mir hilfst zu sterben und nicht zulässt, dass dieser Tumor mich langsam zu Tode quält.«

Ich blickte in ihr liebes, besorgtes Gesicht und wiederholte mein Versprechen. »Ich werde nicht zulassen, dass dieser Tumor dich quält. Ich werde alles tun, was nötig ist.« Als ich diese Worte aussprach, begriff ich, dass ich dieses Versprechen würde halten müssen, komme, was wolle. Ich würde gegen Gesetze verstoßen, ich würde sie in ein anderes Land bringen müssen. Ich würde alles tun, was nötig war.

Als besonders schlimm empfand ich, dass ich in diesem Moment nicht wusste, wie ich ihr helfen konnte. Ich wünschte mir einfach nur, sie würde nicht mehr über das Sterben sprechen. Ich wünschte mir, sie würde schlafen. Ich wollte schlafen. Ich wollte aufwachen und merken, dass alles nur ein Albtraum gewesen war.

»Schlaf jetzt, Schätzchen. Ich bin hier bei dir.« Nachdem ich noch einmal ihr Gesicht gestreichelt hatte, setzte ich mich auf meinen Klappstuhl. Ich betete immer noch für ein Wunder und schob die Gedanken an die Hölle beiseite. Trotzdem träumte ich in dieser Nacht, Brittany und ich wären dort. Wir konnten nicht gehen, wir konnten nur kriechend versuchen, den gehörnten Kreaturen zu entkommen, die uns inmitten der Flammen ihre dreizackigen Mistgabeln durch die Haut stießen. Brittany schrie nach mir.

Ich wachte auf, als mir eine Schwester ins Ohr flüsterte: »Es tut mir leid, dass ich Sie um diese Uhrzeit darum bitte, aber wir müssen Sie in ein anderes Zimmer verlegen.«

»Wie spät ist es?« Desorientiert setzte ich mich auf. Ich sah zu meiner Tochter. »Brittany, ist was passiert?«

Bevor Britt antworten konnte, sagte die Schwester: »Nein, nein, es geht ihr gut. Wir besorgen ihr eine Tragbahre. Ich dachte nur, Sie wollen schon mal Ihre Sachen zusammenpacken.« Sie gab mir ein paar Plastiktüten mit Griffen.

Und so war schlagartig Schluss mit den geheiligten Verhaltensweisen bei Hirnschäden, an die wir uns tagelang gehalten hatten. Brittany wurde auf den hell erleuchteten Gang gefahren. Ich stolperte mit unseren Habseligkeiten hinterher. Wir marschierten durch einen Teil des Krankenhauses, an dem scheinbar noch gebaut wurde, überall fielen mir leere Zimmer auf und Möbel auf den Gängen, als wollten sie einen Ausverkauf starten.

Schließlich wurde Brittany in ein seltsam geformtes Eckzimmer gefahren, in dem wir den lauten Fernseher im Nachbarraum hören konnten. Dieser Flügel wirkte überfüllt, alle Türen standen offen. Vor den Fenstern hingen keine Vorhänge. Es war, als hätte das Krankenhaus uns abgeschoben. In unserem neuen Bereich war es laut, und es gab kaum Pflegekräfte – ein himmelweiter Unterschied zur Intensivstation. Hier konnte man keine Ruhe finden.

In den nächsten zwölf Stunden redete Brittany fast pausenlos und drehte sich dabei immer mehr im Kreis. Im Wesentlichen sagte sie: Das Leben sei mies, das Leben sei zu ihr und zu uns besonders unfair gewesen; sie habe sich ihr ganzes Leben lang bemüht, gesund und ein guter Mensch zu sein; es gebe keinen Gott, weil kein Gott so etwas zulassen würde; das Universum sei nicht mehr als ein gähnender Abgrund aus Dunkelheit und Tod; tief in ihrer Seele sei sie sicher, dass sie sterben würde; sie wisse, dass ihr Tod ein quälender Prozess sein würde, der einen Verlust nach dem anderen nach sich zog; sie habe mich lieb, aber ich müsse ihr helfen, nach Oregon zu kommen; sie habe einen friedvollen Tod verdient; sie habe nichts getan, um den Tod zu verdienen, der ihr durch den Hirntumor drohte; niemand würde sie davon abhalten, in Oregon Zuflucht zu suchen; sie habe Angst, sie würde irgendwann nicht mehr sprechen können und in ihrem Körper gefangen sein; sie würde das Recht verlieren, für sich selbst einzutreten; würde ich bitte für sie eintreten, wenn es dazu kommen sollte; sie wisse, dass ihr Tod die Hölle werden würde. Was wir denn getan hätten, um in diese Hölle gestürzt zu werden?

Ich versuchte, mit ihr zu beten oder über Hoffnung zu sprechen, redete ihr gut zu, sie solle sich die Meditationsübungen anhören, aber das machte sie nur wütend, und sie begann wieder von vorne mit ihren Gedankenkreisen. Ich konnte nicht mehr tun, als ihr zu versprechen, dass ich sie unterstützen würde. Ich sagte, ich würde sie verstehen, aber in Wahrheit tat ich das nicht. Ich sagte, ich würde alles tun, was sie brauchte, aber im Innersten war ich nicht sicher, ob ich das konnte. Ich sagte alles, von dem ich glaubte, es könnte ihre Sorgen lindern.

Tante Sarah informierte sich schon über das Sterben-in-Würde-Gesetz des Staates Oregon und brachte in Erfahrung, was Brittany tun musste, um es in Anspruch nehmen zu können. Sie war es, die wir anrufen mussten. Ihr Mann litt schon sein Leben lang unter Herzproblemen, und er und Sarah hatten über genau dieses Thema gesprochen. Sie sagte, ja, sie könne alle Informationen beschaffen, ohne verrückt zu werden. Mein Schwager Charles war ein kluger und besonnener Mann, und er hatte erwogen, das Gesetz für sich zu nutzen. Dieser Gedanke tröstete mich ein winziges bisschen.

Stunden verstrichen. Dan und Gary besuchten uns nach dem Frühstück. Ich las Britt aus einem Buch vor, das sie zu Weihnachten bekommen hatte. Es hieß *David und Goliath*, und Malcolm Gladwells schnörkellose Art zu schreiben und seine provokanten Ideen gefielen mir sehr. Für Britt war es perfekt, ein Buch, das dazu inspirierte, Hindernisse und Nachteile in einem völlig neuen Licht zu sehen. »Ich bin David«, sagte Brittany, als ich eine Pause machte. »Der Tumor ist mein Goliath.«

Zwölf Stunden nachdem wir aus der Intensivstation verlegt worden waren, kam endlich eine Schwester, um Brittanys Infusionsschläuche zu entfernen. Ich fuhr mit Britt im Intensivtransport zur UCSF, was durch den Berufsverkehr besonders scheußlich wurde. Der begleitenden Krankenschwester hatte ich extra gesagt, dass meine Tochter kurz zuvor noch eine Infusion mit Medikamenten und einer Kochsalzlösung bekommen hatte und häufig urinierte, und trotzdem war keine Bettpfanne für Britt vorhanden.

Als wir im Verkehr stecken blieben, sagten die Schwester und ich zu Britt, es sei in Ordnung, wenn sie sich einnässte, wir würden sie im Krankenhaus waschen.

Brittany antwortete: »Gar nichts ist in Ordnung. Mir ist völlig klar, dass mein Leben nie wieder ›in Ordnung‹ sein wird.«

7
Sweet Pea

1990–1994, sechs bis zehn Jahre alt

»Wie es wohl sein mag, sich seinem engsten Bindeglied zur Zeit und zu Zeitaltern, zu früheren und kommenden Generationen, zu einem anderen Menschen und seiner Zeit so nah, so untrennbar verbunden zu fühlen und es einfach nur beschützen zu wollen?«

J. R. Tompkins, Price of the Child

Als Brittany sechs Jahre alt war und ich sie eines Tages nach der Arbeit abholte, gab ihre warmherzige und liebevolle Babysitterin Cheryl ihr ihren Rucksack und erinnerte sie daran, dass sie Hausaufgaben aufhatte.

»O nein«, jammerte Brittany und wirkte völlig niedergeschlagen. Dabei war sie gerade noch fröhlich gewesen.

»Na, du willst doch klug werden und so einen guten Job wie deine Mommy bekommen, oder?«, fragte Cheryl.

»Ich will überhaupt nicht wie meine Momma werden«, antwortete Brittany. »Ich will wie du werden und zu Hause bei meinen Kindern bleiben.«

Reue, Schuldbewusstsein und Traurigkeit verflochten sich miteinander und legten sich um mein Herz, aber ich fing mich schnell wieder. Mit einem Blick auf Cheryls betretenes Gesicht sagte ich: »Das Gefühl verstehe ich. Ich wünschte, ich könnte jeden Tag bei dir zu Hause bleiben, Sweet Pea.«

Mit meiner Arbeit im Vertrieb war es steil bergauf gegangen. Ich hatte keine einzige Schulung besucht, aber vielleicht war es ein gutes Training gewesen, Achtklässlern die Wissenschaft schmackhaft zu machen. Jedenfalls war ich ziemlich gut in meinem Job. Ich hatte eine Aktentasche, einen Pieper und eines der ersten Handys auf dem Markt. Brittany konnte ich mit all dem nicht beeindrucken. Sie wusste, dass ich todmüde war, wenn ich abends nach Hause kam.

Nach sechs Monaten war ich die beste Vertrieblerin meiner Firma. Der ganze Erfolg brachte Stress mit sich, sowohl durch Mitbewerber als auch in meinem eigenen Büro. Immerhin konnte ich Geld für Brittanys College in den Sparstrumpf stecken. Mein Ziel war es, ihr einen Abschluss ohne Schulden zu ermöglichen. Ich legte das Geld zurück und tat so, als wäre es nicht da.

In der ersten Klasse verschmierte Brittany einmal ihre Hausaufgaben mit ihrem dunkelrosa Radiergummi. Als ich vorschlug, sie solle auf einem sauberen Blatt Papier von vorne anfangen, stöhnte sie gequält auf.

»Nein! Mache ich nicht! Das ist gut genug«, rief sie vom Küchentisch.

Wortlos nahm ich das Blatt Papier, zerknüllte es und warf es in den Mülleimer.

»Wieso bist du so gemein?«, heulte sie.

Ich nahm sie auf den Arm und trug sie in den Flur, wo ich eine ganze Reihe sepiagetönter Familienfotos aufgehängt hatte, die bis zu meinem Urgroßvater zurückreichten. Die Bilder zeugten von Armut in der Dust Bowl und endlos langen Arbeitstagen. Sie zeugten von Verzweiflung, von vorzeitigem Altern und zu frühem Tod. Ich trug Brittany den Flur entlang. »Das ist dein Grandpa«, sagte ich und zeigte auf einen kleinen Jungen in einem Karren, der vor einem einfachen, offenen Zelt stand. »Das ist deine Urgroßmutter.« Ich zeigte ihr eine weißhaarige Frau. Sie hielt einen toten wilden Truthahn an den Krallenfüßen hoch. »Das sind die Schwestern deiner Grandma, acht an der Zahl. Sie sind alle an Tuberkulose gestorben, bevor sie dreißig waren.« Ich deutete auf ein Familienfoto, auf dem elf Kinder ihre Eltern umringten.

Britt, die schwer auf meiner Hüfte saß, beruhigte sich.

»Von diesen Menschen stammst du ab, Brittany.« Ich beobachtete, wie sie mit großen Augen die Fotos betrachtete. »Das sind deine Wurzeln. Das ist deine Familie von vor langer Zeit.«

Brittany berührte das Foto meines Vaters. »Grandpa?«

»Er hat in diesem Zelt gelebt. Seine Familie hat sich nie kleinkriegen lassen. Sie hat einfach immer weitergemacht.« Ich strich ihr die Haare hinter die Ohren. »Auf der nackten Erde, im Wind, ohne Geld. Sie haben nicht einfach aufgegeben.«

»Sie sehen nicht glücklich aus«, sagte sie leise.

»Nein, Sweet Pea, das stimmt. Aber wenn Grandpa von damals erzählt, redet er immer von den ›guten alten Zeiten‹.«

»Warum?«, fragte sie. »Das sind doch keine guten Zeiten.«

»Weil sie aus dem, was sie hatten, das Beste gemacht haben. Und dadurch hat Grandpa sich gut gefühlt.« Ich lächelte, als sie mit dem Handrücken ihre Tränen wegwischte. »Man fühlt sich gut, wenn man sein Bestes gibt.«

»Ich fühle mich nicht gut! Ich bin traurig, weil ich noch mal von vorne anfangen muss.«

»Ich weiß, jetzt bist du traurig, Schätzchen.« Ich gab ihr einen Kuss auf die Wange. »Aber warte mal ab, wie toll es sein wird, wenn du fertig bist.«

In jenem Juli besuchten wir meine Eltern und meine Schwester Donna in Dallas. Donna war während meiner Scheidung ein paarmal zu mir geflogen, um mir mit Britt zu helfen. Sie war mir altersmäßig am nächsten und hatte während der aufwühlenden Trennung Ruhe und Stärke ausgeströmt.

Nanna, Grandpa und Tante Donna setzten sich zu Britt und mir ins Auto, und zusammen erkundeten wir die Altstadt von Fort Worth. Dabei bekam Britt ein wenig zu spüren, wie streng meine Mum sein konnte, was nicht gut ankam.

Später ging ich mit Brittany zu dem Bach hinter dem Haus, in dem ich aufgewachsen war. Ich zeigte ihr meine alte Schule und den Stall, wo ich mein Pferd untergestellt hatte. Es war eine wichtige Reise, weil Brittany alt genug war, um zu verstehen, dass meine Kindheit deutlich anders ausgesehen hatte als ihre.

Brittanys Lehrerin in der ersten Klasse hatte mir gesagt, meine Tochter sei begabt und würde von einer Privatschule mit kleineren Klassen profitieren. Deshalb besuchte Brittany ab dem zweiten Schuljahr die St. George Academy, in der nur etwa fünfzehn Kinder in ihrer Klasse waren.

Im dritten Schuljahr wurde Brittany ausgewählt, um den Solopart der Jasmin zu singen. Ein Klassenkamerad übernahm die Rolle des Aladin. Meine Freundin Sherri und ihr Sohn Tyler sahen sich Brittanys beeindruckenden Auftritt an. Ich fand es unglaublich, dass Kinder in diesem zarten Alter mit Selbstvertrauen vortreten und aus voller Kehle singen konnten. Zu dieser Zeit sagte Britt kaum noch, wir würden einen Daddy brauchen. Vielmehr überlegte sie mit mir zusammen, wie wir Probleme lösen konnten. Sie stand auf Girlpower und war alles andere als begeistert, als ich beschloss, wieder zu heiraten.

Mittlerweile waren meine Tochter und ich so stark miteinander verbunden wie die Neutronen und Protonen eines Atomkerns. Vom Wesen her waren wir völlig unterschiedlich, aber wir glichen uns aus. Wir beide waren aufeinander angewiesen, aber wir hatten gemerkt, dass wir auch ohne einen Vater im Haus glücklich waren. Leider konnte der Mann, mit dem ich seit drei Jahren zusammen war und der später Brittanys Stiefvater werden sollte, keine gute Beziehung zu ihr aufbauen. Vom ersten Tag an standen die Chancen schlecht, dass wir es als Ehepaar schaffen würden. Nachdem wir es sechs Jahre lang versucht hatten, trennten wir uns schließlich und ließen uns scheiden.

Als Brittany acht und neun Jahre alt war, sauste sie mit ihrer besten Freundin Jennifer auf Inlineskates die Straße rauf und runter, und mit jedem Schwung wurden ihre Beine muskulöser. Sie spielte Telefonstreiche, warf dabei den Kopf in den Nacken und riss den Mund zum Lachen weit auf. Britt und Jen fuhren ins Reitlager, kletterten auf Bäume, schlugen Rad, machten Chemieexperimente und tanzten, als würde niemand zuschauen. Sie führten Theaterstücke auf, spielten Models auf Modeschauen und erkundeten die Natur entlang der umliegenden Wanderwege. Es war eine Freude, diese unerschrockenen, mutigen Mädchen zu beobachten. An dieser zarten Schwelle in ihrer Entwicklung, noch Jahre vor der Teenagerzeit, verfassten die beiden einen reizend altklugen Brief an sich selbst in der Zukunft.

Verliert nie den Glauben an euch. Bleibt immer Freundinnen. Haltet zusammen, egal, was passiert. Wir glauben an euch, Mädels, inzwischen Ladys, ihr werdet alles schaffen. Jetzt seid ihr einundzwanzig und wahrscheinlich an einem guten College. Lasst die Finger von Drogen und Alkohol. Macht euch nicht das Leben kaputt, das vor euch liegt. Erinnert euch an die guten und die schlechten Zeiten in eurer Kindheit, und denkt immer daran, Gott ist bei euch und liebt euch. Vergesst nicht das Gedicht über die Fußspuren im Sand! Liebt euch selbst und habt Vertrauen in euch!
Alles Liebe
Wir

Und Brittany wuchs und wuchs, sie wurde größer, entwickelte sich im Umgang mit anderen und auch in ihren schulischen Leistungen. Sie brauchte ein starkes Gerüst, genau wie die Duftwicken, von denen ihr Kosename Sweet Pea stammte, etwas brauchten, an dem sie emporklettern konnten. Ihre feinen Ranken fanden bei mir Halt und Struktur.

Duftwicken sind robuste Kletterpflanzen mit zauberhaften zarten Blüten in einer Vielzahl von Farben. Sie benötigen einen nährstoffreichen, nicht zu feuchten Boden und Sonne. Mit dem richtigen Halt können die Triebe gute zwei Meter hoch werden. Mein kleines Mädchen würde laut dem Kinderarzt eine Körpergröße von vielleicht einem Meter achtzig erreichen.

Duftwicken wachsen kräftiger, wenn sie ihre Köpfe in die Sonne und ihre Wurzeln in kühle, feuchte Erde strecken. Britt wirkte immer sonnig und fröhlich, und ich hatte das Gefühl, dass sie ein starkes, von meiner Liebe genährtes Wurzelgeflecht entwickelte.

Es war wunderbar, wenn ich Brittany von der Schule abholte und sie an mir hochsprang und ihre Arme und Beine um mich schlang. Jeden Tag konnte ich kaum erwarten, dass es Feierabend wurde und sie mir erzählte, was sie gefreut und was sie traurig gemacht hatte. Ich liebte es, Brittanys Gerüst und Stütze zu sein.

Dieses Bild von Brittany als Kletterpflanze mit zarten Blüten begleitete mich während ihrer ganzen Kindheit, ihrer Teenagerzeit, durch ihre Krankheit und bis zu ihrem Tod. Robert Kirkland Kernighans Gedicht »Sweet Peas« fängt meine Gefühle perfekt ein, aber ich kann es immer noch nicht laut lesen, ohne zusammenzubrechen. Er schreibt darüber, dass seine Geliebte stirbt und er an ihrem Grab Duftwicken pflanzt. Und er stellt sich vor, dass ihr lieblicher Duft zu Gott aufsteigt.

Jetzt wachsen Duftwicken in meinem Garten.

8
Kraniotomie

6. bis 10. Januar 2014, die Woche der Operation

»Wenn es hart auf hart kommt, können wir es verkraften, einen Arm oder ein Bein zu verlieren, aber ich operiere an Gedanken und Gefühlen ... und wenn etwas schiefläuft, zerstöre ich möglicherweise das Wesen dieses Menschen ... für immer.«

Henry Marsh, Facharzt für Neurochirurgie am Atkinson Morley/St George's Hospital in London, Autor von Um Leben und Tod

Die Entscheidung war gefallen. Dr. Mitchel Berger, Professor und Leiter der Abteilung für Neurochirurgie an der University of California, San Francisco, war außer Landes. Sein Protegé Dr. Edward F. Chang würde am 10. Januar 2014 eine Kraniotomie durchführen. Brittany war mit der Vertretung einverstanden, weil Dr. Berger ihr am Telefon persönlich sagte, sie würde nach wie vor zu seinen Patienten gehören und er würde nach seiner Rückkehr bei einer zweiten Operation versuchen, weiteres Tumorgewebe zu entfernen. Erst einmal würde Dr. Chang sie operieren, um den Druck zu senken, und dabei den Tumor nur so weit entfernen, dass er nicht Gefahr lief, die eloquenten, also die wichtigen und funktionell bedeutsamen Hirnareale zu verletzen.

Der junge, fitte Dr. Chang flößte Brittany Vertrauen ein, trotzdem ermahnte sie ihn wiederholt: »Aber nicht dass Sie in mein Gehirn preschen und rumspringen wie ein Cowboy beim Rodeo.«

Dr. Chang lächelte über das ausgefallene Bild und versicherte ihr, er sei sich der Risiken bewusst. Edward Chang war ein Experte auf seinem Gebiet, er hatte sich auf neurophysiologisches Brain Mapping spezialisiert, um die eloquenten Hirnareale sicher operieren zu können. Beim Brain Mapping werden diese Hirnbereiche durch direkte Stimulation lokalisiert und dargestellt. Dr. Chang kannte sich im Krankenhaus aus, und er kannte sich im menschlichen Gehirn aus. Der Arzt sah Brittany unverwandt an und hörte sich geduldig ihren Plan an, nach Oregon zu ziehen, weil ihr die dortigen Gesetze einen friedlichen Tod ermöglichen würden.

»Ich muss wissen, wie schnell dieser verdammte Tumor wächst, und ich weiß, dass Sie dafür operieren und Tumorgewebe entnehmen müssen.« Brittany redete schnell. »Und ich brauche ein DNR-Formular.«

Chang schaute zu Boden, dann blickte er Brittany wieder an. Er fragte, warum sie jetzt ein Formular brauche, das Wiederbelebungsmaßnahmen ausschloss.

Für mich fühlte sich dieser Satz von Britt wie ein Messerstich an. Ich fragte mich, wie Dr. Chang ihn empfand.

»Weil ich nicht will, dass Sie mich zurückholen, falls bei der OP etwas schiefläuft und es zu einem Herzstillstand kommt«, antwortete Britt mit fester Stimme.

Dr. Chang trat von einem Fuß auf den anderen und sagte, er halte nicht viel davon, wenn bei ihrer Operation eine solche Anweisung gelte.

»Aber ich halte sehr viel davon. Wenn das Schicksal

mir aus irgendeinem Grund die Chance gibt, eher früher als später abzutreten, während ich an einem Hirntumor sterbe, will ich nicht, dass jemand eingreift.«

Dr. Chang betrachtete Brittany einen Moment lang. Dann fragte er sie, was sie sagen würde, wenn er ihr fünf Jahre verschaffen könnte.

Mein Herz schlug schneller. Das war der größte Hoffnungsschimmer, der bisher aufgekommen war.

»Sind Sie sicher, dass Sie das können?« Britt zog die Augenbrauen hoch und starrte ihn an.

Der Arzt sagte, nach der Operation würde er mehr wissen. Das Gewebe würde ihnen viel verraten. Aber er war der Ansicht, von einer DNR-Verfügung solle sie erst einmal Abstand nehmen. Einen Moment lang erwiderte er Britts Blick, dann bat er sie, ihm für die OP nicht die Hände zu binden. Er bat sie, ihm zu vertrauen.

Am Ende entschied sich Brittany dafür, dass die DNR-Verfügung direkt nach der Operation in Kraft treten sollte. Diese Forderung akzeptierte Dr. Chang.

Brittany durfte für ein paar Tage nach Hause, um sich auszuruhen, zu entspannen und bei ihrem Mann und ihren geliebten Fellnasen Charley und Bella zu sein. Gary flog heim, aber ich blieb bei Dan und Britt.

Ihr Haus war immer noch weihnachtlich geschmückt. Als erste Maßnahme sauste ich überall durch und putzte. Vor allem nahm ich mir ihr Schlafzimmer und das Bad vor. Eine von Brittanys Freundinnen aus Berkeley, mit der sie sich früher ein Zimmer geteilt hatte, schneite ins Haus, als ich gerade wie wild die Fugen in der Dusche schrubbte. Sie fragte mich, wie es mir ging.

»Ich sage mal, ganz gut.« Mit dem behandschuhten

Handrücken strich ich mir die Haare aus den Augen. Ich musterte ihr jugendliches Gesicht, und da wurde mir klar, dass es mir alles andere als ganz gut ging. Ich drehte völlig durch. Eben noch hatte ich gedacht, wenn ich die Dusche sauber genug bekam, würde Brittanys Krebs verschwinden. Während ich die Fliesen abschrubbte, stellte ich mir vor, ich würde Tumorzellen vernichten.

»Ich putze, weil es mir das Gefühl gibt, ich würde damit den Tumor angreifen«, gab ich zu. Mir traten Tränen in die Augen. Ich stand auf und stellte das Wasser an, um die Wände abzuspülen.

»Verstehe ich«, sagte sie. »Und wenn die Strategie funktionieren würde, wäre sie mit Sicherheit geheilt.«

Ich legte den Gummiwischer weg, kletterte aus der Dusche und fiel ihr um den Hals.

Am 9. Januar, kurz vor Mitternacht, schickte Brittany eine Mail an Gary und mich mit einem Link zu einem YouTube-Video, das sie einem Arzt in Oregon geschickt hatte. Wahrscheinlich hatte sie diesen Weg gewählt, weil es uns zu schwerfiel, darüber zu reden. In dem Video erklärte Brittany, dass sie das Sterben-in-Würde-Gesetz des Staates Oregon in Anspruch nehmen wolle. Weil wir vollkommen mit dem Ergebnis von Britts Operation und der postoperativen Pflege beschäftigt waren, sahen wir uns das Video erst einige Tage später an. Wir mussten die ersten achtundvierzig Stunden nach der Operation überstehen, bevor wir uns anschauen konnten, wie sie über Sterbehilfe sprach. Im Krankenhaus hatte ich ihr versprochen, ich würde ihr beistehen. Ich hatte geschworen, dass ich sie unterstützen würde, egal, was kam. Sie sollte nur nicht mehr vom Sterben reden. Ich hätte ihr alles versprochen. Obwohl es mir schreckliche Angst einjagte, war ich bereit, meine Zusage um jeden Preis zu halten.

Als alleinerziehende Mutter hatte ich mit fast schon neurotischer Genauigkeit darauf geachtet, nie mein Wort zu brechen. Gary war von Natur aus ein verlässlicher Mensch, und wenn er Brittany sagte, er würde etwas tun, erwartete ich, dass er dazu stand, das wusste er. Wir bemühten uns, jedes Versprechen zu halten, große wie kleine.

Jetzt würde ich dieses Versprechen meiner Tochter gegenüber halten, und wenn es mich umbrachte. Als Brittany darüber sprach, in Oregon zu sterben, überlegte ich sofort, ob es für mich eine Möglichkeit gab, sie zu begleiten – und ich meine nicht nach Oregon. Der Gedanke kam ganz von selbst. Mich erschreckte er nicht, aber mir war klar, dass er andere erschrecken würde, also behielt ich ihn für mich.

Für ihren Krankenhausaufenthalt kaufte ich Britt ein neues Nachthemd, warme Kuschelsocken und eine Augenmaske wegen der Lichtempfindlichkeit. Nach unseren Erfahrungen im kommunalen Krankenhaus war ich besser vorbereitet. Dan, Gary und ich fuhren Brittany am 10. Januar zur UCSF. Wenig später war sie für die Operation vorbereitet, mit OP-Kleidung und einem Bändchen am Handgelenk. Ich las ihren Namen auf dem Plastikstreifen und fragte mich, ob sie nach der Operation noch die gleiche Brittany sein würde. Beim Blick auf ihr taillenlanges Haar überlegte ich, ob ich es flechten sollte. Die Ärzte hatten sich zuversichtlich gezeigt, dass sie ihr den Kopf nicht komplett rasieren mussten, aber um nach dem Flechten zu fragen, fehlte die Zeit.

Ich holte mir jedoch die Erlaubnis ein, nach der Operation bei Britt auf der Intensivstation bleiben zu dürfen. Mehrere Leute sagten mir, das sei unmöglich. Ich erklärte ihnen, dass Britt im ersten Krankenhaus versucht habe, sich die Zugänge herauszuziehen und von der Intensivstation zu türmen. »An der UCSF bleibt niemand zu Besuch auf der Intensivstation«, verkündete mir ein Assistenzarzt. »Wir haben keine Schlafmöglichkeit für Sie. Gar keine.«

Brittany hörte zu, während ich um meinen Wunsch kämpfte. Am Ende gab der Arzt nach.

»Ich bin hier, wenn du aufwachst.« Ich beugte mich vor und berührte die zarten Locken an ihrem Haaransatz. »Komm zu mir zurück«, flüsterte ich ihr noch ins Ohr, bevor sie aus dem Zimmer geschoben wurde.

Dan und seine Familie warteten in der Cafeteria. Ich blieb eine Weile bei ihnen, bis ich merkte, dass ich mehr Ruhe brauchte. »Gary, ich gehe in die Kapelle«, sagte ich.

Er nahm sein Laptop und begleitete mich in den »Meditationsraum« neben der Eingangshalle. Wir betraten ein kleines Zimmer. Eine Handvoll Stühle standen darin, religiöse und Mut machende Texte und ein Buch für Gebetsanliegen waren ausgelegt. Ich fiel vor einem Stuhl auf die Knie und stützte die Ellbogen auf den Sitz.

Ich betete, dass Gott den Verstand und die Hände der Chirurgen leiten möge. Ich betete, Er möge Brittanys starkes Herz während der Operation beständig schlagen lassen und Dr. Chang möge nicht versehentlich Hirngewebe entfernen, das Britt brauchte, um zu denken, zu sprechen, zu hören oder zu sehen.

»Davor hat mein Kind am meisten Angst«, vertraute ich Ihm an.

Ich betete darum, dass der Druck in ihrem Kopf durch

die Medikamente weit genug nachgelassen hatte, damit ihr Hirn nicht während der Operation versuchte, sich aus dem Schädel zu befreien. Ich betete zu Gott, Er möge meine Tochter heilen. Obwohl man mir gesagt hatte, dass die Ärzte aller Voraussicht nach nur einen Teil des Tumors entfernen konnten, betete ich dafür, dass sie irgendwie, durch ein Wunder, in der Lage wären, ihn vollständig zu entfernen. Ich betete dafür, dass ich wissen würde, wie ich sie pflegen und beruhigen konnte, wenn sie die Operation überstanden hatte.

Nach einer Weile ging Gary leise hinaus. Carmen kam herein und betete. Als sie wieder ging, strich sie mir voller Mitgefühl über die Schulter. Gary kam zurück und drängte mich zu einer Mittagspause, und ich gesellte mich zu den anderen in die Cafeteria, aber ich konnte es kaum erwarten, in den Meditationsraum zurückzukehren. Ich sehnte mich nach der Stille, danach, nur noch meinen Atem und meinen Herzschlag zu hören. Ich entschuldigte mich und zog mich wieder in den kleinen Raum zurück.

Ich betete nicht mehr ständig das absurde »Nimm mich«. Stattdessen versuchte ich es mit einem anderen Ansatz und konzentrierte mich auf Lobpreisungen. Ich pries Gott für die wunderbare neuronale Plastizität von Brittanys Hirn, das sich im Laufe der Jahre so angepasst hatte, dass sie normal funktionieren konnte. Es flößte mir Ehrfurcht ein, dass sich ihr Hirn neu ausrichten konnte. Gott hatte Brittanys Hirn nicht als starres System erschaffen, deshalb war es flexibel genug, um seine Funktionen neu zu organisieren. Ich dankte Gott für die Fähigkeit ihres Gehirns, Aufgaben in gesundes Gewebe zu verlagern, die sonst durch das Vordringen des Tumors verloren gewesen wären. Brittany, die wortgewandte Brittany, blieb, wie sie war, weil ihre rechte Hirnhälfte den Großteil der Sprachfunktionen übernommen hatte.

»Das Gehirn meiner Tochter ist schon jetzt ein Wunder. Danke für dieses Wunder«, flüsterte ich.

Nachdem ich stundenlang gekniet hatte, beschloss ich, mich vor Gott niederzuwerfen. Wenn ich diese äußerst demütige Haltung einnahm, würde Er meine Gebete vielleicht erhören.

Zwei Gedanken kamen mir in den Sinn. Die Sätze unterschieden sich deutlich von dem, was ich bisher gedacht und gebetet hatte, und auch davon, wie ich Dinge normalerweise ausdrückte. Sie klangen wie die Worte eines Fremden.

Der erste Gedanke lautete: »Der Tumor ist das Werk des Teufels. Er kommt nicht von Gott.«

Und der zweite: »Ich werde zu mir nehmen, was mir gehört.«

Ich erschrak. Die abnormen Zellen, die in Brittanys Schädel wucherten, hatte ich noch nie mit einer übernatürlichen Macht in Verbindung gebracht. Ich hatte mir ihren Tumor immer nur als abtrünnige, sternförmige Zellen vorgestellt, die das Hirn übernahmen. Ich hatte in wissenschaftlichen Begrifflichkeiten über ihn nachgedacht.

Die erste Aussage, er sei das Werk des Teufels, klang unheilvoll. Bedrohlich. Brittanys Tumor, dieses riesige Geflecht aus Zellen, das niemand verstand, erschien mir eher wie ein Blitzschlag. Eine seltene Anomalie aus dem Nichts, die eine Schockwelle durch unsere Familie getrieben hatte. Die zweite Aussage hörte sich für mich noch unheilvoller an. Sie schien keine Aussicht auf Heilung für Brittany zu versprechen. Trotzdem schwang ein Versprechen darin mit.

Erschafft unser Verstand solche Antworten, solche Stimmen aus dem Nichts? Wenn es nur mein Verstand war, warum erfand ich für mich dann nicht tröstlichere Worte? Hatte ich mich auf den richtigen Kanal eingestellt, zufällig das ganze Hintergrundrauschen herausgefiltert, das ich sonst in meinem Leben hörte, indem ich mich an diesem ruhigen Ort niederwarf? Oder kamen die Antworten mit zoltarartiger Stimme aus einer Art kosmischer Wahrsagermaschine?

Es war ja kein brennender Busch. Da war kein Engel, der zu mir sprach. Es war nur eine deutliche Stimme, die etwas anders ausdrückte, als ich es tat. Am College hatte ich vorwiegend Naturwissenschaften studiert. Ich hatte Naturwissenschaften unterrichtet. Natürlich dachte ich, dass die Stimme aus meinem eigenen Kopf kam. Trotzdem ließ ich auch anderen Erklärungen Raum, und in meinem Herzen nahm ich an, was ich gehört hatte.

Was auch immer mit diesem schrecklichen Tumor geschehen würde, Gott (das Höchste Wesen/die göttliche Energie des Universums/die Mutter/der Vater aller Menschen) würde Brittany als Sein/Ihr Eigenes annehmen. Daran klammerte ich mich. So einfach war es im Grunde. Sosehr ich mein Kind auch liebte, etwas Größeres als ich, etwas unendlich Mächtigeres als ich, liebte es noch mehr.

Eine solch große Liebe konnte ich nicht einmal begreifen. Die Liebe zu Brittany war das Größte, was ich kannte. Als ihre Mutter hätte ich alles für sie getan. Tief in meinem Herzen war ich mir sicher, dass diese göttliche Energie und Kraft meine Tochter liebte. Sie wollte nicht, dass Brittany litt, und alles, was die Leute über die Hölle erzählten, war Unfug.

In einem klaren Moment ging mir auf, dass ich die

Szene aus meinem Traum mit Brittany und mir in der Hölle auf einer Reise nach Italien gesehen hatte. Sie war unter die Kuppel einer Kathedrale in Florenz gemalt. Kein Wunder, dass der Traum so lebhaft und beängstigend gewesen war; er entstammte den erschreckenden Bildern von Satan und seinen Vasallen von Vasaris Fresko des Jüngsten Gerichts.

Mein Verstand und mein Herz öffneten sich. In den Ecken hingen noch die Spinnweben meiner Kindheitsüberzeugungen, aber ein helles Licht schien auf die Vorstellung einer gewaltigen, allumfassenden Liebe und ließ die Wahrheit erstrahlen. Das Göttliche würde meinem Kind nie wehtun. Wohin ihre schreckliche Krankheit sie auch führen mochte, sie wurde geliebt.

Acht Stunden. So lange hatte ich meine Tochter nicht gesehen. Nach vier Stunden Operation hatte man uns gesagt, alles würde gut laufen. Ich hatte das Gefühl, ich könne den winzigen Meditationsraum nicht länger als ein paar Minuten verlassen, bis Brittany aus dem OP kam. Konnte ein Neurochirurg innerhalb von acht Stunden meiner Tochter das Leben zurückgeben? Trotz allem, was wir wussten und was dagegen sprach, hielt ich mich an dieser Hoffnung fest. Im Innersten wusste ich, dass er ihr höchstens etwas Zeit verschaffen konnte. Aber meine störrische Seite, die Seite, die immer noch nicht die Wahrheit erkennen wollte, schob immer wieder den gleichen Gedanken in den Vordergrund: Was, wenn der Arzt gleich herauskäme und sagte: »Wir haben ihn komplett entfernt.«

Meine andere Seite dachte: *Was, wenn er gleich herauskommt und sagt: »Es tut mir leid, aber sie hat es nicht geschafft.«*

Während ich betete, bekam Brittany eine Vollnarkose. Man hatte über eine Wachoperation diskutiert, und diese Gespräche hatten große Befürchtungen und Ängste bei Brittany ausgelöst. Am Ende hatte sich Dr. Chang für ein geteiltes Vorgehen entschieden. Bei der ersten Operation würden sie so viel Krebsgewebe entfernen, wie sie konnten, ohne Brittanys Fähigkeiten zu gefährden. Sie würden weniger aggressiv vorgehen als bei einer Wachoperation. Später würden sie sich bei einer zweiten OP im Wachzustand das riskantere Tumorgewebe vornehmen.

Bei Britts Vorbereitung behandelten sie ihre Haare vorsichtig und rasierten nur einen fingerbreiten Streifen entlang der Einschnittstelle. Der Neurochirurg setzte seinen Schnitt über dem linken Auge und hinter dem Haaransatz an und zog ihn in einer Kurve bis zu ihrem linken Ohr hinunter, ein wenig wie bei einem Fragezeichen. Dabei klemmte er zahlreiche Blutgefäße ab, weil die Kopfschwarte stark durchblutet ist. Dann klappte er die Kopfhaut zurück und legte den Knochen frei.

Mit einem Highspeedbohrer erzeugte er in einem bestimmten Muster Löcher im Schädel. Sie wurden mit Hilfe eines feinen Sägedrahts verbunden, bis der Arzt ein Stückchen Knochen entfernen konnte.

Eine schützende Haut, die Dura mater – lateinisch für »harte Mutter« –, wurde mit einer chirurgischen Schere aufgeschnitten und zurückgeklappt, um das Hirn freizulegen. Die Dura ist hart und steif wie Leder. Als ich las, was Dura mater auf Latein bedeutete, weinte ich. Ich musste selbst als Mutter hart sein. Dabei fühlte ich mich die meiste Zeit über verletzlich und weich wie Hirngewebe.

Mit verschiedenen Instrumenten entfernte Dr. Chang Tumorgewebe, das er gefahrlos herausnehmen konnte, ohne Britts Fähigkeit zu sprechen oder zu lesen zu beschädigen. Weil er in den eloquenten Hirnarealen operierte, durfte er nicht einmal um einen Millimeter abweichen.

Nach vollendetem Eingriff kamen Dura und Knochenstück wieder an ihren Platz. Schrauben aus Titan hielten den Knochen fest. An Brittanys Stirn wurde eine Drainage unter die Haut gelegt, um überschüssiges Blut und Flüssigkeit vom Ort des Eingriffs abzuleiten. Am Ende wurden die Muskeln zusammengenäht und die Haut geklammert.

Gary saß im Wartezimmer gegenüber des Meditationsraums. Für ihn hatte es eine gewisse Ironie, dass ich den ganzen Tag in einem kleinen, stickigen Raum geblieben war, obwohl ich unter Klaustrophobie litt, und er es in der Enge nicht mehr als ein paar Minuten ausgehalten hatte. Zwischendurch unterhielten wir uns auf dem Gang und stellten uns Fragen, die keiner von uns beantworten konnte.

Dauert es ungewöhnlich lange? Wie kann sich ein Chirurg so viele Stunden auf ein kompliziertes menschliches Gehirn konzentrieren? Steht der Chirurg während der OP? Arme Brittany. Jetzt wird ihr Kopf schon so lange in der gleichen Position festgehalten; was macht das nur mit ihrem Nacken, er tut ihr eh schon immer weh. An wie viel Tumorgewebe kommt der Arzt heran? Bedeutet eine lange Operation, dass sie Schwierigkeiten haben, an den Tumor zu gelangen? Werden Probleme wahrscheinlicher, je länger die Operation dauert?

Als Brittany im Aufwachraum war, wo man sie genau beobachtete und ihre Vitalzeichen kontrollierte, holte Gary mich. »Sie ist im Aufwachraum. Die OP ist gut verlaufen.«

Mitten auf dem Gang umarmte ich ihn.

»Sie haben etwa fünfundvierzig Prozent des Tumors und des nekrotischen Hirngewebes erwischt«, sagte Gary mir leise ins Ohr.

Habe ich in diesem Moment schon *Nur fünfundvierzig Prozent?* gedacht? Ich glaube nicht. Der Gedanke kam erst später. Ich konnte nur daran denken, dass Brittany nicht auf dem Operationstisch gestorben war.

Meine Tochter lebte.

ZWEI

Zurückweisung

»Hinterfrage deine Ansichten. Deine Ansichten sind deine Fenster zur Welt. Schrubb sie gelegentlich ordentlich ab, sonst kommt kein Licht herein.«

Alan Alda, Never Have Your Dog Stuffed and Other Things I've Learned

9
Leugnen

10. Januar 2014, Tag der Kraniotomie, Fortsetzung

»Leugnen hilft uns, unsere Gefühle zu dosieren. Auf diese Weise lässt die Natur nur so viel an uns heran, wie wir verkraften können.«

Elisabeth Kübler-Ross u. David Kessler,
Dem Leben neu vertrauen

Ich hatte mich davor gefürchtet, meine Tochter in der neurochirurgischen Intensivstation zu besuchen, denn ich hatte mir alles Mögliche vorgestellt. Ich hatte erwartet, dass ihr Gesicht geschwollen und voller Blutergüsse sein würde, die Augen schwarz unterlaufen wären. Ich hatte erwartet, dass sie aussehen würde, als hätte sie eine Schlägerei verloren. Dass sie zerbrechlich wirken würde.

Aber Britt war nach ihrer Kraniotomie wunderhübsch, auch wenn ihre Haare zerzaust unter einem blütenweißen Verband hervorschauten. Ihr Blick war klar. Sie hatte einen frischen Teint. Sie war bei Bewusstsein.

Eine körperlich spürbare Woge der Erleichterung durchströmte mich. Einen Sekundenbruchteil lang wackelten mir die Knie. Ich schaute mich um, aber in dem abgetrennten Bereich der Intensivstation stand kein Stuhl. Britt war an eine Reihe von Schläuchen und Geräten angeschlossen, ganz ähnlich wie vor zehn Tagen, als sie in die Intensivstation des kommunalen Krankenhauses eingeliefert worden war. Fast hätte ich mich gekniffen, um sicher zu sein, dass ich nicht nur träumte und sie tatsächlich so gut aussah. So gesund. So lebendig.

Eine überbordende Liebe wallte in mir auf. Am liebsten hätte ich Brittany und die Ärzte und die Schwestern umarmt – jeden, der etwas mit dem Krankenhaus zu tun hatte. Mir war, als hätte ich gerade ein Wunder miterlebt.

Dan küsste Brittany immer wieder auf die Stirn und flüsterte ihr etwas ins Ohr. Ihre großen grünen Augen öffneten sich flatternd, dann fielen ihr die Lider wieder zu. Dan machte mir Platz, und ich küsste Brittany auch auf die Stirn. »Du bist zu mir zurückgekommen«, flüsterte ich.

Britt krächzte: »Wasser.«

Man hatte uns gesagt, sie dürfe vorerst kein Wasser trinken, aber die Schwester gab mir ein Becherchen mit gestoßenem Eis und einen Plastiklöffel. Außerdem bat ich um einen Stuhl, weil ich über Nacht bleiben würde. Darauf folgte eine langatmige Erklärung, dass »niemals jemand bei einem Patienten auf der neurologischen Intensivstation bleibt«.

Nach einer kleinen Diskussion überprüfte die misstrauische Schwester das Krankenblatt und rief mehrere Leute an. Jemand brachte einen schalenförmigen Plastikstuhl. Die Rückenlehne war niedrig und gebogen, man konnte also nicht den Kopf anlehnen. Fairerweise muss ich sagen, dass für einen größeren Stuhl auch kein Platz gewesen wäre. Mir wurde klar, dass mich nach einem langen Tag eine lange Nacht erwartete, aber ich würde Brittany nicht allein lassen.

Bevor Dan und Gary das Krankenhaus verließen, durfte Gary zu mir auf die Intensivstation kommen. Seine Miene hellte sich sofort auf, als er Brittany erblickte. »Du siehst großartig aus, Schätzchen.« Er hielt ihre Hand. »Du hast die OP mit Bravour bestanden – wie alles andere auch. Wie fühlst du dich?«

»Beschissen«, antwortete Brittany.

Ich zog Gary beiseite und sagte: »Sie klagt über Kieferschmerzen. Das verstehe ich nicht.«

»Sie sieht toll aus. Sie ist so tapfer.« Er gab mir einen Kuss auf die Wange. »Unsere Britt ist sehr stark.«

Ich klammerte mich an seine Schulter und flüsterte: »Morgen muss mich jemand früh abholen, so gegen acht. Bis dahin bin ich bestimmt zum Umfallen erschöpft.«

Gary rieb mir über den Rücken. »Ich werde da sein. Ich bringe dich zu Britt und Dan nach Hause, und du kannst etwas Schlaf nachholen. Morgen übernimmt Dan die Nachtschicht.« Er umarmte mich lange, und dann war er verschwunden.

Jede Stunde schneite der Pfleger herein und führte den gleichen neurologischen Test durch, den sie mit Britt vor der Operation gemacht hatten. Er stellte Fragen. Leuchtete ihr in die Augen. Ließ sie seine Arme ziehen und wegdrücken. Wie vor der Operation schien Brittany die Tests problemlos zu bestehen, nur reagierte sie immer gereizter darauf, dass sie geweckt wurde.

»Ich habe das Gefühl, wenn ich den Schmerzen gerade mal entkomme und ein paar Minuten schlafe, sind Sie wieder da und wecken mich«, beklagte sie sich bei dem Pfleger.

»Es tut mir leid, in den ersten vierundzwanzig Stunden

nach einer Operation sind diese Tests sehr wichtig«, antwortete er. »Wie stark sind Ihre Schmerzen jetzt?«

»Bei neun, und es wird schlimmer. Mein Kiefer bringt mich fast um. Was haben sie mit meinem Kiefer gemacht?«

Das verstand ich überhaupt nicht. Der Pfleger befürchtete offenbar, dass er ihr zu viel Schmerzmittel verabreichte, und fragte sie, ob sie noch eine halbe Stunde warten könne. Für den Kiefer gab er ihr einen Eisbeutel. Als ich mich neben sie setzte, um den Eisbeutel auf die richtige Stelle zu halten, strömten ihr Tränen über das Gesicht.

»Momma, mein Kiefer tut so weh.« Ihre Lippen zitterten, und sie holte Luft. »Es ist noch viel schlimmer als meine hämmernden Kopfschmerzen. Warum lässt er mich warten?«

»Weine nicht, Schätzchen.« Ich trocknete ihre Wange. »Wenn du weinst, geht es dir noch schlechter. Ich werde mal mit ihm reden. Bin gleich wieder da.«

Ich suchte den Pfleger auf und erkundigte mich, ob die Kieferschmerzen ungewöhnlich waren. Ich sagte, wenn sie so stark seien, dass sie Brittany zum Weinen brachten, könne das doch nicht gut für ihre Genesung sein.

»Na ja, es kommt schon mal vor«, erwiderte er, »aber etwas seltsam ist es schon. Manchmal muss der Chirurg die Kiefermuskeln bewegen oder sogar anschneiden. Ich bringe Ihrer Tochter sofort Schmerzmittel.«

Als Britt gegen Mitternacht einschlief, schnappte ich mir meine kleine Reisetasche und ging ins Bad, um Joggingsachen anzuziehen, mir das Gesicht zu waschen und die Zähne zu putzen.

Als ich zurückkam, saß der Pfleger vor Britts Zimmer

an einem Computer. Er lächelte mich an. »Ich wünschte, ich könnte Ihnen eine bessere Schlafmöglichkeit anbieten. Wahrscheinlich kommen Sie sowieso nicht zum Schlafen, aber ich könnte Ihnen eine Decke und ein Kissen besorgen.«

»Das wäre nett. Kann ich Sie mal fragen, warum Sie mit den Schmerzmitteln so sparsam sind?«

»Na ja, wir wollen nicht, dass die Medikamente wichtige Symptome überdecken. Aber mit den Kieferschmerzen ist es natürlich hart.«

Ich ging zurück und betrachtete Brittanys liebes Gesicht. Für mich sah sie aus wie ein Engel. Mir war klar, dass die Schmerzmittel irgendwann nachlassen würden und wir dann jedes Mal um mehr betteln mussten. Wir hatten eine lange Nacht vor uns, aber ich war immer noch vor allem erleichtert und dankbar. Hoffnung stieg in mir auf und flatterte wie ein verwundeter Vogel. Vielleicht hatte die Operation uns genug Zeit verschafft. Vielleicht fand Gary irgendwo auf der Welt eine neue Behandlungsmethode, die Brittany das Leben retten konnte. Die Hoffnung warf sich hin und her, ruckte und zuckte.

Ich wickelte mich in die Decke, ließ mich nach unten rutschen, bis mein Kopf auf der Stuhllehne lag, und schloss die Augen zu einem Dankgebet.

Ich betete inbrünstig, Gott möge uns zeigen, wo die Antwort lag. Wo auf der Welt gab es einen Neurologen oder Neurochirurgen, der mehr wusste als die Ärzte der UCSF? Das war meine Art, um ein Wunder zu bitten. Meine Form des Glaubens. Meine Form des Leugnens. Ich verwechselte Hoffnung mit Verleugnung, aber heute weiß ich, dass sie manchmal ein und dasselbe sind.

Leugnen gilt im Allgemeinen als etwas Negatives und

Hoffen als etwas Positives, aber ich bin nicht sicher, ob das so sein sollte. Eine Wahrheit zu verleugnen ist wie eine unrealistische Hoffnung, eine trügerische Hoffnung. Manche würden es als unbegründeten Optimismus bezeichnen. Ich würde sagen, dass »unbegründet« ziemlich hart ist für Menschen, die mit einer tödlichen Krankheit konfrontiert sind.

Krebspatienten und ihre Familien stehen in unserem Land unter großem Druck, eine »positive Einstellung« zu zeigen. Viele Menschen sind insgeheim davon überzeugt, dass man seine positive Einstellung bewahren und sich kämpferisch geben muss, sonst gerät der Krebs außer Kontrolle. Eine solche Denkweise unterstellt, wir könnten den Krebs mit unseren Gedanken davon abhalten, sich auszubreiten. Es gibt keine wissenschaftliche Studie, die belegen würde, dass Zuversicht das Wachstum von Krebszellen bremst.

Für Familien von unheilbar Kranken ist es schwer, sich nicht der Wahrheit zu verschließen. Hoffen und Leugnen verschafften Gary und mir ein klein wenig Distanz zum Schmerz. Die normalen Selbstverteidigungsmechanismen fungierten als Ablenkung; wir verbrachten wertvolle Zeit auf der Suche nach etwas, das unseren Glauben stützte, es gäbe Grund zur Hoffnung. Zu diesem Zeitpunkt befanden Gary und ich uns eindeutig in der Phase, in der wir uns fragten: »Was, wenn?« Wir waren noch nicht bereit für die Frage: »Was *ist*?«

Mein Mann sagte: »Hoffen wir das Beste und machen uns auf das Schlimmste gefasst.« Das sagte er zwar, aber er suchte weiter unermüdlich nach Forschungsergebnissen, die unsere Hoffnung stützten, und überließ die Vorbereitungen auf das Schlimmste anderen. Ich war so damit beschäftigt, mir ein Wunder zu wünschen, dass ich diese Strategie gern übernahm.

In dieser ersten Nacht nach ihrer Kraniotomie litt Brittany unter derart starken Schmerzen, dass sie sich nicht unterhalten konnte. Weil sie zwischendurch nur so weit klar wurde, dass sie um Wasser, Schmerzmittel oder Eis bitten konnte, blieb ich mit meinen Gedanken allein.

Ich hatte mir vorgestellt, sie würde nach der Operation ebenso Zuversicht verspüren. Vielleicht tat sie das auch. Vielleicht gab es einen kurzen Moment, in dem sie wach wurde und nur freudige Dankbarkeit empfand. Vielleicht dachte sie: *Großer Gott, ich hab's geschafft.* Oder dachte sie etwa: *Mist, warum bin ich nicht auf dem OP-Tisch gestorben?*

Ich glaube, ich kenne die Antwort. Ich glaube, sie war froh, dass sie mehr Zeit bekommen hatte. Und ich glaube, dass es für Brittany einfach zu schmerzlich gewesen wäre, auch nur anzudeuten, dass sie auf eine Heilung hoffte. Nach dem Ergebnis der Kernspinuntersuchung und den Aussagen ihrer Ärzte hätte sie sich nur selbst gequält, wenn sie auf die Zukunft vertraut hätte. Wollte sich die Zuversicht anschleichen, verscheuchte sie sie. Es ist ein Unterschied, ob man leben will oder wahrscheinlich überleben wird. Brittany war begierig auf das Leben, aber sie *hoffte* nicht darauf.

In dieser Nacht wirkten die Schwestern, die sauberen weißen Laken, die blinkenden Monitore und Kontrolltöne auf mich tröstlich. Die typischen Dinge, die man im Krankenhaus sah, hörte und roch, gaben mir das Gefühl, wir würden tun, was wir konnten. Wenn ich neben ihr saß, ihr gestoßenes Eis anreichte, den Eisbeutel wechselte, mich für mehr Schmerzmittel einsetzte – dann war das meine Art, für sie zu kämpfen. In dieser Nacht ließ ich zu, dass geschützt in meinem Herzen Hoffnung keimte, fernab vom öden Land der Logik und der wissenschaftlichen Tatsachen.

10

Vom Kind zur Jugendlichen

1996–1998, zwölf bis vierzehn Jahre alt

»›Nein‹, sagte die Mutter zu ihr. ›Da ist es zu gefährlich.‹
Ein kleiner Vorfall, aber wenn er sich Hunderte,
Tausende Male im Leben eines Mädchens wiederholt,
lernt es, dass es nicht ebenso in der Lage ist,
seine Grenzen auszuloten, wie es Jungen sind.
Es lernt, sich zurückzunehmen.«

Sue Monk Kidd, The Dance of the Dissident Daughter

Wann verändert sich deine sorglose Tochter, dein Wirbelwind, der ständig in Bewegung ist? Wann hört sie auf, Rad zu schlagen, den Hund durchs Haus zu jagen, Wasser aus dem Teich und Raupen zum Beobachten mit ins Haus zu schleppen? Verrückte Hüte aus der Verkleidungstruhe zu kramen? Mit ihrer Mutter herumzublödeln? Ab wann ignoriert eine Tochter, dass ihre Mutter überhaupt etwas gesagt hat?

1996, als Britt in die sechste Klasse ging, kündigte ich meine Stelle im Halbleitervertrieb und nahm an der episkopalen Mittelschule, die Brittany besuchte, eine Stelle als Lehrerin an. Ich fand mich mit dem deutlich geringeren Gehalt ab, weil ich dachte, ich könnte als Mutter fürsorglicher sein, wenn ich gleichzeitig mit Brittany frei hatte. Dadurch konnte ich ihr mehr Freizeitaktivitäten ermöglichen. Wir konnten uns weiter nahe sein, wenn ich die kraft- und zeitraubende Vertriebsstelle aufgab. Ich hatte wohl nicht bedacht, wie schwierig es für ein Kind ist, die Schule zu besuchen, in der seine Mutter unterrichtet.

Zu dieser Zeit zogen sie und ich aus unserem Haus aus und verließen den Stiefvater, der nie ein richtiger Stiefdad geworden war. Ihn zu heiraten war die zweitschlechteste Entscheidung meines Lebens gewesen. Ich hatte das Gefühl, dass er weder mich noch mein süßes kleines Mädchen verdient hatte.

Wir zogen wieder in das eingeschossige Haus, das ich nach der Scheidung von Britts Vater gekauft hatte. Ich hatte es nach meiner zweiten Hochzeit vermietet und als Absicherung behalten. Jetzt verkleinerten wir uns wieder und kehrten in unseren sicheren Hafen inmitten von Gladiolen zurück. Der Jacarandabaum war mittlerweile riesig. Ich sagte mir, es sei nicht wichtig, dass meine beiden Ehen gescheitert waren. Margaret Mead war dreimal verheiratet gewesen und hatte sich nicht als Versagerin betrachtet. Am Abend nach dem Umzug schalteten Brittany und ich den Ghettoblaster ein und sprangen übermütig auf den Doppelbettmatratzen auf dem Boden herum. Wir fühlten uns frei.

Im Dämmerlicht des ersten Morgens in unserem alten Haus schwor ich, dass ich nie wieder einem Mann vertrauen würde. Ich würde nie wieder heiraten; von jetzt an gab es nur noch uns beide. Was Männer anging, vertraute ich meinem Urteilsvermögen nicht mehr, und ich würde meine Tochter nicht noch weiteren Blindgängern aussetzen. Ich konnte es kaum erwarten, meinen Mädchennamen zurückzubekommen. Ich würde mich nie wieder davon trennen.

Unsere private Mittelschule lag in der Nähe unseres Hauses. Brittany besuchte die sechste Klasse, ich unterrichtete in der siebten und achten Klasse Naturwissenschaften. Meine Tochter fand absolut alles interessant. Sie besaß einen unstillbaren Wissensdurst, verschlang Bücher und Gedichte und saugte unterschwellige Bedeutungen und Motive begierig in sich auf. Brittany brachte in allen Fächern Bestleistungen, und ihre Lehrer waren begeistert von ihr. Sie hatte sich bald mit einer Gruppe Mädchen angefreundet, die ständig den Macarena tanzten.

Als ein paar der älteren Kinder von der strengen neuen Lehrerin für Naturwissenschaften erzählten, hatte sie, glaube ich, das Gefühl, dass sie zwischen zwei Stühlen saß. Ich machte einen Scherz daraus. »Sag ihnen einfach, sie haben Glück, dass sie nicht mit mir zusammenleben müssen«, meinte ich lachend. Meistens schien Britt sich weder auf mich zu stützen noch sich für mich zu schämen. Sie entwickelte ihren eigenen Geschmack. Sie wollte ihr Zimmer grün streichen, und das machten wir auch. An einem Samstagnachmittag fuhren meine Freundin Lola und ich mit unseren Teenagertöchtern zum Melrose Place und unternahmen einen Schaufensterbummel.

Brittany hatte in ihrem Zimmer eine Giebeldecke und eine Nische, die sie dekorieren wollte. Als ich ein Schaufenster betrachtete, rief ich: »Hey, Brittany, sieh dir mal diese schöne schmale Vase an. Sieht aus wie braunes Glas. Sie ist wirklich hübsch.«

Lolas ältere Tochter Kylie und Britt kamen herüber, um sie sich anzusehen. Kylie prustete los und hielt sich die Seiten. Sie sagte: »Wow, Britt, deine Mom ist ja klasse! Sie will dir eine Bong kaufen.«

Brittanys überraschtes Gesicht zeigte, dass sie nicht wusste, was eine Bong war, trotzdem stimmte sie in das Lachen ihrer Freundin ein.

»Was ist eine Bong?«, fragte ich.

Zum ersten Mal ahnte ich, dass wir als Mutter und Tochter bald unbekannte Gefilde betreten würden; wir würden nicht einmal mehr die gleiche Sprache sprechen.

Brittany war jetzt in einem Alter, in dem sie für Boybands schwärmte und ständig unglaublich deprimierende Lieder von irgendwelchen Sängerinnen anhörte. Sie schaute sich auch mehrere Fernsehserien an, von denen ich nicht besonders viel hielt, zum Beispiel *Friends*. Weil ich mich nicht wegen jeder Kleinigkeit streiten wollte, beschränkte ich mich darauf, mit ihr über die Texte und die unangemessenen Szenen zu sprechen.

»Boah, Mom.« Britt verdrehte die Augen. »Ich weiß, was das soll. Du willst mir mit diesem Psychogelaber *Friends* vermiesen.«

Brittany reagierte trotzig darauf, dass ich nicht nur *eine* Lehrerin war, sondern *ihre* Lehrerin. Als sie in die siebte Klasse kam, hatte sie bei mir Geowissenschaften und in der achten Physik.

In meinem Unterricht gab es Experimente und deshalb auch strenge Regeln. Es ging ja nicht an, dass sich Mittelschüler verletzten, weil sie im Schullabor herumalberten. Ich wusste, dass ich eine der strengsten Lehrerinnen war, aber in meinen Klassen wurde auch viel gelernt.

Eines Morgens vergaß ich Materialien im Auto, deshalb bat ich Brittany, meinen Schlüssel zu nehmen und die Sachen zu holen. Sie und ihre Freundin bummelten gerne zum Lehrerparkplatz. Als Brittany nach einer Weile zurückkam, wirkte sie geknickt. »Mom, dein Schlüssel ist im Saab eingesperrt.«

»Oje. Habt ihr die Materialien rausgeholt? Ich rufe einfach in der Mittagspause die Pannenhilfe an, wenn ich für den Vormittag alles beisammenhabe.«

»Äh … na ja, die Materialien haben wir, aber du solltest noch was wissen.« Brittanys Freundin senkte den Kopf, um meinem Blick auszuweichen.

Mit hochgezogenen Augenbrauen schaute ich Brittany an. »Was?«

»Das Radio läuft«, erwiderte Brittany mit dem Hauch eines Lächelns. »Richtig laut.«

»Das ist nicht dein Ernst, oder?« Es läutete, und ich lief nach unten, um zu sehen, ob durch ein Riesenglück das Magnetkästchen mit dem Schlüssel, das ich vor Jahren unter dem Auto versteckt hatte, immer noch dort war. Brittany und ihre Freundin flitzten zur nächsten Stunde.

Bildete ich es mir nur ein, oder pulsierte das Stoffdach meines kleinen Saabs tatsächlich? Die Musik dröhnte, die Seitenspiegel vibrierten, und das Auto schien sich alle Mühe zu geben, den Lärm einzudämmen. Natürlich war das versteckte Magnetkästchen nicht mehr da. Also rief ich die Pannenhilfe an und kehrte in mein Klassenzimmer zurück. Ich musste lächeln. Wie viele Beschwerden über den lauten Rap, der aus dem verbeulten Saab auf dem Lehrerparkplatz dröhnte, mochten wohl im Schulbüro landen, bevor der Mensch von der Pannenhilfe kam?

Für die Zeit nach Schulschluss hatten Brittany und ich ein paar lieb gewonnene Gewohnheiten. Wenn ich sie nicht gerade zur Eislaufbahn oder zum Cheerleadertraining fuhr oder sie in einen Laden mitnahm, um alles Nötige für irgendein Projekt zu kaufen, unternahmen wir etwas miteinander. Kleinigkeiten nur, etwas Balsam für die Seele, der Nähe stiftete. Wir liebten es, zusammen etwas Leckeres für das Abendessen auszusuchen. Das war unsere »Trader-Joe-Therapie«, so genannt nach dem Geschäft, in dem wir einkauften. Wir fuhren auch gerne zum Drive-in von Wendy's. Die langen, biegsamen Pommes frites lockten uns dorthin. Wir stritten uns regelrecht um die »wabbeligen Wendys«.

Abends drehten wir Runden um den winzigen, künstlich angelegten See, der im Schatten der beiden Gipfel des Saddleback Mountain lag. Unser Haus in Trabuco Canyon, Kalifornien, stand ganz in der Nähe. Ich ging die anderthalb Kilometer zweimal im Schritttempo, während Brittany in der einbrechenden Dämmerung vorjoggte. Ich bestand immer darauf, dass Britt zurückkam, bevor ich sie im Zwielicht aus den Augen verlor.

In der Mittelschule verwandelte Brittany sich von einem großen, schlaksigen Mädchen in eine noch größere, üppige junge Frau. Ihre Haare wurden dunkler und länger und flossen ihr über den Rücken. Brittany entwickelte eine Figur wie Sophia Loren, aber sie hasste ihre Hüften und Brüste. Da war es auch keine Hilfe, dass die Jungs aus der siebten Klasse sie auf einer Liste als Mädchen mit den »größten Titten« bezeichneten. Ich versuchte, ihr zu erklären, dass unsere Gehirne auf Symmetrie programmiert und große Brüste, eine schmale Taille und kurvige Hüften etwas Gutes seien. Historisch und wissenschaftlich gesehen, sagte ich ihr, wirke ihre Figur anziehend. »Du hast eine archetypische Sanduhrsilhouette«, meinte ich.

Als meine Schwestern und ich Teenager waren, hatten wir schmale Hüften, schmale Taillen und große Brüste.

Meine Mutter war eins achtzig groß und hager, mit schmalen Hüften und kleinen Brüsten. Sie ließ uns spüren, dass sie über unsere wachsenden Oberweiten völlig entsetzt war. Offenbar dachte sie, wenn wir genug Sport trieben oder Diät hielten, ließe sich unsere Körbchengröße irgendwie im Zaum halten.

Ich hatte mir fest vorgenommen, mit Brittany anders umzugehen. Zum Teil gelang es mir. Und zum Teil versagte ich kläglich. In meinen Augen hatte Brittany eine sehr schöne Figur. Ich fand, wenn man schon die Erbanlagen für große Brüste hatte, war es besser, wenn man auch üppige Hüften dazubekam. Ich machte ihr Komplimente über ihre Figur und meinte, sie habe Glück. Ich versagte nicht bei dem Bild, das ich Brittany von ihrem Körper spiegelte, aber in der Art, wie ich mit meinem eigenen Körper umging. Wenn ich die Chance hätte, im Nachhinein eine Sache zu ändern, würde ich mich für diese entscheiden.

Ständig jammerte ich wegen meines Gewichts. Britt bekam mit, dass ich die Grapefruitdiät mit gekochten Eiern ausprobierte, die Thunfischdiät, die Möhrendiät, die Selleriediät und die Atkins-Diät. Ich trieb mich dazu, regelmäßig spazieren zu gehen und draußen Sport zu treiben, aber man merkte mir an, dass ich unglücklich war. Es war klar, dass meine abschätzigen Bemerkungen über mich selbst auf meine Tochter abfärbten. Dieses gedankenlose Verhalten wird mir auf ewig leidtun.

Brittanys junger Körper zog die unerwünschte Aufmerksamkeit von Männern auf sich. Es war beängstigend und verstörend, dass erwachsene, sogar alte Männer mein Kind begafften.

Einmal saß ich mit Brittany neben mir im Auto, und

wir hatten die Fenster heruntergefahren. An einer Ampel hielt neben uns auf der Beifahrerseite ein Truck. Brittany brüllte: »Träum weiter!«, als der Truck anfuhr. Sie ärgerte sich über den Fahrer, einen Mann in mittleren Jahren, weil er sie angegafft und ihr zugezwinkert hatte.

Ich erzählte Britt, dass ich als Teenager und in den Zwanzigern solche unhöflichen Männer wie Luft behandelt hätte. Ich wollte ihnen nicht die Genugtuung gönnen und ihnen zeigen, dass ich sie auch nur gesehen hatte. Ich sagte meiner Tochter auch, dass ich zuweilen das Gefühl hätte, das reiche nicht. »Männer, die übertrieben starren oder Frauen mit Rufen oder Pfeifen belästigen, sind unhöfliche, sexistische Schwachköpfe«, erklärte ich ihr. »Manchmal«, *verdammt, muss ich das meinem Kind wirklich sagen?*, »muss man sich mit solchen Aufdringlichkeiten einfach abfinden. Wenn die Situation sicher genug ist, kannst du den Typen deswegen zur Rede stellen, aber auf keinen Fall, wenn du allein bist. Hör immer auf deinen Instinkt«, sagte ich. »Wenn du in einer Situation Angst hast, geh kein Risiko ein, nur weil du denkst: *Das kann er doch nicht machen.*« Ich zögerte. Für mich war dieses Thema mit schmerzlichen Erinnerungen beladen und dazu mit meinem inneren Drang, meine Tochter zu beschützen. »Untersuchungen zufolge gibt es vor Überfällen meistens einen Moment, in dem Frauen denken: *Vielleicht sollte ich zurücklaufen und jemanden holen, der mich begleitet*, oder: *Vielleicht sollte ich nicht zu meinem Auto im Parkhaus marschieren, weil da drüben ein Typ steht.*«

Im Auto herrschte Grabesstille. Ich wusste, dass ich es nicht gut erklärt hatte. Vielleicht konnte man so etwas gar nicht gut erklären. Wie sollte ich ihr auch sagen, dass es nicht richtig ist, ständig Angst und Scham zu verspüren, und ihr gleichzeitig raten, auf diese Gefühle zu hören, wenn sie sie trotzdem verspürt?

Ich wollte diesem aufblühenden jungen Mädchen nicht vermitteln, dass es verstummen, schüchtern werden oder sich nichts zutrauen sollte. Ich wollte meiner mutigen, eigenwilligen Tochter nicht Angst ins Herz pflanzen, aber in meinem eigenen Herzen wusste ich, dass Frauen Angst empfinden, weil sie *wirklich gefährdet sind*. Mehr als jede vierte Frau wird im Laufe ihres Lebens tätlich angegriffen.

Ich hatte Brittany die Regel aller alleinerziehenden Mütter eingeschärft, immer gewissenhaft die Türen abzuschließen. Ich hatte ihr eingeschärft, Fremden nicht aufzumachen. Zu Hause zu sein, bevor es dunkel wurde. Ich hatte ihr jetzt schon nicht nur Mut, sondern auch Angst eingeschärft.

Keine Mutter will ihr Kind zur Ängstlichkeit erziehen. Brittany sollte weiter rennen, springen und auf Bäume klettern. Sie sollte nicht schüchtern den Kopf senken oder sich ängstlich ducken. Ich versuchte, Brittany beizubringen, dass die meisten Menschen gut waren. Zumindest sagte ich das, aber spürte sie meine Unruhe, wenn ich in einem fremden Stadtviertel anhalten musste? Wenn ich ganz ehrlich bin, begann für mich als Mutter mit der Mittelschule eine lange, sorgenvolle Phase. Im Alter von elf bis dreizehn verschob sich etwas Wesentliches zwischen Brittany und der Gesellschaft. Zwischen Brittany und ihrem Körper. Zwischen Mutter und Kind.

Und nicht nur bei uns; das Gleiche geschah bei vielen Mädchen, die ich unterrichtete. Ich erkannte auch in den Augen anderer Mütter Beklommenheit.

Es passierte langsam, so wie ein Sommertag vergeht.

Erst strecken sich sanft die Schatten, dann nimmt das Licht nach und nach ab, bis man plötzlich beim Joggen im Dunkeln weit weg von zu Hause ist. Genau so schlich sich die Angst in meine Erziehung. Unterschwellig wurde das nagende Gefühl immer stärker, Brittany könnte etwas zustoßen, und ich könnte es weder verhindern noch in Ordnung bringen. Außerdem fühlte ich mich ein wenig verletzt und im Stich gelassen, als Brittany begann, eigenständig zu werden und sich abzugrenzen. Meine Mum hatte mich immer so weit eingeschüchtert, dass ich tat, was sie wollte. Und dazu hatte sie meinen Dad als Ersatzfeldwebel. Brittany war leicht trotzig, und ich merkte, dass die Sorgen an meiner Zuversicht nagten.

»Du bist die schlimmste Mutter auf der ganzen Welt!«, schrie sie mich einmal auf dem Heimweg von der Schule an.

Ich holte tief Luft. »Danke, Sweet Pea. Ich will ja auch nicht die *zweitschlimmste* sein.« Ich hatte gehofft, ich würde sie damit zum Lachen bringen, aber mein Kommentar machte sie nur noch wütender.

»Du hältst dich für eine supertolle Mutter, bist du aber gar nicht!« Sie wandte mir den Rücken zu und starrte aus dem Fenster. »Und nenn mich nicht mehr Sweet Pea!«

Das tat weh. Britts ganze Kindheit war von diesem Kosenamen geprägt. Die Duftwicken, nach denen ich sie Sweet Pea nannte, treiben lange Stängel aus, geschmückt von geschwungenen, flügelartigen Blüten, die einen herrlichen Duft verströmen. Ihre Mutter zu sein, eng mit ihr verwoben zu sein, war ebenso herrlich gewesen. Als kleines Mädchen war Brittany immer so nah bei mir geblieben, dass wir uns berühren konnten. Wir hatten uns an den Händen gehalten, oder sie hatte beim Spazierengehen einen Arm um meine Taille gelegt. Sie war auf meinen Schoß geklettert und hatte mir die Arme um den Hals geschlungen. Meine beste Freundin Sherri, Tylers Mutter, nannte Brittany einmal »das Klettverschlusskind«, als sie mitbekam, wie ich sie im Sommerferienlager ablieferte. Sie sagte, sie habe ein richtiges Ratschen gehört, als der Betreuer sie mir aus den Armen nahm.

Wie eine Wicke mit ihren Trieben umrankte Brittany mich, um bei mir Halt zu finden. Und so wie die Stängel der Pflanze Spannung aufbauen, weil sie sich nicht selbst tragen können, schlich sich eine Spannung in unsere Beziehung. Ich hatte das Gefühl, ich müsse jedes Mal eingreifen, wenn etwas Brittany aufregte. Ich versuchte, eine Kombination aus Mutter und Vater zu sein, eine Supermom.

In der Mittelschule holte mich die Realität ein. Es zeigte sich, dass ich nur aus Fleisch und Blut bestand, dass ich Schwächen, Macken und Fehler hatte, mit denen ich meine Tochter unmöglich vor jedem Schmerz bewahren konnte. Genauer gesagt zeigte sich, dass ich meine Tochter gar nicht vor allem Schmerz bewahren *sollte*. Sie musste den Schmerz spüren, um die Konsequenzen zu begreifen. Es gefiel mir nicht, zu einem gewöhnlichen, fehlbaren Menschen zu werden, und schon gar nicht gefiel es mir, wenn Britt verletzt wurde.

Es war beängstigend, mit welcher Eile sich Britt befreien wollte. Ich hätte gern jeden Stängel der gewundenen Kletterpflanze einzeln, ganz vorsichtig gelöst, die zarten Triebe liebevoll abgewickelt und verwelkte oder beschädigte Teile abgeknipst. Meine Teenagertochter legte ihr eigenes Tempo vor, sie war bereit, ein paar Triebe und Blüten zu verlieren, um sich schnell loszureißen und eigenständig zu werden. Mitunter schien sie am liebsten eine Heckenschere mit Doppelmesser und Präzisionsschliff benutzen zu wollen. Als ich darüber nachdachte, wurde mir klar, dass eine Heckenschere bei einer Pflanze vielleicht Macken und Narben hinterließ, aber danach erholte sich die Pflanze und blühte noch üppiger.

11
Erholung

11. bis 13. Januar 2014, die ersten 78 Stunden nach der Kraniotomie

»Von allen Dingen kommt das Lachen der Gnade Gottes am nächsten.«

Karl Barth, zitiert in The Harper Book of Quotations

Früh am ersten Morgen nach der Kraniotomie gab es einen Schichtwechsel. Unser Pfleger ging nach Hause, und eine Krankenschwester kam. Nach der Nacht auf dem Plastikstuhl tat mir jeder Knochen weh, und Brittanys Schmerzen waren immer heftiger geworden. Die neue Krankenschwester war ungefähr in Britts Alter. »Nach einer Kraniotomie haben Patienten keine großen Schmerzen«, sagte sie mit gleichgültiger Miene.

»Rufen Sie den Arzt an«, bat ich. »Holen Sie sich die Erlaubnis, egal wie. Wenn meine Tochter sagt, dass sie Schmerzen hat, dann hat sie Schmerzen.«

Die Krankenschwester seufzte tief und verließ den abgetrennten Bereich. Sie kehrte mit einer Spritze zurück.

»Ich muss das Mittel langsam bekommen, weil mir sonst übel wird«, meinte Brittany, als die Schwester gegen die Spritze schnippte.

Die Schwester verabreichte ihr das Dilaudid schneller, als ich es je erlebt hatte, und Brittany übergab sich. Die

Schwester entschuldigte sich nicht. Sie hielt ihr nur eine Plastikschüssel hin.

»Miststück«, murmelte Brittany, bevor sie wegdämmerte.

Als Gary eintraf, erzählte ich ihm von der Krankenschwester. »Die nehmen wir uns noch vor«, sagte er.

Im Laufe des Tages wurde Brittany in ein Zimmer der neurochirurgischen Akutstation verlegt. Verglichen mit der Intensivstation war es luxuriös, es gab sogar einen Stuhl, den man zu einem Bett umklappen konnte.

Weil Gary darauf bestand, fuhr ich zu Britts Haus, um zu schlafen. Ich fiel im Gästezimmer ins Bett und schlief acht Stunden lang. Als ich ins Krankenhaus zurückkehrte, freute ich mich riesig, dass Britt nicht mehr auf der Intensivstation, sondern in einem richtigen Zimmer lag, in dem wir beide besser schlafen würden.

Die postoperative Kernspinuntersuchung hatte Brittany schon hinter sich. Ich war überrascht, als Dan mir das erzählte. Die Kieferschmerzen hielten immer noch an und machten Brittany ziemlich unleidlich. An der Operationswunde war eine Drainage gelegt, die mir am Abend zuvor nicht aufgefallen war. Ich sah eine blutige Flüssigkeit in dem durchsichtigen Schlauch und versuchte, nicht daran zu denken, was das war. Vor vierundzwanzig Stunden hatte Brittany eine chirurgische Schlacht gegen ihren Tumor geschlagen. Sie war missmutig, blutbefleckt und litt nach dem Kampf unter Schmerzen.

Ich überlegte, womit ich Britt ablenken könnte. In ihrer kleinen Reisetasche fand ich *David und Goliath*. Wenn ich Brittany etwas über vergleichbare Situationen vorlas, würde sie vielleicht das Gefühl bekommen, sie könnte weiter gegen das Ungeheuer Krebs ankämpfen.

Als ich ein Laken über den Schlafstuhl breitete, hörte ich Brittany nach Luft schnappen.

»Mist«, sagte sie. Sie hielt einen ihrer intravenösen Zugänge hoch. Über den Bluterguss auf ihrem Handrücken sickerte frisches Blut.

Ich drückte den Rufknopf, nahm schnell ein Papiertuch und hielt es sanft an ihre Hand. »Aua«, jammerte Brittany. »Das tut so weh. Da ist ein Knoten.«

Eine Schwester kam herein und unternahm mehrere Versuche, Britt einen neuen Zugang zu legen. Die Steroide, die Brittany bekam, hatten Schwellungen hervorgerufen, deshalb war es schwierig, eine Vene zu finden. Stumm liefen Brittany die Tränen über die Wangen. Ich konnte den Anblick kaum ertragen. Ich hob eine Hand. »Hören Sie auf. Das muss jemand anders versuchen.«

Die Schwester wirkte erleichtert darüber, dass ich sie von ihrer Aufgabe entbunden hatte. Ich verließ das Zimmer und ging zum Schwesterntresen. »Ich brauche… Meine Tochter braucht…« Meine Augen wurden feucht. »Ich brauche einen Venenprofi. Ich will eine Schwester haben, die bei meiner Tochter die Venen nach oben holen kann. Ihre Hände und Arme sind voller Blutergüsse. Sie hat gerade eine Hirnoperation hinter sich, um Gottes willen.« Ich holte tief und zitternd Luft. »Kann denn hier niemand diesen verdammten Zugang legen?«

Eine Schwester kam hinter dem Tresen hervor. »Ich hole jemanden, der das wirklich gut kann, in Ordnung?« Sie legte einen Arm um mich und steuerte mich in Richtung von Brittanys Zimmer. »Sie bleiben schön bei Ihrer Tochter, und ich hole eine Infusionsschwester.«

»Britt, sie schicken jemanden, der das kann.« Ich zog einen Stuhl zum Kopfende ihres Bettes und lächelte. »Ich lasse nicht zu, dass sie dich als Nadelkissen missbrauchen. Ich habe ihnen gesagt, dass sie einen Venenprofi suchen sollen.«

Ganz kurz nur zuckten Britts Mundwinkel. »Ich würde so gerne duschen«, sagte sie. »Wie lange das wohl noch dauert?«

»Ich habe eine ganze Packung Feuchttücher. Wenn wir den Zugang gelegt haben, reiben wir dich von Kopf bis Fuß ab. Danach fühlst du dich frisch und fein.«

Eine andere Schwester kam mit einem Infusionsset herein. »Hallo, ich bin der Venenprofi.« Sie lächelte. »Ich kann das ziemlich gut.« Sanft nahm sie Britts Arm und hängte ihn über die Bettkante, damit das Blut nach unten sackte. »Tut mir leid, dass es bei den ersten Versuchen nicht geklappt hat. Ich lege Ihnen jetzt den Zugang.«

»Das hoffe ich«, erwiderte Brittany.

»Ich muss schon sagen, dafür, dass Sie vor nicht einmal achtundvierzig Stunden eine Kraniotomie durchgemacht haben, sind Sie sehr wach und sehen großartig aus.« Wieder lächelte sie. »Sie fühlen sich bestimmt nicht toll, aber ich kümmere mich um viele Patienten, und Sie berappeln sich wirklich prima.« Die Schwester riss die Päckchen auf und bereitete alles vor. Sekunden später hob sie Britts Arm an, löste den Stauschlauch, schob den Katheter in die Vene und zog die Nadel heraus. Sie verschloss den Katheter, dann entsorgte sie die Nadel und klebte den Zugang sorgfältig fest. »Fertig.« Sie lächelte triumphierend.

Brittany legte sich den Arm vorsichtig auf den Bauch. »Es tut gar nicht weh. Ich spüre auch kein Ziehen. Es ist nur etwas kalt geworden, als Sie den Tropf angeschlossen haben.«

»Na ja, ich habe den Zugang auch befestigt wie Fort Knox. Dann schlafen Sie beide mal schön«, sagte sie. Mit Schwung fiel die Tür ins Schloss.

Ich half Brittany, sich mit den Feuchttüchern frisch zu machen. Es gelang uns nur mühsam, und das Ergebnis war unbefriedigend. Als sie einen Deoroller benutzte, wurde ich nervös, weil ich fürchtete, der Venenkatheter könnte sich durch die Bewegung lockern. Dann holte ich ein Glas Wasser, ihre Zahnbürste und Zahnpasta. Sie putzte sich die Zähne und spuckte in ein Schälchen.

»Bei deinen Haaren kann ich nichts tun«, sagte ich. »Sie sind starr und orange von diesem antiseptischen Shampoo.«

»Ich fühle mich schon besser. Aber müde.« Brittany lehnte sich zurück, während ich ihr ein weiteres Kissen unter den Arm mit dem Katheter legte. »Ich brauche Schmerzmittel, damit ich schlafen kann.«

Ich beschloss, am Schwesterntresen nachzufragen.

»Ja, sicher, aber sie sollte etwas essen, bevor sie die Tabletten nimmt.« Die Schwester verschwand und kam mit Wackelpudding und ein paar Crackern zurück.

»Bekommt sie das Schmerzmittel nicht intravenös?«, fragte ich, als wir zusammen zu Britts Zimmer gingen.

»Nicht mehr. Wir versuchen, die Patienten möglichst schnell von den Infusionen zu befreien.«

Brittany aß schnell. »Mein Kiefer tut richtig weh.« Sie spülte das Schmerzmittel mit Wasser herunter. »Mist, das ist wirklich übel. Momma, kannst du mir saubere Kuschelsocken geben? Ich habe kalte Füße.«

Ich durchkramte die Tasche, bis ich die rosa Kuschelsocken fand. Als ich sie Britt über die eiskalten Füße streifte, überlegte ich, warum sie so fror. Wenn die Infusionsflüssigkeit nicht in etwa Britts Körpertemperatur hatte, wurden ihre Füße vielleicht dadurch kälter.

Ich zog eine saubere Jogginghose und ebenfalls Kuschelsocken an. Nachdem ich das Licht ausgeschaltet hatte, tappte ich zu meinem zum Schlafen umgebauten Stuhl. Die Betten standen so, dass ich mit dem Kopf neben ihren Füßen lag. Seufzend schlüpfte ich unter die Decke.

Brittany murmelte etwas. »Was?«, fragte ich.

»Momma, besorgst du dir bitte ein Hörgerät? Du musst hören, was ich sage, während ich sterbe.«

»Du hast völlig recht. Es nervt, wenn man sich wiederholen muss. Ich lasse mein Gehör testen.« Seit einiger Zeit bekam ich in Restaurants einen guten Teil der Gespräche nicht mehr mit und musste meinen Mann bitten, den Fernseher immer lauter zu stellen. Ich wollte der schmerzlichen Wahrheit nicht ins Auge sehen, dass ich leicht schwerhörig geworden war.

»Momma. Ich werde sterben. Das weißt du, oder?« Ihre Worte hingen schwer in der Luft.

Irgendwie hatte ich mich stärker gefühlt, weil ich dafür gesorgt hatte, dass eine fähige Schwester einen intravenösen Zugang legte. Ich hatte mich in dem Glauben gewogen, nicht mehr über Brittanys Tod nachdenken zu müssen, weil sie die Kraniotomie überstanden hatte. Ich war immer noch überglücklich darüber, dass sie lebte. Als ich jetzt sauber und behaglich bei ihr in diesem Zimmer lag, wollte ich nicht über das Sterben reden. Ich wollte mir noch ein paar Stunden lang vorstellen, dass sie leben würde. Ich wollte mir weiter vormachen, dass es genügte, mich für sie einzusetzen. Mein Herz schreckte vor diesem Thema zurück.

Als ich antwortete, klang meine Stimme seltsam quakig. »Ich bin voller Hoffnung, Brittany. Du hast dich nach der Kraniotomie gut erholt, nach einer so gefürchteten Operation. Ich denke, Dr. Chang hat uns etwas Zeit verschafft.« Ich schluckte schwer. »Außerdem recherchiert Gary überall. Er telefoniert mit dem Ausland. Er gibt nicht auf.«

»Ich habe schon gemerkt, dass Gary nicht versteht, dass ich sterben werde, aber mir ist wichtig, dass du es verstehst.« Sie seufzte. »Vielleicht hat Dr. Chang mir wirklich mehr Zeit verschafft. Aber von fünf Jahren ist keine Rede mehr. Er will überhaupt nichts zu meiner Lebenserwartung sagen.«

»Gary wird irgendwo jemanden finden.« Ich spürte selbst, dass ich klang, als wäre Britts Stiefvater der reinste Superman.

»Es ist ja nicht so, dass ich mich über ein Wunder nicht wahnsinnig freuen würde. Aber wenn wir mal einen Schritt zurückgehen und die Lage ganz nüchtern betrachten, ist es einfach eine Tatsache: Noch *niemand* hat diese Art Krebs besiegt. Das ist dir klar, oder? Kein. Einziger.«

Es gibt immer ein erstes Mal. Aber ich wagte nicht, es laut auszusprechen. *Was kann ich sagen, das hoffnungsvoll ist, sie aber nicht wütend macht?*, überlegte ich.

»Du bist eine außergewöhnliche junge Frau. Wir gehen es einen Tag nach dem anderen an.«

»Nein! Nein! Das tun wir nicht. Hast du mein Video nicht gesehen? Ich plane meinen sicheren Tod voraus. Ich gehe es *nicht* einen Tag nach dem anderen an!« Brittany wurde immer lauter.

Ich habe genau das Falsche gesagt, dachte ich. *Etwas Schlimmeres hätte mir wohl nicht einfallen können. Das Video habe ich noch nicht gesehen. Ich habe Angst davor.*

Ich schaue es mir heute Nacht an, wenn sie eingeschlafen ist.

»Britt.« Hektisch ruderte ich zurück. »Wir versuchen es doch mehrgleisig. Oregon ist der Notplan. Das unterstütze ich auch. Das verstehe ich. Wir müssen dafür alle Einzelheiten regeln, und dabei werde ich dir helfen.« Ich griff über die Kluft zwischen unseren Betten und tastete nach ihrer Hand. »Und Gary sucht auch nach einer Möglichkeit, Schätzchen. Er hat Kontakt zu jemandem an der Mayo Clinic, der untersucht, wie man Viren gegen Hirntumore einsetzen kann.«

Ich merkte, dass ich nicht zu ihr durchdrang. Wir waren gedanklich auf ganz unterschiedlichen Ebenen.

»Schön und gut, aber du musst auch bedenken, dass Chang von meinem Tumor nur etwa fünfundvierzig Prozent entfernt hat. Die besten Aussichten auf ein längeres Leben hätte ich bei einer umfassenden Resektion gehabt – wenn er etwa fünfundneunzig Prozent entfernt hätte. Mit gerade mal fünfundvierzig Prozent ist meine Lebenserwartung stark gesunken.«

»Fünfundvierzig Prozent«, wiederholte ich dümmlich. Ich stellte mir bildlich die restlichen fünfundfünfzig Prozent des Tumorgewebes vor, die sich wie Wurzeln von Unkraut, wie die Tentakel eines Kraken mit dem gesunden, funktionierenden Gehirn verwoben hatten – so eng, dass bei jedem Versuch, sie zu entfernen, die Gefahr bestand, dass Britt ihr Sprech-, Seh- und Hörvermögen, ihre Denk- und Entscheidungsfähigkeit verlor.

»Hör mir bitte zu und versteh mich. Ich lasse mir den Mist nicht aus dem Hirn brennen. Ich habe genug über Bestrahlung gelesen.« Sie ballte ihre Hand unter meiner zur Faust. »Offene Wunden in der Kopfhaut. Ich kann taub werden. Das Gedächtnis und die Sprache verlieren. Und sie müssten sehr viel bestrahlen. Das lasse ich nicht machen. Nur damit du's weißt.«

In Gedanken sah ich Brittany plötzlich als Teenager vor mir. Sie wollte gerade aus dem Haus gehen, und bevor sie die Tür schloss, meinte sie: »Heute Nacht schlafe ich bei Kirsten, nur damit du's weißt.« Diese Formulierung war für mich schon immer ein rotes Tuch gewesen. Nicht nur einmal hatte ich mir Brittany geschnappt und sie daran erinnert, dass sie mich immer noch um Erlaubnis fragen musste, dass ihr »Nur damit du's weißt« nicht reichte. Doch jetzt erklärte sie mir, was sie tun und was sie nicht tun würde, um länger zu leben. Sie entschied, welche Art von Behandlung sie annehmen und welche Behandlung sie nicht akzeptieren würde. In diesem Fall würde »Das mache ich nicht, nur damit du's weißt« sehr wohl reichen. Sie war erwachsen, und es war ihr Körper.

»In Ordnung«, sagte ich und drückte sanft ihre schmalen Finger. »Wirkt das Medikament? Kannst du jetzt schlafen?«

»Ja«, antwortete sie seufzend.

Ich konnte nach unserem Gespräch nicht einschlafen. Ich legte mein Kissen ans andere Ende, damit ich Brittany hören konnte, falls sie wach wurde. Sie sollte nicht rufen müssen, wenn sie meine Hilfe brauchte. In dieser Nacht öffnete ich die Mail, die sie am Abend vor der Kraniotomie geschickt hatte, und schaute mir das Video an. In der Mail schrieb sie:

Seht euch das Video nicht sofort an, wenn es euch zu schwerfällt, aber ich bin stolz darauf und von allem, was ich darin sage, fest überzeugt. Auch wenn es nicht rechtlich bindend ist, lernt man mich darin kennen, und es zeigt deutlich meine Absicht. Dieses YouTube-Video können nur die Leute sehen, die den Link bekommen, man kann es nicht durch eine öffentliche Suche oder Ähnliches finden. Wegen der Dateigröße muss ich das Video auf diesem Weg schicken, für eine Mail wäre es zu groß.

Ich hoffe, ihr beide seid stolz auf mich, weil ich versuche, diese Dinge umsichtig zu regeln.

Für immer in tiefer Liebe
Britt

Die Mail enthielt die Kopie eines Briefes an das Palliativteam der Oregon Health and Science University. Brittany stellte sich darin als neunundzwanzigjährige Frau mit einem unheilbaren diffusen Astrozytom vor, das den Frontallappen, den Temporallappen und die Insula befallen hatte.

Sie erklärte deutlich, warum sie einer Kraniotomie zugestimmt hatte. »Ich lasse diese Operation durchführen, weil ich hoffe, damit meine Lebensqualität zu verbessern und meine beschwerdefreie Überlebenszeit zu verlängern.« Sie wünsche sich, dass das Palliativteam der OHSU sie nach der Operation als Patientin annehme. »Ich habe mich dazu entschieden, dass ich, wenn meine Lebensqualität zu stark beeinträchtigt ist oder ich unter extremen körperlichen Schmerzen leide, eine Palliativbetreuung sowie ärztliche Sterbehilfe nach dem Sterben-in-Würde-Gesetz des Staates Oregon in Anspruch nehmen will.«

Brittany sprach davon, sie sei »bei klarem Verstand«,

»bereit, alle nötigen Schritte zu unternehmen« und habe die volle Unterstützung ihrer Familie und Freunde.

Als ich Brittany in dem Video sah, war ich verblüfft. Sie war beeindruckend, wirkte ruhig, gelassen und zielstrebig. Ihr sachlicher Tonfall würde die Ärzte in Oregon umwerfen, da war ich mir ganz sicher. Ein Video konnte zwar auf keinen Fall als formeller Antrag gelten (das ist gesetzlich nicht vorgesehen), aber mir war klar, dass Brittany Angst hatte, bei der Operation könnte etwas schiefgehen, und sie wäre danach vielleicht nicht mehr in der Lage, ihre Wünsche auszudrücken. Kein Arzt würde jedoch dieses Video sehen und meine Tochter falsch verstehen, das war ausgeschlossen. Ihre Wünsche in einem Video festzuhalten hatte Brittany bei der Vorbereitung auf ihre Kraniotomie sicher ein Quäntchen Frieden verschafft.

Ich war von Herzen dankbar, dass ich mir die Aufnahme nicht am Abend vor oder am Morgen der Operation angesehen hatte. Dieser Tag war auch so schwer genug gewesen. Ich zitterte und weinte leise, als ich nüchterner als je zuvor erkannte, wie entschlossen Brittany ihren Plan umsetzte, wie vorausschauend und zielgerichtet. Sie war zweifellos zurechnungsfähig und hatte eine bewusste Entscheidung getroffen. Wenn ich eine Magnolie aus Stahl war, dann war Brittany eine seltene Orchidee aus Titan. Es war alles in dem Video zu sehen: ihre vergängliche Schönheit, ihr differenziertes Urteilsvermögen und ihre feste Entschlossenheit.

Mein Mann wollte über das Video nicht einmal reden, so eindringlich war es, und so bewegt war er davon.

In dieser Nacht hatte ich einen Albtraum. Darin lag ich auf dem Rücken, und Brittany saß breitbeinig wie eine Ringerin auf meinen Oberschenkeln. In der Hand hielt sie ein Messer mit einer kurzen, gezackten Klinge. Sie suchte meinen Oberkörper nach Stellen ab, an denen sie mich nicht tödlich verwunden würde, und schob das Messer langsam in meinen Körper. »Das bringt dich nicht um«, sagte sie kalt.

Nach etwa einem Dutzend Stiche flehte ich sie an: »Bitte ramm es mir einfach ins Herz und bring es hinter dich.« Schlagartig wurde ich wach. Im Zimmer herrschte Dämmerlicht, und Britt schlief friedlich. Ich fürchtete mich davor, wieder einzuschlafen, weil ich Angst hatte, der Traum würde von vorne anfangen.

Am dritten Tag nach der Hirnoperation durfte Brittany aufstehen und ein paar Schritte laufen. Es überstieg fast mein Vorstellungsvermögen. Vor nicht einmal zweiundsiebzig Stunden hatte sie eine Kraniotomie überstanden. Sie schaffte es bis zum Ende des Flurs, wo man durch mehrere große Fenster auf die Stadt blicken konnte. In den letzten zwei Tagen hatte sich Britt verbal wieder im Kreis gedreht. Der Zyklus begann jedes Mal von vorne, wenn jemand ins Zimmer kam. Die wissenschaftliche Zusammenfassung der Operation. Die Erklärung, dass nur fünfundvierzig Prozent des Tumors entfernt werden konnten, und was das für ihre Lebenserwartung bedeutete. Die eindringliche Bitte, ihr dabei zu helfen, nach Oregon zu kommen. Die detaillierte Aufzählung der Krankheitssymptome im Endstadium, denen sie durch Sterbehilfe entfliehen wollte.

Meine Freundin Sherri und ihr Mann Larry kamen Brittany besuchen. Als sie wieder gingen, unterhielten wir uns kurz im Wartezimmer. Sie erzählten, Brittany habe bei dem kurzen Besuch mehrmals gesagt, sie würde sterben und müsse nach Oregon ziehen. Ich merkte ihnen an, dass sie völlig entsetzt waren und es nicht glauben wollten.

»Brittany ist die hübscheste und klügste junge Frau, die ich je getroffen habe. Das sage ich seit Jahren. Arbeitet ehrenamtlich in Waisenhäusern. Klettert auf Berge.« Larry wedelte mit den Händen. »Wir dürfen die Hoffnung nicht aufgeben. Irgendwas muss man doch machen können.«

Als ich sie darüber reden hörte, was Brittany schon alles unternommen hatte, was sie geleistet hatte, wohin sie gereist war, stellte ich fest, dass ich auf dem Weg durch das Land des Leugnens schon ein paar winzige Schritte weiter war. Meine Freunde hatten es gerade erst erreicht und steckten den Kopf noch ganz tief in den Sand. »Brittany lässt sich nicht unterkriegen. Sie muss einfach kämpfen. Sie kann die Krankheit besiegen«, sagte Larry.

»Nein, sie lässt sich nicht unterkriegen.« Ich nickte zustimmend. »Aber soweit ich es verstanden habe, kann ihr das Kämpfen nur etwas Zeit verschaffen, aber nicht ihr Leben retten.« Zu meiner Überraschung hatte ich in den letzten dreizehn Tagen Fortschritte darin gemacht, die Phase der Verleugnung zu überwinden und die Wahrheit zu akzeptieren. Tiefer Kummer sprach aus dem Blick meiner Freunde, ihre Körpersprache war mir vertraut. Das Gleiche musste Brittany in mir sehen, nur dass meine innere Abwehr gegen die hässliche und beängstigende Wahrheit sicher noch deutlicher zu erkennen war. Manchmal hatte ich – genau wie meine Freunde jetzt – hin- und hergerissen gewirkt. Ich hatte meine Armlehnen umklammert und mich weggedreht. Weg von ihrem Gesicht, von dem, was sie mir sagen wollte.

Mir war klar, dass mich das Leugnen ablenkte. Ständig rasten mir irgendwelche Gedanken durch den Kopf, weil ich unterbewusst die Wahrheit nicht hören wollte. Immer noch entgingen mir wichtige Informationen, weil mein Verstand längst mit beruhigenden Lügen vorgeprescht war. Als ich Larry und Sherri beobachtete, erkannte ich, dass ich ein winziges bisschen mehr bereit war, die Wahrheit zu akzeptieren. Es war seltsam, aber ich verstand zum ersten Mal seit der Diagnose meiner Tochter, wie enttäuscht Brittany über so ziemlich jeden sein musste, mit dem sie sprach. Sherri und Larry standen uns sehr nah. Sie begriffen erst ganz allmählich, dass Brittany unheilbar krank war.

Als ich meine geschockten Freunde zum Ausgang brachte, dachte ich zum ersten Mal: *Sie verstehen es nicht. Zu kämpfen ist nur sinnvoll, wenn es wenigstens einen Funken Hoffnung gibt, dass man gewinnen kann.*

Als ich in den achten Stock zurückkam, saß ein Afroamerikaner mit dem Kragen eines Geistlichen neben dem Schwesterntresen. Er stand auf, um sich vorzustellen.

»Ich wollte gerade Ihre Tochter besuchen«, erklärte er, als er mir die Hand schüttelte. »Sie hat mich postwendend rausgeworfen.«

Tränen brannten mir in den Augen. »Es tut mir leid«, sagte ich. »Sie ist nur so wütend. Ich habe sie christlich erzogen, aber im Moment hat sie das Gefühl, dass Gott sie verlassen hat.«

»Das ist völlig verständlich.« Er musterte mich eingehend. »Und wie geht es Ihnen?«

»Ehrlich gesagt nicht gut. Ich glaube, ich verliere den Verstand.« Ich wischte meine Tränen weg.

»Darf ich mit Ihnen beten?«

Ich setzte mich und ließ ihn meine Hand halten und ein Gebet sprechen, aber in Gedanken war ich Lichtjahre entfernt. Dass ich mit Sherri und Larry so ungeduldig war, weil sie die Wahrheit nicht erfassen konnten, war bald vergessen, als ich auf meine Art wieder den Kopf in den Sand steckte. Ich spürte, dass Britt diesen Kampf nicht gewinnen würde, aber ich wünschte mir immer noch sehnlichst mehr Zeit mit ihr. Während der Geistliche weiter monoton sein Gebet sprach, legte ich in Gedanken mein ganzes Vertrauen in die Hände der Wissenschaft und hoffte auf eine zweite Operation.

Meine Beziehung zu Gott war in den letzten Tagen ziemlich abgekühlt. *Fünfundvierzig Prozent, Gott?*

Brittany wiederholte sämtliche Informationen, wenn jemand ihr Zimmer betrat, egal ob Krankenschwester, Laborant oder Besucher. Gary, Dan und ich hatten diese Rede schon unzählige Male gehört. Es war immer wieder dieselbe Platte. Irgendwann stellte ich mir vor, ich würde die Nadel nehmen und sie quer über das Vinyl ziehen. Ich malte mir aus, wie ich die Worte, die so wehtaten, einfach abschnitt und mit einem scheußlichen Kratzen die Nadel über die gerillte Oberfläche zog.

Ich floh aus dem Zimmer. Am Schwesterntresen fragte ich, warum Brittany sich anhörte wie eine kaputte Schallplatte. »Sie dreht sich ständig im Kreis, wie ein Hamster in seinem Rad«, erklärte ich.

Die Schwester sagte, sie sei in Brittanys Zimmer gewesen und habe das Gedankenkarussell bemerkt. »Durch ihre Medikamente wird es noch schlimmer. Es ist eine Zwickmühle. Wegen der Schmerzen und der Schwellung braucht sie die Medikamente, aber sie verstärken dieses Gedankenkreisen.« Wenigstens wusste ich jetzt, dass sich Brittanys Verhalten unter Umständen medizinisch erklären ließ.

Von uns dreien brachte Gary am wenigsten Geduld für das immer gleiche Thema auf. Er suchte in jeder wachen Minute nach einer möglichen Heilung oder Behandlungsmethode, und auf ihn wirkte dieser ständige negative Zyklus entmutigend. Er konnte nicht einmal eine gelassene Miene aufsetzen, wenn Britt wieder von vorne anfing, und ging oft unter irgendeinem Vorwand hinaus.

Als ich Gary von meinem Traum erzählte, war er tief beunruhigt. »Deb, du musst dir Auszeiten nehmen, damit du bei Kräften bleibst. Merkst du das nicht?« Er rieb sich die geröteten Augen. »Du träumst von Folter, weil es Folter ist, ständig den gleichen Monolog von Brittany zu hören.« Mein Mann fuhr sich mit einer Hand über die Stirn, als wolle er die Vorstellung wegwischen.

»Wir müssen uns nur mehr Zeit verschaffen«, sagte er immer wieder. Ich betrachtete das liebe, müde Gesicht meines Mannes. Er suchte mit aller Macht nach einer Lösung und dachte gar nicht daran, dass es vielleicht keine gab. So war er einfach. Positiv denken. Es anpacken. Er hatte in Harvard einen Master in Betriebswirtschaft gemacht. Er hatte Unternehmen geleitet, die auf der Fortune-500-Liste standen, war in alle Herren Länder geflogen, hatte mit Industriebossen gesprochen. Mein Mann hatte ein Auge für das große Ganze und hing normalerweise nicht in der Vergangenheit fest. Als fortschrittsorientierter Mensch war er fest in der Welt der Fakten und der Forschung verwurzelt. Gary war geradeheraus und selbstsicher, und er liebte Brittany und mich von ganzem Herzen.

Gary war auch der Einzige, dessen Reaktion Britt auffiel. »Wenn er es nicht aushält, soll er draußen bleiben«, sagte sie. Also saß Gary häufig mit seinem Computer oder dem Handy im Wartezimmer. Mein Mann interessierte sich für eine Methode, bei der die Behandlung der Wahl, vorzugsweise eine Immuntherapie, auf das Immunsystem des jeweiligen Patienten abgestimmt wurde. An der Mayo Clinic war sie bereits erfolgreich bei Patienten mit Melanomen eingesetzt worden. Aber er konnte keinen der Ärzte der UCSF dazu bringen, ihm länger als ein paar Sekunden zuzuhören. Sobald sie erfuhren, dass die Tests an Patienten mit Melanomen stattgefunden hatten, war es mit ihrer Aufmerksamkeit vorbei.

Schon drei Tage nach der Kraniotomie galt Brittany als gesund genug, um nach Hause entlassen zu werden. Man wollte ihrem geschundenen Gehirn sechzig Tage Zeit geben, um sich zu beruhigen und zu heilen, und dann eine weitere Kernspinuntersuchung durchführen. In der Zwischenzeit sollten die Gewebeproben aus ihrem Gehirn analysiert werden. Sobald der Bericht kam, wollte der Onkologe Brittany wegen eines Besprechungstermins anrufen. Jedes Mal wenn wir eine Frage über die Operation stellten, vertröstete man uns, man würde mehr wissen, wenn der histologische Befund vorlag.

Niemand wollte etwas über Lebenserwartung oder eine empfohlene Therapie sagen, bevor der Pathologe seinen Bericht geschickt hatte. Er würde die Gewebeproben untersuchen, die der Chirurg während der Operation entnommen hatte, und anhand ihrer Analyse eine Diagnose liefern. Alles hing von der histologischen Prüfung ab.

Solange wir auf die Ergebnisse warteten, sollten wir alles, was wir über den Tumor zu wissen glaubten, außer Acht lassen. Brittany hatte das schon vor uns gewusst. »Momma, das ist einer der Hauptgründe, warum ich der Kraniotomie überhaupt zugestimmt habe. Die Ärzte haben keinen Schimmer, solange sie kein Gewebe haben. Sie sind nicht einmal sicher, dass es ein Astrozytom ist.«

Ich hätte es wissen müssen. Warum muss mein armes, krankes Kind die Kluge sein? Warum stehe ich vor Traurigkeit so neben mir?

Gary flog zurück, um nach meinem Vater, unserem Haus und unseren Hunden zu sehen – in den letzten zwei Wochen hatte sich unsere Freundin Pamela um alles gekümmert. Ich blieb bei Brittany und Dan und begleitete sie nach Hause.

Brittany durfte duschen, nur in der Nähe der Operationswunde durfte sie weder viel Wasser benutzen noch rubbeln oder schrubben. Endlich konnte sie ihre steifen, klobigen Haare auswaschen. In acht bis zehn Tagen sollten die Wundklammern entfernt werden. Brittany hatte eine Creme bekommen, mit der sie den Schnitt vorsichtig einreiben sollte.

Carmen und ich halfen ihr, in die Dusche zu steigen und sich auf einen Hocker zu setzen. Dunkelorange gefärbtes Wasser lief über die sauberen weißen Wände und spritzte auf den Boden. Brittany achtete darauf, dass die Spritzer nicht den Bereich um die Wunde trafen. Sie benutzte großzügig Shampoo und Spülung, bis das Wasser klar wurde.

Während Carmen nach anderen Haarpflegemitteln suchte, half ich Brittany, die sich ein Handtuch umgebunden hatte, aus der Dusche und auf einen Stuhl, den wir ins Bad gezogen hatten. Dann versuchten Carmen und ich eine Stunde lang mit verschiedenen Mittelchen, von Brittanys langen Haaren so viel wie möglich zu retten. Zuerst kämmten wir sie mit den Fingern durch, dann mit einem grobzinkigen Kamm. Als wir beide schon Rückenschmerzen hatten, sahen wir uns schließlich über Britts vernarbten Schädel hinweg an. Wir mussten einsehen, dass wir die Haare, die ihr auf den Rücken fielen, nicht ganz entwirren konnten. Sie waren hoffnungslos verknotet. Bis knapp unterhalb der Schultern konnten wir sie durchkämmen, aber dann kam ein Nest, das sich unseren Bemühungen hartnäckig widersetzte.

»Ist schon gut«, sagte Brittany, die von der Prozedur erschöpft war. »Ich lasse sie mir morgen schneiden. Wahrscheinlich sollte ich froh sein, dass ich überhaupt noch Haare habe.«

Bei dem neuen schulterlangen Schnitt waren die Haare vorne länger als hinten. Wenn sie frisch gewaschen und seitlich gescheitelt waren, war Brittanys Narbe nicht zu sehen. Aber weil wir jeden Abend die Salbe auf den Schnitt auftrugen, teilten sich die Haare automatisch an dieser Stelle.

Freundinnen kamen zu Besuch. Ich merkte ihnen an, wie perplex sie waren. Brittany sah so süß aus. So gesund. Voller Saft und Kraft. Ich beobachtete, wie ihre Freundinnen normal mit ihr lachten und redeten. Wenn Brittany mit ihrer gewohnten Todesrede anfing, nickten sie, als würden sie alles vollkommen verstehen. Wer waren diese starken, unerschütterlichen jungen Frauen? Wie schafften sie es, genau das zu tun, was Brittany brauchte? Wie konnten sie das hören und nicht zusammenbrechen? Ich war unglaublich dankbar dafür, dass sie für Brittany da sein konnten, ruhig und ohne Tränen. Wir kannten die Diagnose seit über zwei Wochen, und ich wankte immer noch mit geschwollenen, geröteten Augen herum.

Wenn Brittany sich mit ihren Freundinnen beschäftigte, verhielt sie sich charmant und witzig, aber sie wurde schnell müde. Sobald die Freundinnen sich verabschiedet hatten, brach die charismatische Fassade zusammen, und zum Vorschein kam wieder die Brittany, die uns mit Vorträgen über ihre Sterbepläne und über die verdammte Ungerechtigkeit der ganzen Situation traktierte. Sie war übellaunig und manchmal gemein zu Dan und mir.

Wenn ich den Fehler beging zu sagen, die Operation habe uns vielleicht genug Zeit verschafft, um eine Heilung zu finden, sah meine Tochter mich an, als wäre ich verrückt. »Eine Heilung? Es gibt keine Heilung. Das ist ein Todesurteil. Mein Gott, Mom, du glaubst doch nicht immer noch, ich könnte das überleben, oder? Ich bin eine wandelnde Leiche.«

Außerdem machte sie klar, dass niemand ohne ihre Erlaubnis Freunden oder Familienangehörigen erzählen sollte, dass sie gerade eine Kraniotomie hinter sich gebracht hatte.

Meine Schwester Sarah hatte ein paar DVDs geschickt, die wir uns ansahen, während Brittany wieder zu Kräften kam. Darunter war auch das Programm *Dress to Kill* des britischen Komikers Eddie Izzard. Brittany und ich kuschelten uns auf die Riesensofas, während ihre Hündin Bella sich unter die Decke wühlte.

Eddie Izzard war herrlich respektlos. Er trug hochhackige Schuhe, ein Wickelhemd im chinesischen Stil und eine schimmernde Kunstlederhose. Den Anfang machte Izzard mit ein paar Beleidigungen über San Francisco. Brittany wandte sich zu mir um und sagte: »Seine Show ist echt clever. Ich finde ihn total witzig.«

Eddie brachte eine Nummer über die spanische Inquisition, die bei der englischen Kirche nicht besonders gut funktioniert hätte, weil es nur um Tee und Kuchen mit dem Vikar gegangen wäre, wenn man nicht umgebracht werden wollte. Man hätte die Wahl gehabt: »Kuchen oder den Tod?« Während seiner Nummer beobachtete ich Brittany, um zu sehen, wie sie auf diese unerwartete Wendung reagierte. Eddie sprang von einer Seite zur anderen und spielte gleichzeitig den Inquisitor und den Gefangenen.

»Kuchen oder den Tod?«, blaffte er den Gefangenen an.

Dann drehte er sich um, schlüpfte in die Rolle des verdutzten Gefangenen und antwortete: »Äh, Kuchen, bitte.«

Brittany schüttete sich aus vor Lachen, und ich stimmte mit ein. Wir hielten uns die Bäuche und kippten auf unseren Sofas um. Ein Gefangener nach dem anderen entschied sich für »Kuchen«, bis die englische Kirche keinen mehr hatte, sehr zum Entsetzen des letzten Gefangenen.

Ich hätte dieses alberne Genie so gerne kennengelernt. Ich wollte ihm dafür danken, dass er uns zum ersten Mal richtig zum Lachen gebracht, uns den ersten schönen Moment geschenkt hatte – den ersten und, soweit ich weiß, den letzten. Wenn ich gekonnt hätte, hätte ich diesen komischen Kerl in seinem schimmernden Wickelhemd ganz fest umarmt. Er und Brittany hätten sich bestimmt sehr gemocht.

12
Highschool-Hölle

1999–2001, vierzehn bis sechzehn Jahre alt

»Immerhin war es die Highschool, eindeutig eine der bizarrsten Phasen im Leben. Dass überhaupt jemand diese Zeit ansatzweise geistig gesund übersteht, ist ein absolutes Wunder.«

E.A. Bucchianeri, Brushstrokes of a Gadfly

Abschlussfeier der achten Klasse. Wie hatte ich angesichts dieser irrwitzigen Maßlosigkeit nur so pragmatisch bleiben können? Ich war in Texas aufgewachsen, wo man nur einen Abschluss feiert. Zwei, wenn man Glück hat: Highschool und College. Aber ich war nicht mehr in Texas, und ich hätte mich besser erkundigen müssen.

Meine Tochter hatte darauf bestanden, dass sie ein schickes Kleid brauchte. »Alle werfen sich richtig in Schale, wie für einen Ball. Sie lassen sich die Nägel und die Haare machen.«

»Das ist doch absurd. Das kann ich mir einfach nicht vorstellen. Um Himmels willen, es ist doch nur der Abschluss der Mittelschule.«

Aber als ich später sah, wie die Achtklässlerinnen in bodenlangen Kleidern aus feinen Stoffen und Diademen (kaum zu glauben, oder?) durch die Turnhalle stapften, mit künstlichen Fingernägeln und Glitter in den frisierten

Haaren, begriff ich, dass mir als Mutter ein Lapsus unterlaufen war. Vielleicht hätte es zwischen dem schlichten, nicht einmal knielangen, ärmellosen Empirekleidchen, das Brittany trug, und den verrüschten, glitzernden Kleidern einiger anderer Schülerinnen, die aussahen wie die gute Hexe Glinda aus *Der Zauberer von Oz*, einen Mittelweg gegeben. Als sich meine große, stattliche Tochter eine Strickjacke anzog, tat es mir leid, dass ich so unnachgiebig gewesen war.

Mir war auch klar, dass der Streit um das Abschlussballkleid der Anfang einer langen Reihe von Diskussionen sein würde, falls meine Tochter ihren Willen bekam und im kommenden Herbst eine private katholische Highschool besuchte. Dorthin gingen Kinder von beliebten Profisportlern, wohlhabenden Anwälten und Ärzten. Aber offen gesagt hatte ich nicht viel Gutes über diese Schule gehört. Auf dem Schülerparkplatz standen lauter neue Modelle von BMW und Mercedes und Tundra Trucks, während es auf dem Lehrerparkplatz aussah wie auf jedem Lehrerparkplatz – überall alte Klapperkisten.

Brittany war von der ersten Klasse an auf episkopalen Privatschulen gewesen. Ich wollte, dass sie auf die hiesige öffentliche Highschool wechselte und diese schwierigen Jahre in einem gemischteren Umfeld verbrachte. Aber sie hatte sich auf ihr Bett geworfen und stundenlang geweint. »Alle, die ich kenne, gehen dahin«, hatte sie geheult.

Mein Bauchgefühl sagte mir, dass diese Umgebung Brittany nicht guttun würde, deshalb versuchte ich, hart zu bleiben. Am Ende kapitulierte ich doch. 1999 begann Brittany die neunte Klasse auf einem siebzehn Hektar großen Campus. Während dieses ersten Jahrs fuhr ich nach meinem Unterricht an der Mittelschule die zweieinhalb Kilometer zur Highschool, um Brittany abzuholen. Mit der Zeit wünschte ich, ich hätte nicht nachgegeben und sie diese Schule wählen lassen, an der es trotz der Besuche von Spürhunden ein deutliches Drogenproblem gab.

Einmal, als ich Brittany abholte, parkte ich in dem kleinen Kreis vor dem Verwaltungsgebäude und beobachtete, wie die Highschooljungs im Licht des späten Nachmittags, das schräg durch die imposanten Bäume fiel, zur Leichtathletikanlage liefen. Eine Gruppe von Mädchen kam um die Ecke des Gebäudes. Ich war entgeistert, wie kurz die Röcke waren, die die Kinder trugen. An manchen von ihnen wirkten sie nahezu pornografisch, wie ein Halloweenkostüm für Erwachsene.

Mein Herz klopfte jedes Mal schneller, wenn ich Brittany inmitten der Faltenröcke, weißen Kniestrümpfe und Hemdblusen entdeckte. Die Art, wie sie den langen Hals drehte, wenn sie sich mit ihren Freundinnen unterhielt, wie sie mich völlig ignorierte, obwohl sie mein Auto bereits bemerkt hatte, war mir längst vertraut. Ich wollte immer noch mit ihr darüber reden, wie unser Tag war, vielleicht mit ihr essen gehen. Ich wollte ihr immer noch nah sein.

Nur waren wir einander jetzt alles andere als nah. Brittany warf ihren Stapel Bücher auf den Rücksitz meines schon altersschwachen zweitürigen Saab, klappte den Beifahrersitz wieder hoch, zog ihre langen Beine ins Auto und griff nach dem Radioknopf. Ich sagte mir, auf der kurzen Fahrt den Hügel hinauf, wo wir wie eh und je in unserem kleinen Haus wohnten, würde ich schon ertragen, was sie einschaltete. Die Musik war viel zu laut für eine Unterhaltung. Ich war mir ziemlich sicher, dass das Sinn und Zweck der Übung war.

Wenn ich fragte, wie ihr Tag gewesen sei, antwortete sie entweder »Okay« oder ließ sich lang und breit darüber aus, wie dumm die Lehrer seien.

»Du wolltest doch unbedingt an diese Schule«, wandte ich ein, womit ich mir einen vernichtenden Blick einhandelte.

»Boah Alter, wenn es an einer Privatschule schon so läuft, dann überleg mal, wie schlimm es an 'ner öffentlichen ist.«

»Ich wäre dir dankbar, wenn du mich nicht ›Alter‹ nennen würdest.« Aus irgendeinem Grund störte mich das gewaltig. Ich war kein »Alter«.

»Bleib locker, Alter. Ich bin nur stinkig, weil ich zum BAW latschen musste, um mein Englischbuch zu holen. Ich hatte es im Klassenzimmer von diesem fiesen alten Drachen vergessen.«

»Zum BAW? Was ist das?«, fragte ich.

»Willst du gar nicht wissen, also frag nicht.« Brittany hatte ihre Mary-Jane-Plateauschuhe ausgezogen und rollte gerade ihre weißen Kniestrümpfe herunter.

»Doch, will ich.« Ich wedelte mit der Hand, um anzudeuten, dass ihre Socken mieften, und öffnete unsere Fenster einen Spalt breit.

»Zum beschissenen Arsch der Welt.«

»Brittany! Das ist ja scheußlich. Kannst du nicht so etwas wie ›Wo Jesus seine Latschen vergessen hat‹ sagen?«

Brittany lachte. »Ist klar. Wenn ich Jesus gegenüber respektlos wäre, würde ich wahrscheinlich mehr Ärger bekommen, als wenn ich ›Scheiße‹ sage. Boah, Mom, pass doch auf. Du bist gerade an unserer Straße vorbeigefahren.«

»Verflixt.« Ich sah gerade noch das Straßenschild vorbeifliegen.

»Halb so wild. Mach einfach einen Powerslide.«

»Einen was?« Manchmal kam es mir vor, als würde sie eine andere Sprache sprechen. Ich blinkte nach links.

»Dreh einfach um. Echt, ey.«

Eine frühere Kundin unserer Halbleiterfirma rief mich an und erwähnte, dass ein Mann, den ich fünf Jahre zuvor bei einem Geschäftsessen kennengelernt hatte, sich vor Kurzem getrennt habe und von Florida nach Kalifornien gezogen sei. »Geh doch mal mit Gary essen«, schlug meine Freundin vor. »Er ist einsam und wirklich ein netter Mann, auch wenn er ein paar Jahre älter ist.«

»Ich heirate nie wieder«, sagte ich. »Ich konzentriere mich auf meine Tochter und versuche, die Teenagerzeit mit so wenig Theater wie möglich zu überstehen.«

»Du musst ihn ja nicht heiraten. Aber ich glaube, ein bisschen männliche Gesellschaft würde dir guttun, du musst doch mal aus dem Haus. Und für Brittany wäre es schön, wenn sie nicht das Gefühl hätte, dass du dich komplett auf sie einschießt.«

Seit Brittany ein Teenager war, hatten wir gelegentlich eine Therapeutin besucht, um über ihre ablehnenden Gefühle mir gegenüber zu sprechen und über alles andere, was sich in ihrem hormongetränkten Hirn abspielte. Die Therapeutin teilte die Ansicht meiner Freundin, was Verabredungen anging. Also ließ ich mich auf ein Date mit Gary ein, unter dem Vorbehalt, dass wir uns auf dem Parkplatz eines nahe gelegenen Restaurants trafen. Er musste nicht unbedingt zu mir nach Hause kommen oder meine Tochter kennenlernen.

Weil der Abend für südkalifornische Verhältnisse ungewöhnlich frisch war, zog ich meinen langen rosa Wollmantel mit den großen Schulterpolstern an. Er war auch mein einziger Mantel. Als ich ihn überstreifte, fiel mir ein, dass er ein Überbleibsel von einer Katalogbestellung aus den späten Achtzigern war. Aber was kümmerte mich das? Ich wollte ja niemanden beeindrucken.

Ich kam pünktlich an und setzte mich auf eine Bank vor dem Restaurant. Ich hatte Gary gesagt, dass ich Rosa tragen würde und dass ich einen alten Saab fuhr.

»Wirklich? Ich fahre auch einen alten Saab. Das haben wir schon mal gemein«, hatte Gary geantwortet.

Zehn Minuten verstrichen. Trotz meines Mantels war mir kalt, deshalb ging ich hinein und setzte mich in den Wartebereich. Weitere zehn Minuten verstrichen. Ich rief zu Hause an.

»Britt, hat ein Mann namens Gary angerufen?«, fragte ich.

»Ist er noch nicht da?« Sie klang hörbar verärgert.

»Nein. Deswegen wollte ich wissen, ob er angerufen hat.«

»Mom, er hat dich versetzt. Leg auf und komm nach Hause. Du wartest nicht eine Minute länger«, befahl sie mir.

»In Ordnung.« Ich hängte auf und ging zu meinem Auto. Als ich auf die Zufahrt zur Straße fuhr, blendete hinter mir ein Saab die Scheinwerfer auf. Der Fahrer sprang aus dem Auto und lief zu meinem Seitenfenster.

»Ich will gerade fahren«, sagte ich. »Sie haben sich ein wenig verspätet.«

»Nein, ich habe hier gesessen und gewartet. Ich war etwas früh dran. Und ich habe keinen Saab in der Auffahrt gesehen.« Gary hatte das gleiche freundliche Gesicht, das ich noch in Erinnerung hatte.

»Da drüben ist eine zweite Auffahrt.« Ich zeigte in die Richtung.

»Oh…« Gary wusste nicht recht, was er sagen sollte. »Kann ich Sie trotzdem noch zum Abendessen einladen?«

»Nein, tut mir leid. Ich habe schon meine Tochter angerufen, und sie erwartet mich zu Hause. Sie meinte, ich wäre versetzt worden und solle sofort nach Hause kommen«, erwiderte ich ohne ein Lächeln.

Gary zog ein enttäuschtes Gesicht, während er der Kälte wegen seinen marineblauen Blazer zuknöpfte. »Ich würde es gerne wiedergutmachen«, sagte er. »Sie könnten doch Ihre Tochter anrufen und ihr klarmachen, dass Sie nicht versetzt wurden.« Hoffnungsvoll sah er mich aus sanften blauen Augen an.

Ich überlegte, dass es viel leichter wäre, nach Hause zu fahren und Arbeiten zu benoten. Aber ich wollte auch nicht mit eingezogenem Schwanz nach Hause zurückkehren. »Na gut.« Ich fuhr das Fenster hoch und stellte das Auto ab.

Von Garys blauem Saab aus rief ich Britt an. »Er war die ganze Zeit hier«, erklärte ich, »er hat nur die falsche Einfahrt beobachtet.«

Meine fünfzehnjährige Tochter war gnadenlos. »Mom«, sagte sie mit bester Oberzickenstimme, »das ist voll lahm. Er hätte seinen Hintern aus dem Auto schwingen und dich suchen müssen.«

Ich war mir ziemlich sicher, dass Gary sie hören konnte. »Na, jedenfalls gehen wir einen Happen essen, und dann komme ich nach Hause.«

»Wohin geht er mit dir? Hat er was reserviert?«

»Ähm, Gary, wohin gehen wir essen? Haben Sie irgendwo reserviert?«

»Momma, es ist halb acht an einem Freitagabend in Orange County. Jetzt muss aber was Anständiges kommen.«

Garys Blick genügte als Antwort. »Wir finden schon was. Um zehn bin ich zu Hause.«

Gary führte mich in ein schickes Sushirestaurant in Laguna Beach. Er sah noch jung aus für sein Alter, das entging mir nicht, und war tadellos gekleidet, sehr klassisch in seinem typischen Ostküstenoutfit. Während wir uns unterhielten, dachte ich: *Er wirkt älter als ich, aber nicht viel älter. Und er hat so ein freundliches Gesicht, dass er nach einem Tag, an dem ich mich besonders viel mit Brittany gestritten habe, vielleicht sogar jünger aussehen könnte als ich.*

Danach spazierten wir die kalte, windige Steilküste entlang. »Was verstehen Sie unter einem romantischen Abend?«, fragte er über die Geräusche der Brandung im Hintergrund hinweg.

Ich blickte in den Sternenhimmel hinauf und sagte, was ich dachte, ohne es zu beschönigen. »Romantik ist nicht unbedingt von Menschen abhängig. Das Leben kann einen auch so verzaubern. Für mich können ein wunderschöner tiefschwarzer Himmel mit funkelnden Sternen, ein Glas Wein und Vögel in den Bäumen traumhaft sein.« Nach einer winzigen Pause fügte ich hinzu: »Sogar wenn man allein ist.«

Gary wirkte erst überrascht und dann verdutzt. Er öffnete den Mund und schloss ihn wieder. »Ich merke schon – Sie und Ihre Tochter nehmen kein Blatt vor den Mund«, meinte er schließlich lächelnd.

»Wir bezeichnen uns lieber als ›direkt‹«, antwortete ich. »Wenn man sagt, Frauen würden kein Blatt vor den Mund nehmen, schwingt oft eine negative Wertung mit. ›Direkt‹ hat einen positiven Beiklang.«

Gary lachte laut auf. »Ein Gespräch mit Ihnen ist unvorhersehbar. Ich mag Sie, Deborah Ziegler. Es ist kalt, und ich muss zusehen, dass Sie nach Hause zu Ihrem Teenager kommen, aber ich würde gerne wieder mit Ihnen ausgehen.«

Ich war erstaunt. Ich dachte, ich hätte es geschafft, einen ziemlich unsympathischen Eindruck zu erwecken.

Mit sechzehn gelang es Britt, mir ein Auto abzuschwatzen. In diesem Punkt hätte ich wirklich hart bleiben müssen, aber ein Nein hätte Krieg bedeutet. Mit dem Auto fing der Ärger erst richtig an.

»Nur damit du's weißt, ich gehe mit ein paar Freundinnen ins Kino, und heute Nacht schlafe ich bei Helene.«

»Brittany, wenn du etwas unternehmen willst, kannst du nicht einfach ›Nur damit du's weißt‹ davorsetzen. Du musst um Erlaubnis fragen.« Dieser Ausdruck von ihr brachte mich auf die Palme »wie sonst nichts«, wie sie gesagt hätte.

»Alter, flipp mal nicht gleich aus. Ist doch kein Riesending. Ihre Mom hat kein Problem damit. Du kannst sie anrufen, wenn du willst, aber sie ist ziemlich durch den Wind, und das Gespräch wird vielleicht nicht schön, vor allem nicht, wenn sie ein, zwei Gläser intus hat. Wobei – ihr seid beide Einzeleltern, vielleicht magst du sie ja doch. Auch wenn man manchmal ihren Ritzenputzer sieht.«

»Britt. A: Nenn mich nicht ›Alter‹, verdammt noch mal.

B: Was ist ein Ritzenputzer? Und C: Gib mir die Telefonnummer von Helenes Mom, damit wir Einzeleltern einen kleinen Plausch halten können.«

Britt grinste. »A: ›Alter‹ rutscht mir halt so raus. B: Ein Ritzenputzer ist ein Tanga, und der guckt öfter unter ihrer Hose raus – und das wolltest du bestimmt nicht wissen. Und C: Hier ist die Nummer.« Sie drückte mir einen Klebezettel in die Hand und stürmte in die Garage.

Über das Bild mit dem Tanga verzog ich das Gesicht, dann lief ich ihr hinterher. »Schnall dich an!« Ich machte die Bewegung ein paarmal vor. »Schnall dich an!«

Brittany tat, als würde sie mich gar nicht bemerken, während sie rückwärts aus der Garage fuhr.

»Ich nehme dir das Auto weg, wenn du dich nicht anschnallst!«, rief ich dem Wagen hinterher.

Gary und ich gingen schon ein paar Monate lang jeden Samstagabend miteinander aus, da klingelte an einem Abend unter der Woche um Viertel nach acht das Telefon. Ich saß im Pyjama an der winzigen hölzernen Küchentheke und benotete Arbeiten, und Britt erledigte vor dem Fernseher ihre Hausaufgaben. Am Telefon war Gary, der mich zum Essen einladen wollte.

»Hallo, Gary.« Britt sah herüber, und als sie mitbekam, wer angerufen hatte, ahmte sie Küsschen nach. »Essen gehen? Jetzt noch?«, fragte ich ungläubig.

»Wir sind schon im Schlafanzug!«, rief Brittany vom Sofa aus.

»Ich bin Lehrerin. Ich kann mich unter der Woche nicht um halb neun mit jemandem verabreden.« Es ärgerte mich, dass er meine Lebensumstände nicht begriff. »Ich sitze hier im Pyjama und benote Arbeiten.«

Gary erklärte, er habe vor dem Anruf nicht darauf geachtet, wie spät es sei.

»Hör mal, ich weiß ja, dass du und deine Manager um acht oder neun noch essen gehen und Wein trinken, aber Lehrerinnen an der Mittelschule machen so etwas nicht. Wir legen uns früh ins Bett und stehen früh auf. Tschühüss.«

Brittany klopfte mit ihrem Stift auf ihr Buch. »Ach du Scheiße, Mom, du warst ja total grob. Magst du diesen Gary nicht?«

Ich seufzte. Mein erster Impuls war, sofort darauf anzuspringen und mit Britt zu schimpfen, weil sie geflucht hatte. Nur war das ehrlich gesagt das erste halbwegs anständige Gespräch mit ihr seit Wochen, deshalb biss ich mir auf die Zunge und beschloss, mich nicht über Kleinigkeiten aufzuregen.

»Ich mag ihn schon, aber er versteht offenbar nicht, wie Lehrer leben.« Ich sammelte die Arbeiten zusammen.

»Er macht einen netten Eindruck. Vielleicht solltest du dich mal ein bisschen lockerer machen. Wann darf er denn deine großartige Tochter kennenlernen?«

»Ich dachte, dir wäre es lieber, wenn ich ihn aus deinem Leben heraushalte.« Ich beobachtete ihre Reaktion genau.

»Boah, Momma. Wenn er nett ist, sollte ich ihn kennenlernen, oder?« Britt deutete mit ihrem Stift auf mich. »Mag er dich, so *richtig*? Findet er dich *hübsch*? Will er dich *heiraten*?«, fragte Brittany mit leichtem Singsang.

»Sei nicht albern. Ich habe ihm schon gesagt, dass ich nicht vorhabe, mich auf etwas Festes einzulassen, solange du noch die Highschool besuchst.« Ich klopfte die Blätter auf der Küchentheke zu einem Stapel und heftete sie mit einem Clip zusammen.

Britt schwieg eine Weile. »Ich habe kein Problem damit. Ich will keinen ›Dad‹ im Haus haben, der mir ständig im Nacken sitzt. Aber es schadet ja nicht, den Typen mal kennenzulernen.«

Britt und ich führten immer wieder langwierige Diskussionen darüber, wann sie zu Hause sein sollte. Diese Auseinandersetzungen wirkten auf mich wie eine chinesische Wasserfolter, die am Ende eines langen Arbeitstages auf mich wartete. Man sah die Tropfen kommen, aber sie fielen immer auf unterschiedliche Stellen und in unterschiedlichen Abständen. Wenn es stundenlang so hin und her gegangen war, hatte ich das Gefühl, ich hätte ein Loch in der Stirn.

Statt Brittany von der Highschool abzuholen, fuhr ich jetzt heim und sah ihr Auto schon von Weitem vor dem Haus stehen. Ich seufzte. Ich wollte sie gerne begrüßen, aber ich wusste, dass wieder irgendetwas falsch sein würde, wenn ich nur durch die Tür trat. Ich war erschöpft, und es fühlte sich an, als würde ich auf rohen Eiern laufen.

Auf dem Weg zu meinem Schlafzimmer bemerkte ich flüchtig, dass Brittany in ihrem Zimmer auf dem Boden lag und telefonierte. Ihre eleganten, langen, gebräunten Beine lehnten an der Wand, und ihre schmutzigen Füße hinterließen dunkle Flecken auf der Farbe. Die langen honigbraunen Haare umfächerten ihren Kopf wie ein Heiligenschein, an dessen Rand zusammengeknüllte Kaugummipapiere silbern glitzerten. Meine Tochter konnte bei einem einzigen Telefonat eine Unmenge von Kaugummi kauen. Nach einem herablassenden Blick – so vernichtend, dass Blumen verdorrt wären – streckte meine

Tochter ein Bein zur Tür aus, wobei unter dem zu kurzen Faltenrock ihrer Schuluniform ein weißer Slip aufblitzte. Sie schlug mir die Tür vor der Nase zu und brachte mich damit um die Gelegenheit, mich über die Nagellackflecken auf dem Teppich zu beschweren.

Britt hatte sich von dem Schönheitsideal in Orange County anstecken lassen. An ihrer Schule hatten die Mädchen künstliche Fingernägel, teure blonde Haarverlängerungen und Föhnfrisuren. Nicht selten ließen sich die Schülerinnen Brustimplantate oder eine hübsche, kleine Nase zum groß gefeierten sechzehnten Geburtstag schenken. Sie waren enorm besorgt darüber, wie ihre Körper aussahen, statt darauf zu achten, was ihre Körper konnten. Diese Jagd nach körperlicher Perfektion nahm mehr Zeit in Anspruch als das Lernen. Trotzdem kam Brittany nach wie vor mit glatten Einsen nach Hause.

Mit dem ersten Auto kam der erste Job. Brittany besorgte sich eine Stelle am Empfang eines schicken Golfclubs mit Restaurant in einer nahe gelegenen geschlossenen Wohnanlage. Kurz nachdem sie dort angefangen hatte, roch man an ihrer Kleidung, dass sie Gras rauchte. Ich vermutete, dass sie das Marihuana von jemandem im Golfclub bekam. Als ich Britt nach dem Geruch fragte, lachte sie. »Der Stuhl, auf dem ich im Club sitze, riecht nach Gras und Tabak, Mom. Das Mädel, das tagsüber da arbeitet, raucht und kifft offenbar. Der Geruch geht in meine Klamotten.«

Ich rief ihre Chefin an, um mit ihr über meine Bedenken zu reden. Die Frau gehörte zu Brittanys Fanclub. »Wir sind alle ganz begeistert von Brittany. Sie ist für ihr Alter wirklich tüchtig und verlässlich.«

»Brittany arbeitet ja mit einem älteren Mädchen zusammen und verbringt viel Zeit mit ihm. Hat das Mädchen einen guten Einfluss? Kennen Sie sie auch?« Ich kam mir ein wenig wie ein fieser Stalker vor und klang wahrscheinlich auch so, aber ich machte mir große Sorgen.

»Oh, Sie meinen bestimmt Celia. Sie ist wunderbar. Ich glaube, sie wird einen sehr guten Einfluss auf Ihre Tochter haben. Beide Mädchen sind großartig.«

Als ich auflegte, beschlich mich der Eindruck, dass Brittany und Celia die Frau ordentlich eingeseift hatten.

Gary und ich luden Celia und Brittany zum Zingaro-Pferdeballett ein, für das Pferde aus Frankreich eingeflogen wurden. Zingaro (italienisch für »Zigeuner«) war eine international bekannte, avantgardistische Pferdeshow aus Frankreich, in der Pferde und Tänzer zusammen auftraten. Davor gingen wir mit den Mädchen essen. Celia gab sich sehr charmant. Sie war witzig, klug und eigenwillig gekleidet. Obwohl ich an ihrer Kleidung eindeutig Gras roch, als ich sie flüchtig umarmte, mochte ich sie, ich konnte gar nicht anders.

In dem riesigen Zelt erklang klassische Musik, und zwar so laut und so schrill, dass ich mir phasenweise die Ohren zuhielt. Gary lehnte sich herüber und fragte: »Wusstest du, dass sie in der Show fast nur Strawinsky spielen?«

Ich hatte gedacht, Strawinsky habe reizende klassische Musik geschrieben, zu der Frauen in flatternden weißen Gewändern auf geschmeidigen Rössern galoppieren würden. Die Künstler ritten aber nicht, sie wurden von den Pferden kriechend über den Boden gezogen. Die Pferde selbst bewegten sich in einer eleganten Choreografie. Was ich verstörend fand, waren die Künstler im Staub. Es war eine bizarre Darbietung, und die Mädchen kicherten schon. Ich warf ihnen einen strengen Blick zu. Die Karten hatten viel Geld gekostet; da musste doch noch etwas Besseres kommen.

Dann hob eines der Pferde im langsamen Trott seinen sorgfältig gekämmten Schweif und ließ einen dampfenden Pferdeapfel auf den ordentlich geharkten Boden fallen. Entsetzt starten wir auf die Szene. Wir waren sicher, dass der Tänzer hinter dem Pferd seinen Weg ändern würde, um nicht durch den Pferdemist gezogen zu werden.

Das tat er nicht.

Celia und Brittany krümmten sich vor Lachen – sie waren so laut, dass sie schon Aufmerksamkeit erregten. Ich schaute mich mit großen Augen um, dann konnte ich auch nicht mehr an mich halten. Bevor man uns hinauswarf, scheuchte Gary uns nach draußen. Im Auto prusteten wir wieder los.

»Tut mir leid! Da habe ich ja Scheiße gebaut«, stammelte Celia auf dem Rücksitz. Mitten im Lachen hob sie entschuldigend die Hände.

»Aber das Pferd hat damit angefangen«, sagte Brittany.

An einem Samstagmorgen kam ich von einem Spaziergang mit einer Freundin zurück und fuhr den Hügel zu unserem Haus hinauf. Britts Auto stand am Straßenrand, und zu meinem Entsetzen bemerkte ich, dass die Windschutzscheibe an zwei Stellen spinnwebartig gerissen war. Ich sah im Haus nach. Dort war sie nicht. Mein Herz hämmerte, und mir drehte sich der Magen um, als ich ihre Handynummer wählte. Keine Antwort. Ich stieg ins Auto und raste in die Notaufnahme. Am Empfang erklärte man mir, Brittany und eine Freundin hätten einen Unfall gehabt und beide seien nicht angeschnallt gewesen. Gerade würde man einen Hirnscan durchführen.

Ich lief auf und ab, bis Brittany herausgeschoben wurde. Gott sei Dank hatte der Scan einen normalen Befund, es gab kein Anzeichen für eine Blutung. Sie wurde entlassen, und mir wurde aufgetragen, auf Symptome wie Gedächtnisverlust, Verwirrtheit, Übelkeit oder Verhaltensauffälligkeiten zu achten. Britt sagte, das andere Mädchen habe sich geweigert, ins Krankenhaus zu fahren, es habe darauf beharrt, dass es ihm gut ginge, und sich von einer Freundin abholen lassen.

»Wissen ihre Eltern Bescheid?«, fragte ich.

Brittany schüttelte den Kopf. »Mom, es ist halb so wild. Ich bin nicht verletzt. Steph ist nicht verletzt. Mach ihr keinen Ärger. Sie und ihre Mom streiten sich so schon genug.«

Davon konnte ich ein Lied singen!

»Wie ist es passiert?«, fragte ich.

»Mein Handy hat geklingelt, und es ist mir aus der Hand gefallen und unter den Sitz gerutscht. Ich habe mich danach gebückt und bin einer Frau in einem nagelneuen Mercedes reingerast. Die Polizei ist gekommen und hat einen Krankenwagen gerufen, als ich gesagt habe, dass mir der Kopf wehtut.«

»Ist die Frau aus dem Mercedes auch ins Krankenhaus gebracht worden?«, fragte ich.

»Nein, ihr Auto wurde gerade abgeschleppt, als der Krankenwagen mit mir losgefahren ist.« Britt seufzte.

»Britt, wie oft habe ich dich bekniet, dich anzuschnallen?«, begann ich meine Standpauke, während der ich immer lauter wurde. »Das geht doch schon die ganze Zeit so. Kannst du nicht ein Mal auf mich hören? Willst du wirklich nur durch Beulen lernen?«

»Mecker jetzt bitte nicht mit mir, Momma. Eins kann ich dir versprechen. Von jetzt an werde ich mich immer anschnallen. Durch die Beule habe ich wirklich gelernt.« Ihre Lider flatterten, als wir an ihrem Auto vorbeifuhren, als bekäme sie vom Anblick der gesprungenen Scheibe Kopfschmerzen. »Ich werde auch nicht mehr mit meinem Handy herumspielen.«

Ich war dankbar dafür, dass sie nur Kopfschmerzen hatte und nicht verletzt war, und ich glaubte ihr. Sie würde nie wieder ohne Sicherheitsgurt fahren. Sie hatte es auf die harte Tour gelernt.

Wie sich zeigte, war Gary eine Bereicherung für mein Leben. Ich hatte ihm gesagt, dass ich nie wieder heiraten würde, aber wenn er mit mir Zeit verbringen wolle, hätte ich nichts dagegen. Großmütig erwähnte ich, falls er noch einmal heiraten wolle, müsse er sich woanders umsehen, schließlich sei er älter als ich. Ich erklärte ihm auch, er solle nicht versuchen, Brittany zu erziehen.

»Du bist nicht ihr Vater. In dieser Phase ihres Lebens werde ich meiner Tochter keine Vaterfigur vorsetzen. Sie steht im Moment etwas neben sich, und es wäre beiden Seiten gegenüber nicht fair.«

»Es fällt mir schwer, es mit anzuhören, wenn sie dich respektlos behandelt oder wenn sie mit ›Nur damit du's weißt‹ anfängt und am Ende die Tür knallt«, erwiderte er. »Aber ich halte mich an deine Regeln. Sie ist dein Kind.«

»Ja, ist sie. Ich bin da im Moment auf mich allein gestellt. Vertrau mir – wenn du irgendwann eine gute Beziehung zu Britt haben willst, musst du dir auf die Zunge beißen und dich heraushalten.«

»Können wir uns öfter als einmal die Woche treffen?«, wechselte Gary das Thema. Wir gingen seit mehreren Monaten miteinander aus, aber bisher hatte ich meine Zeit mit ihm auf einen Freitag- oder Samstagabend pro Woche beschränkt.

Ich überlegte kurz und beschloss dann, alles auf eine Karte zu setzen. »Ich wollte schon immer tanzen lernen. Wir könnten unter der Woche einen Kurs besuchen.« Innerlich kicherte ich, weil ich dachte, darauf würde sich doch kein Mann einlassen.

»Klasse. Sag einfach, wann und wo«, antwortete Gary.

Er hielt Wort, und so meldeten wir uns für einen Kurs mittwochabends in einer Arthur-Murray-Tanzschule an.

Brittany fasste ihre Meinung über Gary in einem Telefongespräch mit einer Freundin zusammen. »Dieser ältere Typ steht total auf meine Mom«, sagte sie, »aber ich unterstütze das Ganze, weil meine Mom mich dann nicht mehr bewacht wie ein Schießhund.«

Einmal, als Gary und ich auf dem Weg zur Tanzschule waren, rief mich ein Wachmann aus einem Nobelkaufhaus an.

»Sind Sie die Mutter von Brittany Maynard?«

»Ja.« Mein Herz hämmerte. »Geht es ihr gut?«

»O ja. Ihr fehlt nichts. Sie und ihre Freundin sitzen vor mir. Ich reiche Sie mal weiter.«

»Momma.« Britt weinte. »Wir stecken in Schwierigkeiten, wir haben geklaut. Du musst mich abholen.«

Um Himmels willen, was denn noch? »Sag dem Mann, dass ich unterwegs bin.«

Gary fuhr mich und begleitete mich zum Büro des Sicherheitsdienstes, hielt sich aber im Hintergrund, während ich die Sache regelte. Meine Tochter saß allein da, beschämt und zerknirscht, mit verweintem Gesicht, die Schultern hochgezogen. Ich war wütend, aber als ich sie dort hocken sah, überkam mich auch Traurigkeit. Sie schien keine besonders gute Meinung von sich zu haben. Das war nicht die selbstbewusste und mutige Brittany aus der Mittelschule, sondern ein verwirrter Teenager. Meine Tochter war größer, klüger und besser als in diesem einen Moment. Das durfte ich nicht vergessen.

Ich sprach mit dem Wachmann, und er zeigte mir die Kleidung, die Britt und ihre Freundin gestohlen hatten. Ich sagte ihm, ich wolle, dass Brittany die Sachen in allen Geschäften zurückgab, in denen sie etwas gestohlen hatte. Wir klapperten die drei Läden ab, und in jedem ließ ich sie nach dem Geschäftsführer fragen. Britt erklärte, was sie und ihre Freundin getan hatten, entschuldigte sich und gab die Kleidungsstücke zurück.

Als wir zu dem Kaufhaus zurückkehrten, war Brittany ausgelaugt, aber froh, dass man ihre Entschuldigungen angenommen und ihr keine Strafen aufgebrummt hatte. Der Wachmann legte Britt ein Formular vor, in dem stand, dass sie in diesem Geschäft ein Jahr lang nicht einkaufen durfte. Dazu kam eine Geldbuße anstelle einer Anzeige bei der Polizei. Brittany und ich unterschrieben die Unterlagen und gingen zu Gary, der draußen geduldig gewartet hatte.

Schweigend fuhren wir nach Hause. Brittany zahlte mir jeden Cent der Geldbuße zurück. Sie versprach, sie würde nie wieder stehlen, und schien tatsächlich todunglücklich darüber zu sein, was sie getan hatte. Später, vor ihrem

Tod, sagte Brittany, es sei richtig gewesen, dass ich sie gezwungen hatte, in die Geschäfte zu gehen und den Leuten in die Augen zu sehen, auch wenn sie mich damals für eine verdammte Mistkuh gehalten hatte.

Zu Beginn ihres dritten Highschooljahrs fing Brittany sich ein schweres Pfeiffersches Drüsenfieber ein. Als sie sich scheinbar erholt hatte, ging sie wieder in die Schule und erlitt prompt einen Rückfall. Sie hinkte im Stoff stark hinterher, weil sie den Großteil des Tages verschlief. Ich holte die Hausaufgaben für sie ab oder Freundinnen brachten sie vorbei, aber sie wuchsen zu einem Stapel an, der kaum zu bewältigen war. Während ich Britt pflegte und mir Sorgen machte, weil sie die Krankheit nicht abschütteln konnte, begann ich, über Alternativen für sie nachzudenken. Ich sprach mit ihr über einen Wechsel an die öffentliche Highschool, aber die Vorstellung, im vorletzten Jahr eine neue Schule zu besuchen, schien Brittany zu überfordern. Alle Hausaufgaben und Prüfungen nachzuholen, die sie verpasst hatte, war offenbar ebenfalls zu viel für sie. »Kann ich nicht einfach einen GED machen? Der Test reicht doch auch zum Studieren.« Sie ließ sich wieder auf ihr Kissen fallen. »Oder soll ich mich in einer Continuation School einschreiben und da meinen Abschluss machen?«

Ich konnte es nicht fassen, dass meine hochintelligente Tochter von einer Continuation School sprach, einer Schule, die für Schüler gedacht war, die mit dem üblichen Lerntempo nicht zurechtkamen. Es schreckte mich aus meiner Bequemlichkeit auf. Brittanys Reaktion zeigte mir, dass mein Instinkt richtig gewesen war. Diese Highschool war genau die falsche für mein Kind.

Ich ließ mir einen Termin bei unserer Therapeutin geben, die unsere Familiendynamik mittlerweile gut kannte. Meinem Eindruck nach herrschte in unserem Mutter-Tochter-Krieg nur Waffenstillstand, weil Brittany so krank war. Sie wirkte depressiv und niedergeschlagen, und ich war sicher, dass die Privatschule einfach nicht das Richtige für sie war. Außerdem würden unsere Kämpfe bestimmt wieder in Schwung kommen, sobald sie das Drüsenfieber überwunden hatte.

Die Therapeutin schlug mir vor, Brittany früher ans College gehen zu lassen. Den Eignungstest würde sie spielend bestehen. Nach ihrem siebzehnten Geburtstag wäre sie berechtigt, die Prüfung abzulegen, wenn sie gewisse Voraussetzungen erfüllte. »Ich kann Ihnen helfen, den Antrag vom Saddleback College zu besorgen, damit Brittany mit siebzehn den GED-Test machen kann. Wenn sie möchte, kann sie Kurse belegen, die von der University of California anerkannt werden, und dann zu einer der zehn Universitäten der UC wechseln«, sagte sie. »Das gab es schon.«

Dieser Weg widersprach all meinen Grundsätzen. Ich war Lehrerin, um Himmels willen, und ich träumte davon, dass mein Kind die Highschool abschloss und ein tolles College besuchte. Ich hätte mir gewünscht, genug Geld für eine Hochschule wie Harvard oder Yale zu haben, weil sie Brittany sehr wahrscheinlich angenommen hätten. Mir hatten die UC Los Angeles, die UC Berkeley oder die University of Texas in Austin vorgeschwebt. An ein Community College hatte ich nicht einmal gedacht.

Als sie meinen entsetzten Gesichtsausdruck bemerkte, sagte die Therapeutin: »Brittany ist eines der klügsten und schwierigsten Mädchen, mit denen ich je zu tun hatte. Sie müssen die ausgetretenen Pfade verlassen.« Sie sah mir an, dass ich mit dieser Idee zu kämpfen hatte.

»Ihre Tochter kann auf einem anderen Weg zum gleichen Ziel gelangen. Je nach Lernpensum könnte sie ins zweite oder dritte Studienjahr an einer großen Universität einsteigen, wenn ihre Mitschüler gerade die Highschool abschließen.«

Meine Miene hellte sich offenbar sichtlich auf.

Sie lächelte. »Ehrlich gesagt ist die Highschool nicht für jeden das Richtige.«

Gary war strikt gegen diesen Plan. Er konnte sich nicht zurückhalten und sagte mir das bei jedem Gespräch.

Natürlich hielten es auch all meine Kollegen für eine ganz schlechte Idee. Brittanys Lehrer von der Mittelschule waren immer noch begeistert von ihr und konnten sich nicht vorstellen, dass Brittany einfach die Highschool abbrach. Brittanys Großeltern erzählte ich es erst gar nicht. Die Aufregung und die Bedenken, die eine solche Ketzerei unweigerlich nach sich ziehen würde, wollte ich nicht hören. Ich konnte nicht einmal mit meinen Schwestern Sarah und Donna über meinen Plan reden. So etwas tat man in unserer Familie einfach nicht.

Ich war schon ins verrückte Kalifornien gezogen und hatte mich zweimal scheiden lassen, und jetzt würde ich auch noch zulassen, dass meine wunderhübsche, kluge Tochter völlig außer Kontrolle geriet.

Brittany und ich aßen am See zu Mittag. Für einen kurzen Ausflug ging es ihr gut genug, und ich wollte in einer neutralen Umgebung besprechen, was wir tun wollten. Zuerst klopften wir gründlich die Möglichkeit ab, dass sie an die öffentliche Highschool wechselte. Ich hatte schon dort angerufen und nachgefragt, was wir für eine Versetzung im laufenden Schuljahr tun mussten, und man hatte mir versichert, dass es bei Brittanys glattem Einserschnitt kein Problem sei, wenn sie die fehlenden Leistungen im nächsten Halbjahr nachholte.

Brittany meinte, der Wechsel würde ihr schwerfallen. Es war mitten im Halbjahr, und es würde schwierig sein, Freunde zu finden, mit denen sie abhängen konnte. Die Schule lag ziemlich weit von unserem Haus entfernt, und man bekam kaum einen Parkplatz. »Mom, da würde ich nur unglücklich sein.«

Ich wusste, dass sie recht hatte. Es wäre hart für sie, selbst wenn sie vollkommen gesund gewesen wäre.

Ich schlug vor, sie solle ganztags arbeiten, wenn sie wieder hundertprozentig fit war, bis sie sich am Community College einschreiben konnte. Wenn sie dann in Vollzeit studieren wolle, könnte sie kündigen und sich darauf konzentrieren, in den von der University of California anerkannten Kursen Bestnoten zu bekommen. Danach könnte sie sich an der UC einschreiben.

Britt erwiderte meinen Blick. »Ich hätte nie im Leben gedacht, dass du damit einverstanden wärst.«

Mir schossen Tränen in die Augen. »Ich kann es auch nicht glauben. Alle halten mich für verrückt. Aber mein Gefühl sagt mir, dass diese Highschool dir nicht guttut.« Meine Unterlippe zitterte. Dabei hatte ich dieses Gespräch unbedingt überstehen wollen, ohne schwach oder verletzlich zu wirken. »Schätzchen, steck dir bitte als Ziel, es an eine gute Universität zu schaffen. Was wir jetzt besprochen haben, ist nur ein anderer Weg, der dich hoffentlich dorthin bringt. Davon haben wir doch immer geträumt.«

»Ehrlich, das Community College werde ich nicht abbrechen. Da gebe ich mir richtig Mühe«, sagte Britt lächelnd.

»Sieh nach vorn. Stell dir die Abschlussurkunde vor, die an deiner Wand hängen wird. Sie soll von einer Spitzenuniversität kommen.«

Ich streckte die Hand über den Tisch.

Britt schüttelte sie. »Abgemacht.«

13
Eine schlechte Mutter

25. Januar bis 16. Februar 2014,
die ersten Wochen nach der Kraniotomie

»Ich bin keine schlechte Mutter. Ich bin eine gute Mutter, die einen schlechten Tag hat.«

Unbekannt

Nachdem ich fünfundzwanzig Tage im Krankenhaus oder bei Brittany und Dan verbracht hatte, flog ich nach Hause. Brittany versicherte mir, ich könne ruhig zurückreisen, eine Auszeit nehmen, meinen Vater besuchen und ausgiebig mit den Hunden schmusen. Gary war zehn Tage zuvor nach Hause geflogen, um sich um alles zu kümmern. Meine Tochter sprach über eine zweite Operation, bei der weiteres Tumorgewebe entfernt werden könne. Dabei schwankte sie zwischen »Mir öffnet niemand mehr den Schädel« und der leisen Hoffnung, eine Wachoperation könnte ihr mehr Zeit verschaffen. Wenn sie bei vollem Bewusstsein operiert werden würde, könnten die Chirurgen ein Brain Mapping durchführen. Sie würden herausfinden, wohin genau sich bestimmte Hirnfunktionen im Laufe der letzten zehn Jahre verlagert hatten, und könnten dann aggressiver vorgehen, ohne die Hirnfunktionen zu schädigen.

Allein durch den Flughafen zu finden fiel mir schwer.

Es waren unglaublich viele Menschen dort, und alle waren so quicklebendig. Wenn ich jungen Frauen begegnete, gingen mir hasserfüllte Gedanken durch den Kopf: *Warum hast du es verdient zu leben? Warum meine Tochter nicht?*

Vor meinen geröteten, tränenverschleierten Augen verschwammen die Nummern der Gates. Mein Blick huschte von einer Gestalt zur nächsten. Derart viele Menschen kommen und gehen zu sehen machte mich wütend. *Wieso erlebt meine Familie die Hölle, und diese Leute laufen einfach herum und sind oft auch noch unfreundlich und übellaunig? Unfreundlich und übellaunig wollt ihr sein – dann hört erst mal, dass eure geliebte Tochter einen Hirntumor hat!*

Gary holte mich vom Flughafen ab. Er stand in seinem blauen Baumwollpullover da, der zu seinen Augen passte, und breitete die Arme aus. Ich fiel ihm um den Hals und atmete seinen frischen Duft ein. »Ich habe dich schrecklich vermisst«, flüsterte er in meine Haare.

Auf dem Weg zum Auto musste ich mich mühsam zusammenreißen, um nicht zu schreien. Sobald er die Beifahrertür hinter mir geschlossen hatte, heulte ich los. Gary schob sich auf den Fahrersitz und nahm meine Hand. »Lass alles raus.«

Das tat ich. Ich heulte und weinte, bis ich keine Luft mehr bekam. Gary gab mir Taschentücher, und als ich mich langsam beruhigte, ließ er den Motor an und fuhr los.

»Ich wollte nicht von ihr weg«, schluchzte ich. »Ich hatte auf dem Weg zum Flughafen eine Panikattacke.«

»Schätzchen, in nicht einmal zwei Wochen kommt sie uns besuchen.« Gary fuhr auf die Schnellstraße. »Hast du jetzt auch eine Panikattacke?«

Ich versuchte, mich aufs Atmen zu konzentrieren. »Fast«, sagte ich. »Ich bin ganz knapp davor.«

»Soll ich anhalten? Was kann ich tun?«

»Fahr mich ans Meer. Ich will auf eine Buhne gehen und fluchen und schreien, bis ich keinen Ton mehr herausbringe.« Die Antwort kam aus meinem tiefsten Inneren.

»In Ordnung. Auf nach Carlsbad Beach.«

Kaum hatten wir den Strand erreicht, ließ ich Gary stehen und lief langsam über die Felsbrocken auf das Wasser zu. Das graue düstere Meer trieb seine Wellen gegen die Steine. Gischt spritzte auf. Ich drehte mich um und sah, dass Gary im Sand hockte und mich nicht aus den Augen ließ. Er hob einen Arm. Als ich nur noch das Tosen der Wellen hörte, schrie ich aus tiefster Seele.

»Verdammt noch mal, Gott!«, brüllte ich dem Wind und den Wellen entgegen. »Ich habe mich bemüht, ein guter Mensch zu sein. Ich habe dich angefleht! Ich bin vor dir auf den Knien gerutscht!«

Ich schrie. Ich fluchte. »Fünfundvierzig Prozent, du Mistkerl! Ich hasse dich! Falls es dich überhaupt gibt, verflucht.« Ich fiel auf die Knie und schüttelte die Faust gen Himmel.

Unaufhörlich dröhnten mir die grauen Wellen in den Ohren, gleichmütig und ungerührt von meiner Trauer. »Liebe endet nie«, sagten sie. »Die Liebe einer Mutter ist ein endloses Meer.«

»Der Schmerz hört nie auf!«, schrie ich. »Wie konntest du ihr so wehtun? Wie konntest du mir so wehtun?«

Ich betrachtete die Wellen und lauschte. Nichts.

»Ich will ein Wunder!« Ich senkte den Kopf. »Ich will doch nur ein Wunder.« Meine Tränen fielen auf die Steine.

»Es gibt schon eines«, sagte das Meer. »Brittany ist ein Wunder. Ihr Hirn hat sich auf wundersame Art seit Jahren angepasst.«

»Sie soll bei mir bleiben«, flüsterte ich, denn tief in meinem Herzen wusste ich bereits, dass Brittany mich verlassen würde.

»Du kannst sie nicht behalten.« Die Wellen schlugen gegen die Buhne, spülten Sand aus den Ritzen zwischen den Steinen und zogen ihn in einer schäumenden Strömung hinaus ins Meer.

Ich stand auf und wankte zurück zu Gary. »Ich muss schlafen«, sagte ich zu ihm. Als wir zu Hause waren, schlief ich zwölf Stunden am Stück.

Gary machte sich Sorgen um meine Gesundheit. Er brachte mich zu einem Arzt, der mir eine neue Salbe für die Nesselsucht verschrieb, die während Britts Operation ausgebrochen war, und erklärte, ich solle mehr Wasser trinken. Gary schleppte mich auch zu einem Psychologen, der mir riet, meine Achtsamkeitsübungen anzuhören. »Akzeptieren Sie, was Sie fühlen. Jedes Gefühl hat seine Berechtigung.« Er gab mir winzige weiße Tabletten, die ich nur nehmen sollte, wenn ich eine ausgewachsene Panikattacke bekam. Als Letztes begleitete Gary mich zu einem Dermatologen, der bei mir eine Impetigo diagnostizierte und ein Antibiotikum verschrieb, von dem mir übel wurde, wenn ich nicht in rauen Mengen aß.

Meine Freundin Pamela nahm mich mit in die Kirche zu einer Gebetsgruppe. Ich sah die entsetzten Blicke der Mitglieder, als ich ihnen von Brittanys langfristigem Plan erzählte, aber ich rechnete es ihnen hoch an, dass sie sich nicht abwandten. Sie beteten voller Inbrunst für mich und mit mir. Ich erzählte ihnen, dass ich Gott verflucht hatte. Der älteste Herr in der Runde lächelte und sagte mit sanfter, belustigter Stimme: »Wenigstens redet ihr noch miteinander.«

Am 2. Februar bekamen Dan, Carmen, Gary und ich eine detaillierte Mail von Brittany. Sie erklärte darin genau, welche Wiederbelebungsmaßnahmen bei ihr nicht angewendet werden durften. Zu der Liste gehörten Intubation, mechanische Beatmung, Thoraxdrainage, Thoraxkompression, Defibrillation, Vasopressoren – das sind Mittel, die den Blutdruck stützen oder heben –, künstliche Ernährung und insbesondere Magensonden. Sie betonte in ihrer Mail, sie sei unheilbar erkrankt und wir sollten begreifen, dass sie sterben würde. Sie wolle die Planungen für ihren Umzug, den sie wegen ihrer Krankheit und ihres bevorstehenden Todes unternahm, abschließen, denn sie sehne sich danach, die Schönheit der Welt mit ihrer Familie und ihren Freunden zu genießen. Darüber hinaus bat sie uns, einen Artikel der American Hospice Organization zu lesen, der auf Probleme bei künstlicher Ernährung hinwies.

Am Telefon fragte ich Brittany, ob sie wisse, was die einzelnen Maßnahmen, die sie untersagt hatte, bedeuteten. »Als Grandpas Betreuerin bin ich mit ihm die gleiche Liste durchgegangen, als er hierhergezogen ist«, meinte ich. »Ich musste ihm alle Maßnahmen erklären.«

Britt antwortete so detailliert und umfassend, dass sie mich überzeugte. Sie hatte die diversen Behandlungsmethoden genau verstanden. Außerdem erklärte sie: »Momma, vom Hals abwärts bin ich kerngesund. In einem Hospiz würde ich lange brauchen, um zu sterben. Ich bin nicht wie die alten Patienten dort. Ich bin nicht gebrechlich. Meine

Organe sind gesund, sie würden kämpfen, um weiterzuarbeiten. Mein Herz würde weiterschlagen. Ich hätte einen langen, schweren Weg zum Tod.«

»Das würde ich auch nicht für dich wollen«, sagte ich beruhigend.

»Menschen mit Hirntumoren werden unruhig, verwirrt, sie versuchen aufzustehen, sie stürzen, zittern und haben Halluzinationen. Manchmal werden sie wahnhaft, bekommen Zuckungen oder Krämpfe. Das kann wochenlang anhalten, bis sie irgendwann fast komatös sind.« Brittany klang völlig verängstigt. Ich kratzte an dem Ausschlag an meinem Haaransatz. Ein nacktes Grauen hatte mich befallen. »Ich werde jedes Wort lesen. Das verspreche ich dir«, erwiderte ich.

»Momma, bitte, du und Gary, ihr dürft nicht versuchen, mich mit diesen abscheulichen Methoden am Leben zu halten, wenn ich sowieso sterben werde. Der Mann einer Freundin hat seinen Vater durch einen Hirntumor verloren. Er hat gesagt, dass sein Vater Wutanfälle bekommen und seine eigene Scheiße nach seiner Familie geworfen hat. Mit dieser Erinnerung müssen sie jetzt leben. So will ich nicht gehen.«

»Das verstehe ich. Ich werde deine Wünsche respektieren, egal, wie schwer es mir fällt, Brittany.« Ich hatte die Quaddeln so aufgeschürft, dass sie wieder bluteten.

»Versprich es mir. Schwöre es.«

Ich holte tief Luft. »Ich schwöre es. Und jetzt lass uns was ausmachen. Lass uns für ein paar Tage nach Palm Springs fahren und etwas Sonne und Ruhe tanken.« Bevor ich gefahren war, hatte sie gemeint, sie würde mich gerne in Südkalifornien besuchen und einen kurzen Urlaub planen.

Brittany suchte sich für unseren Frauenurlaub Palm Springs aus, weil sich seit der Kraniotomie etwas in ihrem Körper verändert hatte und sie ständig fror. »Hast du dem Arzt erzählt, dass dir nicht mehr warm wird?«, fragte ich.

»Er sagt, die Wahrnehmung würde sich nach einer Hirnoperation zuweilen neu justieren. Ich höre jetzt alles so deutlich, dass ich laute Leute nur noch verprügeln könnte. Ich will ihnen einfach eine reinhauen.«

»Oha. Dann sollten wir Ohrstöpsel mitnehmen. Man weiß ja nie, was man in einem Hotel alles hört. Und ich bestelle dir ein Wärmeunterbett.« Ich suchte schon im Internet, und meine Finger klackerten über die Tasten.

Ich holte Britt vom Flughafen ab. Als sie ins Auto einstieg, redete sie hastig und erzählte mir, ihr sei eiskalt. »Momma, wenn ich ganz krank werde, wenn ich aus irgendeinem Grund nicht mehr sprechen kann, sorgst du dann immer dafür, dass ich es warm habe? Ich habe Angst davor, dass ich vielleicht niemandem mehr mitteilen kann, wie sehr ich friere.«

Ich beruhigte sie. Ich würde immer dafür sorgen, dass sie es warm hatte.

Brittany zog einen Umschlag aus ihrer Handtasche. »Darin ist mein POLST. Ich habe ihn immer bei mir. Sollte ich aus irgendeinem Grund einen Krampfanfall bekommen oder ohnmächtig werden, *dann ruf keinen Krankenwagen.*« Sie zeigte mir ein rosafarbenes Formular, das gleiche, das ich für meinen zweiundneunzig Jahre alten Vater ausgefüllt hatte: die Physician Orders for Life-Sustaining Treatment, die ärztlichen Anweisungen über lebensverlängernde Maßnahmen.

»Meine Notfallanordnung verbietet jede medizinische

Behandlung, die über die Sicherstellung von Wohlbefinden und Schmerzfreiheit hinausgeht. Wenn mir irgendetwas zustößt, wenn wir mit dem Auto verunglücken … was auch immer … lass mich gehen. Keine Intubation. Keine Reanimation. Keine künstliche Ernährung. Lass mich nicht in eine Intensivstation bringen. Momma, du musst mir versprechen, dass du keinen Krankenwagen rufst. Die Sanitäter werden sich nicht an das Formular halten. Rettungskräfte sind nicht gesetzlich verpflichtet, meinen Willen zu respektieren, und das werden sie auch nicht tun.«

»In Ordnung. Das mit dem Krankenwagen wusste ich nicht. Ich habe es verstanden, Schätzchen.« Ich konzentrierte mich aufs Fahren, nickte aber.

»Momma, du und Gary, ihr müsst auch dahinterstehen. Ich mache mir Sorgen, er könnte dich überreden, einen Krankenwagen zu rufen.« Brittany redete so schnell, dass ich kaum mitkam.

»Du musst dich beruhigen und etwas Vertrauen haben, Süße. Gary, Dan und ich werden dich unterstützen und für dich sorgen. Wir respektieren deine Wünsche.«

An einem milden, wunderschönen Abend Mitte Februar checkten wir in dem Hotel in Palm Springs ein und gingen essen. Im Restaurant entdeckten wir eine Familie mit zwei Kindern. Brittany runzelte die Stirn. »Dämliche Blagen. Bei denen in der Nähe will ich nicht essen.«

»Brittany, du hast Kinder doch immer gemocht! Was redest du da?«

»Jetzt mag ich sie nicht mehr. Sie erinnern mich an alles, was ich will und nicht haben kann.« Britt sprach so vernehmbar, dass ich befürchtete, man könnte sie hören.

»Kleine Kinder reden zu laut. Das tut mir in den Ohren weh.«

»Schätzchen. Es ist doch gar nicht sicher, dass du keine Kinder bekommen kannst. Deine Operation ist gut verlaufen, und vielleicht können die Ärzte noch mehr Tumorgewebe herausschneiden. Was, wenn sie dir mehr Zeit verschaffen können?«

Ich versuchte, uns beide mit meiner Hoffnung zu trösten. Der ganze Kummer, der sich bei ihr in Form von Wut nach außen wandte, war in mehrfacher Hinsicht schmerzhaft.

»Pass auf«, sagte Britt. »Ich werde kein Kind bekommen. Ich werde kein Baby zur Welt bringen, das garantiert seine Mutter verliert. Nicht einmal, wenn der beste Fall eintritt und ich mit diesem Mistding in meinem Hirn noch drei bis fünf Jahre lebe. Dieser Traum ist vorbei. Ausgeträumt.«

Ich hob die Hand. *Hör auf*, dachte ich unwillkürlich. Wir sahen uns an. Ihre silbrig grünen Augen wurden meergrün.

»Momma, werd wütend. Werd böse. Gott hat dir gerade die einzige Chance auf Enkelkinder genommen. Das hast du doch begriffen, oder?«

Die Worte waren wie ein Schlag in die Magengrube. Sie beschämten mich, und ich kam mir dumm vor. Ich hatte mich nur darauf konzentriert, um ein Wunder für *mein* Kind zu beten, und nicht genug bedacht, dass Brittany selbst sich drei Kinder gewünscht hatte. Sie hatte sich nach einem eigenen Kind gesehnt. Ihre Worte trafen mich mit voller Wucht, trafen meine verletzliche Seite und auch meinen Traum, Großmutter zu werden.

Erst Weihnachten – vor gerade einmal sieben Wochen –

hatte Brittany sich gnadenlos über mich lustig gemacht, als ich gesagt hatte, ich wolle »Mimi« statt »Grandma« genannt werden. Ich war mir albern und eitel vorgekommen, weil ich mir eine alternative Anrede überlegt hatte, aber es war wirklich eine schöne Vorstellung, Enkel zu haben. Plötzlich überfiel mich ein heftiges Verlustgefühl, ein egoistischer Schmerz. Ich hatte darüber nachgedacht. Natürlich hatte ich darüber nachgedacht, aber meine Unfähigkeit zu akzeptieren, dass ich meine Tochter verlieren könnte, hatte alles andere ausgeblendet. Zum ersten Mal dachte ich diesen Gedanken weiter. Ich würde nicht nur mein Kind verlieren, sondern auch meine Enkel. Welch gewaltigen, niederschmetternden Verlust hatte Brittany erlitten. Ihr Traum von eigenen Kindern war zerstört worden.

»Befassen wir uns doch damit, wenn es so weit ist«, sagte ich, weil ich händeringend das Thema wechseln wollte.

»Das kann ich nicht. Ich werde keinem Kind einen solchen Kummer bereiten.«

Ich schwieg. Meine Tochter, die mir gegenübersaß und in ihrem Essen herumstocherte, mit grünen Schaumstoffstöpseln, die aus ihren Ohren schauten, den Kopf gesenkt, die Haare an einer ziemlich erschreckenden Kraniotomie-Narbe geteilt, meinte offensichtlich, was sie sagte, und wollte, dass ich sie verstand.

Nachts im Hotelzimmer schob ich mein Rollbett an das Fußende von Brittanys Bett. Ich wollte sie in Ruhe schlafen lassen. Sie sollte nicht spüren, wenn ich mich bewegte, oder hören, wie ich mich dicht neben ihren empfindlichen Ohren räusperte. Sie schlummerte vor mir ein, während sie auf ihrem Kindle Scrabble spielte. Ich schlich zu ihr und machte ein Foto. Sie sah aus wie ein schlafender Engel.

Am nächsten Tag besuchten wir ein Straßenfest. Brittany erlaubte mir nicht, Fotos zu schießen, und schnappte sich meine Kamera, um alle bisherigen Versuche zu löschen. Das Foto, auf dem sie schlief, durfte ich behalten.

»Dan hat mich auch im Schlaf fotografiert.« Sie hielt den Kopf schief, ihr Finger schwebte über der Löschtaste.

»Weil du wie ein Engel aussiehst.« Ich flüsterte die Antwort wie ein Gebet.

In einem Restaurant bestellten wir Wein und Abendessen. Brittany sprach über den Tod. »Ich werde versuchen, Organe zu spenden. In Oregon muss ich mir sowieso einen neuen Führerschein besorgen. Da lasse ich mich gleich als Organspenderin eintragen.«

Ich blickte meiner Tochter über den Tisch hinweg in die großen, mandelförmigen seegrünen Augen, und sie sagte: »Ich will meine Hornhäute spenden. Sie müssen in den ersten zwölf Stunden nach meinem Tod entnommen werden, und das lässt sich leicht regeln, weil ich ziemlich genau wissen werde, wann ich sterbe.« Die Kellnerin stellte unsere Teller wortlos auf den Tisch und verschwand eilig. »Meine Hornhäute bekommt jemand, der etwa in meinem Alter ist.«

Ich betrachtete Brittanys Gesicht, ihre wunderschönen Augen. Tränen fielen auf meine zitternden Hände.

»Ach, verdammt, Mom. Kannst du dich nicht freuen, dass mein Tod vielleicht auch etwas Gutes hat?« Brittany schob sich eine Portion Nudeln in den Mund.

Ich konnte nicht sprechen. Ich konnte mich nicht rühren. Die Geräusche und Bewegungen im Restaurant wirkten plötzlich fern und losgelöst von mir, wie eine Szene in einem alten Film, die man durch antikes Fensterglas betrachtet und nur verzerrt und undeutlich wahrnimmt. Ich fühlte mich benommen. Auf keinen Fall würde ich etwas essen können. Ich vermochte nicht einmal in meiner Handtasche nach einem Taschentuch zu suchen oder mir die Tränen mit der Hand wegzuwischen. Ich saß einfach nur reglos da und spürte meinen schwachen Herzschlag. Lebhaft sah ich vor mir, wie jemand in Brittanys schönen Augen schnitt.

»Hornhauttransplantationen haben eine sehr hohe Erfolgsquote. Vielleicht wird jemand durch mich sein Augenlicht wieder zurückbekommen«, fügte sie hinzu.

Mir war schwindelig, und kalter Schweiß brach mir aus.

Brittany aß weiter. »Isst du gar nicht?«

Ich schüttelte den Kopf, wodurch mir noch schwindliger wurde.

»Das ist ja lächerlich.« Brittany winkte einem Hilfskellner. »Könnten Sie uns ein paar Kartons zum Mitnehmen bringen?«

Brittany füllte unser Essen in die Kartons und bezahlte. Ich war wie erstarrt. Tränen strömten mir über das Gesicht.

»Gehen wir.« Sie war schon draußen, bevor ich schwankend aufgestanden war. Beim Hinausgehen stolperte ich, konnte mich aber fangen. Ich sah mich auf der belebten Straße um, doch Brittany war nirgends zu sehen.

Die richtige Richtung kannte ich. Weinend bahnte ich mir meinen Weg zwischen den Leuten hindurch. Ich merkte, dass ich nicht genau wusste, wie ich zu unserem Hotel kommen sollte. Mitten in der Menge blieb ich stehen und versuchte, mich zu orientieren; vielleicht war ich die Straße schon zu weit entlanggeschwankt. Der Fußgängerstrom umspülte mich, während ich überlegte, ob ich weitergehen oder umkehren sollte.

Jemand packte meinen Arm. »Komm mit«, sagte Brittany und zog mich ein kurzes Stück weiter. Dann ließ sie meinen Arm los und marschierte zügig davon.

Ich folgte ihr, aber ich konnte nicht Schritt halten. Ich wollte nicht wieder stolpern, und durch die Tränen sah ich alles nur noch verschwommen. Als ich endlich das Hotel erreichte, stand unsere Zimmertür offen. Brittany trug schon einen Pyjama und kam gerade aus dem Bad. »Reiß dich mal zusammen, Momma. Ich kann mich nicht um dich kümmern, ich habe einen tödlichen Hirntumor.« Sie stopfte sich die Stöpsel in die Ohren und legte sich mit ihrem Kindle aufs Bett.

Ohne mich auszuziehen, legte ich mich auf die Decken meines Rollbetts und weinte weiter. Ich konnte nicht anders, und es war nicht laut. Wenn wir weinen, können wir normalerweise einigermaßen entscheiden, wie lange wir uns die Tränen gönnen. Dieses Mal hörte es einfach nicht auf. Ab und zu wischte ich mir die Nase mit einem Zipfel meines Pullovers ab. Ich dachte an nichts, nur manchmal musste ich mich daran erinnern, wie man atmete.

Es heißt ja immer, man könne nicht an nichts denken. Aber wenn ich mir dieses endlose Weinen wieder vor Augen führe, wüsste ich nicht, dass ich dabei irgendetwas gedacht hätte. O doch, ein Gedanke fällt mir ein: Ich war nicht sicher, ob ich mich jemals wieder fangen würde.

Am nächsten Morgen gingen wir nach unten und ließen uns massieren. Über den Abend zuvor verloren wir kein Wort. Nach der Anwendung, die wir wirklich nötig gehabt hatten, schlüpfte Brittany in ihren schwarzen Bikini und tat, als wäre nichts passiert. Was eine schauspielerische Leistung war, denn meine Augen waren zu schmalen Schlitzen zugequollen.

Ich zog meinen Badeanzug an, dann suchten wir uns Stühle am Pool. Brittany machte ein Foto von unseren Füßen und dem glitzernden Wasser und postete es bei Facebook. Zu Mittag aßen wir nur eine Kleinigkeit, weil wir Platz für das große Abendessen lassen wollten, das uns hoffentlich erwartete.

Obwohl wir nicht lange in der Sonne blieben, strengte es Brittany sehr an. Nachdem wir geduscht hatten, fragte ich, ob ich etwas zu essen holen solle, damit wir uns damit nach draußen auf den Balkon setzen konnten, neben den offenen Kamin. Sie war sichtlich erleichtert.

Ich suchte auf Yelp nach Restaurants in der Nähe und entschied mich für ein reizendes griechisches Lokal auf der anderen Straßenseite. Wein hatten wir mitgebracht, also entkorkten wir eine Flasche roten und aßen unter den Sternen. Dieser Abend ist eine meiner liebsten Erinnerungen an diese Reise. Wir fühlten uns gelöst durch die Massage, die Sonne und den Wein.

Unser letzter Tag in Palm Springs war der Valentinstag. Wir bummelten durch den Teil der Stadt, der besonders bei den Besuchern beliebt war, die für den Baustil der fünfziger und sechziger Jahre schwärmten. Es war nett und entspannend, und Brittany fand ein paar Sachen, die sie kaufen wollte. Für Dan suchte sie zwei kleine Eulen aus. »Ich schreibe ein Briefchen dazu, dann kann er sie auspacken, wenn ich tot bin«, sagte sie.

Wieder bohrte sich mir der Schmerz wie ein Messer in den Bauch. Nach dem Mittagessen fuhren wir mit der

Seilbahn auf den Mount San Jacinto und wanderten ein kurzes Stück. Brittany war verständlicherweise nicht ganz bei Kräften, und ich war nach meinem Gefühlsausbruch froh, dass ich nicht so weit wandern musste, wie Brittany es normalerweise von mir verlangt hätte.

Als ich bemerkte, wie Brittany an den Abhang trat und ins Tal hinunterblickte, meldete sich eine neue Phobie. Ich hatte das Gefühl, ich würde gleich hyperventilieren. Eine starke, irrationale Furcht überfiel mich. Ich stellte mir vor, Brittany könnte fallen und sich den Kopf anschlagen. Mir lief es kalt den Rücken hinunter. Seit meiner Kindheit litt ich an Klaustrophobie. Es war mir peinlich, aber enge, geschlossene Räume lösten bei mir deutliche körperliche Reaktionen aus. Jetzt stieg die gleiche Panik in mir auf. Ich rief Brittany zu: »Komm zurück, geh nicht zu nah an die Kante!«, und streckte die Hände nach ihr aus, als könnte ich sie auf magische Weise zurückziehen.

»Mom.« Brittanys Stimme troff vor Verärgerung. »Hier ist gar keine Kante. Das ist nur ein Hang.« Sie ging weiter auf das zu, was für mich wie ein tiefer Abgrund aussah.

»Das ist mein Ernst! Ich bekomme Angst. Du könntest fallen und dir den Kopf verletzen.«

Brittany lachte schroff und verbittert. »Mir den Kopf verletzen? Herrje, Momma. Ich glaube, da ist nicht mehr viel kaputtzumachen.«

Während wir weiterliefen und Fotos schossen, wallte diese irrationale Angst noch einige Male auf. Ich gab mir große Mühe, mir nichts anmerken zu lassen, aber wenn Brittany der Kante zu nah kam, griff ich nach ihrem Arm oder gab irgendwelche Laute von mir.

»Momma, du musst damit aufhören! Bis ich sterbe, will

ich reisen, und ich würde mich freuen, wenn du mitkämst. Aber du kannst mich nicht wie eine Glucke behüten. Ich will nach Alaska fliegen. Ich will eine Gletscherwanderung unternehmen. Ich will seilrutschen, Hundeschlitten fahren, Kajak fahren und überhaupt alles unternehmen, worauf ich Lust habe.«

»In Ordnung. Ich mache mir nur Sorgen um deinen Kopf.«

»Tja, ich aber nicht. Wenn ich mir bei etwas, das mir Freude bereitet, den Schädel einschlagen und sterben würde, wäre es ein Geschenk. Es würde mir ersparen, die Sache in die eigene Hand zu nehmen, weil dieser tolle Kopf und das Gehirn darin mir alles rauben werden, was mir wichtig ist, und sich nicht aufhalten lassen. Und das nehme ich nicht einfach so hin.«

Es war Zeit für die Heimreise. Am Abend erzählte ich Gary, dass Brittany deutlich mehr fluche als früher, dass sie gesagt habe, sie wolle Organe spenden, und wie schrecklich ich darauf reagiert hatte. »Du hattest einen Schock«, sagte er. »Brittany scheint jedes Verständnis und Mitgefühl verloren zu haben.«

Ich wünschte, ich hätte damals gründlich über Garys Worte nachgedacht. Ich wünschte, ich hätte etwas darüber gelesen. Habe ich aber nicht. Ich dachte nur, ich wäre schwach gewesen und hätte ihre Geduld auf die Probe gestellt.

Viel später las ich, dass Opfer von schweren Hirnverletzungen – und ich würde sagen, dass es als schwere Hirnverletzung gilt, wenn ein großes Stück des Gehirns entfernt wird – manchmal egozentrisch und den Bedürfnissen anderer gegenüber unsensibel werden, weil sie ihre

Fähigkeit zur Empathie verloren haben und Gesichtsausdrücke nicht mehr deuten können.

Gary und ich sprachen mehrmals über Brittanys auffälliges Gefluche und meinten, dass wir in dem Punkt unempfindlicher werden müssten.

Was ich damals noch nicht wusste: Wissenschaftler hatten herausgefunden, dass schlimme Schimpfwörter nicht als Klänge oder Phoneme gespeichert werden (so wie andere Wörter). Schimpfwörter werden als Ganzes in der rechten Hirnhälfte gespeichert, weswegen wir die linke Hirnhälfte nicht brauchen, um sie zu verarbeiten. Außerdem gibt es zahlreiche Belege dafür, dass das Fluchen das Schmerzempfinden von Menschen beeinflusst. Menschen können Schmerzen länger aushalten, wenn sie fluchen, als wenn sie neutrale Wörter benutzen.

Ich wünschte so sehr, ich hätte das gewusst. Es hätte unserer Familie geholfen, einige Dinge, die Brittany sagte, nicht persönlich zu nehmen. Doch wie die Dinge lagen, schlugen mir ihre Worte sehr aufs Gemüt. Ich rackerte mich ab, um Britt zu helfen, und trotzdem hatte ich das Gefühl, nichts sei gut genug. Das ging uns allen so. Wir waren keine Ärzte, und wir begriffen nicht, welche neurokognitiven Veränderungen sie in den letzten Jahren durchgemacht hatte. Nach und nach erkannten wir, dass Britts Impulsivität, ihre Unfähigkeit, sich zu entschuldigen, und ihr Hang zu actionreichen Aktivitäten höchstwahrscheinlich von ihrem langsam wachsenden Hirntumor stammten. Weil diese Verhaltensweisen typisch für junge Erwachsene waren, waren sie uns nicht weiter aufgefallen.

Am Sonntagmorgen waren wir in unserem Haus versammelt. Brittany war in ihr Laptop vertieft, nippte an ihrem

Kaffee und sprang ab und zu auf, um Wäsche zu waschen. Während sie an der Küchentheke saß, bereiteten Gary und ich den Brunch zu.

Als wir uns zum Essen hinsetzten, zog Brittany ihr Laptop näher und bat uns, uns etwas anzusehen. Es war ein Video von einer Wachoperation, bei der dem Patienten Fragen gestellt wurden. Gary, dem schon mulmig wurde, wenn sich jemand in den Finger schnitt, hob eine Hand. An seinem blassen Gesicht konnte ich ihm anmerken, dass ihm übel war.

»Brittany, stopp«, meinte ich. »Das ist beim Essen nicht das richtige Thema. Wir können später darüber reden. Gönnen wir uns doch alle ein bisschen Ruhe.«

Brittany zog die Augenbrauen zusammen und starrte mich aus großen Augen durchdringend an. »Willst du mir sagen, dass du es nicht erträgst, über meine Krankheit zu reden, über meine Möglichkeiten?«

»Brittany, jetzt hör aber auf. Beim Essen über eine Kraniotomie zu reden oder sich sogar eine anzusehen fände jeder eklig.« Ich hatte es gerade ausgesprochen, da wusste ich schon, dass ich etwas ausgelöst hatte, was sich nicht rückgängig machen ließ.

»Eklig. Jetzt bin ich also eklig? Mein Tumor ist eklig?«, schrie Brittany.

»Wir möchten nur nicht beim Essen über etwas so Verstörendes sprechen«, erwiderte ich. Gary wirkte um zehn Jahre gealtert. Er hatte seinen Teller zur Seite geschoben.

»Du findest es verstörend, über einen Hirntumor zu reden oder über eine Kraniotomie? Ich sage dir, was verdammt noch mal verstörend ist: einen Hirntumor und eine Kraniotomie zu *haben*!« Brittany klappte ihr Laptop zu und schob sich vom Tresen zurück.

»Es ist doch nicht zu viel verlangt, dass wir am Esstisch nicht über Operationen oder das Sterben reden«, meinte ich mit einem Blick auf das bleiche Gesicht meines Mannes.

»Ich rede über diesen Scheiß, wann ich will.« Brittany öffnete das Hundegitter am Eingang der Küche.

»Dann müssen wir dich bitten, zu Dan nach Hause zu fahren. So können wir nicht leben«, sagte ich. »Wir brauchen mal Pausen von diesem Thema.«

Das Hundegitter knallte zu. »Ach ja? Ach ja? Habe *ich* denn von ›diesem Thema‹ mal eine Pause, irgendwann? Geht mir ›dieses Thema‹ etwa nicht rund um die Uhr durch den Kopf?« Sie stürmte den Flur hinunter und knallte die Tür des Gästezimmers hinter sich zu.

Ich starrte auf das Gitter.

»Lass gut sein, Deb. Gib ihr Zeit.« Gary kratzte sein Essen in den Abfalleimer.

Als ich später oben an meinem Computer arbeitete, hörte ich, wie die Haustür zugeschlagen wurde. Ich lief nach unten und sah, dass Brittanys Sachen verschwunden waren. Ich hatte darüber nachgedacht, was sie gesagt hatte. Natürlich quälte sie dieses Thema in jedem wachen Augenblick. War es egoistisch von uns, dass wir sie gebeten hatten, nicht beim Essen darüber zu reden?

Als ich mich in dem leeren Zimmer umblickte, kam mir alles einfach nur falsch vor. Alles.

14
Flügge werden

2000–2001, sechzehn und siebzehn Jahre alt

»Doch, sie fliegen. Das müssen Vögel tun, wenn sie flügge sind, und das hatte sie auch schon immer gewusst. Das Nest kann nicht auf ewig bewohnt bleiben.«

Susan Fletcher, The Silver Dark Sea

Ich saß vor dem Frisiersalon und beobachtete, wie Brittany Haare auffegte und in den Müll warf. Sie hatte Wort gehalten und sich eine Vollzeitstelle am Empfang eines Friseurladens besorgt. Es ging mir ans Herz, sie bei einer solch einfachen Arbeit zu beobachten. Weil ihr Auto in der Werkstatt war, hatte ich eine gute Ausrede, um sie abzuholen und mit ihr zu Abend zu essen. Die meisten Angestellten waren Immigranten aus Vietnam, und Britt hatte eine Frau kennengelernt, die in einem Boot geflüchtet war, mit nichts als ihren Kleidern am Leib. Brittany erlebte aus nächster Nähe Menschen, die kein Leben auf der Sonnenseite hatten, und ihr Herz und ihr Verstand öffneten sich ganz neuen Einflüssen.

Meine Therapeutin hatte uns netterweise dabei geholfen, Brittany am örtlichen Community College einzuschreiben. Ihre Highschool verfasste einen Brief über ihre herausragenden akademischen Leistungen und listete ihre Punkte aus dem laufenden Halbjahr auf. Brittany wurde am Community College angenommen und durfte mit einer Sondererlaubnis achtzehn Einheiten auf ihren Stundenplan setzen. Sie wollte so schnell wie möglich genug Leistungspunkte sammeln, um an die Universität zu wechseln. Weil Britt jetzt älter war, hatte ich die Schule verlassen und arbeitete des deutlich höheren Gehalts wegen wieder im Vertrieb. Dieses Mal vertrat ich einen Dienstleister, der ausschließlich Ingenieure vermittelte, vor allem an Luftfahrtunternehmen. Erneut schlug ich mich in dieser Branche hervorragend. Oft trudelte ich erst abends um acht zu Hause ein, weil ich weit pendeln musste.

Zwischen Britt und mir herrschte wieder Streit. Wobei Streit nicht das richtige Wort ist; es waren hässliche Wortwechsel, nach denen ich müde war und mich mies fühlte. Nach einer besonders gehässigen Auseinandersetzung blieb ich vor ihrem Zimmer stehen. »Sweet Pea«, sagte ich, »alle Töchter führen mit ihren Müttern dieses wütende Tänzchen auf. Du tanzt von mir weg, weil du das Gefühl hast, du bräuchtest mich nicht mehr, und dann tanzt du zurück, weil du mich doch noch brauchst. Das ist normal. Versuchen wir doch, ein bisschen netter miteinander umzugehen. In Ordnung?«

Brittany kam an die Tür und starrte mich an. »An unserer Beziehung ist überhaupt nichts normal«, antwortete sie. »Ich hasse dich, und wenn ich endlich ausziehen kann, rede ich kein Wort mehr mit dir.« Bevor sie die Tür ganz schloss, setzte sie hinzu: »Und zum letzten Mal, nenn mich *nicht* Sweet Pea!«

Dieser Krieg wegen jeder Kleinigkeit zog sich über Wochen hin. Das Gute war, dass Brittany regelmäßig ihre Kurse besuchte und sich am College erfreulich entwickelte. Irgendwann besuchte ich wieder erschöpft die Therapeutin. »Wie soll ich so weiterleben? Ich bekomme nicht genug Schlaf, und es graut mir jeden Tag davor, nach Hause zu kommen. Brittany bläst alles zu einem Weltkrieg auf.«

»Ich glaube, Sie sollten sich drei Regeln überlegen, die Ihr Leben verbessern. Nur drei. Diese Regeln sind nicht verhandelbar. Sie müssen sie nicht erklären. Bei diesen drei Regeln geht es nicht um Brittany. Es geht dabei um Sie und darum, eine Umgebung zu schaffen, in der Sie arbeiten können, weil Sie Ihre Familie ernähren.«

»Was mache ich, wenn sie Nein sagt?«, fragte ich.

»Wenn sie sich nicht an diese drei Regeln halten kann, muss sie sich eine andere Bleibe suchen.«

Ich klappte den Mund auf und zu. »Sie ist erst sechzehn.«

»Und Sie laufen auf dem Zahnfleisch. Ich habe Angst, dass Sie Ihren nächsten Geburtstag nicht mehr erleben.« Die Therapeutin blätterte in ihren Notizen und blickte auf. »Ich habe einige Male mit Brittany gesprochen. Sie ist ausgesprochen klug, und sie ist sich Ihrer Liebe sehr sicher. An Ihnen lässt sie die ganzen Leiden und Ängste ihres Teenagerdaseins aus. Im Moment ist das Gift für Sie. Ich mache mir über diese Situation große Sorgen.«

Ich nickte.

»Ich hatte schon viele Teenager mit Problemen in meiner Praxis. Drogensüchtige. Alkoholiker. Essgestörte. Jugendliche, die sich ritzen. Die Klebstoff schnüffeln. Ich habe noch niemanden erlebt, der verbal so distanziert ist, wenn er mit seiner todunglücklichen Mutter redet, wie Brittany. Sogar diese derben, knallharten, problembeladenen Kinder ließen sich von den Tränen ihrer Mütter erweichen, aber Brittany nicht. Sie kann Sie im Moment nicht als einen eigenständigen Menschen wahrnehmen, der eigene Bedürfnisse und Gefühle hat. Ich hoffe, dass sie aus dieser Phase herauswächst. Bis sie das tut, führen Sie nämlich ein Leben wie ein Esel, der im Regen steht.«

Ich hörte ihr zu, nickte und dachte daran, wie Brittany meinen Kleiderschrank plünderte oder meine Mails las. Dann stellte ich mir einen Esel vor, der mit angelegten Ohren, schweren Lidern und klarem Blick stoisch im strömenden Reden stand.

»Als sie klein war, gab es keine Grenze zwischen Ihnen beiden. Sie waren eng miteinander verwoben. Bei Teenagern ist es normal, wenn sie sich zurückziehen, sie wollen sich langsam von ihren Eltern losstrampeln und ihre eigenen Grenzen ziehen. Aber Brittany erlaubt Ihnen nicht, das Gleiche zu machen. Das tut keinem von Ihnen gut.«

Ich beschloss, einen freundlichen, aber entschiedenen Brief zu schreiben. Darin stellte ich für Brittany drei Regeln auf. Ich wollte damit erreichen, dass ich genug Schlaf bekam und mich in meinem eigenen Haus wohlfühlte. Brittany sollte von sonntags bis donnerstags um zehn Uhr abends zu Hause sein und freitags und samstags um halb eins. Ich bat sie, mich zu wecken, falls ich eingeschlafen war, damit ich wusste, dass sie zu Hause war. Wenn sie mit dem Auto fahren wollte, musste sie um Erlaubnis fragen; ein »Nur damit du's weißt« genügte nicht. In dem Brief erklärte ich, dass es bei keiner dieser Regeln um sie ging. Die Regeln sollten dafür sorgen, dass ich gesund blieb und während der Arbeitswoche Ruhe hatte, um durchzuschlafen, damit ich meine Stelle behalten und alles Nötige bezahlen konnte, auch ihr Studium. Ich schrieb, ich wolle dafür sorgen, dass sie ihr Studium schuldenfrei beenden konnte.

Als ich am nächsten Morgen aufwachte, war sie verschwunden.

Im Laufe der folgenden Wochen säuberte ich Brittanys Zimmer inklusive Teppich. Die dreckigen Stellen an der Wand, an die sie ihre Füße gelehnt hatte, verschwanden unter einer neuen Farbschicht. Für das Bett besorgte ich eine neue Tagesdecke.

Sie rief an, um mir zu sagen, wo sie gelandet war. Sie war mit Tyler, dem Sohn meiner Freundin Sherri, in eine kleine Wohnung gezogen. Mit meinen tyrannischen Vorschriften könne sie nicht leben, meinte sie.

Tyler war neunzehn, drei Jahre älter als Brittany. Er arbeitete in einem Spirituosenladen und trank zu viel. Tyler und Brittany waren zusammen aufgewachsen und verstanden sich wie Geschwister. Tyler hätte auf keinen Fall gewollt, dass Brittany verletzt wurde oder in Gefahr geriet. Nur konnte er das in seiner Situation weder für sich noch für Britt garantieren.

Wenn ich von der Arbeit nach Hause kam, war es einsam, aber friedlich. Nachdem Britt ausgezogen war, verbrachte Gary die Wochenenden bei mir. Wir waren uns näher als je zuvor, aber meine größte Sorge galt Britt. Alle Pläne für Gary und mich waren erst einmal auf Eis gelegt, solange ich darum kämpfte, meine Tochter auf einen zielführenden Weg zu bringen. Meine Anspannung und überwältigende Sorge um Brittany überschatteten alles, sogar meine aufkeimende Liebe zu dem gütigsten Mann, den ich je kennengelernt hatte.

Gary und ich fragten Brittany, ob sie zum Abendessen vorbeikommen wolle, und sie nahm die Einladung an. Es wurde ein angenehmer Abend. Ich hatte ein paar Taschen mit Britts Schminksachen und Kleidung neben die Tür gestellt, weil ich dachte, sie brauche sie vielleicht.

Als sie abends wieder ging, hörte ich, wie sie mit dem Handy telefonierte. »Meine Mom hat einen Teil von meinem Krempel an die Tür geräumt. Ich glaube, sie will nicht, dass ich zurückkomme.«

Es tat weh, sie das sagen zu hören, aber es lag auch ein Körnchen Wahrheit darin.

Sherri und ich blieben weiter in Kontakt. Sie erzählte mir, Brittany und Tyler seien jetzt zusammen.

»Was? Das kann nicht sein«, widersprach ich. »Die beiden sind wie Geschwister.«

»Ich weiß, Deb. Aber du musst noch etwas wissen. Tyler und Brittany schlafen miteinander.«

Am liebsten hätte ich mir die Ohren zugehalten. Das wollte ich gar nicht wissen! Tyler war wie ein Sohn für mich, und Sherri würde ich bis in alle Ewigkeiten lieb haben. Tyler war ein schwieriges Kind gewesen. Er hatte Probleme mit dem Lernen gehabt und mit Wutanfällen, und jetzt hatte er Probleme mit dem Alkohol. Ich hatte ihn sehr gern, aber ich wollte nicht, dass er und mein Kind zusammenlebten.

Brittany rief an und wollte wieder zum Abendessen vorbeikommen.

»Tyler und ich haben uns ein paar sehr hübsche Wohnungen direkt gegenüber vom College angesehen«, erzählte sie. »Tyler musste seinen Führerschein abgeben, er kann also nicht fahren. Diese eine Wohnung ist echt schön. Sie hat mir total gut gefallen. Aber bei Tyler bleibt sie nicht schön. Wir streiten uns ständig ums Aufräumen und Putzen.«

Ich war perplex. Bei mir zu Hause hatte Brittany nie selbst Ordnung gemacht. Das war einer unserer Streitpunkte gewesen. Ich fragte Britt, ob sie schon mal über ein kleines Einzimmerapartment nachgedacht hätte, und sie bat mich, ein paar mit ihr zu besichtigen.

Das erste lag im ersten Stock eines Apartmenthauses aus den Vierzigern. Es war winzig. Weder Klimaanlage noch Heizung, aber reichlich Licht. Zu Fuß war man schnell an einem hübschen Hafen. »Das ist wie Melrose Place für Arme.« Brittany grinste mich an. »Ich finde es toll!«

Solche kleinen Wohnungen waren in Orange County die erschwinglichsten Unterkünfte. Sie waren schnell vom Markt, deshalb unterschrieb ich den Mietvertrag sofort.

Unter Brittanys neuer Wohnung lag ein italienisches Restaurant, in dem wir uns zur Feier des Tages ein paar Häppchen gönnten. Brittany plante schon ungeduldig den Umzug. Ich sagte, sie könne ihr Doppelbett und das Zweiersofa aus dem Wohnzimmer haben. Außerdem seien Secondhandläden die beste Möglichkeit, sich Möbel zu besorgen. An diesem Abend entdeckten wir eine unserer größten gemeinsamen Leidenschaften. Wir wurden ein Spitzenteam von Schnäppchenjägerinnen.

Meine Tochter verwandelte die spartanische Einzimmerwohnung in ein gemütliches und einladendes kleines Zuhause. In Secondhandläden fanden wir eine ganze Reihe toller Angebote, und Brittany hatte ihre wahre Freude daran, sich mit wenig Geld einzurichten. Von unten wehten die Düfte nach frischem Brot und italienischem Essen herauf. Es dauerte nicht lange, bis Brittany jeden im Restaurant kannte. Sie lud Freundinnen ein, die mit ihr kochten und bei ihr übernachteten. Gary und ich trafen uns oft mit ihr im Restaurant. Ihr Mikrobiologiekurs war ein harter Brocken, aber offenbar sehr interessant. Bei jedem gemeinsamen Essen erzählte sie uns von den modernsten wissenschaftlichen Entwicklungen. Sie sagte, ihr Dozent sei unglaublich gut und sie habe sich einer Lerngruppe für Mikrobiologie angeschlossen. »Zwei von den Jungs balzen mich an.« Sie lächelte. »Nerds.«

Meine Tochter wirkte gesund und glücklich wie schon lange nicht mehr, und wir waren seit Jahren nicht so gut miteinander ausgekommen. Brittany bereitete das Abendessen zu, und Gary und ich brachten Wein mit. Gewärmt von einem Heizstrahler saßen wir zusammen und redeten und lachten. Gary fand auch, dass Brittany in ihrem neuen selbstbestimmten Leben aufzublühen schien.

15
Es kann immer noch schlimmer werden

Februar und März 2014, zehn Wochen nach der Kraniotomie

»Der Mensch ist unfähig, sich dem Unglück zu stellen, so einfach ist das.«

Barbara Kingsolver, Das Flugverhalten der Schmetterlinge

Es waren viele Mails und Gespräche nötig, um den Bruch in unserer Beziehung, der über die unappetitlichen Gespräche bei Tisch entstanden war, zu kitten. Ich rief Britt an, um mich zu entschuldigen und ihr zu sagen, dass ich ihr zuhören würde, egal, wann sie worüber reden wollte.

Ich verbrachte jeden Tag acht bis zehn Stunden mit Recherchen über Astrozytome. Gary machte in seinem Büro am Telefon so ziemlich das Gleiche. In einer Woche wollten wir Britt zu Hause besuchen. Ich füllte einen ganzen Aktenkarton mit Ausdrucken. Dabei lernte ich eine Menge über Hirntumore, besonders über Glioblastome. Die übliche Behandlung bestand aus Herausschneiden, Verbrennen und Vergiften. Zuerst eine Operation, dann Bestrahlungen, um möglichst viele verbliebene Tumorzellen zu töten, und häufig gleichzeitig eine Chemotherapie.

Bei großen diffusen Hirntumoren brachte die Strahlentherapie allerdings keine Heilung. Das Ziel war es, das

Tumorwachstum zu verlangsamen. Unglücklicherweise tötete die Bestrahlung neben dem Tumorgewebe auch gesundes Hirngewebe. Weil Brittany einen großen Tumor hatte und bei der Operation weniger als fünfzig Prozent des Tumorgewebes entfernt worden waren, würde man einen großen Bereich ihres Gehirns bestrahlen müssen. Zu den Begleiterscheinungen bei Ganzhirnbestrahlungen gehörten Haarausfall, Übelkeit, Erbrechen, extreme Erschöpfung, Hörverlust, Gedächtnisverlust, Sprachstörungen und Verbrennungen an Haut und Kopfhaut. Außerdem konnte die Bestrahlung eine Hirnschwellung und möglicherweise Krampfanfälle hervorrufen.

Eine Chemotherapie hemmte die Vermehrung von Tumorzellen. Das Problem bei einer Chemotherapie war, dass auch sie nicht zwischen gesunden und kranken Zellen unterschied. Sie hatte viele schädliche Nebenwirkungen, allerdings vertrugen einige Hirntumorpatienten eine Chemo besser als andere.

Die Aussichten waren schlecht, vor allem wenn bei der Operation nur ein Teil des Tumors entfernt werden konnte. Bei allem, was ich las, begriff ich allmählich, warum Dr. Chang kein Wort mehr über eine Überlebenszeit von fünf Jahren verloren hatte. Die Prognose hing offensichtlich damit zusammen, in welchem Ausmaß das Tumorgewebe chirurgisch entfernt werden konnte. In Brittanys Fall hatten die Auswüchse des Tumors, der sich in ihr Gehirn gegraben hatte, die Resektion erschwert. Wenn der histologische Bericht vorlag, würden wir sicherlich mehr wissen. Zurzeit untersuchte ein Neuropathologe gefrorenes Gewebe, das bei Brittanys Kraniotomie entnommen worden war.

Ein Artikel aus dem Dezember 2013, der wenige Wochen vor Brittanys Diagnose erschienen war, klang besonders beunruhigend. Er wies darauf hin, dass sich manche Gliome in den niederen Malignitätsgraden – welche die Abweichung des Tumorgewebes vom normalen Gewebe beschreiben und Hinweise auf die Wachstumsgeschwindigkeit geben – nach einer Chemotherapie mit Temozolomid zu tödlichen Glioblastomen entwickelten. Patienten mit Glioblastom sahen einer durchschnittlichen Überlebenszeit von zwölf bis fünfzehn Monaten entgegen. In meinem Kopf schrillte ein Alarm. Ich konnte kaum glauben, was ich gerade gelesen hatte. Es erschreckte mich zutiefst, dass eine Chemotherapie den Tumor bösartiger machen und schneller wachsen lassen konnte. In einem anderen Artikel ging es um die wachsende Zahl von Belegen dafür, dass Krebsoperationen das Risiko von Metastasen erhöhten. Es schien, als berge das Vorgehen mit Herausschneiden, Verbrennen und Vergiften – das »Nonplusultra«, das Ärzte an Behandlung anbieten konnten – große Risiken, die mit den Patienten nicht umfassend besprochen wurden. Während ich las, beschlich mich das Gefühl, dass wir über die Behandlung von Hirntumoren kaum mehr wussten als die Menschen, die noch in Planwagen fuhren. Als lebten wir in der Wildnis und hätten nur primitives Werkzeug zur Verfügung, das uns beim Überleben half.

Da sowohl Bestrahlung als auch Chemotherapie als mögliche Behandlungen schrecklich klangen, suchte ich nach anderen Ansätzen. Die vielversprechendsten schien es an der Duke University, der UC Los Angeles, der Mayo Clinic und der UC San Diego zu geben. Dort arbeiteten die Ärzte mit Mitteln wie dem Poliovirus, mit experimentellen Impfstoffen, Immuntherapien und sogar Cannabis und Eigenurin.

Ich las, was Kernspintomografien den Ärzten über Hirntumore tatsächlich sagen konnten. Ich fand eine ganze Reihe von Dingen heraus, die uns gegenüber niemand erwähnt hatte. Kurz danach bekamen Dan und ich eine geharnischte Mail von Brittany. Sie erklärte, Garys Suche nach einem Wundermittel und seine Vorschläge, was wir noch versuchen könnten, hätten kein bisschen geholfen. Sie schrieb auch, sie habe Gary sehr lieb, aber in die Entscheidungen über ihre Krankheit oder ihren Tod dürfe er sich nicht mehr einschalten.

In der Mail nannte sie Dan und mir als Plan A, nach Oregon zu ziehen und friedlich zu sterben. Sollte sie aus irgendeinem Grund nicht mehr sprechen können und einen Plan B brauchen, wollte sie sich weder Nahrung noch Flüssigkeit geben lassen, sondern nur intravenöse Schmerzmittel. Für den Fall, dass sie in einem Hospiz versorgt wurde, sollten wir tun, was in unserer Macht stand, damit sie möglichst schnell viel Morphium bekam und nicht lange dahinsiechen musste. Außerdem bat sie Gary und mich, die Dokumentation *How to Die in Oregon* anzusehen. Die Mail enthielt zwei Artikel. Der eine stammte von brainhospice.com, der andere trug den Titel »Symptome der Terminalphase bei Hirntumoren«. Beide beschrieben detailliert, was geschah, wenn Hirntumore ungebremst metastasierten und sich die Schwellung nicht mehr kontrollieren ließ. Es war eine düstere Lektüre.

Ich antwortete mit zwei Sätzen: *»Ich habe die Informationen gelesen und gespeichert. Ich verstehe Plan A und Plan B und trage sie mit.«*

Brittany schrieb zurück, sie müsse irgendwann nach Oregon umziehen, damit ihre Behandlungswünsche berücksichtigt wurden und sie den Plan für ihren Tod umsetzen konnte. Dan würde nicht mitziehen können, weil er arbeiten musste und sie die Krankenversicherung brauchten, aber er würde sie natürlich oft in Portland besuchen. Sie sprach auch wieder an, dass sie auf Gary und mich wütend war, weil wir bei Tisch nicht über die Dinge sprechen wollten, die sie auf dem Herzen hatte. »*Ich lasse mich nicht dafür abstrafen, dass ich meine Rechte als Patientin und meine juristische Entscheidungsfreiheit verteidige, und auch nicht dafür, dass ich eine verängstigte, todkranke junge Frau bin, die über die enormen Konsequenzen ihrer grausamen Krebserkrankung reden muss. Schon gar nicht einen Monat nach der Kraniotomie und wenige Wochen nach der Diagnose … Ich bin nun einmal sehr krank und habe schreckliche Angst und tue verflixt noch mal das Beste, was ich kann.*«

Als ich das las, begriff ich, dass wir uns in Zukunft zusammennehmen und uns auch plastische Schilderungen anhören mussten, wenn Brittany reden wollte. Wir würden das Essen einfach beiseiteschieben und zuhören müssen. In den folgenden neun Monaten schoben wir den Teller oft beiseite und aßen nicht weiter, aber wir versuchten nie wieder, ein Thema bei Tisch zu unterbinden.

Mittlerweile war Dans Mutter Carmen mit Brittany zum Onkologen gefahren. »Die ersten Ergebnisse sind da«, erzählte Brittany am Telefon. »Mein MGMT-Status sieht nicht gut aus. Das heißt, dass eine Chemo meinen Tumor nicht aufhalten könnte. Außerdem gilt beim kombinierten Verlust der Chromosomenarme 1p und 19q eine günstigere Prognose für die Chemotherapie. Bei mir liegt natürlich kein kombinierter Verlust vor, was auch gegen eine Chemo spricht.« Brittany redete schnell, und ich war mit den Begriffen nicht vertraut.

»Das verstehe ich nicht. Hast du begriffen, was sie dir gesagt haben?« Ich fühlte mich wie eine Nichtschwimmerin, die verzweifelt etwas zum Festhalten suchte, aber nichts fand, und rudernd und strampelnd im trüben Wasser versank.

»Was gibt es da zu begreifen? Mein Todesurteil habe ich schon. Sie können das Monster nicht herausschneiden. Es ist wie ein Oktopus, der seine Tentakel in mein Hirn gegraben hat. Deshalb sehen sie sich jetzt das Genmaterial an, um herauszufinden, ob sie den Tumor mit Chemogift verlangsamen können. Und siehe da, auch diese Möglichkeit ist scheiße! Als Nächstes schleifen sie mich ins Krankenhaus und sagen mir, dass ich sechs Wochen lang fünfmal die Woche zur Bestrahlung kommen soll. Jetzt werden sie das Ding verbrennen wollen.«

»Ich dachte, sie wären sich schon einig, dass Bestrahlung bei einem so diffusen Tumor wie deinem keine gute Methode ist.«

»Sie haben sonst nichts, Momma.« Ich hörte, wie ihre Stimme kippte, aber sie fing sich schnell wieder. »Das ist die bittere Wahrheit. Sie wissen nicht, was Hirntumore verursacht, und sie können sie nicht heilen. Hirntumore werden extrem stiefmütterlich behandelt. Damit kann man kein Geld verdienen. Verdammt, wenn ich Brustkrebs hätte, Lungenkrebs, Darmkrebs oder sogar Leukämie, wäre ich besser dran. Für diese Krebsarten gibt es mehr Forschungsgelder.«

»Dann verlassen wir die UC in San Francisco. Wir suchen uns ein anderes Krankenhaus.« Ich versuchte, optimistisch und stark zu klingen.

»Es ist überall das Gleiche. Herausschneiden. Vergiften. Verbrennen. Egal, wohin wir gehen. Genau das werden sie sagen – nur netter verpackt.«

Ich merkte, dass Brittany und ich die gleichen Informationen gelesen hatten. Wir hatten beide recherchiert, und wir kannten beide das Programm aus Herausschneiden, Vergiften und Verbrennen.

Ich wollte etwas sagen, aber sie unterbrach mich. »Es war nett von Carmen, mich zu begleiten. Was meinen Termin bei Dr. Berger und die Kernspinuntersuchung betrifft, möchte ich, dass du dabei bist. Versprich mir, dass du nicht versuchst, mir Zucker in den Hintern zu blasen, wenn der Termin nicht gut läuft.«

»Ich verspreche, dass ich mein Bestes gebe.«

»Niemand verbrennt mir das Gehirn. Das erlaube ich auf keinen Fall. Die Therapie ist ja schlimmer als die Krankheit. Ich lasse nicht zu, dass sie meinen kognitiven Fähigkeiten schaden. Sie werden dem bisschen Zeit, das mir noch bleibt, nicht die Lebensqualität nehmen.« Britt sprach mit kräftiger Stimme, ohne einen Hauch Selbstmitleid.

Ich dagegen weinte stumm am Telefon, gab mir aber Mühe, dass sie mich nicht hörte. »Ich werde dir beistehen, und ich werde dein Recht auf deine eigenen Entscheidungen verteidigen«, brachte ich mühsam heraus.

Ende Februar flogen Gary und ich zu Dan und Brittany. Wir verbrachten ein schönes Wochenende mit den beiden und versuchten, nicht an unseren anstehenden Termin bei Dr. Berger zu denken. Insgeheim hofften Gary und ich, der Arzt würde eine zweite Operation vorschlagen, bei der sie deutlich mehr Tumorgewebe entfernen und uns mehr Zeit verschaffen würden. Gary suchte immer noch im Ausland nach einem eventuellen Heilmittel oder einer vielversprechenden Behandlungsmethode. In anderen Worten, wir leugneten die Wahrheit immer noch.

Am Sonntag schmiedeten Brittany und ich Pläne für eine Reise nach Alaska. Wir konzentrierten uns darauf, dass sie vor ihrem Tod noch so viel wie möglich sehen und erleben sollte. Ich beschloss, eine aktive Rolle dabei zu spielen, weil Brittany ihr Ding sowieso durchziehen würde, mit mir oder ohne mich. Und ich wollte unbedingt bei meiner Kleinen sein.

Am Montag fuhren wir nach San Francisco zu Dr. Berger, dem Chirurgen, der ihr die erste Kraniotomie bei seinem Kollegen Dr. Chang angeraten hatte. Wir gingen davon aus, dass Dr. Berger nach seiner Rückkehr aus dem Ausland eine Wachoperation durchführen wollte. Gary und ich kamen uns vor wie die Vogelscheuche und Dorothy aus dem *Zauberer von Oz*, die sich auf die Begegnung mit dem Zauberer vorbereiteten. Wir wurden in Dr. Bergers Sprechzimmer geführt. Er wirkte überrascht darüber, dass Brittany kurz nach der Operation so schön aussah und intelligent auftrat. Meine Tochter trug die frisch geschnittenen Haare leicht gewellt, die Wunde am Kopf war verheilt.

Im Laufe des Gesprächs wurde klar, dass Dr. Berger nicht vorhatte, Brittany zu operieren. Vielmehr empfahl er ihr, eine Chemotherapie zu beginnen. Der Arzt sagte, er würde nicht operieren, bevor nicht die Chemotherapie die Tentakel des Tumors geschrumpft hätte. Diese Bemerkung verstanden wir überhaupt nicht. Wir hatten nirgendwo gelesen oder gehört, dass sich die Tentakel von Astrozytomen zurückbilden konnten. Unser einziger Gedanke war, dass der Plan mit den zwei Operationen Brittany nur dazu bringen sollte, sich von Dr. Chang operieren zu lassen. Wir fragten uns, ob Dr. Berger schon gewusst hatte, dass er Brittany vor einer zweiten Operation zu einer Chemotherapie drängen würde.

Brittany erklärte, sie sei sich über ihre genetischen Marker im Klaren. »Nicht einmal mein Onkologe hat mir eine Chemotherapie empfohlen«, erzählte sie. »Die UCSF hat sogar einen Artikel darüber veröffentlicht, dass Temozolomid, das Chemotherapeutikum, das bei Gliomen wie meinem am häufigsten verwendet wird, dazu führen kann, dass sich der Tumor doppelt so schnell von einem geringen Grad zu einem extrem bösartigen Glioblastom entwickelt.«

Der Arzt blieb bei seinem Standpunkt und sagte, es sei trotz ihrer genetischen Marker nicht klug, nur abzuwarten. Weitere Untersuchungen hatten gezeigt, dass Brittany aufgrund genetischer Prozesse, die sich in ihrem Körper abspielten, für eine Chemotherapie nur eingeschränkt geeignet war.

»Wie hoch schätzen Sie grob gesagt meine Chancen ein, dass die Chemo den Tumor schrumpfen lässt?«, fragte Britt. Er antwortete, die Wahrscheinlichkeit, dass die Chemo in irgendeiner Weise nützte, läge bei weniger als dreißig Prozent. Trotzdem riet er ihr, es damit zu versuchen.

»Und bei wie viel Prozent liegt Ihrer Ansicht nach die Chance, dass der Tumor durch die Chemo so weit schrumpft und sich die Tentakel ausreichend weit zurückbilden, dass Sie eine Wachoperation in Betracht ziehen würden?« Brittany reckte das Kinn auf eine Art, die ich schon von ihr kannte.

Er antwortete, falls die Chemo überhaupt etwas bewirke, sei die Wahrscheinlichkeit, dass sie effektiv genug war und er bei einer Kraniotomie im Wachzustand weiteres Tumorgewebe entfernen könnte, sehr gering, im einstelligen Prozentbereich. Außerdem gebe es unbekannte Faktoren, fügte er hinzu.

»Haben Sie schon einmal einem Patienten geraten, die Sterbebegleitung in Oregon in Betracht zu ziehen?« Brittany zog die dunklen Augenbrauen hoch und musterte den Arzt eindringlich.

Ich hatte den Eindruck, dass Dr. Berger unbehaglich zumute war. Er antwortete, das habe er noch niemandem geraten und in seinen Augen sei das auch keine gangbare Lösung.

Brittany rückte ihren Stuhl gerade. Sie strich ihre schmal geschnittene, schwarze Stoffhose glatt. »Haben Sie schon einmal einen Patienten bis zum Ende begleitet? Nachdem Sie ihm den Schädel geöffnet und eine partielle Resektion vorgenommen haben?« Brittanys Augen glichen grünen Lasern.

Der Arzt sagte, er würde Schmerzmittel verschreiben und er würde keinen Patienten leiden lassen.

»Nein, ich meine: Waren Sie dabei, wenn ein Patient nicht mehr sprechen konnte? Wenn er aggressiv oder gewalttätig wurde? Wenn er seine Familie nicht mehr erkannt hat? Wenn er im Schlaf gestöhnt und das Gesicht verzogen hat?« Brittany zögerte und holte tief Luft. »Wenn er blind wurde? Teilweise gelähmt? Wo waren Sie da? Sie haben einen anderen Patienten operiert, oder?«

Dr. Berger fing an zu erklären, dass er Patienten in Hospize überweisen würde, aber dann führte er den Gedanken nicht aus. Er sagte, er würde sich lieber darauf konzentrieren, welchen Nutzen eine Behandlung bringen könne, und es sei noch zu früh, darüber zu reden.

»Ist es das?«, fragte Brittany. »Ich habe einen unheilbaren Hirntumor, und niemand will mit mir darüber reden, wie ich sterben werde. Eines kann ich Ihnen versprechen. Ich werde nicht in Kalifornien sterben. Und ich lasse mich nicht in den letzten Tagen meines Lebens von einer Chemotherapie krank machen, die nicht die leiseste Chance hat, mir das Leben zu retten – oder es auch nur nennenswert zu verlängern.«

Auf dem Heimweg im Auto machte mein Mann eine völlig irrwitzige Bemerkung darüber, Dr. Berger würde die Behandlung proaktiv angehen. *Großer Gott*, dachte ich, *er ist wirklich nicht ganz bei sich. Er blendet einfach aus, was passiert, und sieht nur, was er sehen will.* Am liebsten hätte ich ihm den Hals umgedreht.

Ich konnte nur an die Hoffnung denken, die der große und mächtige Zauberer der Hirnchirurgie zerschlagen hatte. Brittany hatte den Vorhang zurückgezogen, und dahinter war ein Mann zum Vorschein gekommen, der nach einem rettenden Strohhalm zu suchen schien.

An diesem Tag verlor Brittany ihr letztes bisschen Vertrauen in die Medizin (das ich bei ihr schon nicht mehr vermutet hätte). Ich spürte regelrecht, wie ihre Zuversicht einen Wasserfall hinunterstürzte und auf den Felsen darunter zerschellte. Sie gab es nie zu, aber es war offensichtlich, dass sie zumindest zum Teil auf Dr. Bergers Plan mit der Wachoperation vertraut hatte. Von diesem Tag an verspürte Brittany vor allem Wut. Es war wie eine Art Grundrauschen, aber ich wusste, dass sie mit ihrem Zorn die Angst verbergen wollte. Der große Oz hatte gesprochen. Genau wie bei Dorothy war mein erster Impuls, ihm zu sagen, dass er ein sehr schlechter Mensch sei. Aber vielleicht war Dr. Berger wie der Zauberer von Oz ein sehr guter Mensch, nur eben kein guter Zauberer. Jedenfalls hatten wir das Gefühl, dass es bei dem Termin kaum schlimmer hätte kommen können.

Bei Garys Nichte Erica, die etwa zehn Jahre älter als

Brittany war, hatte man in der gleichen Woche, in der Brittany ihre Diagnose bekommen hatte, Darmkrebs im Endstadium festgestellt. Erica und Brittany hatten sich nur einmal gesehen, aber jetzt tauschten sie sich auf Facebook über ihre Erfahrungen aus.

Erica war Lehrerin an der Grundschule, als sie ihre Diagnose bekam. Sie schrieb Brittany, der Krebs habe auch ihre Lunge befallen. Die beiden jungen Frauen gingen mit ihren Diagnosen vollkommen unterschiedlich um, aber sie hielten große Stücke aufeinander. Ihr gemeinsamer Feind ließ eine Freundschaft auf Entfernung wachsen.

Schließlich bestätigten Brittany und ich die Buchungen für unsere Alaskareise im Mai. Außerdem schrieben wir mehrere Ärzte an der UC Los Angeles, der Johns Hopkins University und an der Mayo Clinic an, schickten ihnen die Informationen aus Brittanys Krankenakte und fragten, ob sie einen anderen Ansatz hätten, den sie mit uns besprechen wollten. Wir boten jeweils an, für eine zweite Meinung zu ihnen zu fliegen. Ich hatte vor, mit Gary nach Hause zurückzukehren, mich mit ihm um unsere Verpflichtungen in Südkalifornien zu kümmern und nach alternativen Therapien zu suchen, die Brittany interessieren könnten.

Darüber hinaus hatte ich mit der Versorgung meines zweiundneunzig Jahre alten Vater zu kämpfen, der sich mit Grippe angesteckt hatte. Ich fragte unsere liebe Freundin Pamela, ob sie nicht ihr Haus in der Stadt vermieten wolle, damit sie irgendwann zu uns ziehen, mir mit meinem Vater helfen und die Hunde versorgen könne. Bei Erica, Garys Nichte, wurde mittlerweile durch eine Lungenbiopsie ein Adenokarzinom festgestellt, eine Krebsart, die sich im Drüsengewebe des ganzen Körpers bilden kann. Gleichzeitig stand Garys Bruder auf der Warteliste für eine Herztransplantation. Was konnte einer einzigen Familie noch zustoßen?

Vier Tage nach unserem verheerenden Termin bei Dr. Berger schickte ich Carmen eine Mail, in der ich unter anderem schrieb:

Ich bemühe mich, mit Brittany ein paar Reisen zu planen, die uns ein wenig Freude bereiten. Ich hoffe, Dan wird seinen Freiraum nach der Arbeit und an den Wochenenden nutzen, um etwas Schönes mit seinen Brüdern und seiner Familie zu unternehmen. Er muss dringend auch mal an etwas anderes denken. Ich mache mir um Dan genauso Sorgen wie um Brittany. Es ist ein ungeheurer Schlag für ein so frisch verheiratetes Paar. Gary und ich haben sie beide sehr lieb.

Ich halte Brittany für sehr klug. Gary und mir ist klar geworden, dass sie viel besser als alle anderen begriffen hat, was ihr bevorsteht – von Anfang an. Sie hat das »Verleugnen« übersprungen und ist sofort zu Wut und Planung übergegangen. Sie hat mich weit hinter sich gelassen im Land des Leugnens. Langsam begreife ich, wie wenige Möglichkeiten ihr bleiben – und ich kann akzeptieren, dass sie sich wünscht, auf würdevollere Art zu sterben, wenn es so weit ist.

Ich wollte wieder zu Britt fliegen, weil sie am 26. März den ersten Hirnscan nach der OP bekommen sollte. Die Operation lag nun zehn Wochen zurück. Wir mieden das Thema, und unsere Anspannung wuchs.

Gary und ich sprachen darüber, dass wir Brittany möglicherweise in die Schweiz bringen müssten, wo die Sterbehilfe gesetzlich geregelt war, falls der Tumor rasant wachsen sollte und sie ihren Wohnsitz nicht mehr offiziell nach Oregon verlegen konnte. Für einen Umzug nach Oregon musste man ziemlich strenge Voraussetzungen erfüllen, und Brittany machte sich Sorgen, ihr könnte jede Wahl genommen werden, wenn der Tumor sich plötzlich sonderbar benahm. Wir fanden es sinnvoll, einen Ersatzplan für den Ersatzplan zu haben. Allmählich begannen wir, ihren Wunsch zu verstehen. Obwohl wir alle noch nicht ganz so weit waren, zwangen wir uns, konkret darauf hinzuarbeiten, Brittanys Pläne auszuformulieren.

Als ich zum Besprechungstermin wegen der Kernspinuntersuchung flog, nahm ich die vielversprechendsten Mappen aus meinem Karton voller Unterlagen über experimentelle Behandlungsmethoden mit, die Britt vielleicht ausprobieren könnte. Aber es hatte uns niemand gesagt, dass man sich erst mit Chemo und Bestrahlung behandeln lassen musste, bevor man an klinischen Studien teilnehmen durfte. Der Karton enthielt nichts als trügerische Hoffnung.

Ich verfasste eine lange Liste mit Fragen zu den Ergebnissen der Untersuchung. Weil wir außer den Kernspinaufnahmen nichts hatten, weil wir nur abwarten konnten, wollte ich sicher sein, dass wir die Ergebnisse gründlich besprachen.

Die meisten Fragen, die ich aufgeschrieben hatte, verstand ich nicht einmal. Ich hoffte, wenn ich sie stellte und Antworten bekam, würde Brittany dadurch mehr über ihren Tumor erfahren. Auf der Liste standen detaillierte Fragen über die Aussagekraft der Kernspintomografien und über die Wachstumsraten von Astrozytomen. Außerdem wollte ich mich nach möglichen Alternativen zu einer Chemotherapie oder Bestrahlung erkundigen.

Uns erwartete eine schlechte Neuigkeit. Brittanys Onkologe an der UCSF war krankgeschrieben, und ein Arzt, den sie noch nie gesehen hatte, würde die Kernspintomografie mit uns besprechen. Der Arzt kam herein und plauderte locker mit uns, während er die Dateien öffnete. Allerdings verstummte sein Geplauder schlagartig, als er sie vor sich auf dem Bildschirm hatte. Er entschuldigte sich schnell, um einen Kollegen dazuzuholen. »Scheiße«, sagte Brittany. »Das verheißt nichts Gutes.«

Der Arzt kam allein zurück, und er wirkte angespannt. Er öffnete die Dateien und zeigte auf eine Aufnahme von Brittanys Gehirn. »So etwas habe ich noch nie gesehen«, meinte er.

Der Hohlraum, den die Operation geschaffen hatte, war von einer hell aufscheinenden Substanz gefüllt. Mein langsamer, unwissender, störrischer Verstand dachte: *Ist das Blut? Blutet ihr Gehirn?*

»Der Tumor ist innerhalb von zehn Wochen um zwanzig Prozent gewachsen«, sagte der Arzt.

Ein stechender, körperlicher Schmerz fuhr mir ins Herz, und ich rang nach Luft. Tränen brannten mir in den Augen.

Darauf war ich nicht vorbereitet gewesen.

Ich schaute zu Brittany hinüber. Ihr Gesicht glich einer gleichmütigen Maske. In ihren Augen waren keine Tränen. Ich blickte auf meine Fragen. Im Kopf meiner Tochter wütete ein Monstertumor, und all diese Fragen spielten keine Rolle mehr. Der Tod würde sie holen.

Auf dem Weg nach draußen kamen wir an einem Panoramafenster mit Blick auf eine geschäftige Straße vorbei. Ich wollte die dicke, schmutzige Scheibe mit meinem Stiefel eintreten. Ich wollte springen und acht Stockwerke tief fallen. Dieser Wunsch, etwas zu zerstören, vor dem Leben davonzulaufen, zu springen, die Vorstellung, wie mein Körper in die Tiefe stürzte – ich kann mich so deutlich an dieses Verlangen erinnern, dass ich es schmecken kann.

Am 31. März postete Brittany ihre Diagnose auf Facebook. So hielt sie ihren weiteren Freundeskreis immer auf dem Laufenden. Bis zur Besprechung der Kernspinuntersuchung hatte sie darauf geachtet, dass nur wenige Menschen von ihrem Hirntumor wussten. Sie hatte ihr Herz geschützt. Ich war bestürzt, als ich das Posting und die Fotos sah. Ich weiß nicht, warum. Meine Tochter hatte nichts mehr zu verlieren.

Gar nichts.

DREI

Offenbarung

»Ich kann mit mir selbst nicht weiterleben.« Dieser Gedanke kreiste endlos in meinem Verstand. Plötzlich wurde mir bewusst, was für ein sonderbarer Gedanke das war. »Bin ich einer oder zwei? Wenn ich nicht mit mir selbst leben kann, dann muss es zwei von mir geben: das ›Ich‹ und das ›Selbst‹, mit dem ›ich‹ nicht mehr leben kann. Vielleicht«, dachte ich, »ist nur eins von beiden wirklich.«

Eckhart Tolle, Jetzt! Die Kraft der Gegenwart

16
Erste Liebe

Herbst 2002 bis Sommer 2004,
siebzehn bis neunzehn Jahre alt

»Der Zauber der ersten Liebe entspringt unserem Unwissen, dass sie jemals enden könnte.«

Benjamin Disraeli

Meine Tochter und ich trafen uns oft zur Happy Hour im italienischen Restaurant unter ihrem Apartment. Sie war jetzt siebzehn und würde in einigen Monaten ihren achtzehnten Geburtstag feiern. Dem Gesetz nach durfte Britt noch keinen Alkohol trinken. Aber alle Kellner kannten und schwärmten für sie. Wie sollte das witzige, blitzgescheite, bildhübsche Mädchen, das ständig die Treppe rauf- und runterrannte, auch nicht beliebt sein?

In dieser glücklichen Zeit ließ die Vorfreude auf ein Abendessen mit Britt mein Herz jedes Mal schneller schlagen, genau wie früher, als sie kleiner war und ich sie von der Schule abholte. Wir führten lebhafte, interessante Gespräche. Wir stichelten und stritten uns nicht mehr. Wir liebten beide die Naturwissenschaften und unterhielten uns oft über die Themen ihrer Kurse. Ich machte mir sogar Hoffnungen, Brittany würde später in diesem Bereich arbeiten. Sie hatte mein Lieblings-T-Shirt mitgehen lassen, auf dem »Talk nerdy to me« stand. Ich tat so, als wäre ich tief empört und würde es zurückhaben wollen, aber insgeheim brachte es mich zum Lächeln.

Einmal kam ich zu unserem Abendessen, und Britt nippte schon an einem Glas Cabernet und knabberte an einer Vorspeise aus Aubergine und Parmesan. Auf mich wartete ebenfalls ein funkelndes Glas Cabernet. Gary und ich nörgelten nicht wegen des Weins und erlaubten Britt bei gemeinsamen Abendessen einen kleinen Schluck. Wenn sie in ihrem kleinen Apartment für uns kochte, brachten wir eine Flasche Wein für uns drei mit. Einerseits hätte ich gerne protestiert und gesagt, sie solle in der Öffentlichkeit keinen Alkohol bestellen, andererseits hatte ich den Eindruck, dass sie Alkohol recht realistisch betrachtete. Sie fuhr auf keinen Fall mit dem Auto, wenn sie getrunken hatte. Sie nahm ein Taxi. Sie trank nicht übermäßig, wenn ich dabei war. Und sie schien eine Vorliebe für guten Wein zu entwickeln, sie genoss ihn und stürzte ihn nicht einfach in großen Schlucken herunter. Bei Brittany machte ich mir um viele Dinge Sorgen, aber Alkohol gehörte nicht dazu.

Offensichtlich blühte Brittany in einer Umgebung, in der sie sich unabhängig fühlte, auf. Gary und ich bezahlten die Hälfte ihrer Miete, ihr biologischer Vater bezahlte die andere Hälfte und dazu ein Auto und die Versicherung dafür. Ich kümmerte mich um die Krankenversicherung und gab ihr Geld für Lebensmittel und den täglichen Bedarf. Brittany belegte pro Semester fünfzehn bis achtzehn Einheiten an Kursen, die von der University of California anerkannt wurden, und erzielte Bestnoten.

Meine rebellische Tochter hatte sich wunderbar entwickelt. Sie sah gesund, stark und glücklich aus. »Ich bin in einer super Lerngruppe«, erzählte sie mir und steckte sich einen Bissen Aubergine in den Mund. »Wir bekommen überall Einsen.«

»Es schadet bestimmt auch nicht, dass zwei Jungs in der Gruppe in dich verknallt sind.«

Britt reckte den langen, schlanken Hals und lachte. Es war ein natürliches, ungekünsteltes Lachen, aus einem inneren Quell, den sie gehegt und gespeist hatte. Ein Ort, an dem sie motiviert und selbstsicher war. An dem das Lachen einfach aus ihr hervorsprudelte, sich über ihr Gegenüber ergoss und ihn an ihrer Freude teilhaben ließ. An dem ihr Lachen flüssig war und hell erstrahlte.

Ein Lachen, von dem sich jeder gewünscht hätte, er wäre der Grund dafür, und das jetzt über die Gäste des Restaurants hinwegbrandete. Sie drehten sich leicht um, um zu sehen, wer seiner Freude auf so reizende Art Ausdruck verlieh. Die Blicke der männlichen Gäste ruhten länger auf ihrer Silhouette, besonders einige Männer an dem langen Tisch neben uns konnten ihre Augen nicht abwenden. Die Frauen lächelten; vielleicht erinnerten sie sich daran, dass sie früher auch einmal den Kopf in den Nacken geworfen und hemmungslos gelacht hatten.

»Dem einen Typen habe ich behutsam einen Korb gegeben. Als Freund mag ich ihn total gerne. Aber mit dem anderen bin ich jetzt zusammen. Er heißt Ellis.« Ihre Wangen, die sie nicht mehr mit dickem Make-up zukleisterte, röteten sich. »Ich habe ihn sehr lieb, Momma.«

Ich lächelte. »Ellis, hm? Dann erzähl mir mal von Ellis.« Ich winkte den Kellner heran, und wir bestellten. Britt hielt das Glas schräg und beobachtete, wie sich an den Seiten Weintränen formten. »Er ist älter als ich. Nach seinem Abschluss hat er erst gearbeitet und ist dann eine Weile herumgereist.«

Ich überschlug sein Alter und kam auf Mitte zwanzig.

»Ellis will später Medizin studieren.« Britt lächelte.

»Also, Gary und ich würden ihn sehr gerne kennenlernen. Seid ihr beide, du und Ellis, Nerds, so wie Gary und ich?«

»O Gott, Mom. Total. Wir reden *ständig* über Wissenschaft.«

Während des gesamten Essens plauderten wir. Ich wollte diesen neuen Jungen, dessen Name schon genügte, um meine Tochter erröten zu lassen, auf jeden Fall kennenlernen.

In ihren zwei Jahren am Community College war Brittany mit Ellis zusammen, und die beiden waren einfach zu süß. Ellis war groß und hatte ein hübsches, knabenhaftes Gesicht. Er und Britt waren übermütig und tobten miteinander herum wie Geschwister, aber man merkte sofort, dass sie verliebt waren. Die erste Liebe, vielleicht für beide: Es gab nichts Schöneres. Weil Gary und ich schon ahnten, dass sie nicht an der gleichen Universität landen würden, war es bittersüß, sie so zu sehen. Wir waren besorgt, weil die beiden recht grob miteinander balgten; wir fanden, Brittany würde Ellis ein bisschen zu heftig schlagen. Für mich hatten Schläge, auch wenn sie spaßig gemeint waren, in einer Beziehung nichts zu suchen. Ich deutete Britt gegenüber an, das sei nicht damenhaft. Aber die beiden tauchten plötzlich auf wie ein Comedyduo und brieten sich gegenseitig eins über, erschreckten sich und packten den anderen. Vielleicht war es mir einfach zur Gewohnheit geworden, mir um Brittany Sorgen zu machen, und die beunruhigenden Gedanken hatten schon tiefe Spuren in mein Hirn gefressen.

Brittany als Erstklässlerin mit einem Babykaninchen auf dem Arm. (© Deborah Ziegler)

Die zwölfjährige Brittany mit mir beim Floßfahren in Oregon. (© Deborah Ziegler)

Brittany füttert ein Rentier. (© Deborah Ziegler)

Brittany wirft sich in Pose, bevor sie in einem Stück der sechsten Klasse mitspielt. (© Deborah Ziegler)

Mittelschule: Brittany und ich im Garten einer Freundin in Mission Viejo, Kalifornien. (© Keira Connors)

Brittany, Gary und ich feiern im Juli 2004 Garys Geburtstag. (© Gary Holmes)

Brittany sitzt 2004 auf meinem Schoß. (© Charles Allison)

Die strahlende Brittany vor ihrem Highschoolball. (© Deborah Ziegler)

amilienurlaub in Dieulefit in Frankreich, 2008. (© Gary Holmes)

Brittany und ich bei einem Familienurlaub in Florida.
(© Charles Allison)

Brittany und ihre Freundin Jade Wood in Peru, 2009. (© Jade Wood)

Gary und ich besuchen an Brittanys erstem Todestag Machu Picchu, wie sie es gewollt hatte. (© Gary Holmes und Carmen Solis)

Die beiden besuchten uns ziemlich oft zum Essen. Ellis war höflich, freundlich und lustig. Mit Gary verstand er sich sehr gut. Wir führten bei Tisch angeregte und faszinierende Unterhaltungen. Brittany und Ellis erklärten uns, dass Wissenschaftler das komplette Genom unserer Spezies entschlüsselt hätten. Sie sprachen über Themen wie Stammzellen und die Möglichkeit, schwächende Krankheiten wie Parkinson zu heilen. Ihr achtzehntes Lebensjahr verbrachte meine Tochter in einer ausgelassenen, aber auch intellektuellen Beziehung mit Ellis.

In ihrem zweiten Jahr am Community College war Brittany also verliebt und erfolgreich im Studium. Das Leben war schön. Sie und Ellis gingen in Dana Point joggen, bekamen am College Bestnoten und waren unglaublich verliebt, da fing Britt an, sich Gedanken über ihren Wechsel an eine Universität zu machen.

Brittany bewarb sich bei sieben der zehn Hochschulen, die zum System der University of California gehörten. Die UC Irvine bot ihr die Regents' Scholarship an, das angesehenste Stipendium für Studenten, die von einem kalifornischen Community College an die Irvine wechselten. Es war ein volles Stipendium mit Bevorzugung bei der Kurswahl, Auslandsreisen und weiteren Vorteilen. Sie freute sich sehr, und wir sahen uns die Irvine an.

Außerdem bekam Britt eine Zusage aus Berkeley, von der besten öffentlichen Universität der USA. Es schien darauf hinauszulaufen, dass sie das Stipendium der Irvine annahm und in Ellis' Nähe blieb, während er seine Vorbereitungskurse für das Medizinstudium abschloss. Doch dann besuchten wir den Campus der Berkeley in der San Francisco Bay Area. Wenn sie schon eine Zusage bekommen hatte, musste sie doch wenigstens die Uni besichtigen, plädierte ich. Ich rechnete dort mit Hippies, Batikklamotten und einer Menge Birkenstocksandalen. Stattdessen entdeckte ich einen imposanten Großstadtcampus mit einigen eleganten alten Gebäuden. Wir bummelten in aller Ruhe unter dem grünen Baldachin der Eichen, Redwoods und Eukalyptusbäume entlang. In Berkeley schien man sich ausprobieren zu können, ohne gleich ausgeschlossen zu werden. Mir fielen viele Vintageklamotten und einige ziemlich interessante Haarfarben auf. Später lachte ich mit Brittany über mein ausgeprägtes texanisches Klischee von den Hippies in Berkeley.

Gary und ich besprachen Brittanys Möglichkeiten, sich an der Berkeley (ohne Stipendium) oder an der UC Irvine (mit einem Vollstipendium) einzuschreiben. Ich bereute, dass ich keine bessere Universität besucht hatte. An der Stephen F. Austin State University hatte ich großartige Dozenten gehabt, die in mir die Leidenschaft fürs Unterrichten geweckt hatten. Ich hatte dort gelernt, was ich für meinen Traumberuf brauchte, aber für meine Tochter wünschte ich mir mehr. Tun wir das nicht alle?

Berkeley wurde im *U.S. News & World Report* als beste öffentliche Universität des Landes aufgeführt. Ein Studium an einer Privatuni hätte ich Brittany nicht bezahlen können, aber Berkeley konnte ich ihr ermöglichen. Sie konnte dort zwei Jahre lang studieren und völlig schuldenfrei ihren Abschluss machen. Das konnte ich schaffen. Dafür hatte ich als alleinerziehende Mutter so hart gearbeitet.

Anfangs war es eher mein Wunsch als ihrer. Doch dann fanden wir zufällig eine Wohnung in einem Haus wie aus dem Märchenbuch, mit kleinen Türmen wie in der Normandie und gewölbten Torbögen und Fenstern.

Das Problem war, dass der Mietvertrag im Sommer beginnen sollte und sie sich schon auf einer Bananenplantage in Costa Rica angemeldet hatte, um dort ehrenamtliche Arbeit zu leisten. Die Plantage wurde ausschließlich von Frauen bewirtschaftet.

»Brittany, schau dir mal dieses Haus an! Wie drollig. Und wie charmant.« Ich stieg aus dem Auto. »Als würden jeden Moment Zwerge den Weg entlangkommen.«

»Hobbits, Momma, wie in *Herr der Ringe*. Hier wohnen bestimmt Dozenten. Es sieht aus wie ein Märchenschloss. Aber der Trip nach Costa Rica ist nicht verhandelbar«, sagte Brittany. »Ich nehme einfach das Stipendium an der UC Irvine und bleibe in meinem Apartment.«

»Ich sage ja gar nicht, dass du die Reise aufgeben sollst. Aber welches Abschlusszeugnis soll einmal an deinem Arbeitsplatz an der Wand hängen? Falls du Psychologin wirst oder auch falls du in einem ganz anderen Bereich deinen Master und Doktor machst? Wenn Berkeley die richtige Uni und das hier die richtige Wohnung ist, bezahle ich sie für den Sommer, auch wenn du nicht hier bist.«

Brittany blickte mich an. »Wirklich, Momma? Können wir das machen? Was sagt Gary dazu?«

»Gary meint, du solltest dir beide Unis ansehen und danach entscheiden, an welcher du dich einschreiben willst, und nicht danach gehen, ob du ein Stipendium bekommst oder nicht. Er hat gesagt, Berkeley sei eine ›öffentliche Elitehochschule‹.«

»Das ist ein Witz, oder?«, rief Britt. »So etwas von Gary aus Harvard?«

»Ich habe dein ganzes Leben lang gearbeitet, damit du

eine wirklich gute Uni besuchen kannst. Dafür habe ich geschuftet. Deshalb bin ich derselben Meinung – wichtig sollte nur sein, wohin du wirklich möchtest.«

Am Ende beschloss Brittany, die Wohnung zu nehmen und sich an der Berkeley einzuschreiben. Das war eine der wichtigsten Entscheidungen ihres Lebens.

Und die richtige Entscheidung, glaubte ich – nicht mit Herzflattern und flauem Gefühl im Magen und einem »Gnade mir Gott, wenn ich mich irre«, wie nach ihrer Entscheidung, die Highschool zu verlassen, sondern als Momma mit geschwellter Brust, die vor Stolz fast platzte.

Ellis lieh Brittany für ihre sechswöchige Reise nach Costa Rica seinen profimäßigen Rucksack mit integriertem Rahmen, und sie stopfte ihn bis zum Anschlag voll. Gary und ich besorgten ihr einen Regenponcho, Moskitonetze und andere nötige Dinge. Ich erwischte Brittany dabei, wie sie einige dieser Sachen wieder herausnahm und eine große Schminktasche einpackte. Gary und ich konnten sie nicht davon überzeugen, dass Make-up so ziemlich das Letzte war, was sie auf einer Bananenplantage in Costa Rica brauchen würde.

Zum Glück hatte Brittany in der Schule Spanisch gelernt, und ich hoffte, falls sie etwas dringend brauchte, könnte sie es dort kaufen. Bei dieser Mischung aus Abenteuerreise und ehrenamtlicher Arbeit würden die Teilnehmer mit Bäuerinnen zusammenarbeiten, die neue biologische und nachhaltige Anbaumethoden lernten. Die Helfer wohnten bei einer Gastfamilie auf einer Plantage. Es gab Strom, aber weder Fernsehen noch Computer oder Telefon. Ihre Teilnahme an dem Programm würde Britt als Studienleistung anerkannt werden.

Ich machte mir Sorgen, aber ich fand auch, dass diese Erfahrung Brittany guttun würde. Sie war mit reichen Kindern zur Schule gegangen, und diese Reise würde ihr die Augen öffnen. Kontakt würde sie nur über eine öffentliche Telefonzelle halten können, die zu Fuß fünfundvierzig Minuten entfernt war. In der Broschüre wurde betont, dass die Ehrenamtlichen auch mit anpacken würden, um die Produktivität der Plantage zu steigern.

Nach den ersten Tagen dort rief Brittany von der Telefonzelle aus an. Sie war fast fünf Kilometer über eine unbefestigte Straße dorthin gelaufen. »Momma, ich trage Gummistiefel, die mir bis über die Knie reichen, weil man so tief im Matsch versinkt. Ich binde mir ein Seil um die Taille und ziehe Bananenbäume nach unten, wie ein Esel.«

»Mach dir nicht den Rücken kaputt! Ich fasse es nicht, dass sie von jungen Frauen erwarten, Bäume umzuwerfen.«

»Keine Angst, die Dinger würde schon ein starker Wind umpusten – der hier oben aber nicht weht. Gott, ist das heiß und stickig hier!« Sie beschrieb die Moskitos und die Schlangen, aber ich hörte heraus, dass sie begeistert war. »Also gefällt es dir? Da bin ich aber erleichtert.«

»Ich liebe diese Familie, Momma. Diese mutige, starke Costa Ricanerin und ihre wunderbaren, fröhlichen Kinder. Ihr nichtsnutziger Mann hat sie verlassen, ist einfach abgehauen. Jetzt versucht sie, sich alleine durchzuschlagen. Ein bisschen wie du, Momma.«

Nach einem Monat auf der Plantage unternahm Brittany mit anderen Ehrenamtlichen eine zweiwöchige Reise durch Costa Rica. Unter anderem machten sie eine fast dreißig Kilometer lange Wildwasser-Rafting-Tour auf dem Rio Pacuare, einem Fluss der Schwierigkeitsgrade III und IV. Der schönste Teil der Reise war für Brittany eine Wanderung durch den Naturschutzpark Gandoca, wo sie auf wackeligen Hängebrücken Flüsse überquerte und niedliche Weißschulterkapuziner, Tukane und winzige Giftfrösche sah.

Als Ellis unsere sonnengebräunte Tochter vom Flughafen nach Hause brachte, wirkte sie glücklich und gelöst. »Die Leute waren ganz begeistert, dass ich nach Berkeley gehe«, erzählte sie, als sie am späten Abend einen Snack hinunterschlang.

Ellis schien leicht zusammenzuzucken, aber man musste anerkennen, wie sehr er sich darüber freute, dass sie so schöne Erfahrungen gemacht hatte. Als ich Ellis musterte, versetzte es mir einen Stich ins Herz. Er war reifer, als sein jungenhaftes Aussehen vermuten ließ, immerhin hatte er Brittany nicht aufgehalten, als sie verreisen wollte, und ihr sogar bei den Vorbereitungen geholfen. Er versuchte gar nicht, diesen Schmetterling zurückzuhalten, ihn mit einem Netz zu fangen oder als seltenes Exemplar aufzuspießen. Er liebte sie genug, um ihr großartige Erfahrungen zu wünschen. Genug, um sie ungehindert nach Berkeley ziehen zu lassen. Wie Brittany würde er sich wahrscheinlich für die beste Universität entscheiden, die ihn annehmen würde. Auf die beiden wartete Kummer, und ich konnte sie nicht davor schützen.

Ihre fabelhafte Zeit in Costa Rica weckte etwas Wunderschönes in meiner Tochter. Die Reiselust hatte sie gepackt, und wenn Britt uns Geschichten von unterwegs erzählte, wurde ihr Gesicht freundlich und sanft. »Die Kinder sind unglaublich fröhlich, Momma, und dabei haben sie nichts. Wenn sie einen neuen Stift bekommen, führen sie einen Freudentanz auf.«

Ihr Horizont hatte sich erweitert. Meine Tochter hatte die Komfortzone des reichen Orange County verlassen und eine ganz andere Lebensweise kennengelernt, und schon jetzt hatte sie diese Erfahrung auf eine Art verändert, die ich nicht einmal ansatzweise erklären konnte. In Costa Rica hatte sie sich stärker entwickelt als in den ganzen fünf Jahren zuvor. Das Reisen hatte eine wunderbare Wirkung auf Brittanys Seele.

17
Kein Kuchen für euch

März bis Mai 2014, zehn bis sechzehn Wochen nach der Operation

»Während ich dachte, ich würde lernen zu leben, lernte ich in Wahrheit zu sterben.«

Leonardo da Vinci

Ich schrieb meiner Schwester Sarah, die uns die DVD von Eddie Izzard, dem britischen Komiker, geschickt hatte.

Wir wollten Kuchen haben, aber die Kernspinuntersuchung hat gesagt: Kein Kuchen für euch! Tod in weniger als einem Jahr – das Mistvieh ist in zehn Wochen zwanzig Prozent gewachsen –, es ist nicht mehr Grad zwei! Ich habe unglaubliche Angst, und »traurig« kann den Schmerz nicht beschreiben. Im Moment hänge ich mich an ein Warum … warum wir …

Am 8. April fliegen wir mit Britt nach Oregon zu Ärzten, die sich um das Sterben in Würde kümmern. Danach wissen wir, ob wir in die Schweiz müssen.

Jede Zelle meines Körpers tut weh, jeder Knochen, jedes Gelenk schreit mir entgegen, und ich glaube, ich bekomme Magengeschwüre. Was vor uns liegt – ich muss riesige Kraftreserven in mir finden, die ich noch nicht angezapft habe.

Nachts um fünf nach halb eins antwortete sie.

Sag mir Bescheid, wenn euch noch jemand begleiten soll, egal, wohin.

Meine Schwester Sarah arbeitete mit Therapeuten und Psychiatern zusammen und hatte ihre Kollegen gefragt, was uns helfen könnte, damit wir begriffen, was passierte. Sie schickte uns eine CD mit dem Titel *Wenn alles zusammenbricht: Hilfestellung für schwierige Zeiten.*

Gary und ich setzten uns ins Wohnzimmer, und unsere beiden kleinen Cavapoo-Hunde kuschelten sich zu unseren Füßen. Wir hörten zu. Pema Chödröns Stimme ging uns unter die Haut. Es kostete mich Mühe, still sitzen zu bleiben. Gary stand tatsächlich auf und sagte, er könne sich das nicht anhören.

»Aber wir müssen«, erklärte ich und sah ihm fest in die Augen. »Und du musst bitte mitmachen.«

Mit beklommener Miene setzte sich mein Mann wieder hin.

Was Pema sagte, war provokant. Auch wenn wir uns beschissen fühlten, müssten wir uns der Situation stellen, ohne Scheuklappen. Manchmal würde alles zusammenbrechen, und das müssten wir akzeptieren. Sie riet uns, das Nichtwissen zu akzeptieren, und sagte, wir könnten vor der Angst nicht davonlaufen und es würde uns helfen, uns in die Unannehmlichkeiten des Lebens hineinzulehnen.

Vor allem dieser Ausdruck »hineinlehnen« setzte sich bei mir fest.

Wir hörten uns die gesamte CD an. »Denken wir darüber nach«, meinte ich. Ich ließ meinen Mann im Wohnzimmer allein. Schon an seiner Körpersprache merkte ich, dass er mit einer solchen Denkweise nichts anfangen konnte.

Ich stellte mir Brittany als die wunderschöne Sandburg vor, die Pema beschrieben hatte, ein funkelndes Gebilde aus Sandtürmchen, Muscheln und buntem Glas. Ich stellte mir vor, wie unweigerlich die Flut kam. Egal, wie sehr wir auch an der Burg hingen, sie zerlief vor unseren Augen und glitt wieder ins Meer. Würde mein Kind bald Teil von etwas sein, das größer war als sein Leben? Versuchte Britt mühsam, uns davon abzuhalten, in den letzten Augenblicken ihrer königlichen, palastartigen Herrlichkeit an ihr zu ziehen und zu zerren?

Und dann dachte ich an die panische Angst, die jeden Morgen mein Herz umklammerte, wenn ich aufwachte und begriff, dass der Albtraum Wirklichkeit war. Pema sagte, die Angst sei nahe an der Wahrheit. Fürchtete ich mich deshalb so sehr? Bewegte ich mich ständig schwankend am Rand der Wahrheit entlang? Mir wurde klar, dass ich Sorge einatmen und Trost ausatmen musste. Da ich den Tod nicht abwehren konnte, blieb mir nichts weiter übrig, als still dazusitzen mit der Angst, der Wut und dem Tumor.

Einiges von dem, was ich hörte, drang bis in dunkle, beängstigende Winkel meines Herzens, verströmte Licht und verscheuchte die Angst.

Zum Teil erschreckte mich auch, was Pema erzählte, und ich wollte meinen Verstand davor verschließen. Früher oder später im Leben macht jeder Mensch etwas durch, das er nicht kontrollieren kann. Wir können noch so gute Menschen sein, noch so viel recherchieren, noch so viel Zeug kaufen, wir sind nie sicher. Sicherheit ist eine

Illusion. Natürliche Ereignisse treffen jeden willkürlich, und sie treffen alle Arten von Menschen. Scheinbar ohne Grund kommt es zu traurigen, schrecklichen, sinnlosen Tragödien. Jeder Weg beginnt ohne Hoffnung. Er beginnt einfach.

Am nächsten Tag hielt ich Gary in der Küche an und legte ihm die Hände auf die Schultern. »Gary, du musst dich Brittany zuwenden. Du musst dich ihr entgegenlehnen. Du musst es fertigbringen, ihr zu sagen, dass du sie nicht auf eine grausame Art sterben lässt. Sie *wird* nämlich sterben, und egal, was passiert, ich werde ihr helfen, einen sanften Tod zu erleben.«

Gary wollte protestieren, aber ich ließ ihn nicht.

»Auch wenn du es nicht glaubst, ich bitte dich trotzdem darum. Tu es für mich. Erkläre Brittany, dass du weiter suchst und hoffst, aber dass du auf jeden Fall, komme, was wolle, dafür sorgen wirst, dass sie nach Oregon gehen kann. Du bist so ein liebevoller Mann – nimm sie in die Arme, und sag ihr, dass du es verstehst.«

Wir standen da und sahen uns an. Ihm traten Tränen in die Augen. Ich spürte, wie starr sein ganzer Körper war.

»Gary. Sie muss sich sicher fühlen können. Sie muss wissen, dass du ihr beistehst.« Tränen strömten mir über das Gesicht. »Ich werde sie nach Oregon begleiten. Ich werde ein Haus mieten. Ich werde alles vorbereiten – mit dir oder ohne dich. Aber Brittany würde sich sicherer fühlen, wenn du dich den Tatsachen stellen würdest. Kannst du das?«

Mein Mann schloss mich in die Arme und drückte mich an sich. Seine Stimme klang erstickt. »Ja. Ich mache es.«

»Sie braucht deine körperliche Nähe. Du musst sie in den Arm nehmen. Sie berühren und ihr sagen, dass sie mutig und wunderbar ist.« Ich schluchzte in sein Ohr. »Wir müssen uns in die Wahrheit hineinlehnen. Wir müssen sie annehmen. Egal, wie die Wahrheit lautet. Wir können nicht mehr davonlaufen.«

»Das werden wir nicht.« Gary hielt mich ganz fest.

Ich war ganz vernarrt in diese warmen Pullis und Kapuzenshirts mit positiven Sprüchen auf der Brust. Nach einer kurzen Suche fand ich die Firma, Peace Love World. Ich bestellte ein weiches rosa Sweatshirt, das perfekt war. Auf der Vorderseite stand in großen weißen Buchstaben »I Am Loved«. Stattdessen bekam ich ein violettes Exemplar mit der Aufschrift »Love Is In The Air«. Ich rief bei der Firma an und erklärte, dass meine Tochter eine tödliche Krankheit habe. Ich meinte, »Love Is In The Air« sei kein Ersatz für den Pulli, den ich bestellt hatte.

Sie schickten mir den richtigen in Weiß mit roten Buchstaben und sagten, ich solle den falschen einfach behalten. Mit diesem Sweatshirt wollte ich Brittany sagen, dass sie geliebt wurde. Ich wollte ihr sagen: »Wir unterstützen dich.« Ich lud dieses Sweatshirt mit einer unglaublichen Bedeutung auf. Für mich wurde es zu einem Symbol. Zu meiner Art des Hineinlehnens. Meine Tochter wurde geliebt.

Ich bat Gary, Brittany und mich vor dem Pool und dem Kamin hinter Dans und Britts Haus zu fotografieren. Ich trug »Love Is In The Air« und sie »I Am Loved«. Das war ein Wendepunkt. Bei dieser Reise, in diesen Sweatshirts planten meine Tochter und mein Mann und ich, nach Oregon zu fahren. Dort würden wir uns mit den Palliativärzten treffen.

Seit unserem Besuch beim Zauberer hatte sich alles verändert. Der Zauberer wollte Brittany einer Chemotherapie unterziehen, um den restlichen Tumor schrumpfen zu lassen. Doch Tage später zeigte eine Kernspinuntersuchung, dass der Tumor andere Pläne hatte. Der Tumor sagte: »F… dich! Ich werde regelrecht explodieren!«

Britt und ich verbrachten Zeit miteinander, wir unternahmen Spaziergänge, buken eine Tarte mit Obst aus ihrem Garten, gingen mit den Hunden in die Natur. Ich flog nach Hause, kümmerte mich für ein paar Wochen um Grandpa und kehrte dann zurück, um meine Tochter zu unserem ersten Besuch in Oregon abzuholen.

Brittany traf sich mit Dr. Chang, dem jungen Chirurgen, der ihre Kraniotomie durchgeführt hatte. Sie hatte an der UC in San Francisco in ihrer Krankenakte vermerken lassen, dass sie den Zauberer nicht mehr sehen wollte. Chang sprach mit Brittany über eine zweite Kraniotomie, eine Wachoperation. Er war anderer Ansicht als Dr. Berger. Bei dem starken Wachstum des Tumors hielt er eine zweite Operation für das beste Vorgehen. Er würde in der Tumorkonferenz vorschlagen, weiteres Tumorgewebe zu entfernen, während sie bei Bewusstsein war und Fragen beantworten konnte, damit er auf keinen Fall ihr Sprachvermögen oder andere Fähigkeiten gefährdete.

Er wollte neue Gewebeproben entnehmen, um zu überprüfen, in welchem Stadium sich der Tumor befand. Zwar sah er auch diesen wirbelförmigen Flecken, den alle für Grad 4 hielten, aber er konnte es nicht mit Sicherheit sagen, bevor er nicht Gewebeproben analysiert hatte. Dr. Chang wusste, dass Brittany eine Reise nach Alaska gebucht hatte, und befürwortete sie. Nur Brittanys Schädeldruck machte ihm Sorgen. Sie nahm keine Steroide mehr und wollte auch während der Alaskareise keine nehmen, aber wir würden erst Ende Mai zurückkommen.

Brittany willigte ein, für den 2. Juni eine Operation anzusetzen. Ihre zweite Kraniotomie würde also beinahe direkt nach ihrer Rückkehr aus Alaska stattfinden. Am 2. April postete Britt die Neuigkeiten auf Facebook:

Habe heute für den 2. Juni den Termin für meine ganztägige Kraniotomie im Wachzustand an der UCSF gemacht. Ich habe sie gerade lang genug hinausgeschoben, dass ich mit Sarah und meiner Mom mein großes Abenteuer in Alaska erleben kann. Voller Liebe, voller Kraft… Die T-Shirts sind ein Geschenk meiner coolen Mom.

Mir sagte Britt allerdings, dass sie sich wahrscheinlich nicht operieren lassen würde. »Ich lasse mir die Möglichkeit offen. Ich werde es mir überlegen.«

Gary und ich hofften, dass Brittany die zweite Operation durchführen lassen würde. Wir waren zuversichtlich. Vielleicht würden wir ja auf eine innovative Behandlungsmethode stoßen. Wir hatten immer noch nicht herausgefunden, dass keine der experimentellen Studien Patienten aufnahm, die nicht schon das Programm aus Herausschneiden, Verbrennen und Vergiften hinter sich hatten. Unser Plan lautete weiterhin, dass wir unser kleines Mädchen nach Oregon bringen würden. Dort würden wir uns mit den Ärzten der OHSU treffen, der Oregon Health and Science University. Wir würden neben Brittany sitzen und ihr den Rücken stärken, wenn sie Sterbehilfe beantragte.

Wir hatten eine Wende vollzogen. Wir verstanden jetzt, dass Dan weiter in Kalifornien seiner Arbeit nachgehen musste und er oft zu Britt fliegen würde. Wir verstanden, dass diese Wende schwierig war. Gary und ich hatten in einer komplizierten Situation diesen entscheidenden Punkt erreicht, an dem wir zu einem relativ kleinen Schritt bereit waren, der eine große Veränderung bewirken würde. Am 3. April fasste ich bei Facebook meine Lage zusammen.

In den letzten drei Monaten hat mir meine wunderbare Tochter Brittany Diaz sehr viel über Mut beigebracht und darüber, wie man sich der Angst stellt. Sogar vollgepumpt mit Schmerzmitteln hat sie es irgendwie geschafft, an den Menschen in ihrem Leben geistig vorbeizuziehen … während wir stolpernd im Land des Leugnens zurückblieben. Ihre ganze Familie und all ihre Freunde mussten sie erst einmal einholen. Sie war die Erste, die den Ärzten schwere und gezielte Fragen stellte. Sogar jetzt, Monate später, habe ich in den ersten, noch schlafvernebelten Momenten des Morgens eine Millisekunde lang zu kämpfen – dann glaube ich, dass Brittanys Hirntumor nur ein böser Traum ist. Erst kommt das Leugnen – und später die Wut. Ich weiß, dass ich in der nächsten Phase der Trauer bin, weil ich diese Woche im Krankenhaus am liebsten ein Fenster zertrümmert hätte. Ich war nur einen tiefen Atemzug davon entfernt, eine schlimme Situation noch schlimmer zu machen. Es heißt, die Wut sei eine nötige Phase der Trauer. Ich tue alles, um zu verhindern, dass mir die Wut Angst einjagt. Mein Leben hat mir eher beigebracht, Wut zu unterdrücken, als sie zuzulassen. Obwohl es gut war, dass ich das Bedürfnis, ein Fenster einzuschlagen, unterdrückt habe, muss ich die Wut zulassen. Ich muss sie spüren.

Britt gab ihren grünen Honda Element ihrer Freundin Maudie. Ich hatte ihr den Wagen geschenkt, als sie in ihrem letzten Jahr in Berkeley nebenbei als Kindermädchen arbeitete. Maudie konnte als Ärztin mit Brittany über medizinische Angelegenheiten reden. Britt gab ihre Habseligkeiten fort, sie verschenkte die Kleidung und die Ringe, die ihr nicht mehr passten, weil ihr Körper durch die Steroide aufgedunsen war.

Am 8. April holten Gary und ich unsere Kleine ab und brachten sie nach Portland, Oregon. Wir buchten eine Hotelsuite mit Ausblick auf eine Biegung des Willamette River, die von Bäumen gesäumt wurde. Es regnete, was in dieser Gegend offenbar der Normalzustand war. Nach einer Massage aßen Britt und ich mit Gary köstlich zu Abend.

Am Morgen des Termins war Britt nervös. Wir fuhren zum Parkplatz an der Ecke SW Moody Avenue und Gibbs Street und stellten unseren Mietwagen ab. Mit der Schwebebahn fuhren wir zum Campus der Oregon Health and Science University. Die Fahrt dauerte drei spektakuläre Minuten. Gary zog Brittany, die einen Pferdeschwanz trug, an seine Seite, und ich machte ein Foto davon, wie sie sich bei ihm ankuschelte. Die beiden Menschen, die ich liebte, blickten auf den Willamette River hinunter, und Gary zeigte auf den schneebedeckten Mount Hood in der Ferne. Dieses Bild, auf dem meine Tochter Kraft und Unterstützung von ihrem Stiefvater bekommt, gehört zu meinen allerliebsten Fotos. Für mich spricht es Bände über unseren schwierigen Weg. Wenn ich Britts kostbaren, verletzlichen Hinterkopf sehe, kommen mir jedes Mal die Tränen.

Wir trafen uns mit einem Ärzteteam der OHSU und einer Sozialarbeiterin. Brittanys Akte aus dem University San Francisco Medical Center lag ihnen schon vor, und sie hatten einen Besprechungsraum gebucht. Die Ärzte und die Sozialarbeiterin waren freundlich, hakten aber genau nach, wie Brittany ihren Wohnsitz offiziell nach Oregon verlegen wollte. Gary und ich erklärten, wir würden Brittany finanziell unter die Arme greifen, damit sie sich in Oregon niederlassen konnte, und mit ihr herziehen. Die Ärzte sagten, ihr führender Neurochirurg würde Brittany gerne kennenlernen und bei ihrem Fall beratend mitwirken. Außerdem beschrieben sie uns die unterstützende Pflege, die Hospizpflege und die Schmerztherapie.

Wir hörten uns alle Alternativen zur ärztlichen Sterbehilfe an. Brittany stellte Fragen. Sie erklärte den Ärzten, sie habe sich schon darüber informiert, wie der Sterbeprozess bei einem Hirntumor aussehe und welcher Sterbeverlauf sie erwartete, sollte sie in ein Hospiz gehen. Die Ärzte und die Sozialarbeiterin waren merklich beeindruckt von Brittanys ruhigem, bedächtigem Auftreten und davon, wie gut sie über ihre Krankheit informiert war.

»Ich bin gerne bereit, mich mit Ihrem Neurochirurgen zu treffen«, sagte Brittany. »Allerdings haben die beiden Ärzte, die ich an der UCSF konsultiert habe, mehr Erfahrung mit Hirntumoren als Ihr führender Chirurg. Sie wissen, dass ich nach Oregon ziehe, damit ich das Sterben-in-Würde-Gesetz in Anspruch nehmen kann, oder? Für eine Operation oder Behandlung würde ich nicht hierher ziehen. Wären das sinnvolle Optionen, würde ich in Kalifornien bleiben.«

Die Ärzte sprachen das Video an, das sie ihnen vor ihrer Operation geschickt hatte. »Als wir Ihr Video gesehen haben, wussten wir schon, dass Sie viel recherchiert und gründlich darüber nachgedacht haben, wie Sie Ihr restliches Leben verbringen möchten.« Beiden Männern standen Tränen in den Augen. Gary und ich trockneten uns die Wangen. Aus dem Gesicht der Sozialarbeiterin sprach reines Mitgefühl, und ich bekam mit, wie sie ein, zwei Tränen wegwischte. Nur Brittanys Augen blieben trocken. Sie waren groß und strahlend wie immer.

Brittany willigte ein, in weniger als zwei Wochen für eine Reihe Kernspinuntersuchungen zurückzukommen, die der Oregoner Neurochirurg an drei Abenden durchführen wollte. Er würde Brittany intraarteriell Eisenoxid verabreichen. Das Gadolinium, das sonst bei Kernspins benutzt wurde, würde aus den Blutgefäßen austreten, erklärte der Arzt, während das Eisenpräparat (Ferumoxytol) intravaskulär, also in den Blutgefäßen, verbliebe, wodurch sich das Hirn besser darstellen ließe.

»Drei Kernspins, Britt?«, fragte ich auf dem Rückweg zur Schwebebahn.

»Das ist in Ordnung, Momma. Er wird den gleichen scheißgroßen Tumor sehen, der stellenweise Grad 4 hat, nur eben durch Eisen, und dann haben wir ihn mit im Boot. Ich will nicht, dass er meine Pläne versaut, weil ich Zweifel bei ihm wecke.«

In der Schwebebahn war es kalt. Es war ein langer Tag gewesen. Wir hatten viel erreicht.

Am Freitag, dem 11. April, flogen Gary und ich nach Hause, und Brittany flog zurück zu Dan. Mina, eine sehr enge Freundin aus dem College, hatte Brittany eine Hütte im Yellowstone Park angeboten, die sie kostenlos nutzen konnte. Das munterte Brittany nach den vielen scheußlichen Arztterminen auf.

Brittanys hübsche blonde Freundin Leni unternahm auch viel mit ihr. Sie besuchten zusammen den nahe gelegenen Hundepark. Lenis kleiner Welpe war noch so jung, dass er vor dem Riesen Charley keine Angst hatte.

Ehe wir es uns versahen, war unser Termin an der OHSU gekommen. Ich flog am Ostersonntag. Mein Osteressen bestand aus einem Hotdog am Flughafen. Brittany und ich brachen zu unserer zweiten Reise nach Portland auf. Dieses Mal hatten wir ein randvolles Programm. Wir wollten an drei Abenden ins Krankenhaus fahren, Brittany einen Oregoner Führerschein besorgen und ein Zuhause für sie finden. Ich blieb insgesamt zehn Tage lang bei Brittany, bis wir ein Haus zur Miete gefunden hatten. Gary und ich gaben ihr wenigstens ein Stück weit das Gefühl, unabhängig zu sein, auch wenn sie im Grunde völlig von uns abhängig war.

Das Wetter war miserabel. Es regnete und/oder hagelte jeden Tag. Wir wohnten wieder im gleichen Hotel am Fluss, aber durch die grauen Tage und den endlosen Regen wurde die Aussicht bedeutungslos. Abends konsumierte Brittany medizinisches Cannabis, das an Teer erinnerte und scheußlich schmeckte. Ich betete, das Cannabis möge das Tumorwachstum bremsen. Jeden Abend betete ich, während ich in den stetigen Regen hinaussah. »Bitte, Gott, wenn du da bist, zeig uns den Weg. Ich weiß nicht mehr weiter, ich bin völlig verloren.«

Ich hatte Brittany weitere Sweatshirts mit Sprüchen mitgebracht. Ich zog das rote aus meinem Koffer, wickelte es aus dem Seidenpapier und hielt es hoch. »Ta-da. Als kleine Aufmunterung«, sagte ich.

Brittany starrte die weißen Buchstaben an und lachte. »Auf gar keinen Fall«, sagte sie. »Momma, ich laufe nicht mit einem Pulli durch Portland, auf dem ›I Am Adored‹ steht. ›Ich werde angehimmelt‹ – also wirklich. Außerdem erkennt man kaum, was es heißen soll.«

»Na, dann trage ich ihn eben«, sagte ich.

Am nächsten Tag wartete ich vor dem Kernspinbereich, und die Frau neben mir sagte: »Ich finde Ihr Sweatshirt ganz toll. Ich bin auch adoptiert worden!«

Ich verschränkte schnell die Arme vor der Brust, und wir unterhielten uns darüber, wie großartig Adoptionen waren.

Als Brittany nach mehreren Stunden aus dem Kernspinbereich kam, musste ich ihr das erzählen. Die Blamage war perfekt, als sie sich vor Lachen ausschüttete. »Ich hab's dir doch gesagt. Aber unglaublich, dass es gleich beim ersten Mal passiert ist, als du das Shirt getragen hast.«

Am Abend hörte ich, wie sie eine Freundin am Telefon mit der Geschichte bespaßte. Die peinliche Situation hatte sich gelohnt, denn ich konnte Brittanys zauberhaftes Lachen wieder hören.

Ich suchte für Britt nach einem Haus, nicht nur nach einer Wohnung. Meine Kleine sollte in einer schönen Gegend wohnen und einen Garten haben. Ich hoffte, wir würden ihre geliebten Hunde herholen können. Auf dem Markt für Miethäuser sah es anders aus als in Kalifornien. Die Makler hatten entweder kein Interesse daran oder konnten uns schlicht keine Häuser zur Miete zeigen, aber einer nannte uns schließlich eine Website mit einigen Angeboten.

Nachdem wir uns schon ein paar Häuser angesehen hatten, wurden wir fündig. Das angebotene Haus stand inmitten eleganter, älterer Bauten an einem steilen Hügel, der von gewundenen, baumgesäumten Straßen durchzogen wurde. Es war reizend, hatte zwei Etagen, war gelb gestrichen und um die hundert Jahre alt. Parkettböden, gewölbte alte Fensterscheiben, drei große Schlafzimmer im ersten Stock und eine Kombination aus Schlafzimmer und Büro. Wir waren ganz begeistert. Durch die zahlreichen Fenster hatte man einen Blick auf mächtige Bäume und einen Garten. Backsteinstufen führten zu einer Tür, die von einem altmodischen Türklopfer geschmückt wurde.

Wir wussten es nicht, aber wir waren über ein Miethaus in einer der exklusivsten Wohngegenden Oregons gestolpert. Aber ich hatte bei diesem Haus gleich ein gutes Gefühl.

Während Brittany sich im Garten umsah, ging ich über die Straße zu einem kleinen Glaskasten, der an einem Pfosten hing. Hinter dem Glas war ein weißes Blatt Papier mit einem gedruckten Gedicht.

Auf den zweiten Blick erkannte ich, dass es »When Death Comes« von Mary Oliver war, die Britts Lieblingsdichterin werden sollte. Schaudernd las ich, wie der Tod mit einem Bären verglichen wurde, einem Eisberg oder mit einem Mann, der Münzen aus seiner Tasche zieht, um unser Leben zu kaufen.

Wieder überlief mich ein Schauder. Der Himmel hatte sich zugezogen. Nebel kam auf. War das irgendwie vorherbestimmt? Ich überquerte die Straße zu unserem Haus. Für mich war es das schon, unser Haus.

»Es ist wirklich sehr schön hier«, sagte Brittany seufzend, »und ich weiß genau, dass Dan und Gary absolut dagegen wären.«

»Ihnen wird nicht gefallen, wie alt das Haus ist und wie alt die Rohre sind und wie klein die Badezimmer.« Ich lächelte sie an.

»Ich schaue mir mal an, was das ist.« Sie zeigte auf den kleinen Glaskasten auf der anderen Straßenseite.

»Es ist ein Gedicht, Britt. Vielleicht ist es …« Ich begleitete sie, weil ich dachte, das Gedicht würde sie vielleicht aufregen oder verletzen.

»Was?« Britt zog die Augenbrauen hoch.

»Schon gut. Es ist sehr schön.« Ich beobachtete, wie sie das Gedicht las, es regelrecht verschlang, wie ihr Blick rasch hin und her huschte. Dann las sie es noch einmal, dieses Mal langsamer. Ihre Lippen formten stumm den Vers, in dem es darum ging, durch eine Tür zu treten. Mit funkelnden Augen drehte sie sich zu mir um. »Das ist doch ein Hauch von Kismet, oder?«

Mir saß ein Kloß in der Kehle. »Schicksal«, brachte ich heiser hervor. »Zum ersten Mal seit Langem passiert uns etwas Gutes.«

»Und was sagst du dazu? Ich weiß ja, das Haus ist nicht modern oder praktisch, aber ich finde es wunderbar.«

»Ich finde, wir sollten es mieten. Sofort«, antwortete ich. Wir stiegen ins Auto und fuhren zum Büro der Hausverwaltung.

Bevor wir hineingingen, meinte Britt: »Gary und Dan können fast alle Reparaturen erledigen, die nötig sind. Wir machen ihnen einfach als Erstes klar, dass ich in diesem Haus sterben will.«

»Dann nehmen wir das Haus.«

Etwa fünfundvierzig Minuten später verließen wir das Büro mit einem Mietvertrag, der am 1. Mai beginnen sollte. Wir würden zwar erst um den 1. Juni herum umziehen, trotzdem hatten wir unterschrieben. Wir faxten Gary den Vertrag, damit er auch unterschrieb.

Es fühlte sich an, als wäre es vorherbestimmt gewesen. Wenn meine Tochter schon im verregneten Oregon sterben wollte, dann in einem reizenden alten Haus, das reichlich Charakter besaß, genau wie sie. Brittany und ich erkundeten die Umgebung des Hauses. Unsere neue Straße endete als Sackgasse in einem sehr hübschen Park mit vielen Spazierwegen. Einer der Wege führte zu einem Aussichtspunkt mit Blick auf die Innenstadt von Portland. Von unserem Haus aus war er zu Fuß schnell zu erreichen. Auch das Altstadtviertel Nob Hill mit seinen bunt gemischten Restaurants, gemütlichen Pubs und hübschen Läden gefiel uns.

Am Wochenende besuchte Dan uns in Portland. Wir zeigten ihm das Haus, auch wenn es schon beschlossene Sache war und Britt, mein Mann und ich den Mietvertrag unterschrieben hatten. Das Wetter klarte auf, und wir fuhren zu den Multnomah Falls und der Columbia River Gorge und beobachteten, wie die Steelhead-Forellen die Fischtreppe hinaufsprangen.

Britt fuhr mit Dan in die Hütte im Yellowstone Park, die ihre Freundin Mina ihr angeboten hatte. Um den 1. Mai herum bewunderten sie auf dem Supervulkan geothermische Quellen, subalpine Wälder, Büffel und Elche. Derweil durchkämmte ich zu Hause die Secondhandläden nach Möbeln. Ich fand ein Kingsize-Himmelbett mit Kopfteil, zwei Nachttischchen aus Kirschholz und eine breite Kommode. Mir war wichtig, dass Britt das Bett wirklich mochte, denn wenn nicht ein Wunder geschah, würde mein Kind in diesem Bett sterben. Ich kaufte alles, was wir brauchten, um das Haus gemütlich einzurichten.

Außerdem verbrachte ich Zeit mit meinem alten Vater, den es verwirrte, wie oft ich in den letzten vier Monaten fort gewesen war. Ich erzählte ihm, Brittany sei krank und brauche meine Hilfe, mehr allerdings nicht.

Mitte Mai hämmerte der Gärtner an Garys und meine Haustür. »Feuer!«, rief er und zeigte auf die andere Straßenseite. Ich sah eine große Rauchwolke. Das Telefon klingelte, ein Anruf der Notrufzentrale. Unser Viertel sollte evakuiert werden.

Pamela rief aus dem Seniorenheim an und berichtete, die alten Bewohner würden gerade evakuiert. »Ich begleite ihn und sorge dafür, dass er heute Nacht gut untergebracht ist«, sagte sie. »Du wirst nicht durchkommen, die Polizei hat die Hauptstraße blockiert.« Was würde ich nur ohne sie tun?

Als ich versuchte, zu Dad zu gelangen, schickte die Polizei mich zurück. Also fuhr ich wieder nach Hause und packte Brittanys Babyalben, meinen Schmuck und eine Reisetasche. Wir beobachteten, wie Hubschrauber aus dem Teich des nahe gelegenen Golfplatzes Wasser schöpften und es über dem Hügel neben unserem Haus ausschütteten. »Bist du so weit?«, fragte Gary.

»Ja. Daddy ist schon evakuiert worden. Ist das zu glauben? Was kann denn noch passieren?«

»Frag so etwas nicht, Deb. Das Leben lehrt uns, dass es uns immer noch einen Schlag versetzen kann, gerade wenn wir denken, es wäre vorbei. Unsere geliebte Tochter hat einen unheilbaren Hirntumor; unsere liebe Nichte Erica hat Darmkrebs im Endstadium, mein Schwager braucht ein neues Herz, und jetzt bedroht ein Feuer unser Haus. Es kann noch mehr kommen. Könnte es wirklich.

Fordere nie das Schicksal heraus, indem du fragst: ›Was noch?‹ Aber sei dir sicher: Zusammen schaffen wir es.«

Eng umschlungen standen wir da und sahen zu, wie die Feuerwehrleute Hunderte Häuser retteten. Ein Mensch starb, achtzehn Wohnungen wurden zerstört, und acht Einfamilienhäuser brannten entweder aus oder komplett ab. Zwar waren wir dankbar dafür, dass wir unser Heim nicht verloren hatten, aber keinem von uns war es im großen Ganzen wirklich wichtig. Wir waren dabei, etwas weitaus Heiligeres zu verlieren.

18
Berkeley Girl

Sommer 2004 bis Sommer 2006, neunzehn bis einundzwanzig Jahre alt

»Wenn Sie sich kleinmachen, dient das der Welt nicht. Es hat nichts von Erleuchtung an sich, wenn Sie sich so schrumpfen lassen, dass andere Leute sich nicht mehr durch Sie verunsichert fühlen.«

Marianne Williamson, Rückkehr zur Liebe: Harmonie, Lebenssinn und Glück durch »Ein Kurs in Wundern«

Während Brittany in Costa Rica war, half Gary mir, Möbel in ihre Mietwohnung in Berkeley zu bringen, und ich machte alles sauber. Wir hatten beschlossen, eines der Zimmer zu vermieten, und ich fand eine junge Frau, die dort einziehen wollte und einen Teil der Miete übernahm.

Nach ihrer Rückkehr aus Costa Rica litt Britt erst einmal unter einem kleinen Kulturschock. In Berkeley war es ständig düster, und es regnete. Wenn sie anrief, schluchzte sie manchmal ins Telefon, dass es mir das Herz brach. Zu meinem Schrecken sagte sie, ihre alten Dozenten am Community College hätten sie eher für das Studium begeistern können als die neuen in Berkeley. Ich flog im ersten Semester ein paarmal zu ihr, um Zeit mit ihr zu verbringen und nachzusehen, wie es ihr ging.

Wir fuhren zur Schokoladenfabrik Scharffen Berger und nahmen an einer Führung teil. Ich kaufte ein T-Shirt, auf dessen Brust »(Extra) Bitter« stand. Weil ich mich entschieden hatte, nie wieder zu heiraten, fand ich das unheimlich lustig. Als ich es zum ersten Mal trug, witzelte ich, ich sei durch meine ersten beiden Ehen (extra) bitter geworden. Brittanys Antwort war erstaunlich.

»Du bist nicht bitter, Momma. Das ist es ja. Du hast irgendwie immer noch so viel Hoffnung. Als würdest du glauben, dass du nur ein möglichst guter Mensch sein müsstest, damit alles besser wird. Ich sehe das ja nüchterner als du.« Sie steckte sich ein Stückchen Schokolade in den Mund, die sie zum Probieren bekommen hatte. »Ich finde, Gary ist das Beste, was dir je passiert ist.«

»Aber Schätzchen, er ist vierzehn Jahre älter als ich.«

»Na und? Halt das Glück fest. Schnapp es dir, Mom. Er ist ein großartiger Mann, und er dackelt dir jetzt schon seit fünf Jahren hinterher.«

»Willst du, dass ich wieder heirate? Du hast mir doch gesagt, ich soll auf keinen Fall noch mal eine Ehe eingehen.«

»Um Himmels willen, da war ich elf!« Brittany legte den Kopf schief. »Sagst du Gary deswegen, dass du nicht heiraten willst? Wegen einer Bemerkung von mir, als ich klein war?«

»Irgendwie schon. Ich wollte nicht, dass du …« Meine Stimme versagte.

»Das ist was anderes. *Er* ist anders.« Brittany drückte meine Hand. »Er ist ein Mann fürs Leben. Ich habe ihn wirklich lieb. Er war mehr ein Vater für mich als jeder andere.«

»Ich habe ihn schon so oft abgewiesen.« Der Gedanke

versetzte mir einen Stich. »Was mache ich, wenn er nicht mehr heiraten will?«

»Momma, der Mann himmelt dich an. Das sieht ein Blinder. Es steht ihm ins Gesicht geschrieben. Meine Freundinnen wollen alle einen Mann wie Gary.«

Ich lächelte. Einmal hatte ich sogar gehört, wie eine ihrer Freundinnen meinte, sie wünsche sich einen Mann, der sie so behandelte wie Gary mich.

Gary und ich teilten unserer Familie und unseren Freunden in einer Neujahrskarte mit, dass wir im kommenden Jahr heiraten würden. Einige Familienmitglieder waren überrascht, dass wir zusammen vor den Altar treten wollten, weil wir beide schon zwei gescheiterte Ehen hinter uns hatten. Wir ernteten ein geteiltes Echo für unser schönes Vorhaben. Aber das störte uns nicht. Unsere Beziehung war gefestigt, unsere Liebe unerschütterlich. Als Brittany mir ihr Einverständnis gab, war die Entscheidung für mich gefallen. Wir hatten es nicht eilig, aber Gary und ich würden Mann und Frau werden.

In Berkeley besuchte Britt regelmäßig den Wochenmarkt, der unter freiem Himmel abgehalten wurde. Ohne Scheu griff sie zu hässlichen Tomaten, Roter Bete, Auberginen und sogar Feigen und bereitete aus allem ein fabelhaftes Abendessen zu. Sie berührte alle Obstsorten, lachte mit den Farmern, suchte riesige Blumensträuße aus und stopfte Bioziegenkäse und frisch gebackenes Brot in ihren Rucksack.

Auf dem Heimweg steckte sich Brittany dann frische Erdbeeren in den Mund oder tropfte Pfirsichsaft auf den Gehweg. Wenn ich meine Tochter auf einem Wochenmarkt sah, fragte ich mich immer: *Woher kommt diese anmutige Feinschmeckerin nur?* Meiner Mutter merkte man an, dass sie nach dem Zweiten Weltkrieg mit rationierten Lebensmitteln hatte kochen müssen. Und ich kochte wie die typische alleinerziehende Mutter. Es gab nur wenig bio oder Gemüse frisch vom Hof, allerdings kamen mir auch keine Konserven auf den Tisch.

Ellis besuchte Britt ein paarmal, was sie extrem aufmunterte. Sie arbeitete ehrenamtlich bei der Telefonseelsorge in Oakland. Wenn sie mit dem Bus dorthin fuhr, telefonierte sie entweder mit Ellis oder mir, bis sie ankam, weil sie durch eine üble Gegend musste. Sie empfand die Arbeit als anspruchsvoll und lohnend.

Brittany behielt ihre Wohnung und verbrachte ein zweites Jahr in Berkeley. Wenn sie Sommerkurse belegte, konnte sie im kommenden Dezember ihren Abschluss machen. Sie blieb den Sommer über dort, und Ellis fuhr zu ihr. Er hatte sich an medizinischen Hochschulen im ganzen Land beworben. Sie wussten, dass ihre Beziehung vielleicht bald auf die Probe gestellt werden würde, und lebten, als gäbe es kein Morgen.

Es kamen keine traurigen Anrufe mehr; genauer gesagt kamen fast gar keine Anrufe mehr. Der Sommer der Liebe in Berkeley verging wie im Flug. Im Juni flogen Gary und ich zu einer vorgezogenen Hochzeitsreise nach Italien, weil wir beschlossen hatten, im November zu heiraten. Während meine zwanzigjährige Tochter in Berkeley ihre junge Liebe genoss, ließ ich mich fallen und verliebte mich endgültig in Gary. Brittany befand sich im Frühling ihres Lebens, Gary und ich hatten den Herbst des Lebens erreicht. Ich war neunundvierzig, Gary dreiundsechzig. Im Sommer 2005 witzelten Britt und ich, wir seien wie die Gilmore Girls – beide verliebt.

Der Sommer neigte sich dem Ende zu, und Ellis entschied sich für eine Hochschule an der Ostküste. Genau, wie Gary und ich es befürchtet hatten. Es schmerzte, das mit anzusehen. Brittany schwankte zwischen Wut und Trauer. Ich flog nach Berkeley und half ihr, alle Spuren von Ellis aus ihrer Wohnung zu verbannen. Bilder wurden abgenommen, in die Rahmen kamen neue Fotos. Mit gebrochenem Herzen wirbelte meine Tochter durch die Wohnung, verbittert und erbost. Ihr Zorn war unvernünftig, aber Britt dachte, wenn Ellis ihre Beziehung wichtig genug gewesen wäre, hätte er eine gute Hochschule finden können, die nicht gerade am anderen Ende des Landes lag. Ich wusste, dass es leichter war, Wut zu empfinden, als traurig zu sein. Und ich war sicher, dass es Brittany guttun würde, andere Männer kennenzulernen, andere Beziehungen auszuprobieren. Sie war erst zwanzig, und Ellis war ihre erste große Liebe gewesen.

In ihrem zweiten Jahr in Berkeley freundete Brittany sich enger mit einer jungen Frau an, die ihr riet, nicht vorzeitig ihren Abschluss zu machen. »Warum willst du im Dezember abgehen? Nur weil du es kannst? Mach langsam, genieß das Collegeleben. Du musst es doch nicht eilig haben, ins Hamsterrad zu klettern.« Bei manchem ließ sich Brittany wirklich mehr Zeit, in andere Dinge stürzte sie sich voller Elan. Sie entschied sich, das komplette zweite Jahr in Berkeley zu verbringen und nicht ihren Stundenplan vollzustopfen, um früher abzuschließen. Dadurch konnte sie sich anderen Aktivitäten widmen. Sie besuchte ehrenamtlich das Staatsgefängnis und spielte im Rahmen ihrer psychologischen Betreuung mit den Insassen Brettspiele. Außerdem arbeitete sie nachmittags als Kindermädchen für drei kleine Kinder. Brittany holte sie von der Vorschule ab und passte auf sie auf, bis ihre Eltern nach Hause kamen.

Ich flog für ein paar Tage zu ihr. Erstaunt und erfreut beobachtete ich, wie Brittany die Kleinen begrüßte, sie in den Kinder-Sportwagen verfrachtete und ihre Siebensachen einsammelte. Weil einer ihrer Schützlinge keine Jacke trug und es kalt geworden war, öffnete Brittany ihre eigene Jacke, nahm das Mädchen auf den Arm, wickelte es hinein und zog den Reißverschluss wieder zu. Die Kleine klammerte sich an Brittanys Hals und war Minuten später eingeschlafen.

Ihr Bruder stürzte sich auf Brittanys Bein. Sie lief weiter, während er sich an sie klammerte. Schließlich konnte sie ihn in den Sportwagen setzen. Sie deckte ihn zu, und wir bogen in eine Wohnstraße ein. Als es anfing zu regnen, fuhr Brittany den Wagen mit den Kindern auf die Veranda eines Hauses.

»Du brauchst ein Auto«, sagte ich mit einem Blick auf das schlafende Kind in Britts Jacke.

»Wir schaffen das schon. Keine Sorge.« Brittany wiegte sich vor und zurück.

Wer steht hier vor mir?, dachte ich. Wer ist diese junge Frau, die mit Berkeley, Gefängnisinsassen, einer verlorenen Liebe, Regengüssen und Kindern so spielend fertigwurde? Wer war dieses liebenswürdige Kindermädchen, von dem die Mütter und Erzieherinnen in der Vorschule schwärmten? Meine Tochter war kompetent, besaß gesunden Menschenverstand und hätte Mary Poppins wahrscheinlich Konkurrenz machen können. Ich war beeindruckt.

Als ich nach Hause zurückkehrte, besprach ich die Sache mit Gary. »Hat sie um ein Auto gebeten?«, fragte er.

»Nein. Sie läuft zu der Familie nach Hause und dann bestimmt acht Blocks weit zur Schule. Das ist bei schlechtem Wetter ziemlich weit, und bald kommt der Winter.«

»Was hältst du davon, wenn wir dir einen neuen Honda Element besorgen und deinen zu Britt bringen?«, fragte Gary grinsend. »Ich bin richtig stolz darauf, wie sie ihr Leben anpackt – ohne Auto und ohne Freund.«

Wir konnten es kaum abwarten, ihr das Auto zu schenken. Ich suchte einen roten Element aus, und Gary und ich fuhren am nächsten Wochenende in dem grünen zu Britt. Jetzt musste sie die Kinder nicht mehr im Regen durch die Gegend schleppen. Britt rief an und erzählte, dass sie die Kinder bei schönem Wetter ins Auto packte und mit ihnen in den Park fuhr.

Am 12. November 2005 wollten Gary und ich heiraten. Wir flogen mit Brittany nach Dallas, Texas, damit meine Eltern bei unserer Hochzeit dabei sein konnten. Meine Schwester Donna und ihr Mann wohnten in der Nähe. Sarah und ihre Familie, meine Schwägerin Renda und ihre beiden Töchter und Garys zwei Brüder und ihre Familien flogen ebenfalls nach Dallas, um unsere Verbindung zu bezeugen. Meine Nichte Mary Iris würde das Blumenmädchen sein und Brittany meine Brautjungfer. Die Trauung sollte im engsten Kreis in der Baptistenkirche stattfinden, die ich als Kind besucht hatte.

Dann bekam meine britische Mutter einen erstklassigen selbstgerechten Zickenanfall. Sie sagte, zu meiner dritten Hochzeit würde sie nicht erscheinen. Ich sei befleckt. Die Hochzeit sei ein Sakrileg. Sie könne das schlicht nicht billigen. Eine solche Abscheulichkeit würde nicht Gottes Segen erhalten. Dann redete sie auf meinen beinahe blinden Vater ein und setzte ihm zu, bis er mich anrief.

»Ich müsste es bitter bezahlen, wenn ich zu der Hochzeit komme«, sagte er.

»Ist schon gut«, beruhigte ich ihn. »Mum würde dir solchen Stress machen, dass es nicht lohnt. Ich verstehe das.«

Bei der Trauung las Brittany ein Gedicht von E.E. Cummings vor, »Ich trage dein Herz bei mir«. Als meine Tochter die Worte »Wurzel der Wurzel« sprach, fing ich an zu weinen. Ich wusste, wann immer ich dieses Gedicht noch einmal hörte oder las, würde ich meine Tochter mit ihren glänzenden grünen Augen vor mir sehen, wie sie ein Gedicht über die Liebe vorlas, obwohl sich ihr eigenes Herz noch nach Ellis sehnte.

Brittany besuchte Ellis im Winter an der Ostküste. Es war ein zärtliches Wiedersehen, und sie waren sich einig, dass sie sich noch liebten, aber dass sie loslassen und sich mit anderen verabreden mussten. An ihrem letzten Tag bei ihm schaute Britt aus dem Fenster im oberen Stock und entdeckte, dass Ellis »Ich liebe Brittany« auf sein verschneites Autodach geschrieben hatte.

Im Mai 2006 machte Brittany in Berkeley ihren Abschluss. Gary und ich fuhren in die Bay Area und übernachteten in einem Hotel. Am Abend vor der Feier luden wir Britt und eine ihrer Freundinnen zu einem schönen Abendessen ein. Brittany sah hinreißend aus am Tag der Abschlussfeier. Ihren Collegehut trug sie lässig schräg auf dem Kopf. Vor dem Greek Theatre traf ich einen ihrer Freunde. Er legte mir eine Hand auf den Arm und sagte: »Brittany spricht nur in höchsten Tönen von Ihnen, und ich muss sagen, Sie haben mit ihr einen ganz wunderbaren Menschen großgezogen.« Sein Kompliment erfüllte mich mit Dankbarkeit.

Brittany schloss mit einem Bachelor of Arts in Psychologie ab. Ihre Stola unterschied sich farblich von denen ihrer Kommilitonen, weil sie ihren Abschluss mit Auszeichnung bestanden hatte. Ihre Haare reichten ihr fast bis zur Taille und schimmerten rot und kupferfarben in der Sonne. Mit ihrem strahlend weißen Lächeln war sie in der Menge leicht zu finden. Gleich nach der Zeremonie umarmten wir sie und gingen, damit sie mit ihren Freunden feiern konnte. Ich hatte Brittany als Abschlussgeschenk eine gemeinsame Reise nach Frankreich angeboten, aber sie hatte einen Einstiegsjob als Versicherungsvertreterin angenommen. Ich kannte das Leben im Vertrieb und fragte mich, ob die Stelle wohl das Richtige für sie sei. Sie würde in einem schicken Bürogebäude im vornehmen Walnut Creek arbeiten. Es reizte sie, weil sie weiter in der Bay Area wohnen konnte, ohne in die Innenstadt von San Francisco fahren zu müssen. Für eine frischgebackene Collegeabsolventin war es ein Traumjob. Frankreich würde warten müssen.

19
In Alaska den Moment genießen

Mai 2014, vierter Monat nach der Kraniotomie

»Der Tod zupft an meinem Ohr.
›Lebe‹, sagt er … ›denn ich komme.‹«

Vergil, Copa

Brittany und Maudie, ihre Freundin vom College, hatten alle Hände voll damit zu tun, ihren Teil der Alaskareise zu organisieren. Brittany hatte sich im Yellowstone Park den Knöchel verstaucht, und er war noch nicht ganz geheilt. Das wollte sie einfach ignorieren. Ich würde Britt wie geplant am 21. Mai in Juneau treffen, wenn Maudie nach Hause flog.

Am 15. Mai unternahmen Brittany und Maudie eine nicht allzu anstrengende Wanderung auf dem Mount Healy Overlook Trail im Denali-Nationalpark. Zuerst folgten sie dem Nenana River in der Nähe der Denali Princess Wilderness Lodge. Der Trail stieg in Serpentinen und über eine Strecke von vier Kilometern gute zweihundert Höhenmeter an. Unterwegs ließen sie Fichten, Erlen und Espen hinter sich und erreichten die Bergtundra mit Moosen, Flechten und Wildblumen. Sie sahen Elche, Karibus und Dall-Schafe und nahmen sich vor Bären und Wölfen in Acht.

In der Nähe des Denali-Nationalparks mieteten Britt

und Maudie zwei Quads für eine Geländefahrt. Sie rasten durch Bachbetten, dass das Wasser, das aus den Bergen kam, nur so spritzte, fuhren über Trampelpfade voller Baumwurzeln und hielten nach Elchen, Füchsen und Schafen Ausschau. Sie bekamen auch eine Schwarzbärin mit ihren Jungen zu Gesicht. »Die Natur macht mich glücklich«, schrieb Brittany auf Facebook.

Die Tage wirkten endlos, weil die Sonne bis elf Uhr nachts hell schien. Abends saßen die Mädchen auf der Terrasse ihrer Hütte und stießen mit ihren Bierflaschen an, während zwei Weißkopfseeadler in den Aufwinden hoch über dem See kreisten.

Weil Maudie Medizinerin war, konnten sie und Brittany offen und wissenschaftlich über den Hirntumor und den Tod sprechen. Diese Tage inmitten der Natur zusammen mit einem Menschen, der ohne Scheu über den Tod und das, was sie erwartete, sprach, war genau, was Brittany brauchte.

Als nächstes Abenteuer lag der rund dreizehn Kilometer lange Rundwanderweg am Harding Icefield vor ihnen. Vom Startpunkt in der Talebene aus war die Zunge des Exit-Gletschers zu sehen, bevor sich der Weg zwischen Pappeln und Erlen entlangschlängelte. Nach einer Weile erreichten sie die von Heidekraut bewachsenen Marmot Meadows, wo pausbäckige Murmeltiere die Köpfe aus ihrem Bau streckten. Britt erzählte, sie habe sich gerade noch zurückhalten können, nicht aus voller Kehle »Riiiiiicoooolaaaaaah!« zu rufen.

Danach wurde der Anstieg deutlich steiler, und stellenweise lagen Schnee und Eis. Brittany sagte: »Der Wanderweg hat eine Steigung von 190 Metern pro Kilometer; für ein Weichei wie dich wäre das nichts, Momma.« Ich konnte ihr anhören, wie stolz sie war. »Gar nicht übel für ›keine sechs Monate‹«, schrieb sie.

Im Kenai-Fjords-Nationalpark fuhren die Mädchen Kajak. Beim Paddeln durch eiskaltes türkisblaues Wasser entdeckten sie Seeotter, Grauwale und eine Gruppe Schwertwale, die eine Robbe fraßen. Am felsigen Ufer posierte Brittany mit Eisbrocken, die vom Wind und der Sonne zu Skulpturen geformt waren.

Am Abend des Einundzwanzigsten ruhten Brittany und ich uns in unserer schmucklosen Pension aus. An unserem ersten gemeinsamen Morgen fuhren wir zum Besucherzentrum des Mendenhall-Gletschers und folgten dem gut anderthalb Kilometer langen Trail of Time, dem Weg der Zeit. Es kam uns tatsächlich vor, als würden wir durch die Zeit streifen, vorbei an Weiden, Erlen und Pappeln auf früher ödem Land, das der Gletscher geformt hatte. Am Ende des Wanderwegs landeten wir auf einer Sandbank neben den Nugget Falls, die als eisiger Schleier in der Nähe der Gletscherzunge herabdonnerten.

Am nächsten Morgen fuhren wir nach Juneau, um uns mit dem Hubschrauber auf den Mendenhall-Gletscher fliegen zu lassen. Wir waren wie gebannt von der Aussicht. Wir flogen über den Regenwald, an Bergrücken entlang und vorbei an Gipfeln, die über zweitausend Meter in den Himmel ragten. Als wir die tiefblauen Gletscherspalten zum ersten Mal erblickten, verschlug es uns den Atem. Der Hubschrauber flog tiefer und setzte sanft auf dem Gletscher auf. Als wir ins Lager der Hundeschlittenführer kamen, lasen wir die Namen der Tiere auf den Hütten. Brittany zeigte lachend auf die Hunde, die Viagra, Levitra oder Cialis hießen.

Ich wollte diese Momente mit Brittany bewusst erleben.

Ich wollte wirklich spüren, wie aufregend es war, in einem Schlitten von Hunden gezogen zu werden, auf einem riesigen Eisbrocken, den die Schwerkraft anzog, auf einer gewaltigen Kugel aus Fels und Wasser, die wir Erde nannten und die sich drehend durch das All bewegte.

Ich wünschte mir, ich hätte reine Freude empfinden können, als meine Tochter darauf bestand, ich solle den Schlitten lenken. Ich wollte mir diesen Augenblick ins Gedächtnis einbrennen, ihn festhalten. Ich wollte die Zeit anhalten. Sekunden, vielleicht auch Minuten lang konnte ich vergessen, dass meine Tochter starb und ich nichts dagegen tun konnte. Aber es gelang mir nicht, meine Panik lange zu unterdrücken. In jeder wachen Stunde und meistens auch im Schlaf hatte ich Angst. Das Gefühl, alles zu verlieren, ließ nicht nach. Ich war auf einem Gletscher und tat, als sei ich glücklich, während mir das Schicksal den Menschen nahm, der mir am nächsten war. Dass Brittany das Kind war und ich die Mutter, empfand ich als die größte Ungerechtigkeit.

Auf dem Rückflug im Hubschrauber malte ich mir aus, wie es wäre, wenn wir abstürzten und in einem Feuerball explodierten. Das erschien mir besser, als zu versuchen, ohne sie zu leben. Ich wollte augenblicklich mit ihr zusammen sterben.

Ich hatte gerade einen der schönsten und schlimmsten Tage meines Lebens mit meiner Tochter verbracht.

Als unser letztes Abenteuer in Alaska hatte ich für uns eine Fjordfahrt auf dem Tracy Arm mit Captain Steve, einem Offizier der Handelsmarine, gebucht. Nach dem, was ich über Captain Steve gelesen hatte, war er für Brittany genau richtig. Er war erfahren, angesehen und galt als recht risikofreudig. Seine Schiffstouren nannte er passenderweise *Adventure Bound*, *Unterwegs zu Abenteuern*.

Steve brachte seine Passagiere direkt bis zum Sawyer-Gletscher, vorbei an dem Forschungsboot, das dort zu Beobachtungszwecken vor Anker lag. Er bahnte sich einen Weg durch vereinzelte Eisschollen, bis wir dem Gletscher prickelnd nah waren.

Auf dem schwimmenden Eis entdeckten wir Weißkopfseeadler, Seehunde, Seeleoparden und Meeresvögel. Der Captain stellte den Motor aus, und wir trieben leise weiter. »Das ist ein aktiver Gezeitengletscher, Leute. Beobachten Sie mal das etwa 800 Meter breite Eisfeld, vielleicht bewegt sich etwas.« Wir suchten das blaue Eis mit unseren Blicken ab. »Diesen Vorgang nennt man Kalben. Dabei brechen Eisbrocken ab, die so klein wie ein VW oder so groß wie ein Kreuzfahrtschiff sein können.«

Ein Raunen ging durch die Menge, als jemand eine Bewegung im Eis bemerkte. Laut donnernd krachte ein Brocken Eis ins Wasser. Ich hatte mir vorgestellt, das Eis würde sich leise lösen und davontreiben, deshalb schrie ich auf, als ich den ohrenbetäubenden Lärm vernahm. Brittany fand es unglaublich witzig, dass ich nicht mit einem solchen Getöse gerechnet hatte. Riesige Eisbrocken trieben an unserem Boot vorbei. Weiter oben auf dem Sawyer-Gletscher schimmerte das Eis in einem helleren Eierschalenblau.

Es war eisig kalt, und ich begann heftig zu zittern. Brittany zog ihre orangefarbene Trekkingjacke aus und gab sie mir. Wir gehörten zu den Wenigen, die an Deck blieben, statt nach unten in die warme Kabine zu steigen.

Als wir später doch hineingingen, wollten die anderen Passagiere gerne Brittanys Nahaufnahmen des kalbenden Gletschers sehen. Wir reichten ihren Fotoapparat herum, während wir vom Gletscher wegtuckerten. Ohne darüber nachzudenken, hielten meine Tochter und ich uns über den Tisch hinweg an der Hand.

Die Dame neben uns fragte, woher wir kämen. »Ich lebe in Südkalifornien«, sagte ich.

»Und ich in der San Francisco Bay Area«, antwortete Brittany.

»Ach, ich dachte, Sie wären ein Paar«, meinte die Frau mit einem Blick auf unsere Hände.

Brittany und ich mussten lachen. »Äh ... nein. Das ist meine Mutter«, sagte Brittany. »Sie macht mit mir eine Reise, um meine Löffelliste abzuarbeiten. Ich wollte schon immer mal nach Alaska.«

»Ihre Löffelliste?« Die Frau wirkte verdutzt.

»Ich habe einen Hirntumor und weniger als sechs Monate zu leben«, erklärte Brittany im Plauderton.

Ich sah, wie der Mann unserer Nachbarin zusammenzuckte, und mir schossen die Tränen in die Augen. Sobald er mich ansah, wurden seine Augen auch feucht.

Jemand hörte das Gespräch mit, und plötzlich kannten alle zehn Passagiere auf dem Boot Brittanys Geschichte. Später kam der Captain herunter und begrüßte alle. Offenbar hatte die Nachricht auch ihn erreicht.

»Habe gehört, dass es eine besondere Reise für Sie ist.« Er nickte Brittany zu. »Die Tour ist noch nicht vorbei. Noch lange nicht. Wir sind schon unterwegs zu einem Wasserfall und zu einer Stelle, an der wir meistens Bären beobachten können. Also halten Sie Ihre Kamera bereit.«

»Es war für alle eine wunderbare Fahrt«, sagte Brittany, als er die Treppe wieder hinaufgehen wollte. »Das ist eindeutig mein schönster Tag in Alaska. Überhaupt ist es nach all meinen Reisen ein sagenhafter Tag.«

»Da kommt noch mehr«, erwiderte er mit rauer Stimme.

Brittany und ich unterhielten uns mit mehreren Leuten auf dem Boot. Wie sich herausstellte, hatten einige von ihnen uns für ein Pärchen gehalten. Während Brittany sich freimütig mit dieser gebannten Gruppe unerschrockener Reisender unterhielt, wurden wir zu Freunden. Es kam von allen Seiten so viel Menschlichkeit, wie man es selten erlebt. Brittany sprach über ihren nahen Tod und ihren Plan, nach Oregon zu ziehen, und das mit klarem Blick und ohne jedes Zittern in der Stimme. Ich sah, wie wildfremde Menschen ihr hübsches Gesicht betrachteten, wie sie verständnisvoll nickten und wie ihre feuchten Augen die plötzliche Vertrautheit zwischen ihnen verrieten.

Brittany öffnete sich ihnen gegenüber, obwohl ihr der Kopf schmerzte von den Geräuschen der Schiffsmotoren. Ich glaube, dass der Tod, der ihr schon ins Ohr flüsterte, ihr die Fähigkeit verlieh, zu Fremden sofort Nähe aufzubauen. Sie riss jede Fassade ab und zeigte sich den Menschen ohne ihre üblichen Schutzmechanismen. Gleichzeitig fiel es ihr schwer, sich die Vertrautheit mit den Menschen zu bewahren, die ihr am nächsten standen. Auch das lag an dem Tumor. Und an dem Tod und seinem grässlichen Flüstern. Brittany entfernte sich allmählich von mir. Meine Traurigkeit, meine Tränen und meine Angst vor dem Verlust konnte sie noch schlechter als früher ertragen. Es fiel ihr leichter, sich Menschen zu öffnen, die bald ihrer Wege ziehen würden, die nicht klammerten oder weinten.

Die Motoren wurden gedrosselt. Plötzlich hörten wir ein lautes Dröhnen, und Wasser spritzte gegen die Aussichtsfenster. »Wir haben den Wasserfall erreicht«, sagte Captain Steve in seiner trockenen Art. Die Leute knieten sich vor die Fenster, um hinauszusehen. Ich lief los, Brittany mit ihrem Fotoapparat dicht auf den Fersen. Das Wasser stürzte auf das Vorderdeck des Bootes. Wir kamen der Felswand beängstigend nah. Jeder, der schon mal unter einem Wasserfall gestanden hat, weiß, dass oft Steine mitgerissen werden. Unser Captain war wirklich auf Abenteuer aus.

Brittany und ich lachten und kreischten. »Wer macht denn so was Irres?«, rief sie über den Lärm hinweg.

»Captain Steve!«, brüllte ich zurück.

Wir hatten uns kaum hingesetzt, als die Motoren wieder aufdrehten. Wir fuhren weiter. Captain Steve zeigte uns Schwarzbären, die Muscheln fraßen, und eine Gruppe Schwertwale. Das gleichmäßige Prusten der Wale wirkte beruhigend auf mich; ich war an einem Punkt angelangt, an dem ich schon für Kleinigkeiten dankbar war.

Als das Boot in Juneau einlief, legte Britt ihren Kopf auf meine Schulter. »Das war der beste Tag überhaupt«, sagte sie. »Ich weiß ja, dass du dich auf Victoria freust, aber diesen Tag wird nichts übertreffen.«

»Nein, Liebes, einen so wunderschönen Tag wie diesen werde ich nie wieder erleben.«

Als Britt an meine Schulter gelehnt einnickte, dachte ich über die unzähligen Gefühle nach, die ich gerade durchlebt hatte. Ich hatte noch nie solche Freundlichkeit von Fremden erfahren, noch nie so viel Liebe in fremden Gesichtern gesehen. Nie hatte ich erlebt, dass sich die Traurigkeit so schnell in Gesichter grub wie bei unseren Mitreisenden, als sie begriffen, dass meine lebensfrohe junge Tochter bald nach Oregon ziehen würde, um zu sterben, damit sie nicht die Grausamkeiten ihres Hirntumors ertragen musste. Noch nie hatte ich die Wunder, Wildheit und Kraft von Mutter Natur in solchem Überfluss erfahren. Nie so viel Enttäuschung und Traurigkeit angesichts der erdrückenden Beweise verspürt, dass die Menschheit das Kommen und Gehen des Eises auf unserem Planeten beeinflusst. Ich hatte mich noch nie so eins mit meiner Tochter gefühlt und eine solche Liebe zu ihr als Teil der Schöpfung empfunden. Nie war das Gefühl, dass die Zeit und das Schicksal sie mir entreißen würden, so deutlich gewesen wie in dem Moment, in dem sie beschrieb, wie sie dem Tod entgegentreten wollte. Unser kleines Leben hatte mir noch nie so viel Freude und so viel Qual bereitet. Ich hatte niemals so viel Liebe und Kummer, Hoffnung und Verzweiflung geteilt.

An diesem wunderschönen Tag auf diesem wackeren kleinen Boot durchlebte ich die größten Höhen und Tiefen, die eine Mutter nur durchleben konnte. Jetzt lehnte mein Kind erschöpft und von Kopfschmerzen geplagt an meiner Schulter und schien in seiner Krankheit zu versinken. Über Britts lieben Kopf hinweg fing ich die Blicke der anderen Passagiere auf, und ihr Nicken und die weggewischten Tränen sprachen Bände. Die Schönheit dieses Tages ließ niemanden auf diesem Boot unberührt.

Am nächsten Morgen flogen wir über Seattle nach Victoria, British Columbia, wo ich im Villa Marco Polo Inn reserviert hatte. Wir packten aus, aßen eine Kleinigkeit und gingen früh zu Bett.

Am Morgen danach spazierten wir durch die prachtvollen Butchart Gardens, einen Ort von nationaler historischer Bedeutung in Kanada. Jedes Jahr blühen dort durchgehend von März bis Oktober mehr als eine Million Pflanzen aus neunhundert verschiedenen Arten.

Obwohl Brittany sich immer weniger gern fotografieren ließ, genehmigte sie mir ein Foto. Darauf stand sie unter einem Baum mit üppig herabhängenden gelben Blüten.

Auf dem Rückweg zur Pension sagte Brittany, sie müsse eine Filmgesellschaft in London anrufen. »Sie haben sich mit einem der Ärzte in Oregon in Verbindung gesetzt. Das Oberhaus diskutiert über ein Gesetz zur ärztlichen Sterbehilfe«, erklärte sie.

»Ich weiß, dass zwanzig Prozent der Menschen, die das Schweizer Gesetz in Anspruch nehmen, Briten sind.« Ich hatte mit Brittany noch nicht ausführlich über die Schweiz gesprochen, ich hatte nur gesagt, dass Gary und ich sie auf jeden Fall dorthin bringen würden, falls sie die Kriterien für Oregon nicht erfüllte.

»Die Briten wollen für eine Sendung mindestens drei Menschen filmen, die sich für ärztliche Sterbehilfe entschieden haben – aber sie nennen es Selbstmord, das macht mich wahnsinnig.«

»Palliativpflege darf man doch nicht mit Selbstmord verwechseln«, meinte ich.

»Jedenfalls haben sie gesagt, dass siebzig Prozent der Briten eine Gesetzesänderung wollen, falls sie selbst einmal unheilbar krank werden. Aber das Parlament ist schwerfällig und störrisch.«

»Brittany, achte bitte darauf, dass man sich auf das Filmteam verlassen kann und die Sendung wirklich gut ist. Die britischen Medien haben einen miserablen Ruf. Ich möchte nicht, dass du verletzt wirst oder dir jemand das Wort im Mund herumdreht.« Ich hielt unseren Mietwagen am Straßenrand an.

Britt versprach, sie würde vorsichtig sein. Unsere Gastwirtin überließ ihr das Zimmer, in dem sie am besten skypen konnte, schloss die Doppeltür, um ihr ihre Privatsphäre zu gönnen, und dann fand der Anruf über Skype statt. Das britische Filmteam würde Brittany in unserem neuen Haus in Portland besuchen und sie dort filmen. Wir mussten nur vorher einziehen.

Am nächsten Tag fuhren wir eine Dreiviertelstunde aufs Land hinaus und die Küste entlang. Wir parkten am Sooke Potholes Provincial Park und erkundeten die Wanderwege. Brittany untersuchte jede Blume und alles, was kreuchte und fleuchte. »Momma!«, rief sie, und dann lief ich zu ihr und sah mir an, was sie Neues entdeckt hatte.

An diesem Vormittag Ende Mai schien die Sonne auf uns nieder und wärmte uns. Genau die Dosis an Wärme, die wir brauchten. Wir verspürten eine innere Ruhe und fühlten uns miteinander verbunden. Hätte ich diesen Tag auf Flaschen ziehen können, ich hätte es getan. Weder davor noch danach habe ich je einen so innigen Frieden mit meinem Kind erlebt.

Anschließend fuhren wir zu Adrena LINE, der einzigen Seilrutschentour auf Vancouver Island. Ich hatte die Tour gebucht, um Brittany eine Freude zu machen, weil ich wusste, wie sehr sie actionreiche Aktivitäten liebte. Bei diesem zweistündigen Abenteuer würden wir unter anderem dreihundert Meter an einer Seilrutsche zwischen Baumwipfeln hinabgleiten und in fünfundvierzig Metern Höhe über dem Waldboden zwei Hängebrücken überqueren.

Brittany kannte Ziplining, das Seilrutschen, schon aus Costa Rica und Südostasien, für sie würde es sicher ein Kinderspiel werden. Als ich auf dem ersten Turm stand, klammerte ich mich ängstlich an dem Baum fest, während ich der Einweisung zuhörte. Nacheinander wurden wir mit einem Geschirr an eine Seilrolle gehakt, die an dem

Kabel hing. Anfangs war es spannend und nervenaufreibend, aber nach einer Weile wurde ich ruhiger.

Auf dem Rückweg zum Auto wirkte Brittany niedergedrückt. »Ich bin da oben nervös geworden«, sagte sie leise. »Ich habe mir plötzlich vorgestellt, wie leicht mir schwindlig werden könnte. Und dass ich sofort runterfallen würde.«

Ich blieb stehen und nahm ihre Hände. »Ach, Schätzchen, warum hast du denn nichts gesagt? Ich habe das nur für dich gebucht.«

»Ist schon gut. Ich wollte es so gerne mit dir erleben. Die Angst kam aus heiterem Himmel.«

Ich schaute ihr ins betrübte Gesicht und umarmte sie, aber sie machte sich von mir los.

»Ich will nicht vor meiner Angst kuschen. Dafür gibt es verdammt noch mal viel zu viel, vor dem ich mich fürchten muss.«

Wir stiegen ins Auto und fuhren los. Nur wenige Minuten später berührte Britt meinen Arm. »Irgendwas stimmt nicht. Es geht mir nicht gut.«

Ich kam neben der schmalen Fernstraße in einer Staubwolke zum Stehen.

»Ich habe einen metallischen Geschmack im Mund. Es kribbelt überall.«

Ein Augenlid wurde schwer und flatterte dann wild wie ein gefangener Schmetterling. Zuckungen durchliefen ihr Gesicht auf derselben Seite.

»Ich bin bei dir, Britt. Alles wird gut.«

»Ich versuche zu reden, während es passiert. Ich habe solche Angst.«

Ihre Hand krümmte sich seltsam verdreht zusammen. »Ich bin hier. Du schaffst das.«

»Ähmmmm… Ahhhh… ist wirklich schlimm.« Britt lehnte den Kopf gegen die Kopfstütze.

Ich sagte: »Gleich ist es wieder vorbei. Dir passiert nichts.«

Man kann die Zeit schlecht abschätzen, wenn man sieht, wie jemand leidet. Ich vermute, dass Britts Auge etwa eine Minute lang geflattert hat. Mir kam es wie eine Ewigkeit vor.

Irgendwann sagte sie: »Wir können weiterfahren.«

Ich ließ den Motor an und fuhr zurück auf die Straße. An den Zuckungen war sicher das Seilrutschen schuld. Welche Mutter ging mit einem Kind, das einen Hirntumor hat, zum Seilrutschen? Wie dämlich war ich eigentlich? Ich machte mir Vorwürfe.

»Ich hatte schon ein paarmal komische kleine Zwischenfälle. Aber das eben war wie ein richtiger Kurzschluss. So viel zu meinen Tabletten gegen Krampfanfälle«, sagte sie.

Ich dachte: *Und was wäre ohne die Tabletten geschehen? Wäre es noch schlimmer gewesen?* »Lehn dich einfach zurück und entspann dich, Schätzchen. Schlaf, wenn du kannst.«

»Ich bin echt am Arsch«, sagte Brittany. »Ich werde jeden Tag kränker. Das spüre ich richtig. Ich bin jetzt wirklich im Sterbeprozess. Wir müssen bald nach Oregon ziehen, Momma.«

20
Sinneswandel (Das Vorrecht einer Frau)

Ende 2006–2008, zweiundzwanzig bis fünfundzwanzig Jahre alt

»Männer sollten stets bemüht sein,
Frauen nach ihrer Meinung zu fragen –
sie könnte sich schon wieder geändert haben«

Oliver Herford, Saturday Review of Literature, Ausgabe 26

Nach sechs Monaten im Vertrieb beschloss Brittany, diese Arbeit sei nicht das Richtige für sie, und wurde wieder Kindermädchen. Von Anfang 2007 an kümmerte sie sich um ein Zwillingspärchen, einen Jungen und ein Mädchen. Der Junge hatte eine leichte Form des Asperger-Syndroms. Die Mutter der Kinder war absolut hingebungsvoll. Britt erwies sich als Naturtalent im Umgang mit den Kindern, und es machte ihr Freude zu überlegen, wie sie mit dem Jungen besser kommunizieren konnte. Durch seine Einschränkungen im zwischenmenschlichen Bereich fiel ihm der Kontakt zu Gleichaltrigen schwer, wodurch er recht einsam war. Er war hochintelligent, neigte aber zu Gefühlsausbrüchen, und Britt war sehr geschickt darin, ihm nahezubringen, wie er sich beruhigen konnte. In den folgenden anderthalb Jahren baute Brittany eine enge Beziehung zu der Familie auf. Sie war wirklich ihre Mary Poppins, und den Kindern kam es vor, als habe der Wind sie ihnen entrissen, als Britt nach einer Weile ging. Aber die Familie hielt den Kontakt aufrecht und blieb mit Britt befreundet. Sie besuchten Brittanys Hochzeit und blieben bis zu ihrem Tod mit ihr in Verbindung.

In dem Frühjahr, bevor sie aus der Bay Area fortzog, ging Brittany ein paar Monate lang mit einem etwas älteren Mann namens Dan aus. Nachdem Ellis sie verlassen hatte, hatte Brittany sich mit einigen Männern verabredet, aber keinem hatte sie so viel Aufmerksamkeit gewidmet. Bei einem meiner Besuche lernte ich Dan kennen. Er lud Brittany und mich in ein reizendes Restaurant ein.

»Ich fand es schön, wie er über seine Familie geredet hat«, sagte ich nach dem Abendessen zu Brittany. »Er hat sehr stolz und respektvoll von ihnen gesprochen. Das war richtig wohltuend.« Obwohl sie nur kurz zusammen waren, bevor Brittany wieder nach Südkalifornien zog, begann damit eine der wichtigsten Beziehungen ihres Lebens.

Die Reise nach Frankreich, die ich Brittany zum Collegeabschluss geschenkt hatte, war ursprünglich für den Sommer 2006 geplant. Jetzt nahm ich mir fest vor, sie im Sommer 2008 nachzuholen. Allerdings erkrankte ich einige Monate vor der geplanten Abreise schwer. Ich ging mehrere Male zum Arzt und bekam diverse Antibiotika verschrieben.

Schließlich vereinbarte Gary für mich einen Termin bei einer Internistin, die herausfand, dass ich unter Polymyalgie litt, einer entzündlichen Erkrankung, die zu Muskelschmerzen und Steifigkeit führte. Sie verschrieb mir niedrig dosiertes Prednison, und nach zwei Tagen fühlte ich mich besser. Die Frankreichreise konnte stattfinden.

Britt und Dan trennten sich, bevor sie aus ihrer Wohnung in Berkeley aus- und bei uns einzog. Wir wollten Britts Freundin Helene auf die Reise mitnehmen. Zimmer und Verpflegung würden wir übernehmen, sie würde ihren Flug bezahlen. Gary und ich flogen mit den Mädchen für ein paar Tage nach London, und danach fuhren wir durch den Eurotunnel nach Paris und mieteten uns für unsere Abenteuer in Frankreich ein Auto.

Gary und ich reisten nach Utah Beach in der Normandie, wo mein Vater 1944 mit der US-Armee gelandet war. Utah Beach hatte etwas Unheimliches. Ich erinnerte mich daran, was man Vater über den Geruch erzählt hatte. Er hatte gesagt, es hätten dort so viele Leichen gelegen, dass man den Tod kilometerweit riechen konnte. Ich stellte mir meinen Vater vor, wie er als unerfahrener junger Mann, der gerade noch auf den staubigen Feldern Oklahomas gestanden hatte, inmitten dieses Leichengestanks an Land ging. Wie musste sein Herz gehämmert haben, als er sechs Tage nach der Landung losgeschickt wurde, um als Befehlshabender mit einem Jeep das ländliche Gebiet zu erkunden. Britt und Helene fanden es interessanter, dass uns der Bürgermeister von Villaines-la-Juhel zum Mittagessen einlud. Diese Ehre wurde uns zuteil, weil Dad in dieser Stadt von den Deutschen gefangen genommen und sein Fahrer getötet worden war. Mein Vater war aufgesprungen, um den Fahrer, Corporal Baker, aus dem Jeep zu ziehen, und war viermal am Bein und in der Leiste getroffen worden. Dad war in den Graben gerollt, als die Nazis eine Granate nach ihnen geworfen hatten.

Wir hielten in Saint-Lô und kauften Blumen, die wir an das Ehrenmal für Corporal Baker legen wollten. Einmal an Thanksgiving hatte Brittany meinen Vater getröstet, als er zusammengebrochen war und ihr weinend diese Geschichte erzählt hatte. Jetzt waren wir auf genau der Straße, wo sich der Angriff ereignet hatte. Wir trafen uns mit der örtlichen Presse an Corporal Bakers Ehrenmal. Einige Stunden später erreichten wir Dieulefit, ein friedliches Dorf, das zwischen üppig bewachsenen Hügeln am Ufer eines Flusses lag. Die kleinen Häuser waren bonbonrosa, blau und grün gestrichen. Jeden Tag besichtigten wir etwas anderes: Weinberge und Kellereien, mittelalterliche Städte, eine Burg aus dem 12. Jahrhundert und den Pont du Gard, einen römischen Aquädukt.

Danach besuchten wir das Loiretal und erkundeten im Laufe der nächsten Tage die umliegende Landschaft. »Brittany merkt gar nicht, wie schön es hier ist«, sagte Helene eines Nachmittags schwermütig. »Sie ist richtig unglücklich wegen Dan.«

»Ist es nicht komisch, dass wir Frauen uns nach einer Beziehung sehnen können, die wir selbst beendet haben?«, fragte ich. An diesem Sommerabend betrachtete ich vor dem gelblichen, verwaschenen Licht der Dämmerung, die über den Fluss zog, die hübschen jungen Gesichter der beiden Freundinnen. Ich fragte mich, warum meine Tochter offenbar keine Ruhe fand, warum sie von Natur aus so unglücklich war und nach Liebe suchte. Wobei ich das Gefühl hatte, dass sie erst einmal sich selbst lieben musste. Sie hatte alles, was sich eine junge Frau wünschen konnte: Schönheit, Verstand und eine hohe Arbeitsmoral. Brittany konnte sich jedes Studienfach aussuchen und gut abschneiden. Sie konnte jeden Beruf wählen und Erfolg haben. Mittlerweile musste ihr auch klar sein, dass es kein Problem sein würde, Männer kennenzulernen. Trotzdem gelang es ihr nicht, im Hier und Jetzt zu sein, bei uns, in Frankreich, wo wir anderen von der Schönheit der Landschaft ganz gebannt waren. Sie schien nicht erkennen zu können, wie begabt sie war und welches Glück sie hatte. Vielleicht war genau das ihr Problem: Es gab so viele Möglichkeiten, wenn einen überall der Erfolg erwartete, egal, wohin man sich wandte. War das Leben vielleicht sogar anstrengender, wenn es nicht natürlich eingegrenzt wurde? Wenn alles im Leben offen und erreichbar vor einem lag?

Unsere letzte Station war Paris. Wir klapperten einige Sehenswürdigkeiten ab und aßen hervorragend. An einem Abend gingen Brittany und Helene zusammen aus. Meine Tochter schien ihre letzte Trennung zu vergessen und ihre Zeit in der »Stadt des Lichts« einfach zu genießen.

Gary und ich ließen die Mädchen allein und flogen nach Hause. Die beiden machten sich auf den Weg nach Brüssel, dann nach Amsterdam, Luxemburg, Bern und Mailand und fuhren schließlich für einige Tage in den Nationalpark Cinque Terre. Die Zeit im Park war für Brittany der schönste Teil der Reise. Sie liebte den Strand, die Klippen und die Ruhe vor dem Trubel. Das türkisblaue Wasser und die Einheimischen, die Fischernetze von Hand knüpften, faszinierten sie. Sie fühlte sich in der Zeit zurückversetzt und fand es wunderbar. Nach der Hektik der letzten Wochen war diese Verschnaufpause genau das, was sie brauchte.

Als die Mädchen zurück nach London flogen, war Britt bereit für eine Veränderung. Sie ließ sich beim Friseur die Haare schulterlang schneiden und in einem glänzenden Rotbraun färben. Nach der Trennung wirkte diese dramatische Veränderung in Schnitt und Farbe auf Britt geradezu kathartisch.

Als meine Tochter nach Kalifornien zurückkehrte, ging ich mit ihr in der Innenstadt von San Diego auf Wohnungssuche, und wir fanden ein Apartment in einem alten Haus, das sehr viel Charakter ausstrahlte. Uns beiden machte es großen Spaß, in Secondhandläden ihre Einrichtung zusammenzusuchen. Nach ein paar Wochen adoptierte Brittany einen jungen Beagle namens Bella aus dem örtlichen Tierheim. Die Hündin brauchte immer viel Liebe und Aufmerksamkeit, auch als sie älter wurde. Sie kletterte über Zäune, grub sich darunter hindurch oder heulte, wenn sie allein gelassen wurde, aber sie war Britts Baby.

Nach ihrer Rückkehr aus Europa begann Brittany ein Studium der Audiologie. Ihre Entscheidung für dieses Fachgebiet überraschte mich. Ich fragte sie, ob sie wirklich bereit sei, den Großteil des Tages fremden Leuten in die Ohren zu schauen. Sie wollte in einem Studiengang, der von der San Diego State University und der UC San Diego gemeinsam angeboten wurde, ihren Doktor machen und später im pädiatrischen Bereich arbeiten. Ihr gefiel die Aussicht, dass ihr Terminplan als Audiologin im Vergleich zu anderen medizinischen Fachrichtungen weniger anstrengend ausfallen würde. Sie hatte das Gefühl, dass sie diesen Beruf mit einer Familie vereinbaren konnte, und sie wollte auf jeden Fall irgendwann Kinder bekommen. In dem Studiengang gab es zehn Plätze, und Brittany wurde zugelassen und erhielt ein Teilstipendium für die Studiengebühren. Gary und ich konnten uns Brittany zwar nicht als Audiologin vorstellen, aber wir wussten, dass Hörschäden bei einer Generation junger Menschen, die ihre Audiogeräte gefährlich laut aufdrehten, zu einem großen Problem werden würden. Brittanys Wahl schien sinnvoll, wenn auch ein wenig langweilig. Wir willigten ein, sie finanziell zu unterstützen, bis sie promovierte.

Gegen Ende ihres ersten Semesters rief Brittany mich ganz aufgelöst an. »Ich hasse diesen Studiengang. Ich will keine Audiologin werden. Das Semester mache ich noch zu Ende, aber vier Jahre lang halte ich das nicht durch.«

Dabei vergaß sie nicht, dass wir ihre Miete, ihre Autoversicherung, ihre Krankenversicherung und ihre sonstigen Ausgaben beglichen hatten und sie gerade einen Mietvertrag für ein Jahr unterschrieben hatte.

»Wenn es nicht das Richtige für dich ist, dann steig jetzt aus. Was hast du dann vor? Hast du schon gründlich darüber nachgedacht?«

»Ich würde gerne in Teilzeit Nachhilfe geben und mich auf den Zulassungstest fürs Jurastudium vorbereiten.«

»Ich habe immer geglaubt, dass du eine großartige Anwältin abgeben würdest. Du könntest sogar mit einem Baumstumpf diskutieren. Du hast ja einen richtigen Lauf: neue Frisur, neue Wohnung, neues Haustier und neues Berufsziel«, sagte ich.

»Du nimmst es viel besser auf, als ich gedacht hätte. Dann kann ich es dir eigentlich auch gleich sagen: Ich habe sogar einen neuen Freund. Ich würde ihn dir gerne vorstellen. Er heißt Mark.«

»Dann komm doch Samstagabend mit Mark zum Abendessen vorbei. Was macht er?«

»Er arbeitet in der Hightechbranche, in leitender Position, und er will mit mir über Weihnachten und Silvester nach Paris fliegen!« Britt klang begeistert. »Stell dir vor, 2009 in Paris einzuläuten.«

»Wahnsinn. Überstürzt er es nicht ein bisschen? Wie

findest du es denn, mit jemandem nach Paris zu fliegen, mit dem du erst so kurz zusammen bist?«

»Na ja, wir haben noch ein paar Monate Zeit, es uns zu überlegen.«

Als ich auflegte, dachte ich an das Geld, das Gary und ich für ein Studium aus dem Fenster geworfen hatten, das Britt jetzt nicht abschließen wollte. Allerdings fand ich es von Brittany auch klug, Schadensbegrenzung zu betreiben, bevor sie zu tief in der Sache drinsteckte. Wieder einmal stellte meine Tochter die Weichen neu, aber sie klang zielstrebig und glücklich.

Ich war schon immer der Ansicht, dass Studenten nach ihrem Abschluss eine Reise antreten, die sie am Ende zu dem Berufsfeld führt, das sie sich wünschen. Sie finden das Ziel nur nicht immer auf Anhieb. Viele Menschen setzen frischgebackene Absolventen unbewusst stark unter Druck, weil sie annehmen, dass der erste Job auch zu einem Beruf führen soll.

Nach ihrem Abschluss an der Berkeley riet ich Brittany, auf die Frage, was sie werden wolle, einfach zu antworten: »Ich will glücklich werden.«

21
Ein Nest bauen, in dem man sterben kann

Juni bis Juli 2014, sechster und siebter Monat nach der Kraniotomie

»Liebe sollte nicht erdrücken und töten, wenn es wahre Liebe ist. Zwänge niemanden in einen unbequemen Käfig, nur weil du ihn als Teil deines Lebens bewahren willst. Der Vogel weiß, wohin er gehört, und wird niemals in das falsche Nest fliegen.«

Michael Bassey Johnson

Gleich nach unserer Rückkehr aus Alaska sagte Brittany ihre zweite Kraniotomie ab. Sie erklärte, sie sei erschöpft und würde sich vielleicht in einem Monat operieren lassen.

Den Ärzten der UCSF schien das zu missfallen. Sie sprachen eine Behandlung an. »Ich werde keine Chemo machen, und ich lasse mich nicht bestrahlen«, hörte ich Britt am Telefon sagen. »Nein, im Moment will ich auch nicht operiert werden. Die letzte Kraniotomie hat den Tumor nur gereizt und ihn entlang der Schnittkante schneller wachsen lassen.« Sie schwieg, während ihr Gesprächspartner seine Argumente vorbrachte. »Ich weiß, was ich tue«, erwiderte sie. »Ich ziehe nach Portland, um zu sterben.«

Der Juni in Oregon war wunderschön. Im Laufe des Monats wurde es wärmer, tagsüber hatten wir Temperaturen von 20 bis 25 Grad, und die Sonne ging abends um neun unter. Der Juni war auch der Monat, in dem die Portlander getreu ihrem Motto »Keep Portland Weird« als schräge Aktion beim Naked Bike Ride nackt durch die Stadt radelten. Wir hatten nicht vor mitzumachen, aber diese Einstellung, die Stadt solle anders bleiben, gefiel uns. Wenn zu Portlands Andersartigkeit seine traditionell progressive Haltung zum Schutz unserer Bürgerrechte gehörte, waren wir gerne dabei.

Zu Beginn des Monats hielt uns der Umzug auf Trab. Als alleinerziehende Mutter war es mir wichtig gewesen, ein freundliches, gemütliches Umfeld zu schaffen, und diesen Charakterzug hatte Brittany übernommen. Obwohl sie nicht mehr so viel Energie hatte wie früher, stürzte sie sich auf die Aufgabe, aus dem Haus ein Heim zu machen. Dan und Gary waren dafür zuständig, die Bilder aufzuhängen, was natürlich seine Zeit brauchte. Aber Brittany war ungeduldig und grob. Sie kritisierte uns drei immer heftiger, wobei Dan und ich das meiste abbekamen.

Auch wenn ich mir immer wieder sagte, dass meine Tochter einen Tumor hatte und nicht absichtlich so grob klang, setzte es mir mit der Zeit zu. Leider gab es weder einen Arzt noch einen Sozialarbeiter, der mir erklärt hätte: »Wir müssen darüber reden, wie Brittanys Hirntumor und ihre Medikamente den Alltag beeinflussen können.« Man weiß ja, dass Steroide Wutanfälle auslösen, aber das brachte ich nur mit Bodybuildern in Zusammenhang, und leider übertrug ich dieses Wissen nicht auf meine Beziehung zu meinem sterbenden Kind. Brittanys Schmerzmittel Dilaudid verursachte Gemütserregungen,

Verstopfung, Verhaltensänderungen und Schlafprobleme. Das Problem war vielschichtig. Der Tumor, die Belastung durch die Diagnose einer unheilbaren Krankheit und die Medikamente erzeugten im Zusammenspiel immer stärkere Stimmungsschwankungen und Wutausbrüche.

Dilaudid ist ein Opioid, für das Patienten mit der Zeit eine Toleranz entwickeln. Das bedeutet, dass sie ständig eine höhere Dosis brauchen, um ihre Schmerzen zu lindern. Hatte Brittany ihre Wut am wenigsten im Griff, wenn sie das Dilaudid nicht regelmäßig einnahm? Man würde es anders erwarten, aber hat sich ein Patient erst einmal an das Medikament gewöhnt und nimmt es dann nicht, verursacht das extreme Reizbarkeit, Unruhe und Muskelschmerzen. Manchmal konnte Britt wegen des Medikaments nur noch undeutlich sprechen. Dann wieder klang ihre Stimme gestochen scharf und barsch. Im Auf und Ab ihrer Medikation schien es keine ruhige, sichere Phase zu geben.

Mir war klar, dass ich durch die enorme Belastung körperlich und seelisch angeschlagen war und dass meine Bewältigungsstrategien nur noch mit Mühe funktionierten. Ich hatte schon kurz mit Dan darüber gesprochen und ihm erklärt, dass er, Gary und ich uns vielleicht würden ablösen müssen. Gary und ich verstanden nicht ganz, warum Brittany sich bei ihren Freunden offenbar beherrschen konnte. Dadurch schmerzten ihre herzlosen Bemerkungen uns gegenüber noch mehr.

Dan, Gary und ich hatten den Schock über Brittanys Diagnose immer noch nicht überwunden. Er packte uns immer wieder. Dazu kam, dass die Lage finanziell angespannt war. Gary versuchte, sein Unternehmen voranzubringen, und Dan musste hart arbeiten. Nur hatte keiner von uns bedacht, dass Brittany es so empfand, als würden wir sie im Stich lassen, wenn wir weggingen. Sie erwartete, dass wir alle rund um die Uhr da waren.

Ich verfiel in meinen Putzwahn. Er gab mir wieder das Gefühl, ich würde etwas in Ordnung bringen. Wenn ich dieses alte Haus putzte, würde Brittany mit mir zufrieden sein. Wenn ich es perfekt säubern könnte, würde es Frieden auf Erden bringen … oder wenigstens Frieden in unserem Haus.

Anfang Juni ließ Britt sich für das britische Fernsehen filmen. Die Filmgesellschaft schickte Leute vorbei, die mit ihr und Dan ein Interview über ihre Entscheidung führten, nach Portland zu ziehen. Im fertigen Beitrag wurden auch Gespräche mit britischen Ärzten und Politikern gezeigt, die es ablehnten, dass unheilbar kranke Briten ein Anrecht auf ärztliche Sterbehilfe erhielten.

Die Filmleute nahmen Brittany, Dan und mich in unserem blitzblanken gelben Häuschen auf. Die Blumen von meiner Schwester Sarah nutzten sie als Hintergrund. Brittany wirkte wunderhübsch und gefasst.

Sie verhielt sich ganz offen und redegewandt und schien sich über alles völlig im Klaren zu sein. Ich dagegen fühlte mich hin- und hergerissen, langsam und überfordert. In dem ganzen Ablauf waren die Bezugspersonen nicht vorgesehen. Es gab nichts, was uns half, mit der zornigen, impulsiven und verängstigten Frau, wie wir alle liebten, umzugehen, während sie dem Tod ins Auge blickte. Ich hoffte, Brittanys junge, kluge Freundinnen würden einspringen, wo ich kläglich versagte.

Am 13. Juni machte Brittany mir auf Facebook ein riesiges Kompliment.

Ich habe in meinem ganzen Leben niemanden getroffen, der so hart arbeitet wie meine Mutter Deborah Ziegler. Manchmal kann ich ihr das Wasser reichen, aber im Grunde kommt niemand an sie heran.

Das las ich abends um zehn in meinem Schlafzimmer, als ich zu Bett ging, nachdem ich unten die Böden gewischt hatte. Ich saß auf meinem Bett, nur durch den Flur von Britts geschlossener Zimmertür getrennt, und dicke, heiße Tränen strömten mir über das Gesicht. Ich antwortete: »Hart zu arbeiten verschafft einem ein gutes Gefühl. Hin und wieder. Für dich würde ich Berge versetzen.«

Frühmorgens am 16. Juni riss mich ein Anruf aus dem Schlaf. Es dauerte einen Moment, bis ich wach genug war und begriff, dass ich mit einer Freundin aus Los Angeles sprach. »Deb, ich bin's, Rachel. Es tut mir leid, dass ich so früh anrufe, aber es geht um Tyler. Sherri ist unterwegs, aber sie wird es nicht rechtzeitig schaffen. Und sie würde dich auch nicht anrufen …«

Verwirrt versuchte ich, sie zu verstehen. »Sherri kommt nach Portland?« Ich setzte mich auf. Sherri war meine beste Freundin. Warum sollte sie mich nicht anrufen?

»Tyler liegt im Sterben. Er ist im Providence Saint Vincent. Ein Krankenwagen hat ihn hingebracht. Er wird nicht wieder gesund. Sein Herz versagt und seine Nieren auch.« Ich wusste, dass Sherris Sohn mit Drogenproblemen zu kämpfen hatte, die ihm aufs Herz geschlagen waren. »Sherri will dich nicht noch mehr belasten … aber Deb, es geht um unseren Tyler.«

»Ich kenne das Krankenhaus. Es ist nur ein paar Minuten von unserem Haus entfernt. Ich fahre sofort los.« Ich legte auf, weckte Gary und sagte ihm leise, er solle sich fertig machen. »Brittany lassen wir lieber schlafen«, flüsterte ich.

Als wir gerade auf dem oberen Treppenabsatz standen, kam Brittany aus ihrem Zimmer und fragte, was passiert sei. Ich erzählte es ihr, und sie bestand darauf mitzufahren.

Gary ließ das Auto an, und Britt setzte sich auf den Rücksitz. »Hatte er Probleme mit dem Herzen?«, fragte Gary.

»Er hatte schon als Kind ein Herzgeräusch. Aber wahrscheinlich haben die Drogen eine Herzmuskelentzündung verursacht. Das schädigt die Blutgefäße.« Seufzend blinzelte ich Tränen weg.

»Ich wusste, dass dieser Anruf irgendwann kommen würde. Ich hätte nur nicht gedacht, dass es passiert, bevor ich sterbe«, sagte Britt leise.

»Arme Sherri. Es wird ihr das Herz brechen.« Ich wischte mir über die Augen.

Britt und ich gingen allein in das Krankenzimmer. Tyler war an allerhand Schläuche und Geräte angeschlossen. Das Schlimmste war, dass man ihn intubiert hatte und er wegen des dicken Plastikstücks in seinem Mund nicht mit uns sprechen konnte. Er verfolgte unsere Bewegungen nicht mit dem Blick, aber er schien mich zu erkennen.

»Tyler, Schätzchen, ich bin's, Debbie. Brittany ist auch hier.« Ich beugte mich zu seinem Ohr hinunter. »Du wirst geliebt, Tyler. Es war schwer, ich weiß. Wir sind hier, und du wirst geliebt. Deine Momma ist auf dem Weg. Sie liebt dich über alles.« Ich wich zurück und ließ Brittany zu Tyler.

Er sah immer noch fast so aus wie der große, hübsche, gutmütige Junge, dem ich in der Highschool Nachhilfe gegeben hatte. Als Britt ihm ins Ohr flüsterte, dass sie ihn liebe wie einen Bruder, starrte er reglos geradeaus. Der Krankenhausseelsorger kam und bot an, jemand könne leise Harfe spielen.

Ich rief meine liebe Freundin Sherri und ihren Exmann an. Ich sagte, wir würden tun, was wir könnten, und würden ihre Liebe übermitteln. Die Harfenistin spielte, während wir neben Tyler standen und ihm immer wieder sagten, dass er geliebt wurde. Schließlich erklärte die Krankenschwester, er sei gestorben.

Wir liefen zu Gary in die Eingangshalle. Ich nahm Britt in den Arm und zog sie eng an mich.

»Momma, er war erst zweiunddreißig. Wir sind wie Geschwister aufgewachsen, und jetzt sterben wir im gleichen Jahr«, flüsterte sie.

Als wir zu Hause ankamen, meinte Brittany: »Ich kann nicht zur Beerdigung hierbleiben. Das kann ich einfach nicht. Heute … was passiert ist … das ist genau das, was ich für mich nicht will.« Vor Panik wurde sie lauter. »Ich will nicht auf einer Bahre liegen. Ich will nicht intubiert werden. Es soll niemand versuchen, meine Organe mit Maschinen am Leben zu erhalten. Versprich mir das.«

Szenen aus Tylers Leben zogen an meinem inneren Auge vorbei wie ein altmodischer Super-8-Film auf einem klapprigen Projektor. Ein kleiner Junge, der grinsend einen Fisch hochhielt. Ostereiersuchen. Tyler, wie er auf seiner Karaokemaschine Sinatra sang. Ein schmächtiges Kind, das auf meiner sattelförmigen Handtasche durch den Flughafen ritt, als säße es auf einem Pferd. Wildwasserrafting. Schneller. Schneller. Der Film ratterte durch meinen Kopf. Ein tätowierter Rücken. Eine herabhängende Zigarette. Ein verlegenes Grinsen. Tyler, der mich ansah, als ich ihm sagte: »Du wirst geliebt.« Seine braungefleckten Augen, die sich bewegten und mir zeigten: »Ich höre zu. Ich höre, was du sagst. Ich sterbe.«

Britt und ich duschten, sie zuerst. Während ich unter der Dusche stand, erlebten wir unser erstes richtiges Unwetter, seit wir in Portland waren – drohende, laute Donnerschläge direkt nach den hellen Blitzen. Ich drehte das Wasser ab und lief tropfnass und nur in ein Handtuch gewickelt in Brittanys Zimmer. Sie kämmte sich gerade die langen Haare.

Rumms! Wir zuckten zusammen.

»Tyler«, sagten wir wie aus einem Mund. Brittany lächelte wehmütig. »Er hat schon immer für Wirbel gesorgt, selbst als er klein war.«

»Hört sich an, als würde er sich im Jenseits mit einer neuen Fähigkeit amüsieren.« Lächelnd dachte ich, dass er an seinem neuen Ort ganz schön schnell mit dem Donnern loslegen durfte.

»Momma, wenn es nach diesem Leben noch etwas gibt ...« Britt zögerte. »Wenn du damit recht hast. Fahr nach Machu Picchu – wir treffen uns dort.« Sie drückte meine Hand.

»Wir treffen uns dort, mein Schatz«, flüsterte ich.

Gary hatte für Brittany einen Termin bei einem Arzt in Texas vereinbart. Wieder einmal klammerten wir uns an die Hoffnung. Diese Beharrlichkeit quälte uns selbst. Es war unsere Art, unsere Blöße und Hilflosigkeit zu überdecken.

»Ich fliege nicht nach Texas«, meinte Britt an dem Tag, als Tyler starb. »Das wollte ich nur für dich tun.«

Zu wissen, dass ich mir mit meiner Hoffnung nur selbst wehtat, war entmutigend. Und ich konnte mir nicht einmal ansatzweise ausmalen, wie sehr meine Hoffnung Brittany verletzen musste. Trotzdem fragte eine leise Stimme in mir: *Wie wird es sein, wenn wir die Hoffnung in die Knie gezwungen haben?*

Hätten wir dann das Stadium der Akzeptanz erreicht? Ich konnte mir nicht vorstellen, wie sich das anfühlen sollte. Ich wollte es auch gar nicht wissen. Ich hatte das Gefühl, dass ich langsam kapitulierte, auch wenn das Wort zu passiv und zurückhaltend klang für das, was ich durchmachte. »Kapitulieren« ließ immerhin Raum für Verbitterung. Zur »Akzeptanz« war ich noch nicht bereit.

Am 17. Juni flogen Dan und Brittany zurück in die Bay Area, und Gary und ich flogen nach Hause. Wir boten Sherri und ihrem Mann das gelbe Haus in Portland an. Wir konnten weder bleiben noch ihnen helfen, aber wir konnten ihnen unsere Zuflucht überlassen. Von dort aus würden sie und Larry Tylers Beerdigung planen.

In Südkalifornien kümmerte ich mich mit den Betreuern im Wohnheim um die Probleme meines Vaters. Er verstand nicht, warum ich ihn nicht mehr regelmäßig besuchte, und seine Demenz verschlimmerte sich.

Ich arbeitete weiter daran, die Situation mit Brittany zu akzeptieren. Ich wollte sie nicht nur verbittert hinnehmen, ich wollte mehr erreichen. In einer Mail schrieb ich Brittany:

Meine liebste Tochter,

heute hat dein Großvater nach meiner kleinen Bergsteigerin gefragt, und ich habe ihm Geschichten aus Alaska erzählt. Es war eine solche Freude, davon zu erzählen … vom lauten Krachen des kalbenden Eisbergs, dem schimmernden Fell der Bären, das der Wind auseinanderblies, von unserem wilden und wunderbaren Captain … Dad saß wie gebannt da. Am Ende sagte er: »Weißt du, was du da hast? Ein Stück ganz wunderbares Leben.« Wir redeten darüber, dass du mich zu diesem Abenteuer inspiriert hast. Er meinte, es gebe drei Arten von Menschen. Zum einen die, die all die wilden Orte der Welt erkunden und an ihnen Schönheit finden. Dann diejenigen, die sich keinen Ort vorstellen können, der so wunderbar ist wie ihr eigener Garten. Und es gibt Menschen, die gar keine Schönheit sehen, egal, wo sie sind.

Ich will dir auch sagen, dass ich mit Gary nach Machu Picchu fahren werde. Wir werden uns hinsetzen und an bedeutsame Dinge denken … Ich kämpfe immer noch jeden Tag gegen das Leugnen an. Heute Morgen habe ich mich daran erinnert, dass sich zwei bestens ausgebildete Ärzte in Portland deine Akte angesehen und dir zugestimmt haben – dass du vielleicht schon Pläne machen solltest. Gibt es noch konkretere Beweise? Aber mein Herz will es einfach nicht akzeptieren. Selbst während ich dir verspreche, dass ich mehr reisen werde, weil du mich verändert hast, scheue ich mich zu schreiben, dass ich in der stillen Schönheit von Machu Picchu auf dich warten werde. Ich würde lieber zusammen mit dir dorthin fliegen.

Aber das wird wahrscheinlich nicht möglich sein, nicht wahr, mein Mädchen? Was ich sagen will, ist, dass ich mich bessern und dem Tod ins Gesicht blicken werde … Brittany, ich versuche, ganz da zu sein. Ich bemühe mich, meine Gefühle wahrzunehmen, wenn ich mit dir durch den Wald wandere, wenn ich mit dir das Haus putze und einrichte, mit dir Kleinigkeiten einkaufe, einen Comedian ansehe, etwas esse – aber meine Sorgen und meine Ängste reißen mich immer wieder aus dem Moment und versetzen mich in die Furcht vor dem Augenblick, der morgen oder nächste Woche kommen könnte. Ich werde versuchen, in jedem Moment mit dir ganz da zu sein. Das haben wir noch. Den Regen. Den Hagel. Den Sonnenschein. Eine Tasse Kakao. Deine Hand halten und die Leute glauben lassen, wir wären ein Pärchen. Diese Momente haben wir noch. Wir können in ihnen leben. Ich will ganz bei dir sein.

Ich hoffe, du weißt, dass ich dich so sehr liebe, wie ein Mensch einen anderen nur lieben kann. So ist das als Mutter. Du wärst eine gute Mutter gewesen. Ich wäre eine gute Mimi gewesen – oder wie wir mich als Großmutter auch genannt hätten. Es trifft mich bis ins Mark, dass uns das nicht bestimmt ist. Ich weiß nicht, wer ich nach all dem sein werde. Alles, worüber ich mich je definiert habe, war so damit verwoben, deine Mom zu sein. Wer werde ich sein, wenn es dich nicht mehr gibt?

Wird diese neue Frau verbittert und zornig sein? Ich hoffe nicht. Ich möchte immer noch die Liebe spüren, von der ich jeden Tag erfüllt werde, wenn ich an dich denke. So wie ich mich gefühlt habe, als ich heute

Morgen aufgewacht bin. Ich möchte weiter Liebe und Güte spüren. Ich möchte eine neue Rolle übernehmen, weil sich die Rolle, die ich für mich vorgesehen hatte, vor meinen Augen in Luft auflöst. Mein Versprechen an dich lautet, dass ich einen Sinn im Leben finden werde. Ich verspreche dir, dass du stolz auf mich sein wirst, weil ich mich zu einer neuen und zupackenden Frau entwickeln werde. Ich werde mich nicht einigeln und verbittert und wütend werden und mich so von meinem Verlust gefangennehmen lassen, dass ich mit anderen weder Mitgefühl empfinden noch ihnen helfen kann. Ich weiß nicht, ob ich das alles bewerkstellige, bis ich dich in Machu Picchu treffe, aber ich werde darauf hinarbeiten. Weil du in mir den Wunsch weckst, ein größeres Leben zu leben – nicht ein kleineres. Du weckst in mir den Wunsch, anderen zu helfen. Tapfer und wild zu sein. Wild im besten Sinne – nicht zornig und nachtragend. Wild auf eine Art, die sich für das Gute, Richtige und Gerechte einsetzt.

Ich weiß nicht, wen du in Machu Picchu treffen wirst. Aber du wirst sie erkennen. Du wirst stolz auf sie sein. Ich weiß, dass du es nicht magst, wenn ich über einen Heiligen Geist oder ein Höchstes Wesen rede. Aber ich kann dieses Schreiben nicht beenden, ohne zu erklären, dass ich mit allem, was mich ausmacht, weiß, dass Gott dich mehr liebt als ich. Und dieser Gedanke wirft mich jedes Mal um. Weil ich mir keine größere Liebe vorstellen kann als meine Liebe zu dir. Eine derart große Liebe. Ewige Liebe.

Deshalb weiß ich, dass ich dich in Machu Picchu treffen werde. Eine Liebe, die größer ist, als dass unser kleiner Verstand sie erfassen könnte, wird uns alles überstehen lassen, was morgen geschehen mag. Heute muss ich einfach nur bei dir sein – in diesem Moment. Und obwohl wir jetzt kilometerweit voneinander entfernt sind, bin ich bei dir. Und liebe dich. Und zeige es dir, so gut ich kann.

Außerdem möchte ich mich für all meine Sturheiten als Mutter entschuldigen. Ich kann die dummen Dinge, die ich im Laufe der Jahre gesagt und getan habe, nicht ungeschehen machen. Und leider werde ich höchstwahrscheinlich noch weitere Fehler begehen. Aber trotz meiner Unzulänglichkeiten oder vielleicht auch wegen ihnen bist du ein wundervoller Mensch geworden. Manchmal habe ich richtig Ehrfurcht vor dir. Ich bin stolz auf dich. Vor allem werde ich dich ewig lieben. Ich werde da sein. Bei dir sein. Ich werde greifbar sein. Ganz und gar.

In Liebe
Momma

Am 30. Juni kam Brittany für ein paar Wochen zu uns. Sie hatte Gary und mir zu Weihnachten eine Fahrt auf einem privaten Segelboot geschenkt. Passenderweise hatte ich mir für Brittany einen Kunstflug in einem offenen Doppeldecker über den Weingütern in Sonoma ausgedacht. Damals mussten wir lachen, weil wir so ähnliche Einfälle hatten.

Als Britt, Gary, Pamela und ich jetzt auf dem Boot faulenzten und die Geräusche und Gerüche in der Bucht genossen, erschien es mir unbegreiflich, dass wir vor gerade einmal sechs Monaten, als ich dieses Geschenk bekam, nichts von Brittanys Hirntumor gewusst hatten.

Am 5. Juli feierten wir Garys Geburtstag, und Brittany

bereitete ihr berühmtes Karamellkonfekt zu. Colette, Brittanys Freundin von der Highschool, besuchte uns zum Grillen und schwamm eine Runde in unserem Pool hinter dem Haus. Es tat Brittany gut, dass jemand da war, der sie schon so lange kannte und lieb hatte.

Außerdem besuchte Brittany ihren Großvater, um sich inoffiziell von ihm zu verabschieden. Wir unternahmen einen langen Spaziergang mit ihm, und er spielte uns etwas auf seiner Mundharmonika vor. Als Brittany ihm einen Abschiedskuss gab, hörte ich sie flüstern: »Bis bald, Grandpa.« Britt und ich setzten Sonnenbrillen auf, um unseren Kummer zu verbergen, und gingen, als er schon einschlief.

Am Strand traf Brittany zwei Freundinnen. Beide waren verheiratet und hatten Babys bekommen. »Ich habe sie sehr gern, und ich wollte mich auch verabschieden, Momma, aber es ist so schwer, wenn Kinder in der Nähe sind.« Tränen liefen ihr über das Gesicht. »Ich wollte auch Mutter werden.«

Endlich drang es in meinen trägen, störrischen Verstand, dass meine wunderbare Tochter sich von vielen Menschen verabschiedete. Sie bereitete sich darauf vor, in Portland zu sterben. Sie tat, was man üblicherweise eben tat, wenn man wegging und nicht zurückkam. Diese Erkenntnis traf mich wie ein Schlag. Ich nahm sie in die Arme. »Ich weiß, Schätzchen. Das habe ich dir auch gewünscht. Und mir.« Meine Stimme zitterte.

Ich bemühte mich, unterhaltsame Dinge zu planen und alles sauber und gemütlich zu halten. Aber mir war klar, dass mir nicht gelang, was wirklich nötig gewesen wäre. Wie sehr ich es auch versuchte, ich konnte einfach nicht fröhlich sein.

Maudie besuchte Brittany zu Hause in der Bay Area und war bei ihr, als sie wieder einen Krampfanfall erlitt. Anfangs schienen sich die Anfälle periodisch zu wiederholen und waren einigermaßen vorauszuberechnen, aber dann wurden die Abstände kürzer und die Krämpfe stärker. Die Veränderungen waren offensichtlich, es wurde jeden Tag schlimmer. Brittany hatte ihre Medikation offiziell dem Palliativarzt in Oregon übertragen. Er empfahl ihr, die Dosis des Antiepileptikums zu erhöhen, und erklärte, der metallische Geschmack sei ein Zeichen für eine Temporallappen-Epilepsie.

Brittany traf sich auch mit der Frau, für die sie als Kindermädchen gearbeitet hatte, und besuchte noch einmal ihre früheren Schützlinge, die jetzt auf die Highschool gingen. Brittany sagte, es sei »aufwühlend, aber gut« gewesen. Die ganze Familie gab Brittany das Gefühl, geschätzt und geliebt zu werden.

Ich flog zu Brittany, um ein paar Tage bei ihr zu verbringen. Danach würden wir uns mit Gary in Carmel treffen und an Maudies Hochzeit teilnehmen. Die Temperatur stieg auf etwa vierzig Grad. Brittany nahm ein Antibiotikum gegen eine Bronchitis. Sie fühlte sich hundeelend, war aber fest entschlossen, den besonderen Tag ihrer lieben Freundin nicht zu versäumen.

Brittany litt auch unter Schlafschwierigkeiten. Wenn sich Menschen mit großen Hirntumoren flach hinlegen, steigt der Druck in ihrem Schädel, und der Schmerz weckt sie auf. Außerdem war Brittany unglücklich über die Nebenwirkungen der Steroide, was jeder gewesen wäre. Plötzlich bekam sie wieder Akne, und sie nahm durch das Medikament zu. Es brach mir das Herz zu sehen, wie sie sich abmühte, lange Spaziergänge zu unternehmen, um ihr Gewicht in den Griff zu bekommen und die Endorphinausschüttung anzukurbeln, als Hilfe gegen die Traurigkeit. Aber bei Außentemperaturen um die vierzig Grad und mit einer Bronchitis konnte sie nicht draußen herumlaufen. Dabei war es für sie sehr wichtig, das Gefühl zu haben, in kleinen Dingen wie Bewegung und Ernährung die Kontrolle zu besitzen, weil sie die großen Dinge in ihrem Leben so gar nicht in der Hand hatte.

Noch dazu war Brittany von Blutergüssen übersät und lagerte Wasser ein. Ihre Hände und Füße waren geschwollen. Ihr Ehering verursachte ihr Schmerzen. Da sie die Medikamente in den letzten Monaten ihres Lebens weiternehmen würde, war davon auszugehen, dass die Nebenwirkungen nur noch schlimmer werden würden. Brittany versuchte, sich nicht unterkriegen zu lassen, und sagte, ich solle für sie Formunterwäsche bestellen, die sie bei der Hochzeit tragen wollte. »Besorg mir Wäsche, in die ich dieses ganze Fett quetschen kann«, witzelte sie.

Doch als wir den Hochzeitsort an der Küste erreichten, war Britt untröstlich wegen des Kleides, das sie sich ausgesucht hatte. Sie gefiel sich darin nicht und hatte das Gefühl, das Kleid würde ihr zusätzliches Gewicht noch betonen. Sie beschloss, sie wolle nicht auf das Brautjungfernfoto. Sie wollte etwas Bequemes anziehen, und: »Keine Fotos.«

Beim Hochzeitsempfang, im Glanz der untergehenden Sonne, änderte sich ihre Stimmung, und meine Tochter tanzte und wirbelte mit ihrer Freundin Amber umher. Sie drehten sich auf dem Rasen im Kreis wie kleine Kinder. Freude und Erleichterung durchströmten mich, als Brittanys Freundinnen ihr ihre Zuneigung zeigten, mit ihr tanzten und sie so fest umarmten, dass sie ihren Champagner verschüttete. Als ich sie mit Gary an meiner Seite beobachtete, fühlte ich mich unglaublich alt. Ich betete leise, dass diese jungen Frauen mich immer noch mögen und an ihrem Leben teilhaben lassen würden, wenn mein einziges Kind von mir gegangen war. Es kam mir egoistisch vor, so etwas zu denken. Gleichzeitig wurde mir bewusst, dass ich mich sehr lange bemüht hatte, alles zu akzeptieren. *So fühlt sich das also an?*, dachte ich. *Ein einsames Gefühl.*

Im Gegensatz zu mir, die sich schon vor der Zeit einsam fühlte, tingelte Brittany von einem Gast zum anderen, mischte sich unter die Leute und unterhielt sich. Sie lernte eine junge Frau kennen, die in New York in der Medienbranche arbeitete. Diese neue Bekannte war tief beeindruckt davon, wie klar, verständlich und beredt Brittany ihre Gründe darlegte, warum sie sich zu ihrem Vorgehen entschlossen hatte und nach Oregon ziehen wollte. Die junge Frau bestand darauf, dass Brittany ihre Geschichte einem größeren Publikum erzählen müsse. Sie müsse einen Artikel schreiben. Zum Abschied sagte sie, sie würde Britt einige Kontakte vermitteln.

Gleich nach Maudies Hochzeit flogen Brittany und ich nach Portland. Sie hatte am 23. Juli einen Termin bei ihrem Palliativarzt. Er stellte ihre Medikation neu ein, beantwortete all ihre Fragen und nahm sich für sie Zeit, etwas, was wir in Kalifornien nie erlebt hatten. Außerdem überwies er sie an einen Therapeuten, der sich auf unheilbar kranke Patienten spezialisiert hatte. Damit sie nicht ständig darüber nachdachte, wann sie ihren Tod planen musste, schlug der Therapeut vor, sie solle sich ein Datum aussuchen. Nur als vorläufigen Termin, den sie jederzeit vorziehen oder nach hinten verschieben könne. Als Fixpunkt, damit ihre Gedanken nicht immer um *diesen* Tag kreisten. Britt wählte den 1. November 2014 aus – nach Dans und vor ihrem eigenen dreißigsten Geburtstag.

Meine Schwester Sarah, ihr Mann und ihre Tochter reisten von Georgia nach Portland, um eine Woche mit Brittany zu verbringen und uns zu unterstützen. Gleichzeitig flogen Mina und Darcy, zwei Freundinnen von Britt, zu uns.

Die Mädchen stapften durch den Wald und erkundeten den Wildwood Trail und den Forest Park in Portland. Wenn sie auf diesen Wegen wanderte, war Brittany immer am glücklichsten, und ihre Freundinnen taten ihr den Gefallen und drehten mit ihr eine sehr große Runde. Danach duschte Brittany, und ich blieb wie immer in der Nähe, weil ich Angst hatte, sie könnte fallen oder wieder einen Anfall bekommen. Brittany hatte seit dem ersten Anfall im April alle Ereignisse dokumentiert. Es waren mehr als ein Dutzend, und im Laufe der Zeit hatten sie sich von einem Kribbeln und flatternden Augenlidern zu ausgewachsenen Krampfanfällen verschlimmert.

»Momma.« Bei diesem einen Wort wusste ich, dass sie Hilfe brauchte. Britt war nackt bis auf ein Handtuch, und ihre Haare waren tropfnass.

»Was ist, Schätzchen?« Ich legte ihr eine Hand auf die nasse Schulter.

»Es geht mir nicht gut … Es passiert wieder.«

Ich schlug die Bettdecken zurück. »Leg dich auf die Seite.«

»Ich will mich nicht hinlegen.« Sie saß zitternd auf der Bettkante, ihr Lid zuckte.

»Brittany, leg dich bitte auf die Seite.« Ich hatte gelesen, wie man jemandem half, der einen Krampfanfall bekam. Mir jagten diese Anfälle schreckliche Angst ein.

Durch den Anstieg der elektrischen Aktivität in ihrem Gehirn zitterten die Gesichtsmuskeln, und Britt drehte die Hände ein und verkrümmte sie. Für einen Moment spannte sich ihr ganzer Körper an, und dann begannen heftige Zuckungen. Manchmal können Menschen während eines Anfalls nicht schlucken und sabbern deshalb. Ich hatte gelesen, der Betroffene solle am besten auf der Seite liegen, damit der Speichel aus dem Mund rinnen kann. Manche Leute glaubten, man solle Menschen bei Krampfanfällen einen Löffel in den Mund stecken, damit sie sich nicht die Zunge abbeißen. Das stimmt nicht. Das kann dazu führen, dass sie sich die Zähne abbrechen und sogar verschlucken. Warum konnte Brittany vor diesem Hintergrund nicht einfach tun, worum ich sie bat? »Wenn du einen Anfall bekommst, ist das sicherer.« Mein Herz hämmerte, als ich beobachtete, wie Wellen über Brittanys linke Gesichtshälfte liefen wie über eine Wasserfläche bei starkem Wind.

»Der wird schlimm…« Ihr Körper erstarrte.

»Kleines, leg dich hin. Kämpf nicht dagegen an. Ich bin bei dir.« Noch bevor ich die Worte ausgesprochen hatte, musste ich Brittany festhalten, damit sie nicht zu Boden fiel. Sie zuckte und schlug um sich, als sich alle Muskeln ihres Körpers gleichzeitig anspannten. Sogar die Muskeln der Brustwand krampften heftig und drückten ihr gewaltsam die Luft aus der Kehle. Ein so furchterregendes Geräusch hatte ich noch nie gehört. Das Stöhnen klang, als sei Brittany tieftraurig und verängstigt.

Sie biss sich auf die Zunge, und Bluttropfen spritzten auf das Handtuch, die Bettdecke und die Laken. Durch die Zuckungen und Krämpfe wirkte es wie sehr viel Blut. Eines der Mädchen reichte mir etwas, was ich Brittany anziehen konnte. Britt lief das Wasser über den Rücken. Ich zog ihr ein T-Shirt über den Kopf und half ihr, sich hinzulegen. Das Mädchen gab mir einen von Brittanys Slips, und ich streifte ihn ihr über die Beine und bat sie, ihr Becken anzuheben. Mir wurde ein kalter Waschlappen für ihre verletzte Zunge gereicht.

Brittany redete wirres Zeug. Wir drei sprachen leise mit ihr, um sie zu beruhigen. Ich gab Mina mein Handy und bat sie, meine Schwester anzurufen, die in einem nahe gelegenen Hotel wohnte; meine Hände zitterten dafür zu sehr. Als ich Sarahs Stimme hörte, sagte ich nur: »Komm sofort her. Brittany hatte einen schlimmen Anfall.«

Bei dem ersten Vernünftigen, was Britt herausbrachte, ging es um Schmerzen. »Kopf. Augen. Tun weh.« Wir legten ihr ein kühles Tuch über die Augen.

Als Sarah eingetroffen und die Treppe heraufgepoltert war, nahm sie Brittanys Puls und redete leise mit ihr. Darcy und Mina sahen aus, wie ich mich fühlte. Zutiefst erschüttert. Am Boden zerstört. Innerlich leer. Ich reichte ihnen meine Kreditkarte und sagte: »Nehmt das Auto und fahrt zu Zupan's Market.«

Sie blickten mich mit großen Augen an. Ich fuhr fort: »Wenn ihr anhalten und reden und das erst mal verarbeiten müsst… Vielleicht wäre das eine gute Idee. Lasst euch Zeit. Holt ein paar frische Lebensmittel.« Ich versuchte, mich wie eine Erwachsene zu benehmen, obwohl ich fast zusammengebrochen wäre.

Die Mädchen verließen das Haus, und Sarah und ich sorgten dafür, dass auf Brittanys Augen ständig ein kühler Waschlappen lag. »Woher kommen die Sachen, die ich anhabe?«, fragte Britt.

»Ich habe dich angezogen«, sagte ich leise.

»Oh.« Wahrscheinlich hoffte sie, dass sie vor ihren Freundinnen nicht nackt um sich geschlagen hatte.

Aus irgendeinem Grund fand Brittany es sehr verstörend, dass sie sich nicht daran erinnern konnte, wie ich sie angezogen hatte. »Ich war bewusstlos. Ich habe mir auf die Zunge gebissen. Ich habe schon vorher gespürt, dass es schlimm wird.«

Brittany war immer noch erschöpft, als Darcy und Mina nach Hause flogen. Sarah, Charles und Mary Iris zogen zu uns in das gelbe Häuschen. Sarah fand einen Massagesalon, in dem Britt ihre Muskelschmerzen lindern ließ.

Nebenbei begann Britt einen Mailverkehr mit der jungen Frau aus New York, die sie bei Maudies Hochzeit kennengelernt hatte. Die Frau stellte Britt eine weitere aufstrebende New Yorkerin vor, eine Videoproduzentin, die möglicherweise einen Film über Brittanys Entscheidung, in Oregon zu sterben, drehen wollte.

Mina schickte ein selbst gemachtes Buch mit Momentaufnahmen aus Brittanys Leben. Brittany betrachtete das Buch immer wieder aufs Neue und erfreute sich an ihren früheren Abenteuern. Bei einem Foto in diesem Buch überlief es mich eiskalt. Es war 2009 in Nepal aufgenommen worden, bei Brittanys Gleitschirm-Tandemflug über das Kathmandutal, zweitausend Meter über dem Meeresspiegel. Die Ärzte sagten, Brittany habe etwa ein Jahrzehnt lang mit dem Tumor gelebt.

Ich versuchte zurückzudenken. Brittanys Gehirn schien sich darauf programmiert zu haben, Risiken zu ignorieren, sie im Grunde sogar zu suchen. Der Teil ihres Gehirns, der das Verhalten steuerte, war bei dieser Reise noch nicht ausgereift gewesen, da wichtige Bereiche des

Gehirns, die impulsive und riskante Verhaltensweisen kontrollierten, erst in einem Alter von etwa fünfundzwanzig Jahren voll entwickelt waren. Der Tumor machte sich wahrscheinlich an ihrem Hirn zu schaffen, seit sie achtzehn war. Die Ärzte glaubten, dass die Astrozyten damals begonnen hatten, sich zu vermehren und das Hirngewebe anzugreifen. Sie hatten die Hirnzellen so langsam zerstört, dass sich die Funktionen des Temporallappens verlagern konnten. In diesem Teil des Gehirns wurden Dinge wie Sprache, emotionales Gleichgewicht und Risikobereitschaft verarbeitet. Wie wahrscheinlich war es wohl, dass sich diese Funktionen nahtlos in einen anderen Teil des Gehirns verlagerten?

Gary und ich hatten Brittany einmal als »ältesten Teenager der Welt« bezeichnet, und jetzt fragte ich mich, ob ich dabei unwissentlich diese Veränderungen bemerkt hatte. War ihre sorglose Haltung riskanten Abenteuern gegenüber teilweise eine Folge des Tumors?

Ich hatte eine Reise nach Washington State geplant und hoffte, sie würde etwas Besonderes werden. Ich mietete uns ein Haus mit einem beeindruckenden Blick auf Port Angeles. Durch die Fenster von Küche und Wohnzimmer konnten wir die große Meerenge vor Port Angeles, die Juan-de-Fuca-Straße, sehen. Ebenso die funkelnden Lichter der Innenstadt von Victoria in British Columbia und die geheimnisvolle Beleuchtung der riesigen Fracht- und Kreuzfahrtschiffe, die lautlos durch die dunkle Nacht glitten. Ich wollte wiederholen, was wir in Alaska erlebt hatten. Ich wollte erleben, wie Brittanys Augen strahlten, wenn sie über die Schönheit der Natur staunte; wie ihr Gesicht über Stunden hinweg entspannt wirkte, wenn sie aus der medizinischen Wirklichkeit in die Arme von Mutter Natur versetzt wurde. Ich sehnte mich nach dem Moment, in dem sie sich zu einem neuen Insekt oder einer Blume hinunterbeugte.

Und ich flehte das Universum an: *Ist da draußen jemand oder etwas, das die Fäden zieht? Können wir bitte einmal Glück haben? Kann das eine Woche werden, in der ich das Richtige tue und sage? Könntest du mich leiten? Weise mir den Weg. Können wir diese wunderbare Woche bekommen? Darf ich sehen, wie mein Kind strahlt, wenn es einen Seestern findet? Darf ich sie so in Erinnerung behalten? Wie sie aufblickt, mir die Arme entgegenstreckt und mich mit schlanken Händen heranwinkt? »Komm und schau mal, Momma. Es ist wunderschön!«*

22
Trautes Heim

2009–2010, fünfundzwanzig und sechsundzwanzig Jahre alt

»Weniges, was wir in dieser Welt tun können,
ist so lohnend, wie ein schönes
und glückliches Heim zu schaffen.«

James Russell Miller

Das neue Jahr 2009 begann mit Brittany, Bella und mir in einem Umzugswagen auf der Schnellstraße Richtung Norden. Brittany zog in unsere Eigentumswohnung mit Meeresblick in San Clemente, Kalifornien. Sie freute sich darauf, wieder am Meer zu wohnen, und war froh, dass sie das Audiologiestudium abgebrochen hatte. Sie war nicht mit Mark nach Paris geflogen, und die beiden hatten sich im Guten getrennt. Britt brannte darauf, etwas Neues anzufangen, obwohl sie noch nicht wusste, was sie machen wollte.

Nachdem Britt sich in der Wohnung eingewöhnt hatte, nahm sie eine befristete Stelle als Gymnastiklehrerin an. Ich wusste, dass sie Kinder liebte, aber ich war völlig perplex, als sie meinte, sie wolle Lehrerin werden. Lächelnd dachte ich daran zurück, wie sie als kleines Mädchen gesagt hatte, sie wolle später auf keinen Fall werden wie ich. Und dann hatte sie es im Vertrieb versucht und wollte jetzt in die Bildung wechseln, mein altes Arbeitsfeld.

Britt füllte Bewerbungsunterlagen aus und wurde an der UCI, der University of California, Irvine, zum Masterstudium zugelassen. Während dieser Zeit ging sie mit mehreren Männern aus, aber ich wusste, dass sie Ellis immer noch vermisste, denn sie postete ein nostalgisches altes Foto, auf dem er die Arme um sie geschlungen hatte, und schrieb dazu, das sei eine der schönsten Zeiten ihres Lebens gewesen. Sie fing an zu joggen und steigerte sich auf elf bis sechzehn Kilometer am Tag.

Eines Nachmittags rief Britt mich völlig hysterisch an. Sie hatte sich beim Flickflack im Garten mit einer Freundin das Bein gebrochen. Ich sagte, sie solle zur nächsten Notaufnahme fahren, ich würde auch dorthin kommen.

Es war ein schlimmer Bruch, eine Spiralfraktur des Schienbeins. Ich fuhr sie mit Gipsbein und Schmerzmitteln zu uns nach Hause nach Carlsbad. Sie durfte das Bein mindestens einen Monat lang nicht belasten, und ich dachte, die Treppen zu ihrer Wohnung seien zu schwierig für sie. Wir stellten uns nachts den Wecker, um sicherzugehen, dass sie alle vier Stunden ihre Medikamente nehmen konnte. Bei jeder Tour ins Badezimmer schrie Britt vor Schmerzen. Wir brachten sie zu einem Orthopäden, der das Bein neu eingipste und sie daran erinnerte, dass sie einen schweren Bruch hatte. Wenn sie sich nicht an die Anweisung hielt und das Bein belastete, müsse sie operiert werden. Die Schmerzen ließen nicht nach, also suchten wir den Arzt noch einmal auf. Wieder ein neuer Gips. Noch mehr Schmerzmittel.

Britt schrieb auf Facebook, ich sei eine Heilige, weil ich sie versorgte, aber diese Ansicht hielt nicht lange vor. Fünf

Tage später wurde sie fuchsteufelswild und schrie Gary an, weil er ihr das Schmerzmittel nicht gab, bevor es Zeit dafür war.

Als ich ihr dann mitten in der Nacht ihre Medikamente brachte, durfte ich mir einen Vortrag darüber anhören, dass Gary gefühllos sei. Am nächsten Tag kam Britts aktueller Freund vorbei, um sie abzuholen. »Mir gefällt nicht, wie ich gestern Abend behandelt wurde«, sagte sie noch über die Schulter, als sie auf ihren Krücken zum Auto humpelte.

Danach musste ich eine Stunde fahren, um Britt in San Clemente abzuholen und zu ihren Terminen beim Orthopäden zu bringen, dessen Praxis in meiner Nähe lag. Anschließend brachte ich sie zurück zu ihrer Wohnung. Sie trieb eine Reihe von Freunden auf, die für sie Besorgungen erledigten. Ihr fiel die Decke auf den Kopf, und sie verbrachte viel Zeit mit Selbstreflexion. Als ich Britt Mitte April zum Abendessen zu uns nach Hause holte, kündigte sie an, dass sie in einem Monat mit ihrer Freundin Amber nach Machu Picchu fliegen wollte.

Ich stritt mich mit ihr und meinte, sie könne von Glück sagen, wenn sie bis dahin ihren Gips los sei. »Wir haben die Tickets schon gekauft. Die Reise steht.« Britt balancierte auf ihren Krücken. »Ich will jetzt nach Hause.«

»Beruhig dich, Brittany. Iss erst mal deinen Nachtisch«, schlug Gary vor.

»Mir reicht es, besten Dank.« Britt humpelte den Flur hinunter.

»Möchtest du Ihre Hoheit nach Hause fahren?«, fragte ich Gary.

Als er von der zweistündigen Fahrt zurückkam, sprachen wir über ihr Benehmen.

Ich verteidigte sie. »Hast du mal was über Spiralfrakturen gelesen?«, hielt ich ihm vor. »Das sind extrem schmerzhafte Brüche. Ich glaube, sie leidet wirklich sehr.«

»Dann ist ein Wanderurlaub in Machu Picchu doch verrückt, wie du vorhin schon gesagt hast!«

»Ich weiß. Das ergibt keinen Sinn, oder?« Ich schüttelte den Kopf. »Ich mache mir Sorgen.«

Der Gips wurde am 1. Mai abgenommen, und am 15. flog Britt nach Peru. Die Mädchen hatten einen Riesenspaß, und die Fotos, die sie posteten, waren umwerfend komisch. Zehn Tage lang gab es Ceviche, Fingerpüppchen, irrwitzige Fahrten mit Taxis und Zügen, Perumützen, Bier, Wildwasserrafting und natürlich Machu Picchu selbst.

Gary und ich holten Britt in Los Angeles am Flughafen ab und gingen abends mit ihr essen. Sie war erschöpft, strahlte aber. »Ich habe über bedeutsame Dinge nachgedacht. Ich habe meinen Horizont erweitert und mir neue Ziele für mein Leben gesteckt. Das Reisen ist jetzt Teil meiner Seele, es gehört zu meiner DNA. Ihr müsst auch dorthin, Momma.«

Kurz nach Britts Rückkehr fand die Einführungsveranstaltung für ihr fünfzehn Monate langes Lehramts-Masterstudium statt. Im Juni begannen die Seminare. Sie klagte über Schlafstörungen, unter denen sie seit ihrem Beinbruch litt. (Später las ich, dass Schlafstörungen zu den ersten Anzeichen eines Hirntumors gehören.) In diesem Sommer legte Britt sich für ihren Master ins Zeug und besuchte uns hin und wieder. Wir drängten sie nicht, sich während des Masterstudiums einen Job zu suchen, weil es schwierig gewesen wäre, in beidem gut zu sein. Die Wirtschaftskrise hatte den Arbeitsmarkt für Lehrer so stark getroffen, dass Brittany als eine der Jahrgangsbesten abschließen musste.

Brittany traf sich wieder mit Dan. Ende August sagte sie uns, er würde bei ihr einziehen… »Nur damit ihr's wisst.« Dans Eltern kamen wegen einer Hochzeit nach Südkalifornien, und wir luden sie zum Abendessen ein. Ich mochte Carmen und Barry sehr.

»Gary, was glaubst du? Warum benimmt sich Britt uns gegenüber so grob?«, fragte ich eines Abends.

»Weil sie es kann, Liebes. Britt weiß, dass du und ich immer ihre Eltern bleiben. Sie lässt ihre Launen an uns aus, weil sie weiß, dass wir nachher immer noch für sie da sind, egal, was passiert.«

»Findest du nicht, dass sie manchmal zu weit geht? Ich habe das Gefühl, dass wir kaum Fortschritte erreicht haben, seit sie ein Teenager war.«

Gary lachte. »Dann siehst du den Wald vor lauter Bäumen nicht. Vergiss nicht, dass ich dabei war und in ihrer Teenagerzeit von außen zugesehen habe. Sie hat sich seit damals eindeutig weiterentwickelt.«

Als Britt und Dan ein paar Monate zusammen waren, machte sie in einem hitzigen Streit, der bei den Nachbarn für Tratsch sorgte, Schluss und sagte, er solle ausziehen. Sie machte sogar den Anfang, indem sie Dans Matratze und seine Kleidung auf das Garagendach warf.

Über Weihnachten verreiste Britt mit einer Nachbarin, die auch gerade ihren Freund vor die Tür gesetzt hatte. Die beiden jungen Frauen fuhren mit ihren Hunden in eine gemietete Hütte in den Bergen. Sie bauten einen Schneemann, machten Feuer im Kamin, faulenzten draußen im Whirlpool und gingen mit ihren Hunden auf den

Feldwegen spazieren. Britt meinte, draußen in der Natur zu sein helfe ihr besser als alles andere, über etwas hinwegzukommen.

Im Januar 2010 suchte ein neuer junger Mann Britts Gesellschaft. Er war der Typ kletternder, Fallschirm springender, Rad fahrender Abenteurer. Cash hatte einen Hang zu aufregenden Outdooraktivitäten und harter Arbeit. Bei einer ihrer ersten Verabredungen machten sie einen Fallschirmsprung. Brittany bewunderte Cash dafür, dass er ein Selfmademan war. Er war intelligent, loyal, strahlte Energie aus und lebte im Hier und Jetzt.

Als Gary und ich uns mit Cash und Brittany zum Sushiessen trafen, merkte ich gleich, dass sich die beiden körperlich sehr voneinander angezogen fühlten. Mir gefiel, dass er uns in die Augen sah, wenn er sprach. Er stammte genau wie Gary aus dem Mittleren Westen, und Gary glaubte, dass Cashs bewundernswerte Arbeitsmoral dort ihre Wurzeln hatte.

In den Semesterferien im Frühjahr fuhr Britt mit einer Kommilitonin nach Los Cabos, weil die beiden von ihrem weiterführenden Studium völlig ausgelaugt waren. Mina und Britt schlossen beim Kajak- und Jetskifahren ewige Freundschaft.

Nach ihrer Rückkehr aus Mexiko ging Britt mit Cash wandern, nahm Tanzstunden und besuchte Musikfestivals. In der letzten Phase ihres Masters zog Britt mit Cash zusammen. Sie wirkte zufrieden, trotzdem ging sie mit mir immer gröber um. Als wir uns einmal abends mit ihr und Cash zum Essen trafen, blamierte Britt mich und übte gemeine Kritik an der Arbeit, die ich in Garys Website gesteckt hatte. Ich weinte, als ich das Restaurant verließ, und wir sprachen wochenlang kein Wort miteinander.

Dafür lief es in der Beziehung zwischen Cash und Brittany bestens. Gary und ich nannten die beiden unter uns »Brash«.

Im Juni machte Britt als Jahrgangsbeste ihren Master of Education. Sie hatte hart gearbeitet, und das Unterrichten während ihres Schulpraktikums hatte ihr große Freude bereitet. Ich war zu der Abschlussfeier nicht eingeladen, weil wir uns immer noch aus dem Weg gingen. Sie hatte ihr Masterstudium selbst finanziert, vielleicht dachte sie deshalb, es sei ihr gutes Recht, mit Cash und ihren Freunden statt mit ihren Eltern zu feiern. Leider stellte sich bald heraus, dass nach den jüngsten Haushaltskürzungen keine offenen Lehrerstellen vorhanden waren. Also nahm Brittany einen Job an, in dem sie Schüler auf den Eignungstest für Hochschulen vorbereitete, und gab nebenbei Nachhilfe. In ihrem Masterstudiengang hatte sie einige sehr nette junge Frauen kennengelernt. Ihre Zuneigung und Treue waren das wertvollste Geschenk, das Brittany aus dieser Zeit mitgenommen hatte, denn einige dieser Freundschaften halfen ihr durch schwere Phasen in ihrem Leben.

Brash flogen nach Hawaii, um Britts Abschluss weiter zu feiern. An ihrem Halbjährigen wirkte ihre Beziehung schon recht ernst. Nach einer Weile nahmen Britt und ich den Kontakt wieder auf, und eines Tages brachte ich in einer Hauruckaktion Cashs zweistöckiges Haus in Orange County samt Garten auf Vordermann. Cash war von dem Ergebnis begeistert – oder zumindest war er schlau genug, so zu tun.

Das Abenteuer lief weiter. Im Juli legten Britt und Cash einen Gemüsegarten an, gingen im Meer tauchen, luden Gäste ein und wichen sich außerhalb der Arbeit nicht von der Seite. Cash schien es nicht zu stören, dass Britt ohne ihn verreiste, zumindest hörte ich keine Einwände von ihm, als sie den Mount Whitney besteigen oder nach Kathmandu fliegen wollte.

Cash begann mit Vorbereitungen für eine große Autoreise, die fast zwei Monate lang dauern sollte. Britt wollte ihn begleiten, aber nach ein paar Tagen kam sie zu dem Schluss, dass sie für eine Tour mit einem Hardrockfestival nicht geschaffen war.

Als Cash im Oktober zurückkehrte, feierten sie eine große Halloweenparty und brachen dann zu einem Urlaub auf einer tropischen Insel auf. Nach ihrer Rückkehr schickten sie zwei Dutzend Freunden Einladungen zu einer Thanksgivingfeier in ihrem Haus. Anschließend stiegen »Brash« in ein Flugzeug und besuchten London, Stockholm und Berlin. Brittany schickte Fotos, auf denen die beiden sich in einem Eishotel zuprosteten.

An Thanksgiving erzählte Brittany, dass sie ein spektakuläres Weihnachtsfest plane. Gary und ich sollten die Feiertage mit ihr in einem Ferienhaus in Colorado verbringen. Gary und ich fuhren mit unseren kleinen Cavapoos hin und hatten das schönste Weihnachten aller Zeiten.

Es gab Anzeichen, und ich übersah sie. Denkt das nicht jede Mutter, wenn ihr Kind in Probleme gerät? Hätte ich doch nur … früher, gezielter, besser etwas unternommen, dann wäre mein Kind jetzt nicht krank und würde sterben. Die mächtige, unmittelbare, urtümliche Reaktion der Amygdala in unserem Gehirn, die Erinnerungen und Emotionen beeinflusst. Unser Säugetierinstinkt sucht nach einem Zusammenhang zwischen unserem Handeln als Eltern und dem Wohlergehen unserer Kinder und will Schuld zuweisen. Was haben wir falsch gemacht? Wie können wir dafür sorgen, dass wir es nicht noch einmal tun? Das ist die Natur der Menschen, wir wollen unsere Art schützen. Wenn es hart auf hart kommt, verfallen wir unseren animalischen Instinkten. Was bei Müttern bedeutet, dass sie sich mit Vorwürfen überhäufen; eine ganz natürliche Reaktion, die zu Schuldgefühlen, Kummer und unendlichem Leid führt. Das ist absolut normal und völlig sinnlos.

Cash und Brittany fuhren mit uns Schlitten und Schneemobil, nahmen uns zum Skilanglauf und Schneeschuhwandern mit und zu einer Fahrt im Pferdeschlitten. Abends tranken wir Cocktails, spielten Spiele und unterhielten uns angeregt. Bella rollte sich auf Cashs Jeans auf dem Wäschehaufen zusammen; sie hatte ihn als ihren Rudelführer anerkannt. Heiligabend trugen Britt und Cash aufeinander abgestimmte Weihnachtsoveralls.

Während dieses wunderbaren, unvergesslichen Weihnachtsurlaubs besprach ich mit Gary zwei Dinge. Ich fragte ihn, ob ihm Brittanys fieberhafte Aktivitäten seltsam vorkamen.

»Gary, denk doch mal über dieses Jahr nach. Das ist verrückt! Sie ist in viereinhalbtausend Metern aus einem Flugzeug gesprungen. Tauchunterricht, Reisen nach Los Cabos. Tanzstunden mit Cash.« Ich zog die Augenbrauen hoch. »Ihr größtes Problem war, dass sie geführt hat!«

Ich zählte es an meinen Fingern ab. »Wandern in Muir Woods, Seilrutschen, Tauchen.« Ich holte Luft. »Weinreisen. Las Vegas. Maui. Pferderennen in Del Mar. Ob Cash sie beeinflusst?«

Gary lachte. »Wenn hier jemand den anderen beeinflusst, dann tippe ich eher auf sie. Unsere Kleine ist ein echter Wirbelwind.«

Ich merkte, dass ich mich etwas in die Sache hineinsteigerte. »London, Stockholm und Berlin. Jetzt plant sie einen Urlaub alleine in Nepal. Wirkt das nicht, als wäre sie getrieben? Es ist, als könnte sie nicht aufhören. Ich werde schon müde, wenn ich nur daran denke, was sie alles auf die Beine stellt.« Ich kauerte mich auf das Bett. »Als könnte sie gar nicht genug unternehmen. Sie ist impulsiv und sprunghaft. Sie geht zu viele Risiken ein.«

»Sie ist jung!« Gary nahm mich in die Arme. »Sie denkt daran zu heiraten, sie will sich ausleben und alles mitnehmen.«

Ich löste mich von ihm. »Und was ist mit ihrem Auge?«

»Was soll mit ihrem Auge sein?«

»Als wir über die Gesundheitsreform geredet haben und sie uns einen Vortrag gehalten hat. Da war ein Lid schwerer. Hast du das nicht bemerkt?«

Gary dachte an unsere Diskussion zurück. »Ich weiß, was du meinst. Ich glaube, das ist nur affektiertes Gehabe, wenn sie sich wegen irgendwas aufs hohe Ross setzt.« Wieder drückte er mich. »Es würde ihr bestimmt nicht gefallen, wenn du sie darauf ansprichst.«

Wir schoben diese Gedanken beiseite und legten uns ins Bett. Ich hatte mir schon das ganze Jahr über Sorgen um Brittany gemacht. Aber ich war auch eine Schwarzseherin. Das wurde mir in die Wiege gelegt. Ich entstammte einer langen Reihe von Schwarzsehern. Vorsichtigen, knausrigen Menschen, die sich auf keine Risiken einließen, die nicht mit Kajaks, Seilrutschen oder Taucheranzügen durchs Leben bretterten.

Niemand weiß, ob im Dezember 2010, drei Jahre vor Brittanys Diagnose, ihr sechs Jahre altes Astrozytom ihre Persönlichkeit veränderte oder ihr Augenlid eine Winzigkeit herabhängen ließ, wenn sie sich aufregte. Trotzdem waren es zwei Warnsignale, zwei schwermütige Klänge aus dem Nebelhorn, zwei gelbe Blinklichter. Und ich habe sie übersehen.

23
Liebe dich, hasse dich

August 2014, sieben Monate nach der Kraniotomie

»Das Gegenteil von Liebe ist nicht Hass,
sondern Gleichgültigkeit.«

Elie Wiesel, U.S. News & World Report,
27. Oktober 1986

Anfang August lebten Brittany und ich uns in unserem gelben Haus ein, während Dan und Gary für eine Weile zu ihrer Arbeit zurückkehrten. Freunde schickten Blumen, Süßigkeiten und Essen. Brittany freute sich immer, wenn sie die Tür öffnen und Pakete von Freunden oder Verwandten annehmen konnte. Die kleinen Geschenke zeigten ihr, dass jemand an sie dachte, sie unterstützte, ihr alles Gute wünschte. Jede Woche ließen meine Schwester Sarah und ihr Mann einen herrlichen Blumenstrauß von einem Floristen in der Nähe zu unserem Haus liefern.

Britts Freunde gaben sich bei uns die Klinke in die Hand. Manchmal kam ich mir vor, als würde ich eine Frühstückspension leiten. Mein zwanghaftes Putzen nahm kein Ende, weil ich das Gefühl hatte, Schmutz wäre das Einzige, was ich kontrollieren konnte. Brittany postete viele Lebensweisheiten auf Facebook. Ihr Online-Ich befand sich in einer nachdenklichen Phase. Zu Hause und in der Stadt hatte sie immer einen großen Zip-Beutel voller Schmerzmittel bei sich, die sie sich selbst einteilte. Und wehe, jemand fragte, wie viel Zeit zwischen den einzelnen Tabletten verstrichen war.

»Was denn? Hat irgendwer Angst, ich könnte süchtig werden? Das ist doch scheißegal! In ein paar Monaten sterbe ich. Was macht es da schon, wenn ich nach Schmerzmitteln süchtig bin?«

Da hatte sie nicht ganz unrecht.

Dan und Gary kehrten nach Portland zurück, und ich plante einen Ausflug mit dem Auto nach Washington State. Im Alltag herrschte zwischen uns ein ziemlich rauer Ton. Britt ließ ihren Zorn und ihren Frust immer noch größtenteils an Dan und mir aus. Wir packten den Jeep und fuhren zu dem Ferienhaus mit Meeresblick in Port Angeles, das Gary und ich gemietet hatten.

Jen, Britts Freundin aus Kindertagen, stieß dort zu uns. Sie brachte einen selbst gepflückten Blumenstrauß, ein Gewirr zarter Blüten in einem einfachen Glasgefäß, und frische Beeren mit. Wir waren Jen zuletzt als jungem Teenager begegnet, und ich musste diese blonde Schönheit, die Güte und Liebe ausstrahlte, erst einmal in Ruhe betrachten.

An unserem ersten Abend in Washington beobachteten wir die Schiffe, die beleuchtet die Meerenge passierten. Am nächsten Tag fuhren wir zum Lake Crescent, aßen dort Mittag und unternahmen eine kurze Wanderung zu einem Wasserfall.

Abends unterhielten sich Britt und Jen auf dem Sofa, während ich anfing, das Abendessen herzurichten. Gary und Dan waren losgefahren, um zu den Beeren ein wenig Eis zu holen.

»Momma«, hörte ich Britt rufen. »Es ist wieder so weit.«

»Leg dich auf die Seite.« Ich wollte sie dazu bringen, die richtige Lage für Krampfanfälle einzunehmen.

»Sag mir das nicht ständig. Ich will das nicht machen.« Ihre Lider flatterten, und Angst durchfuhr uns beide, ganz ähnlich wie die unkontrollierte elektrische Hirnaktivität, die Britts Krämpfe auslöste. Uns graute davor, was ein Anfall ihr plötzlich rauben könnte. Die Sprache? Ihre Entscheidungsfähigkeit?

Jen und ich knieten neben ihr, als auf das Lidflattern die Zuckungen der Gesichtsmuskulatur folgten. Ihr ganzer Körper spannte sich an, und sie drehte die Hände nach innen. Zum Glück erlitt sie dieses Mal nur einen leichten Anfall. Jen saß bei ihr und redete mit ihr, während ich weiter das Essen zubereitete.

Wir aßen schweigend und gingen früh zu Bett. Am nächsten Tag waren Britt und Jen wieder wie Kinder und liefen durch den friedvollen Regenwald zu den Gezeitentümpeln, die voller violetter und ockerfarbener Seesterne waren. Brittany rief uns zu sich, genau wie ich es gehofft hatte. »Kommt her, seht euch mal diese zarten rosa und grünen Seeanemonen an!«

Unsere Woche in Washington wurde zu einer Zeit voller Schönheit und Akzeptanz. An jedem Abend ging ich hinaus und pflückte Himbeeren, lauschte den Vögeln und war dankbar für diese friedvollen Tage mit meinem Kind.

Kurz nachdem wir von unserer Reise zurückgekehrt waren, traf die junge Videoproduzentin aus New York in Portland ein. Ihr kleines Team filmte Brittany, Dan und mich, während wir über Brittanys Entscheidung sprachen. Die Filmemacherin schien das Herz am rechten Fleck zu haben. Sie wollte eine gemeinnützige Organisation suchen, die den Film finanzierte. Britt und ich hatten den Eindruck, sie sei couragiert und intelligent und würde vielleicht einen Film schaffen, der den Amerikanern zeigte, warum unheilbar Kranke Wahlmöglichkeiten brauchten.

Dann wollte plötzlich die Zeitschrift *People* einen Artikel über uns bringen. Die Redaktion schickte ein Fototeam und führte Interviews per Telefon. Der Fotograf ging einfühlsam mit Brittany um, die es mittlerweile hasste, sich fotografieren zu lassen. Als Brittany in Tränen ausbrach und sagte, sie sehe nicht mehr aus wie sie selbst und würde sich fett und hässlich fühlen, vertraute er ihr an, dass er sich nach Möglichkeit auch nicht fotografieren ließ. Es gab nur ein einziges Foto von ihm, das seine Frau posten durfte, und das zeigte ihn nur zur Hälfte – die andere Hälfte war hinter einer Säule versteckt.

Der Fotograf stellte sie in eine Türöffnung. Brittany hatte sich wieder gefangen und blickte direkt in die Kamera. Außerdem machte er oben neben Brittanys schönem Bett Fotos, auf denen die Sonne ins Zimmer strömte. Er fotografierte uns vier zusammen im Garten. Der Tag schien kein Ende zu nehmen, aber Brittany glaubte, der Artikel könne helfen, Leser und politische Entscheidungsträger aufzuklären.

Mitte August wurde bei Britt eine weitere Kernspinuntersuchung durchgeführt. Danach hatte der Arzt der Klinik in Portland gute Neuigkeiten (sofern man davon reden konnte): In Britts Schädel war noch Platz. Der Schädelinnendruck war bislang kein Problem.

Britt fragte, warum ihre Symptome sich ständig verschlechterten und ihre Anfälle immer häufiger und belastender wurden. Sie wies darauf hin, dass sie vor Kurzem nach einem Anfall eine halbe Stunde lang nicht verständlich habe sprechen können. Sie habe befürchtet, sie würde nie wieder in der Lage sein, sich mitzuteilen. Schließlich drückte sie sich auf die Augen, um deutlich zu machen, wie unerträglich sie schmerzten. »Wegen des Drucks und der Schmerzen komme ich nachts nicht zur Ruhe. Ich leide an Schlaflosigkeit.« Sie sah den Arzt an. »Wenn der Druck keine Probleme bereitet, warum werden meine Symptome dann schlimmer?«

Im Sprechzimmer des Arztes war es still, als alle über diesen Widerspruch nachdachten.

»Hier drinnen«, Britt klopfte sich auf das Herz, »weiß ich, dass ich jeden Tag kränker werde. Ich sterbe. Es bleibt bei dem Datum, das ich mit meinem Therapeuten für meinen Tod ausgesucht habe. Der 1. November.«

Dieser Arztbesuch zog anhaltende Wutausbrüche nach sich, als wir wieder zu Hause waren. Brittany wurde ausfallend. Sie konnte sich darüber aufregen, dass jemand den letzten Joghurt gegessen oder irgendwer etwas auf Facebook geschrieben hatte. Oder darüber, wie lange ich für eine einfache Aufgabe brauchte. »Ich würde das schneller schaffen, und ich habe einen Hirntumor«, sagte Brittany. »Muss ich denn an alles denken?«, hielt sie mir vor. Mein langsamer, trauernder Verstand ärgerte uns beide. Auch wenn ich wusste, dass ihr Zorn eigentlich dem Universum galt, trug er doch oft meinen Namen. Freunden gegenüber wurde sie nicht wütend; meistens ließ sie alles an ihrem Mann und ihrer Mutter aus. Hieß das nicht, dass sie ihre Laune kontrollieren konnte, dass sie sich bewusst dafür entschied, uns zu bestrafen? Erst bei der Recherche zu diesem Buch fand ich heraus, dass Aggressionen, Gemütserregungen und Streitsucht als Nebenwirkungen von Antiepileptika auftreten können.

Eine Freundin aus der Mittelschule kam zu Besuch, und ich buchte für Britt und sie Massagen. Für die Küche hatte ich dichtere Vorhänge bestellt, um die Augustsonne abzuhalten. Ich bestellte immer noch T-Shirts mit Aufschriften wie »I Am Love« und »I Am Peaceful«, weil ich hoffte, wenn wir diese Botschaften trugen, würden wir irgendwie auch so empfinden. Einen Versuch war es wert.

Ich putzte das Haus, wusch die Wäsche, kochte und schlug Ausflüge vor, um Brittany zu unterhalten. Doch in der Hitze, in der die Fensterventilatoren surrten, konnte sie nichts reizen. Britt verbrachte ihre Zeit damit, ihren Nachruf immer wieder umzuschreiben und ihr Begräbnis bis ins letzte Detail zu planen. Ständig gab sie mir neue Versionen, die ich lesen sollte.

Ich litt, und es war schwer, wie ein Esel im Regen der Beleidigungen zu stehen. Offenbar konnte ich nie das Richtige sagen oder tun. Es war, als würde Brittany von meinem bloßen Anblick übel. Und diese nutzlose, verfluchte Hoffnung wollte sich trotzdem immer wieder in meinen Verstand drängen. *Und wenn der Tumor jetzt langsamer wächst?* Es war, als könne Brittany meine Gedanken lesen, und es trieb sie zur Weißglut.

Gary war nach Hause geflogen, um nach dem Rechten zu sehen, und rief an, um zu verkünden, dass ich gebraucht wurde. Daddys Zustand hatte sich erneut verschlechtert. Er benötigte jetzt ein elektrisch verstellbares Pflegebett. Mittlerweile war er so schwach, dass er nicht mehr stehen konnte, und er wurde aggressiv. Ich musste neue Hilfe organisieren. Gary hatte für mich einen Heimflug am 14. August gebucht. In der Nacht jedoch stürzte Dans Mutter Carmen, als sie die Hunde in Dans und Brittanys Haus versorgte. Sie wurde ins Krankenhaus gebracht und untersucht. Dan hatte das Gefühl, er müsse nach Hause fliegen und sich um sie kümmern, und ich stimmte zu.

Beim Frühstück sagte ich: »Mach dich ruhig auf den Weg. Ich verschiebe meinen Flug und bleibe bei Britt.«

Brittany ließ eine Schimpftirade los. Sie warf Dan Sachen an den Kopf, dass sich mir der Magen umdrehte. Ich dachte: *Es ist schwer, Britt zu versorgen, wenn sie uns dabei auch noch als Prügelknaben ansieht. Wir brauchen alle mal eine Pause.*

Irgendwann hielt ich es nicht mehr aus. Ich stand auf. »Sei still, Brittany. Ich höre mir nicht länger an, wie du mit deinem Mann sprichst.« Ich hob die Hände. »Carmen ist seine Mutter, und sie liegt im Krankenhaus. Lass ihn fliegen.« Ich machte auf dem Absatz kehrt und verschwand.

»Halt dich da raus!«, schrie sie. »Das geht dich verdammt noch mal nichts an!«

Gary telefonierte mit Dan und redete ihm gut zu, er solle seine Familie besuchen. »Pausen sind wichtig. Nimm dir ein paar Tage Zeit. Ich werde ein zweites Auto rauffahren. Das verschafft uns mehr Freiheiten. Ich fahre nach Oregon, während du deine Mutter besuchst.«

Dan flog und besuchte seine Mutter im Krankenhaus. Wir hielten das für eine gute Idee. Alle waren sich sicher, dass Britt sich beruhigen würde.

Aber Britt war unnachgiebig. In ihren Augen ließen wir sie im Stich, wenn wir eine Auszeit nahmen. Ich hörte, wie sie Dan am Telefon die Hölle heißmachte. »Warum musst du noch einen Tag länger bleiben, um irgendwas zu regeln? Ich sterbe! Warum ist es für dich nicht das Wichtigste, hier bei mir zu sein?«

Als sie auflegte, sagte ich: »Brittany, du bist jetzt sehr wütend. Aber dir bleibt nicht mehr viel Zeit auf dieser Erde. Verbring sie doch nicht so destruktiv.«

»Fahr mich zu einem Anwalt. Ich lasse mich scheiden«, fauchte Britt und tippte etwas in ihr Laptop. »Momma, ich will bei meinem Tod nicht mit Dan verheiratet sein.«

»Das meinst du doch nicht ernst, Britt.« Ich seufzte.

»Es kotzt mich so an, dass du immer auf seiner Seite bist.« Sie stürmte die Treppe hinauf.

Ich meldete mich bei der Sozialarbeiterin der Oregon Health and Science University und beschrieb ihr, wie feindselig Britt sich mir und Dan gegenüber verhielt. Sie wollte mir einen Termin bei einem Therapeuten besorgen. Im Nachhinein wünschte ich, dass uns ein Arzt, irgendein Arzt, erklärt hätte, auf welch vielfältige Weise ein Hirntumor das Verhalten eines Menschen verändern kann.

Wir leben in einer Welt, in der die medizinische Versorgung von Eile geprägt ist. Die meisten Ärzte fühlen sich unwohl dabei, über den Tod zu sprechen, und noch viel weniger wollen sie darüber reden, welchen Weg ein Patient zwischen der Diagnose und dem Tod zurücklegen wird. Fairerweise muss man sagen, dass jeder Sterbeprozess anders verläuft. Ärzte, sogar Hirnspezialisten, wollen bei jedem Patienten möglichst wenig Zeit aufwenden, weil im Wartezimmer noch mehr leidende Menschen sitzen. Manchmal kann man ein vielschichtiges medizinisches Problem nicht in einer Reihe von fünfzehn- bis dreißigminütigen Terminen erklären. Ich wünschte mir, die Ärzte hätten mehr Zeit für Brittany gehabt oder uns wenigstens Literatur über Hirntumore gegeben oder eine CD mit grundlegenden Informationen über mögliche Behandlungen und ein Video über mögliche Nebenwirkungen gebräuchlicher Medikamente und wie man am besten mit ihnen umging.

Sollte man Familien, die einen unheilbar erkrankten, geliebten Menschen pflegen, nicht eine Art Beratung und Schulung empfehlen und zugänglich machen? In unserem jetzigen Gesundheitssystem konzentriert sich der Arzt in seiner begrenzten Zeit auf den Patienten, wie es auch sein sollte. Doch damit werden die Familien auf ihre Rolle in der Pflege weder vorbereitet noch geschult. Unsere ganze Familie war krank, nicht nur Brittany. Wir bemühten uns alle nach Kräften, für Brittany zu sorgen. Aber neurokognitive Veränderungen sind kompliziert. Brittany zeigte neben ihrem aggressiven und impulsiven Verhalten sehr viel Negativität. Dazu kamen Depressionen und Wut. In vielerlei Hinsicht waren die emotionalen Veränderungen, die sowohl Britt als auch die Menschen, die sie liebten und umsorgten, durchmachten, das Schwerste. Die Krampfanfälle waren beängstigend, aber die Gefühlsausbrüche auch.

Letztendlich hatte ich den Eindruck, dass jede Familie im Grunde allein mit dem Tod fertigwerden musste – egal, wie ihr geliebter Mensch starb. Mein Vater wurde ein Jahr lang in einem Hospiz gepflegt, und mit ihm fühlte ich mich genauso allein und im Dunkeln gelassen – wenn auch auf völlig andere Art. Unabhängig davon, wie wir im amerikanischen Gesundheitssystem sterben, es wird nicht genug getan, um uns über diesen Prozess aufzuklären.

Hätte ich offen mit Brittanys Ärzten gesprochen, hätte sie mich von allen weiteren Arztterminen ausgeschlossen. Hätte ich gewagt, mich über ihre Wutausbrüche zu äußern, hätte sie es als größten Verrat betrachtet. Natürlich stand es Ärzten auch nicht wirklich frei, mit den Eltern erwachsener Patienten heimlich zu telefonieren. Und im Internet war wenig darüber zu finden, wie sich Hirntumorpatienten verhielten, wenn ihr Tumor wuchs. Wer es wusste, wollte es wahrscheinlich nicht noch einmal durchleben, indem er darüber schrieb. Gary und ich lasen wirklich viel, und trotzdem hatten wir nicht das richtige Handwerkszeug, um diesem komplizierten gesundheitlichen Problem unserer Tochter richtig zu begegnen.

Nach Brittanys Tod las ich einen Artikel, in dem der Ehemann einer Krebspatientin schilderte, wie sich seine Frau am Ende ihres Lebens verhalten hatte, als das Dilaudid, das Brittany auch nahm und das um ein Mehrfaches stärker war als Morphium, die Signale zwischen dem Verstand seiner Frau und ihrem Körper gestört hatte. Weinend las ich seinen offenen und ehrlichen Bericht darüber, wie er sich neben seine Frau gelegt und sie ihn stundenlang beschimpft hatte, weil Angst, Medikamente und die Krankheit ihre Wut schürten. Er schrieb, sie habe nur noch Mayonnaise essen wollen, und er habe Angst gehabt, er würde am Ende völlig erschöpft selber sterben, während sie ihn anschrie, er solle ihr Mayonnaise besorgen. Ich weinte um ihn, um seine Frau und um ihren treuen Freund, aber ich weinte auch, weil ich zum ersten Mal etwas gelesen hatte, das diese Mischung aus Chaos und Kummer, die ich erlebte, seit ich Britt umsorgte, wenigstens zum Teil einfing. Meine Tränen entsprangen einer eigenartigen Kombination aus Traurigkeit und Erleichterung. Ich war nicht allein. (Der Bericht findet sich hier: http://www.esquire.com/lifestyle/a34905/matthew-teague-wife-cancer-essay/)

Bevor ich einen Termin bei dem Therapeuten vereinbaren konnte, den mir die Sozialarbeiterin empfohlen hatte, flog Britts Freundin Maudie zu uns. Es sollte ein kurzer Besuch werden, weil sie nach den Flitterwochen in ihre urologische Praxis zurückkehren musste. Ich freute mich über ihre Gesellschaft. Vielleicht würde Brittany mich ein paar Tage lang nicht ausschimpfen.

Britt saß auf dem Beifahrersitz und Maudie hinten, nachdem wir sie vom Flughafen abgeholt hatten. Die beiden Mädchen unterhielten sich angeregt.

Dann stieß Britt meinen Arm an. »Mom, wo zum Teufel willst du hin?«

Ich zeigte auf ein Schild, das sagte, wir könnten auf die Schnellstraße fahren.

»Dreh verdammt noch mal um. Du bist schon so oft zum Flughafen gefahren und kennst den beschissenen Weg immer noch nicht?«

»Aber auf dem Schild steht …«

»Scheiße, dreh um!«, schrie Brittany mich an. »Dreh verdammt noch mal um!«

Mir brannten Tränen in den Augen. Ich fühlte mich schrecklich gedemütigt. »Willkommen in Portland, Maudie«, meinte ich mit einem Blick über die Schulter. Ohne ein weiteres Wort fuhr ich nach Hause.

Obwohl ich in Portland bleiben musste, um meine Tochter zu versorgen, beschloss ich, eine Auszeit zu nehmen, während Maudie da war.

Als wir zu Hause ankamen, wollten die Mädchen essen gehen. »Hier sind die Schlüssel. Maudie kann fahren«, erklärte ich Brittany und fügte hinzu: »Ich lasse mich nicht mehr anschreien. Wenn das noch mal passiert, werde ich mich aus der Situation zurückziehen.«

»Ja, toll, es geht ja auch nur um dich, Momma. Der

war echt gut«, brüllte Britt mir nach, als ich die Treppe hinaufstieg.

Während die Mädchen unterwegs waren, schaffte ich meinen Schreibtisch nach oben in mein Schlafzimmer. So konnte ich Mails schreiben, ohne Brittany über den Weg zu laufen. Ich versteckte mich vor der rasiermesserscharfen Zunge meiner Tochter, wenigstens, bis ihre Freundin wieder abreisen musste.

Am nächsten Morgen gingen die Mädchen in der Nähe wandern. Nachmittags luden sie mich ein, mit ihnen zu essen, aber ich lehnte ab. Ich hielt mich außer Sichtweite und überließ den Mädchen das ganze Haus.

Am Morgen des 16. August fuhren die Mädchen zum Trillium Lake. In den Nachrichten drehte sich alles um Robin Williams, der sich fünf Tage zuvor das Leben genommen hatte. Ich konnte mir nicht vorstellen, dass ein Mensch, der so viel Lachen in die Welt getragen hatte, in Wahrheit schrecklich traurig war.

Ich hatte kein Auto, aber Ruhe und das Haus für mich allein. Ich beschloss, die Wäsche zu machen. Als ich die Sachen aus dem Trockner holte, musterte ich unwillkürlich die mächtigen Balken der Kellerdecke. Sie waren schon seit fast hundert Jahren dort und eigneten sich perfekt dazu, sich an ihnen zu erhängen. Der Gedanke war einfach plötzlich in meinem Kopf, nicht anders als die Frage, aus welchem Holz sie wohl bestanden. Es war ein ganz normaler Gedanke.

Jedes Mal wenn ich in den Keller ging, dachte ich ein wenig mehr über diese Balken nach. Sie waren nicht besonders hoch, aber hoch genug. Ich sah mir das grobe Seil an, das im Keller aufbewahrt wurde. Wie wäre es mit Leder? Diese Gedanken kamen, ohne dass mein Herz schneller schlug, ohne dass mir Schweiß auf die Oberlippe trat. Während ich die Wäsche einräumte, musterte ich die Gürtel in Garys Kleiderschrank. Gary rief an. Ich erzählte ihm, dass ich Britt mit Maudie allein ließ und in meinem Zimmer blieb, wenn sie im Haus waren.

»Ich bin auf dem Weg, Schatz. Lass dich nicht hängen«, sagte er.

Ich legte auf und fand die Bemerkung extrem komisch nach all dem, was ich mir gerade ausgemalt hatte. Ich beschloss, meinen kleinen CD-Player mit nach draußen zu nehmen, mich auf die Bank am Picknicktisch zu legen und Musik zu hören. Vielleicht würde mir die Sonne guttun.

Ich hörte nicht, dass sie zurückkamen.

Über die Musik hinweg brüllte Britt mich an. Ich drehte die Lautstärke herunter und setzte mich auf. Britt stand mit einem Glas in der Hand auf der Veranda hinter dem Haus.

Sie sagte, ich sei ein durchgeknalltes Miststück. Es sei ihr total peinlich, dass ich mit Maudie weder gegessen noch etwas unternommen hatte. »Meine Freunde glauben, du würdest jetzt völlig durchdrehen«, fauchte sie und lief auf der Veranda auf und ab. Ich ließ sie eine Weile wüst schimpfen, und dann antwortete ich so laut, dass sie mich trotz ihrer zermürbenden Beleidigungen verstand.

»Ich erklär dir jetzt mal was: Ich bin deine Mutter, und ich liebe dich, ich werde dich immer lieben, aber ich dulde nicht, dass du mich so beschimpfst.«

Brittany blieb stehen und starrte mich an, als wäre ich das Widerlichste, was ihr je unter die Augen gekommen war. »Ach ja, deine Rolle als *Mutter*. Wir wissen ja wohl alle, dass du da nicht gerade einen Homerun geschlagen hast.«

Das saß. Als hätte sie mir ein Messer in den Bauch gerammt. Ich legte mich wieder hin, das Gesicht der Sonne zugewandt.

»Verschwinde! Hau ab! Du darfst nicht zu meinem Tod kommen! Ich streiche dich von der Liste für meine Beerdigung!« Ich hörte ihr Geschrei, aber ihr zorniges Gesicht konnte ich nicht mehr erkennen. Tränen rannen mir in die Ohren, was sich scheußlich anfühlte. Seltsamerweise konnte ich nur noch daran denken, wie mein zweiundneunzig Jahre alter Vater einen Countrysong darüber sang, dass jemand auf dem Rücken lag und weinte.

»Ich will dich bis zum Oktober nicht mehr sehen – wenn überhaupt noch mal!«, wütete Brittany weiter. »Meine Freunde halten dich für psychotisch. Und übrigens verbiete ich dir, ihnen *jemals* zu schreiben. Such dir verdammt noch mal eigene Freunde!«

Gary würde im Laufe des Abends ankommen. Ich sagte mir, bis dahin könne ich durchhalten.

Kaum hatte Gary einen Fuß ins Haus gesetzt, stürzte Britt sich schon auf ihn.

»Warum hast du nicht auf meine Nachrichten geantwortet?«, blaffte sie.

Mein Mann hob die Hand. »Mit diesem Tonfall kommst du vielleicht bei allen anderen in deinem Leben weiter, aber nicht bei mir, junge Dame.« Er wollte die Treppe zu mir nach oben steigen.

»Warum hast du mir nicht geantwortet?«, wiederholte sie lauter.

Gary blieb stehen und drehte sich um. »Wenn du sagst, ich soll springen, frage ich nicht, wie hoch, Brittany.«

»Du bist doch nur ihr Handlanger!«, brüllte sie Gary hinterher.

Nachdem ich Gary erzählt hatte, was in den letzten Tagen geschehen war, holte er sein Laptop hervor und buchte mir für den nächsten Tag einen Flug nach Hause. »Du musst hier raus. Ich bringe Maudie zum Flughafen und bleibe dann bei Brittany.«

Mein Mann zog ein grimmiges Gesicht. Ich legte ihm eine Hand an die Wange und schaute ihm in die blauen Augen.

»Schätzchen, ich glaube, Brittany will dich so runterziehen, dass du mit ihr gehst«, sagte er.

Ich ließ den Kopf hängen und schluchzte. Ich gestand ihm, was ich über die Balken im Keller gedacht hatte.

Gary kniff sich in die Nase, und seine Augen wurden feucht. »Hör mal. Ich bin ja kein Psychiater, aber ich habe den Eindruck, dass Brittany die Menschen, die sie am meisten liebt, auch am tiefsten verletzt. Vielleicht ist das ihre Art, sich von dir zu lösen. Wenn sie auf dich wütend ist, fällt es ihr nicht so schwer, dich zu verlassen.«

An diesem Abend schrieb ich meinen beiden Schwestern folgende Mail:

Ich wurde hinausgeworfen. Mir wurde mehrfach gesagt, ich solle »verschwinden«. Ich bin wahrscheinlich »zu ihrem Ableben ausgeladen«. Merkwürdigerweise wurden diese jüngsten heftigen Beschimpfungen durch meine Weigerung ausgelöst, mich vor Dritten beleidigen zu lassen. Ich habe keinen Rückzieher gemacht. Ich erwartete eine Entschuldigung und wenigstens eine Andeutung, dass diese Schimpftiraden in meine Richtung gezügelt werden. Ich weiß, dass sie gezügelt werden können, weil NUR Dan und ich derart von ihr angegangen werden. Mir wurde keinerlei

Reue gezeigt, kein Anzeichen für den Versuch, dieses Verhalten zu ändern. Als ich mich nicht mehr als Schießscheibe zur Verfügung stellte, wurde mir verkündet, Britts Freunde sähen mich am Rand eines Nervenzusammenbruchs. Also reise ich morgen ab. Gary bleibt, bis ein Freund oder Dan kommt.

Donna antwortete:

Was ihr beide, du und Britt, durchmacht, ist schier unglaublich, eine schreckliche Situation, die man erst einmal begreifen und verinnerlichen und mit der man fertigwerden muss. Sammel dich. Gib dir die Möglichkeit, durchzuatmen, Kraft zu schöpfen aus den Monaten voller Freude, die ihr miteinander erlebt habt. Zu trauern.

Sarah antwortete:

Ich habe oft an dich gedacht, und es tut mir so leid, dass dein Leben in einem solchen Aufruhr ist. Sie tut mir auch schrecklich leid, denn auch wenn sie sich für kurze Phasen zusammenreißen kann, wenn ihre Freunde da sind, gelingt es ihr offenbar nicht, ihre Gefühle in den Griff zu bekommen. Sie muss so voller Wut sein. Lass dich von Gary umsorgen!

Früh am nächsten Morgen verließ ich das Haus. Weinend schlich ich an Britts geschlossener Zimmertür vorbei. Und ich weinte den ganzen Weg über, als Gary mich zum Flughafen fuhr.

»Deb. Brittany hat mir gestern Abend erzählt, dass sie

den gesamten nächsten Monat mit Freunden ausgebucht ist. Maudie war nur die Erste in einer ganzen Reihe«, meinte er.

»Das wusste ich gar nicht.« Ich beobachtete den Verkehr, der sich zentimeterweise vorwärtsbewegte.

»Zum Teil hat sie dich auch rausgeworfen, weil sie unsere Zimmer für Brittanys Bed and Breakfast braucht. Und dir wird es guttun, mal deine Rolle als Gastwirtin, Chefköchin und persönlicher Wäscheservice abzulegen, die du für diese Parade von Besuchern gespielt hast.«

»Es ist wirklich viel Arbeit«, flüsterte ich.

»Also, Amber kommt für fast eine Woche, und danach haben sich vier andere Freundinnen angekündigt.«

»Das ist alles schon verabredet?«, fragte ich überrascht. Wenigstens würde sich Britts Stimmung bessern, wenn sie Besuch von Gleichaltrigen bekam.

»Ja. Schätzchen, du musst nach Hause fliegen und Britt einen Monat mit ihren Freundinnen allein lassen. Du hast jetzt lange genug die Stellung gehalten.«

24
Freier Vogel

2011, siebenundzwanzig Jahre alt

»Vögel haben Flügel, sie sind frei; sie können überall hinfliegen, wann immer sie wollen. Sie sind so ungebunden, dass viele Menschen sie darum beneiden.«

Roger Tory Peterson, Field Guide to Birds of Eastern and Central North America

Nach unserem randvoll aktiven Weihnachtsurlaub mit »Brash« in Colorado waren alle bester Stimmung. Brittany hatte zu Weihnachten einen Brotbackautomaten bekommen und war im Küchenhimmel. Ende Januar feierten Britt und Cash ihr Einjähriges.

Die Fulbright-Kommission schlug Brittany für ein zehnmonatiges Stipendium in Nepal vor, aber sie schmiedete lieber eigene Pläne. Sie kontaktierte mehrere Waisenhäuser und beschloss, für vier Monate allein nach Kathmandu zu fliegen.

Gary und ich bestanden darauf, dass sie eine Wohnung in einem abgesperrten, bewachten Wohnhaus mietete. Wir besprachen unsere Ängste und Sorgen, wobei wir wussten, dass Britt mit oder ohne unsere Zustimmung nach Nepal reisen würde. Sie war ein freier Vogel und würde fliegen, wohin sie wollte. Wir konnten sie höchstens dazu bewegen, sich eine sichere Bleibe zu suchen.

Brittany sammelte Kleidung, Schuhe und andere Spenden für die Waisen. Sie drängte Cash, ihr zu helfen, damit sie die mehrere Hundert Pfund schwere Sammlung nach Kathmandu bekam. Allerdings war Cash beruflich voll eingespannt und hatte nicht viel freie Zeit, in der er sie bei dem komplizierten Versand unterstützen konnte.

Schluchzend rief Brittany mich an. »Momma, Cash hat mich richtig angebrüllt.«

Sofort wurde ich kribbelig. »Geht es dir gut?«

»Er hat gesagt: ›Brittany, warum zum Teufel kannst du nicht einfach glücklich sein?‹«

Der Schmerz schnürte mir das Herz zu. Gary und ich hatten schon so oft beim Abendessen über genau diesen Gedanken diskutiert. Egal, was wir ihr kauften, wohin wir mit ihr reisten, wie innig wir sie liebten – sie war nie zufrieden. Britt schien einfach nicht zur Ruhe zu kommen und akzeptieren zu können, dass sie hübsch und klug war und geliebt wurde. Ihre Gier nach Aufmerksamkeit, ihre Rastlosigkeit und dieser unaufhörliche Wunsch nach mehr glichen einem gähnenden Abgrund. Mein Mann und ich wussten, dass das Glück aus dem Inneren kam, nicht von einem Freund oder Partner und auch nicht von Gegenständen. Mit Mitte zwanzig war Britt offenbar nach wie vor davon überzeugt, glücklich sein sei etwas, das andere ihr geben oder nehmen konnten. Sie hatte noch nicht die Verantwortung für ihr Glück übernommen.

»Brittany, du und Cash werdet doch nicht handgreiflich, oder?« Sie klang so traurig, dass ich Sorge hatte, er könne sie geschlagen haben.

»Cash würde mir niemals etwas antun.« Ihre Stimme kippte, und sie schluchzte wieder. »Aber er hat gesagt, dass unsere Beziehung nicht funktioniert. Es ist vorbei«, jammerte sie. Ich glaube, bisher hatte noch keiner von Britts Freunden die Beziehung beendet. Sonst war sie es immer, die Schluss machte. Aber hatte sie es denn nicht kommen sehen? Gary und ich fanden schon länger, es würde etwas kriseln, selbst bei dem unterhaltsamen Programm zu Weihnachten.

Mein Beschützerinstinkt meldete sich mit Macht. Ich suchte auf Craigslist ein paar kostenlose Kartons, sagte Britt, sie solle ihre Freundin Nina anrufen und ich würde bald da sein. Zu dritt packten wir all ihre Sachen im Handumdrehen ein. Wir luden die Kartons und die Möbel in einen gemieteten Lieferwagen, fuhren nach Süden und verstauten alles in unserer Garage, was bedeutete, dass Gary sein Auto draußen parken musste. Britt und ich zogen ihn damit auf. Es sei schon wirklich hart, meinten wir, in Südkalifornien von Februar bis Juni draußen parken zu müssen.

Brittany trauerte ihrer Beziehung nach. »Ich liebe ihn immer noch«, weinte sie an meine Schulter gelehnt. »Ich hatte noch nie mit einem anderen Menschen so viel Spaß.«

Ich tätschelte ihr den Rücken. »Unsere Herzen kann man nicht an- und abdrehen wie einen Wasserhahn. Natürlich tut es eine Weile lang weh.« Ich fragte mich, ob es je einen Mann geben würde, mit dem Brittany auf Dauer genug Spaß haben würde. Ich machte mir Sorgen, meine Tochter könnte eine Persönlichkeitsstörung haben, die nicht zuließ, dass sie jemals wirklich zufrieden war. Gary und ich hatten darüber gesprochen, dass Britt einen geduldigen Mann bräuchte. Natürlich dachten wir keinen Moment lang daran, Britts Unfähigkeit, glücklich zu sein – ihre »filterlose« Art zu kommunizieren, ihre taktlose Angewohnheit, mit verletzenden Kommentaren herauszuplatzen, ihr schwindendes Mitgefühl mit den Menschen, die sie liebten, während sie gleichzeitig für die wohltätigen Angelegenheiten wildfremder Leute oder verletzte Tiere größte Anteilnahme aufbrachte –, könnte die Folge eines Hirntumors sein.

Bei aller Trauer über die zerbrochene Beziehung unternahm sie den ganzen Tag über etwas. Ihr blieben nur wenige Wochen Zeit, um ihren Liebeskummer zu überwinden, bevor sie in ein Flugzeug nach Kathmandu steigen würde. Britt sah sich nach warmen Cargohosen und Stiefeln um. Sie buchte eine zweiwöchige Führung über den Annapurna Circuit und mietete eine bewachte Wohnung.

Am 1. März 2011 flog Britt vom Flughafen Los Angeles ab, und für Gary und mich begannen drei Monate voll pausenloser Sorgen und Gebete für ihre Sicherheit. Bella blieb für eine Weile bei uns, bis Dan sie abholte.

Da wir wussten, dass Britt immer noch Kontakt zu Cash hatte, waren wir ein wenig überrascht, Dan wiederzusehen. Als Dan mit dem Hund wegfuhr, meinte Gary: »Ich habe das Gefühl, dass Dan wieder einen Zeh in die Tür bekommen hat.«

Brittany begann ein Blog zu schreiben, um uns über ihre Reise nach Kathmandu auf dem Laufenden zu halten: http://brittanygoestonepal.blogspot.com/

Die Liebe und das Leben in solcher Armut, die erbarmungswürdigen Bettler, die sich ein Dasein aus Müll zusammenklaubten und zwischen den Autos hin und her huschten, hinterließen einen tiefen Eindruck bei ihr. Sie erkundete die Stadt, machte einen Gleitschirmflug über das Kathmandutal und fing sich zwei Lebensmittelvergiftungen ein, die zweite auf der Wanderung über die Annapurna-Gebirgskette. Die Tour führte über schwierige Wege, durch Dschungel, Reisfelder und über schneebedeckte Berge. Britt erkundete kleine Dörfer und überlebte einen heftigen Schneesturm und eine Lawine.

Ein Eintrag in ihrem Blog macht mich unglaublich traurig, wenn ich ihn heute lese:

Entlang der Route sind mir hin und wieder Paare in den Sechzigern und Siebzigern aufgefallen, die sich Zeit nahmen und neue Gegenden erforschten. Wie wunderbar, wenn man in diesem Alter noch reist und wandert… Ich hoffe sehr, dass mein zukünftiger Mann und ich auch so ein Paar werden, das noch in jedem Alter im Urlaub durch Asien zieht.

Nach der Wandertour arbeitete Britt ehrenamtlich im Waisenhaus Bal Mandir, in dem es über zweihundert Kinder und viel zu wenig Mitarbeiter und Vorräte gab. Im Säuglingszimmer standen reihenweise Bettchen mit Kindern, um die sich nur eine Handvoll Frauen kümmerten. Kleinkinder liefen nackt und ohne Aufsicht herum. Britt hielt die Babys stundenlang im Arm und fütterte sie. Und sie sprang beim höchsten Brückenswing der Welt hundert Meter in die Tiefe. Am 18. April schrieb sie:

Hier in Nepal zu leben… und all diese unglaublich zähen Kinder kennenzulernen war die schönste Erfahrung meines Lebens. Obwohl sie allerlei Tragödien erlebt haben, können sie sich immer noch über so vieles freuen.

Am 29. April fasste Britt ihre Reise zusammen:

> *Hey, Mom… hab dich lieb, vermisse dich. Danke, dass du mir als Kind so viel Liebe geschenkt hast, dass du mich vor Schaden bewahrt und mir beigebracht hast, wie wichtig Mitgefühl mit anderen ist. Du warst immer ein Vorbild, wenn es um Toleranz ging, um Anteilnahme und Liebe und darum, für das Richtige einzutreten.*

Meine schwierige Tochter, die einen manchmal zur Weißglut treiben konnte, hatte in den ganzen letzten Jahren nach Liebe gesucht. Brittany war ein Mädchen zum Heiraten. Sie wollte Kinder haben, was mir und Gary so sonnenklar war, dass wir beim Kauf unseres Hauses schon an Enkel dachten und uns für ein Anwesen mit einem Pool und reichlich Platz für gemütliche Besuche entschieden.

Wenn ich mich mit meiner leidenschaftlichen Tochter austauschte, wurde mir klar, dass sie weiter nach einem Mann suchte, den sie lieben konnte. Sie suchte jemanden, der sie so liebte, wie sie war, der sie glücklich machte. Auf der Suche nach Liebe war sie zur Weltbürgerin geworden. Brittany hatte ihr Herz den Benachteiligten geöffnet. Sie setzte sich für Menschen ein, die abgeurteilt, abgelehnt oder verachtet wurden, weil sie anders waren. Ich war stolz darauf, dass ich zu einem Umfeld beigetragen hatte, in dem ihr Herz wachsen und sich weiten konnte.

Am 5. Mai flog Brittany mit einer anderen jungen Ehrenamtlichen aus dem Waisenhaus von Kathmandu nach Thailand. Britt besuchte mehrere Städte und unternahm zwei Tauchgänge im offenen Meer, aber die anschaulichsten Geschichten erzählte sie über ihre ehrenamtliche Arbeit in einem Elefantenreservat in Thailand.

Das Schutzgebiet wurde von einer britischen Wohltätigkeitsorganisation unterhalten. Meine Tochter assistierte an sechs Tagen in der Woche einem Mahut, einem Elefantenführer. Sie badete und wusch ihre Schützlinge jeden Tag im Fluss und reinigte ihre Gehege. Britt zahlte eine bescheidene Summe für Unterkunft und Verpflegung und teilte sich mit ihrer neuen Freundin einen Bungalow. Jeden Morgen standen die beiden um halb sieben auf, um Ananas, Mais, Bananen oder Zuckerrohr zu ernten und das Futter klein zu hacken und ein ganzes Stück weit zu ziehen. Die Elefanten eroberten Brittanys Herz. Sie liebte die beseelten Blicke, mit denen die Tiere Menschen ansahen, und sie beobachtete immer wieder gerne, wie sie mit ihren Rüsseln etwas aufhoben.

Als Brittany nach Hause zurückkehrte, war sie erschöpft und hin- und hergerissen, weil sie nicht wusste, was sie als Nächstes tun sollte. Fast direkt im Anschluss fuhren wir zu einem kurzen Familienurlaub nach Montecito, Kalifornien. Dort suchte sie im Internet nach einer freien Lehrerstelle irgendwo in Kalifornien, aber durch die Haushaltskürzungen im Bildungssektor lag der Arbeitsmarkt nach wie vor brach. Es wurden sogar scharenweise Lehrer entlassen, die keine Anstellung auf Lebenszeit hatten. Britt beschloss, sich auf den LSAT vorzubereiten, den Zulassungstest für das Jurastudium, und sich eine Wohnung in Oceanside zu suchen, nicht allzu weit von unserem Haus entfernt. Sie fand eine Mitbewohnerin, mit der sie sich die Kosten teilen konnte, und die beiden ergatterten eine Wohnung mit Blick auf den Pazifik. Bella würde bei Dan bleiben, weil Hunde dort nicht erlaubt waren.

In diesem Sommer gelang es Britt, fleißig zu lernen, ein paar Tauchgänge einzuplanen, eine Handvoll Männer kennenzulernen und mit Stehpaddeln anzufangen. Am 4. September machte sie spontan einen Fallschirmsprung.

Britt bestand ihre erste LSAT-Prüfung und schnitt besser ab als neunzig Prozent der Prüflinge. Sie war von dem Ergebnis enttäuscht, obwohl ihr von einigen der vierzehn juristischen Fakultäten, bei denen sie sich beworben hatte, Vollstipendien angeboten wurden. Da fragt man sich, wie sie ohne den Hirntumor abgeschnitten hätte.

Nebenbei füllte Brittany einen Antrag aus, um meinen Mädchennamen Ziegler anzunehmen. Sie war bereit, ihren alten Namen für immer aufzugeben. Wir planten zusammen eine Reise nach Griechenland, ein Mutter-Tochter-Abenteuer. Ich organisierte alles minutiös und voller Hoffnung, meiner Tochter wieder näherzukommen. Ich wünschte mir sehnlichst, Britt möge erkennen, dass allein sie die Entscheidung treffen konnte, glücklich zu werden. Diese Reise sollte meiner Tochter helfen, sich der Frage zu stellen, die sie offensichtlich quälte. Sie hatte einen Bachelor und einen Master und trotzdem keine erfüllende Arbeit oder auch nur eine Vorstellung, was sie tun könnte, außer zu unterrichten – wozu sie in einen anderen Staat hätte ziehen müssen. Was wollte sie aus ihrem Leben machen? Womit wollte sie ihren Lebensunterhalt verdienen?

Unser Flug nach Griechenland ging genau an dem Tag, an dem in Athen eine neue Regierung gebildet wurde. Meine Mum rief mich an, als wir am Flughafen warteten. »Sagt die Reise ab. Die Lage ist viel zu unruhig. Du lässt dich von Brittany mit ihren riskanten Reiseplänen anstecken.«

»Wir fliegen nach Griechenland, nicht nach Somalia. Da passiert nichts. Hab dich lieb. Ich muss jetzt los.«

Es dämmerte, als wir in unserem Hotel in Athen eincheckten. Der Mann am Empfang meinte, wir sollten sofort Gary anrufen, und wir verdrehten beide die Augen. Wahrscheinlich hatte der Schwarzseher von den Streiks und Unruhen gehört.

Als wir die Fenstertüren unseres Balkons öffneten, verflog unsere Erschöpfung, und wir vergaßen vollkommen, dass wir uns bei Gary melden sollten. Vor uns auf der Akropolis, hell erleuchtet vor dem tiefschwarzen griechischen Himmel, stand der Parthenon – ein unglaublich dramatischer, ehrwürdiger und überirdischer Anblick. Britt und ich raunten vor Bewunderung.

»Ich habe ein Abendessen auf der Dachterrasse gebucht.« Ich schaute sie an, und wir lächelten.

Das Telefon klingelte. Ich lief hin, und Brittany meinte: »Wir haben Gary gar nicht angerufen.«

»Gary. Mein Gott, der Parthenon. Es ist beinahe zum Anfassen nah. Und er ist hell erleuchtet!« Ich ließ meinen Mann gar nicht zu Wort kommen. »Wir wollen gerade zum Abendessen auf die Dachterrasse.«

Britt stand auf dem Balkon, und ich bewunderte den Tempel, als Gary sagte: »Deb, deine Mutter ist bei einem Autounfall gestorben. Ihr müsst sofort kommen. Ich habe versucht, dich in Paris zu erwischen, aber…«

Mir fiel der Hörer aus der Hand. Ich sank zu Boden und rollte mich auf dem Teppich zusammen. Ich weiß noch, dass ich überlegte, woher zum Teufel dieses schreckliche Geräusch kam. »Nein… nein… nein!«

Brittany nahm das Telefon. »Gary, wir können nicht einfach kehrtmachen und den ersten Flug nach Hause nehmen. Momma muss sich erst mal eine Nacht ausruhen. Warte mal, es ist jemand an der Tür.«

Vom Boden aus bemerkte ich, wie Brittany die Tür öffnete, und hörte einen Mann fragen: »Ist alles in Ordnung?«

»Wir haben nur gerade etwas sehr Schlimmes erfahren. Es geht gleich wieder.«

Bestimmt hatte er das gleiche entsetzliche Geräusch gehört wie ich … dieses Heulen und Schreien einer Frau.

Britt kam mit dem Telefon in der Hand zu mir und bückte sich. »Momma! Atme. Sei nicht so laut. Sonst fliegen wir noch aus unserem Zimmer.«

Langsam begriff ich, dass dieses scheußliche Geräusch von mir stammte. Ich hielt mir den Mund zu. »Sprich nie schlecht über deine Mutter«, erklärte ich. »Ich wünschte, ich hätte nie etwas Negatives über sie gesagt.«

»Kannst du mit Gary reden?« Sie reichte mir das Telefon.

»Wir fliegen morgen Nachmittag zurück. Mum ist tot. Das ändert sich auch nicht, wenn wir jetzt den nächsten Flug nehmen. Wir müssen uns ausruhen.« Ich legte auf. Dann folgte eine Reihe von Anrufen. Mein Bruder. Meine Schwestern.

»Britt«, fragte ich, »kannst du dafür sorgen, dass wir nach Dallas kommen? Ich kann gerade nicht klar denken.«

»Keine Sorge, Momma. Ich kümmere mich schon darum. Aber du musst nichts bereuen. Du hast deine Mutter gut behandelt, und sie war manchmal ein totales Miststück.«

»Ich muss nichts bereuen«, wiederholte ich leise.

Wir flogen zur Beerdigung nach Dallas, und danach nahm ich meinen Vater mit zu mir nach Kalifornien.

Britt feierte Thanksgiving mit ihrem Großvater bei mir zu Hause, und schon wenige Tage später machte sie sich auf den Weg nach Tokio, Singapur, Laos und Vietnam. Sie traf sich mit der jungen Frau, mit der sie schon ins Elefantenreservat gereist war. Ich konnte mir schlicht keine Sorgen machen. Ich musste meinen neunzigjährigen Vater versorgen, und Gary wurde allmählich klar, dass ich unter dieser Last zusammenbrach. Wir sahen uns nach einer Einrichtung für betreutes Wohnen um.

Sowohl mein Vater als auch ich waren stark depressiv. Man bekam ihn kaum aus dem Bett. Und meine Mutter war zwar schwierig gewesen, aber deshalb hatte ich sie nicht weniger geliebt. Ich musste immer wieder daran denken, dass sie aus dem Auto geschleudert worden war. War sie bei Bewusstsein gewesen? Als die Sanitäter eintrafen, hatte sie noch gelebt. Hieß das, dass sie gelitten hatte?

Ich konnte es nur einen Tag nach dem anderen angehen und dabei beten, dass Brittany nichts zustieß.

Brittany nahm bei zweiunddreißig Grad an einem Marathon in Angkor Wat teil. Die Einheimischen standen an der Strecke und betrachteten die verrückten Amerikaner, die durch die brütende Hitze rannten. Am 1. Dezember postete Britt ein Selfie mit einer Schlange um den Hals. Sie rief uns an und erzählte, sie und ihre Freundin seien in Laos mit Fahrrädern übers Land gefahren und hätten eine riesige Höhle erkundet, in der sonst kein Mensch war. Gary verlor die Beherrschung und sagte: »Manche Sachen sind abenteuerlich, und manche sind einfach nur dumm. Die Höhlentour gehört eindeutig in die zweite Kategorie.« Es wurde ein kurzes Telefonat. Zum Schluss meinte Britt noch so etwas wie, es sei ihr egal, was wir dachten, dieser Tag sei einer der ausnehmend schönsten ihres Lebens gewesen.

Von Laos aus reiste Brittany allein nach Vietnam weiter. Ihre Reiseroute: von Vientiane nach Pakse nach Ho-Chi-Minh-Stadt nach Nha Trang zur Halong-Bucht nach Hanoi.

Mein Vater wurde mitten in der Nacht wach und schleppte Möbel aus seinem Zimmer auf den Flur. Gary und ich waren mit unserer Weisheit am Ende und hatten schreckliche Rückenschmerzen, weil wir ihm jedes Mal ins Bad helfen mussten.

Brittany machte uns unfassbare Sorgen. Sie hatte eine Woche auf einer Dschunke in der Halong-Bucht gebucht, als einzige Passagierin zwischen einer rein männlichen Besatzung. Brittany nippte an ihrem vietnamesischen Kaffee, während der Kapitän die Dschunke geschickt zwischen Kalksteininseln hindurchsteuerte, die von Dschungelvegetation überwuchert waren. Sie schwamm neben dem Boot her und aß ein Festmahl aus frischen Meeresfrüchten, das nur für sie zubereitet wurde. Später beschrieb sie, was für eine Freude es war, in einem kleinen Bambuskahn die Grotten zu erforschen.

Als sie nach Hause kam, hätte ich am liebsten den Boden geküsst.

Und dann wollte Brittany sich plötzlich mit Dan und Bella treffen. Sie beschlossen, das Neujahrswochenende zusammen im Sonoma Valley zu verbringen, einem Weinanbaugebiet.

Gary konnte sein Grinsen nicht unterdrücken. »Ich habe dir doch gesagt, dass Bella nur Mittel zum Zweck war, um den Kontakt zu halten.«

25
Vortrauer ist scheußlich

September 2014

»Es ist mir egal, wie schwierig es ist, mit dir zusammen zu sein. Dich nicht sehen zu können ist noch viel schlimmer.«

Josephine Angelini, Göttlich verdammt

Als ich von Brittany getrennt war, weinte ich oft, ich weinte jeden Tag. Mir war egal, was ich trug oder wie ich aussah. Ich versuchte erst gar nicht, meine Trauer zu verbergen. Der Schmerz hatte sich in mein Gesicht gegraben; mein nackter Kummer war für jeden offensichtlich. Wildfremde Menschen fragten mich, ob es mir gut gehe, woraufhin ich nur von Neuem in Tränen ausbrach. »Nein, mir geht es nicht gut, aber mir kann niemand helfen.«

Jeder Muskel tat mir weh. Ich sagte mir, ich müsse trauern, ich müsse es verarbeiten, damit ich die Mutter sein könnte, die meine Tochter brauchte. Der Kummer, die Tränen, die Tortur zu wissen, was geschehen würde … sie waren endlos. Wenn ich mich gerade wacklig wieder auf die Füße gekämpft hatte, überkam mich Woge um Woge unerträglicher Trauer und warf mich um. Ich wollte mich in sie hineinstürzen, in ihr ertrinken. Ich wünschte mir, die Trauer würde mich umbringen, und an manchen Tagen dachte ich, es würde ihr gelingen.

Ich konnte mich nicht konzentrieren, konnte mich nicht an die Namen von Menschen erinnern, die ich gut kannte, konnte nicht schlafen. Der Traum, in dem mir Britt ein Messer in den Oberkörper drückte, lief in Dauerschleife und quälte mich mehrmals die Woche.

Mein Therapeut sagte mir, ich dürfe keine Entschuldigung erwarten. Ich sollte überlegen, wann Brittany sich zum letzten Mal entschuldigt hatte, und ich konnte mich nicht daran erinnern. Es war Jahre her.

»Den Teil ihres Hirns, der für Entschuldigungen zuständig ist, gibt es nicht mehr. Schon seit einer ganzen Weile nicht mehr, Schatz«, sagte Gary und nahm meine Hand.

Ich dachte an Brittanys Gehirn, daran, dass Teile fehlten und andere Teile von den Tentakeln ihres Tumors durchsetzt und erdrückt wurden.

Manchmal fühlte ich mich wie die schlechteste Mutter der Welt und manchmal wie eine misshandelte Mutter. Am Ende verfiel ich darauf, als therapeutische Maßnahme ein Fotobuch von Brittany und mir zusammenzustellen. Ich beschloss, es rund um das Thema Baseball aufzubauen, weil Brittany mir vorgeworfen hatte, ich hätte als Mutter »nicht gerade einen Homerun geschlagen«. Damit wollte ich meinen Schmerz lindern und gleichzeitig Brittany die Hand reichen.

Der Titel meines Werkes lautete *Homeruns – Mein Leben als Brittanys Mutter*. Auf den Einband kam ein Foto, auf dem ich Brittany einen Kuss gab und sie sich wegzuducken versuchte. Innen bestückte ich es mit niedlichen Bildern von ihr als Kind, mit Aufnahmen von uns beiden im Laufe der Jahre und mit Zitaten, von denen ich fand, sie würden zu den Themen Baseball und Mutterschaft passen.

Unter anderem schrieb ich:

Ich sehe wirklich Parallelen zwischen dem Leben einer Mutter und Baseball. Natürlich wäre es toll, nur Homeruns zu erzielen, aber darauf legen es Profispieler normalerweise gar nicht an. Sie trainieren einfach dafür, den Ball ordentlich zu schlagen, und das können sie beinahe, ohne nachzudenken … Manchmal gelingt ihnen doch ein perfekter Treffer, und dann fliegt der Ball wie eine Rakete, sogar aus dem Stadion hinaus. Ach, einen solchen Moment müsste man mal erlebt haben. Ich glaube, so sehr habe ich als Mutter nie geglänzt. Aber ich habe dafür gelebt, Mutter zu sein. Ich war da, ging es clever an und legte meine ganze Kraft ins Spiel.

Die letzte Seite des Buchs zeigte ein Foto, auf dem ich Brittany etwas in die winzige Ohrmuschel flüsterte, als sie noch klein war. Ich schrieb: »Wie oft habe ich Brittany ›Ich liebe dich‹ ins Ohr geflüstert?«

Ein Exemplar ließ ich zu Brittany nach Oregon schicken; ich hoffte, ich könnte damit ihr Herz erweichen.

Anfang September schrieb ich Brittany eine Mail. Es war ein seltsames Gefühl, in Südkalifornien meinen kränkelnden Vater zu versorgen und es anderen zu überlassen, sich um Britt zu kümmern. Aber ich war sicher, dass ihre jungen, klugen und unverwüstlichen Freundinnen jetzt gerade besser mit Brittany klarkamen, als ich es getan hatte. Es war nicht schön, sich das einzugestehen, es tat sogar richtig weh. Ich schrieb meiner Tochter weiter Mails und versuchte ihr zu zeigen, dass ich sie immer noch genauso liebte, auch wenn sie mich aus dem Haus geworfen hatte.

Einer Sache kannst du dir sicher sein. Ich liebe dich. Ich liebe dich, seit ich deine ersten Bewegungen unter meinen Rippen gespürt habe. Ich verstehe, dass du in dieser Phase deines Lebens bei anderen Menschen mehr Vertrauen und Zuversicht empfindest als bei mir. Ich bin jedem dankbar, der dir so viel Respekt abnötigt – der für dich ein Fels in der Brandung sein kann. Aus irgendeinem Grund verärgern dich die alten ausgedienten Schritte des Mutter-Tochter-Tanzes im Moment besonders. Wenn man jemanden wirklich liebt, dann räumt man den Platz, damit andere, denen es besser gelingt, diesen Menschen beruhigen und trösten können. Was nicht bedeutet, ich wäre nicht in tausend Situationen genau der richtige Mensch gewesen, um für dich zu sorgen. Es bedeutet nur, dass ich es jetzt – in diesem Moment – nicht bin. In den letzten Tagen, bevor ich gefahren bin, ist mir deutlich geworden, dass ich dir lästig und kaum oder überhaupt keine Hilfe war. Ich denke jeden Tag und jede Stunde an dich. Ich bete unaufhörlich.

Am 8. September antwortete Brittany mir.

Ich habe es gerade gelesen und wollte sagen, dass ICH DICH ÜBER ALLES LIEBE, MOM. *Es ist ungerecht … so ungerecht. Deine Mails rühren mich zu Tränen, aber diese Tränen müssen vergossen werden. Es tut mir so leid, dass ich sterbe. Ich bemühe mich so sehr, tapfer zu sein und das Richtige zu tun.*

Ich liebe dich, diese Liebe wird dich IMMER begleiten, nichts kann sie dir je nehmen. Gar nichts.
Deine Tochter
Britt

Nach den Anweisungen, die Britt mir entgegengebrüllt hatte, buchte ich für den 30. September einen Rückflug. Sie hatte gesagt, dass sie mich bis zum Oktober nicht mehr sehen wolle. Ich war überrascht, als sie mir später erklärte: »Alle finden das Buch toll, das du für mich gemacht hast, aber niemand versteht, warum du Zitate über Baseball reingeschrieben hast.« Ich verkniff mir eine Antwort, weil ich merkte, dass Brittany sich möglicherweise nicht daran erinnerte, dass sie gesagt hatte, ich habe als Mutter nicht gerade einen Homerun geschlagen und sie wolle mich einen Monat lang nicht mehr zu Gesicht bekommen, wenn überhaupt noch mal. Das passierte immer wieder: Ich dachte, sie würde ernst meinen, was sie von sich gab, und sie erinnerte sich nicht einmal daran.

Dass ich für meinen Vater nur phasenweise greifbar war, hatte Probleme aufgeworfen. Allerdings hatten auch sein Seh- und Hörvermögen im Laufe des letzten Jahres nachgelassen, und man wusste nicht, was seine Wut und Depressionen tatsächlich ausgelöst hatte. Zwischen den Neuronen seines Hirns waren immer mehr Plaques gewachsen, sie hatten es verhärtet und schrumpfen lassen und seine Demenz ausgelöst.

Vor Brittanys Krankheit hatte ihm meine ständige Anwesenheit Halt gegeben. Ich glaube, er fühlte sich dadurch sicher und gebraucht. Ich kannte jede von Daddys Geschichten und konnte seine Sätze beenden. Zuweilen wusste ich ihm das Gefühl zu vermitteln, er sei noch immer ein wertvolles Mitglied der Gesellschaft – was ihm sehr wichtig war. Ich überzeugte ihn davon, dass er allen Musikern, die im Pflegeheim auftraten, danken musste. Das sei seine Aufgabe, erklärte ich ihm, und bei besonders schönen Liedern sollte er klatschen und »Yippie!« rufen. Die Pflegekräfte bezeichnete Dad als seine »Kollegen« und das Heim, in dem er lebte, als »Firma, in der es sich gut arbeiten lässt«. An jedem Wochentag trug er einen anderen Cowboyhut. Alle sieben Hüte hingen an Haken in seinem Zimmer, und abends, bevor er einschlief, zählte er sie.

Obwohl unsere Freundin Pamela so lieb war, in unser Haus zu ziehen und Daddy jeden Tag zu besuchen, war es mit seiner Gemütslage und seinem Gewicht in den letzten neun Monaten deutlich bergab gegangen. Es war ein Segen, dass ein so fürsorglicher, liebevoller Mensch einsprang und sich um meinen Vater kümmerte, solange wir fort waren, und unter den gegebenen Umständen war Daddys Leben so beständig wie möglich.

Ich bemühte mich wirklich, aber ich konnte meinem Vater mit seinen zweiundneunzig Jahren und dem nachlassenden Gedächtnis nichts vormachen. Ich glaube, er konnte wie jeder andere meine Trauer und meinen Schmerz spüren. Trotzdem wäre es nicht angebracht gewesen, mehr zu sagen als: »Brittany ist krank, und manchmal muss ich zu ihr fahren und mich um sie kümmern.«

Ich versuchte, Daddy zum Essen zu bewegen. Ich machte ihm Schokoladenmilchshakes mit Ensure-Trinknahrung und Eis. Gelegentlich bespuckte oder besprühte er mich mit dem Shake, und ich musste so nach Hause fahren. Alle, die um mich herum Pflege brauchten, schienen auf den Tod zuzusteuern.

Die Besuche von Brittanys Freundinnen behielt ich über Facebook im Auge; ich war im Leben meiner Tochter zur Voyeurin geworden.

Schließlich schrieb ich Brittany eine weitere Mail. Ich wollte ihr das Gefühl geben, dass es in Ordnung war zu tun, was sie tun musste, auch wenn das hieß, mich aus ihrer Nähe zu verbannen.

Meine liebste Tochter! (Diese Worte kommen von Herzen – sie sollen dich nicht aus Schwäche weinen lassen – wenn du weinst, sollen es Tränen der Stärke sein … du bist unglaublich stark.)

Du bist Fleisch von meinem Fleisch, Bein von meinem Bein, eine Seelenverwandte in diesem Universum. Wir kennen uns so gut, und trotzdem sind wir einander in manchen Dingen ein Rätsel. Du bist mein erster Gedanke, wenn ich aufwache. Schon als ich schwanger war, habe ich meinen Bauch berührt und an dich gedacht. Ich habe für deine Sicherheit und dein Glück öfter gebetet als für mich selbst.

Du bist der einzige Mensch, für den ich ohne jedes Zögern mein Leben weggeben würde, nur damit er länger glücklich auf dieser Erde wandeln kann.

Ich möchte deine Seele besänftigen, dir die Stirn glätten, deine Arme, Füße, Schultern massieren. Ich will nicht, dass du meinetwegen wütend oder ängstlich wirst. Wenn du mich brauchst – dann komme ich. Wenn es leichter ist, mit Freunden schöne Dinge zu unternehmen – dann verbring deine Zeit mit Gleichaltrigen, die mit dir Spaß haben und lachen, wie es nur junge Leute tun – und ich komme später.

Es ist kaum auszuhalten. Ja, wir müssen uns ordent-

lich rausputzen und ausgehen. Über alte Erinnerungen lachen. Bei mir, glaube ich, hat sich der Schmerz ins Gesicht gegraben, aber ich werde versuchen, ihn abzuschütteln und ganz »in der Gegenwart« bei dir zu sein.

Du bist schön. Du bist klug. Du gibst anderen so viel. Du bist die mutigste Frau, die ich kenne. Ich dachte, ich hätte schon ziemlich große cojones, aber du bist viel kühner – viel mutiger als ich. Du wirst so sterben, wie du gelebt hast, ohne zurückzusehen – du wirst einfach nach vorn blicken und jedes Hindernis überwinden –, und den Menschen/die Seele erschaffen, die du für die Ewigkeit sein wirst … Ich bin überzeugt, dass deine nächste Reise von Schönheit und Verständnis erfüllt sein wird. Du wirst deine Reisen hier auf Erden betrachten und lächeln. Jeder Teil dieser Welt, den du erkundet hast, hat dich auf die schönste aller Reisen vorbereitet. Davon bin ich von Herzen überzeugt. Darüber bin ich von Herzen froh.

Ich weiß, dass es ungerecht ist. Du bist zu jung. Manchmal muss ich als Erstes daran denken, wie früh du in deinem Leben ein inneres Drängen, ein Wissen gespürt hast. Du hast in weniger als dreißig Jahren mehr Erfahrungen gemacht als die meisten von uns in einem langen Leben. Im Innern deiner alten Seele wusstest du es. Du bist alles mit solcher Begeisterung angegangen … ohne jede Verzagtheit.

Jetzt bereitest du dich auf eine andere Reise vor. Du wirst mit leichtem Gepäck aufbrechen. Dein Körper wird nur noch ein lieb gewonnenes, warmes, weiches Gewand sein, das du gern getragen und von dem du dich nur widerstrebend getrennt hast. So schön und weiblich und stark dein Körper auch war – an deinen furchtlosen Geist reicht er nicht heran. An deinen eisernen Willen; den Willen einer Kriegerprinzessin. Den Willen … es besser zu machen … voranzukommen … mehr zu wissen … mehr zu lieben … mehr zu akzeptieren … dich größeren Herausforderungen zu stellen …

Nichts kann die Flamme in dir zum Erlöschen bringen … auch wenn diese Krankheit es versucht. Du wirst nicht schwinden. Du wirst nicht niedergerungen. Du wirst getragen. Ich werde dich tragen.

Wenn ich als beruhigende, zuverlässige Stütze an deiner Seite sein kann – dann komme ich zu dir. Wenn meine Anwesenheit alten Zorn in dir aufsteigen lässt, möchte ich dir nicht solche Gefühle bringen. Wenn du diese kommenden besonderen Tage, Wochen, Monate planst – weise mir den Platz zu, an dem dein Herz und dein Bauch mich als größten Trost für dich empfinden. Lass mich außen vor, wenn du glaubst, dass meine Trauer eine zusätzliche Belastung für dich wäre. Du brauchst zuweilen gefestigte – unerschütterliche – und vielleicht weniger emotionale Menschen um dich.

Fast dreißig Jahre lang war ich alles für dich, was mir möglich war. Jetzt muss ich darauf vertrauen, dass du in dieser aufreibenden Zeit weißt, was das Beste für dich ist. Ich wünsche dir die Würde, die den Kerngedanken dieser medizinischen Option bildet, für die du dich entschieden hast. Du bist so weise für dein Alter. Es gibt nichts, was ich beweisen muss. Meine Pläne sind nicht wichtig. Von ganzem Herzen will ich dich von jeder Verpflichtung entbinden. Tu, was du tun musst. Im Geiste werde ich bei dir sein, ob wir uns berühren und miteinander reden können oder nicht. Du bist mein letzter Gedanke, wenn der Tag zu Ende geht. Ich bete, dass du eine friedvolle Nacht hast, dass du meine Liebe spürst; ich bete, dass dein Geist für alle Zeiten um mich sein wird. So wie ich dich zwischen lauter Kinderstimmen habe »Momma« rufen hören, werde ich dich in einem Lufthauch hören oder in einem Vogelruf oder in dem Klang des Meeres. Ich sehne mich danach, meinen Körper abzustreifen und mich deinem wandernden Geist anzuschließen. Wir werden nur einen winzigen Augenblick lang getrennt sein. Ich werde deinen Geist unter allen Geistern des Universums erkennen. Er ist Geist von meinem Geist. Auf ewig meine wunderbare Tochter.

Riesenumarmungen und Küsse
Momma

Am 22. September wurde Daddy nach einem Sturz in die Notaufnahme gebracht. Er hatte eine tiefe Kopfwunde erlitten. Ich fuhr so schnell wie möglich hin, um zusammen mit dem Krankenwagen anzukommen. Unwillkürlich dachte ich daran, dass mein Vater und meine Tochter fast gleichzeitig sterben würden. Ende September würde ich nach Portland fliegen, komme, was wolle. Hoffentlich war Daddys Wunde bis dahin verheilt und sein Zustand stabil. Ich hatte etwa eine Woche Zeit. Ich rief meine Schwester an und bat um Hilfe, und Donna willigte ein, herzukommen und Pamela vorübergehend abzulösen. Dadurch konnten Gary und ich ein paar Tage früher fliegen, rechtzeitig zu Brittanys zweijährigem Hochzeitstag am 29. September 2014.

Das Pflegepersonal bedrängte mich. Daddy sollte Hospizpflege bekommen, weil er achtzehn Pfund abgenommen und drei Stürze und mehrere Fahrten in die Notaufnahme hinter sich hatte. Daddys kleine Beine trugen ihn nicht mehr lange genug, um ihn vom Rollstuhl auf die Toilette umzusetzen. Deshalb kam ein so genannter »Hoyer« ins Spiel, ein Patientenlifter, und Daddy hatte verständlicherweise schreckliche Angst, mit dieser Vorrichtung hochgehoben zu werden. Ich konnte ihm einreden, der Hoyer sei eine Erfindung des Army Corps of Engineers, und bald erzählte er seinen Pflegekräften, das Ding sei ein »Armygerät«.

Bevor ich flog, unterschrieb ich die Hospizformulare für Daddy. Es kam mir falsch vor, aber was wusste ich schon? Ich hatte keinen festen Boden mehr unter den Füßen.

26
Bergsteigen und eine Hochzeit

2012–2013, achtundzwanzig Jahre alt

»Heut ist es soweit! Dein Berg wartet auf dich.
Brich zu ihm auf… Du bist bereit!«

Dr. Seuss, Oh, The Places you'll Go!

Anfang 2012 buchte ich für Britt und mich eine Reise. Es ging nach Rom, an die italienische Amalfiküste und nach Österreich. Ich versuchte, unseren abgebrochenen Griechenlandurlaub nachzuempfinden, aber für Griechenland waren wir noch nicht bereit. Die Erinnerungen an den Tod meiner Mutter schmerzten noch zu sehr. Brittany schlug vor, Gary solle uns begleiten. Außerdem fragte sie, ob Dan für ein paar Tage mitkommen könne, und ich sagte, ja, natürlich.

Daddy hielt mich so sehr auf Trab, dass ich nicht bemerkt hatte, wie eng der Kontakt zwischen Britt und Dan seit Weihnachten geworden war. Da Brittany sich an Jurafakultäten im ganzen Land beworben hatte, gab ich der Beziehung auch keine großen Chancen. Aber wenn sie wollte, dass Dan uns in den Urlaub begleitete, hatten Gary und ich damit kein Problem. Wir würden drei Wochen fort sein, deshalb vereinbarte ich, dass meine Schwester Sarah und meine Freundin Pamela zu uns kamen und sich um Daddy kümmerten.

Vor unserer Abreise erhielt Brittany Zulassungsbescheide von der UC Berkeley Law School und der University of Washington School of Law. Die University of California, Irvine, die University of Colorado und die University of Chicago boten ihr ein Stipendium an. Brittany freute sich über die Zusagen, aber die Entscheidung belastete sie auch.

Gary, Britt und ich flogen Anfang April nach Italien, und Dan stieß in Rom zu uns. Ein paar Tage später besichtigten wir Pompeji. Die Stadt wirkte, als habe der Vesuv eine Momentaufnahme des römischen Alltags eingefroren. Britt und ich sprachen darüber, wie traurig es war, dass dieser Ort durch die Vulkanasche so lange unverändert erhalten geblieben war und jetzt nach seiner Freilegung durch Luftverschmutzung und Tourismus gefährdet wurde.

Wir reisten weiter Richtung Süden an die Amalfiküste. An einem Abend gingen Gary und Dan zusammen aus, und Brittany und ich besuchten ein anderes Restaurant. Bei diesem Abendessen bat Dan meinen Mann um Brittanys Hand. Gary war überrumpelt, fand die Geste aber reizend und antwortete freundlich und ehrlich wie immer.

»Bist du dir auch ganz sicher mit deiner Entscheidung?«, fragte Gary.

Dans Blick verriet, dass er mit dieser Antwort nicht gerechnet hatte.

»Brittany kann man es nur schwer recht machen. Wir haben seit dem Ende ihrer Teenagerzeit immer wieder gemerkt, dass es schwierig ist, mit ihr zusammenzuleben.« Gary sah Dan unverwandt an. »Ist dir das über die Frau, die du heiraten willst, klar?«

Dan erwiderte lächelnd, das sei ihm sehr wohl klar.

»Na, dann herzlichen Glückwunsch!« Gary hob sein Weinglas, um ihm zuzuprosten.

Abends erzählte Gary mir von diesem Gespräch beim Essen und sagte, vielleicht würde Dans reiferes Alter ihm helfen, Brittanys stürmische Zeiten zu überstehen. Wir beide wünschten ihnen von Herzen Glück.

Wir unternahmen eine Bootstour nach Capri. Während Dan und Brittany gemütlich bummeln gingen, fuhren Gary und ich mit der Standseilbahn zum höchsten Punkt der Insel. Ich hatte das Meer noch nie so blau erlebt. Nachdem wir unseren Aufenthalt auf Capri beendet hatten, flog Dan nach Hause, und wir reisten weiter nach Österreich.

In Wien schlug Brittanys Stimmung um. Einmal bekam sie regelrecht einen hysterischen Anfall, weil ich mir die Lipizzanerhengste der Spanischen Hofreitschule anschauen wollte. Ich hatte als Mädchen von diesen Pferden gelesen und sie schon immer sehen wollen, aber Brittany brüllte mich an, das sei Tierquälerei, und rauschte ins Hotel.

Seit ich wusste, dass sie heiraten wollte, machte ich mir große Sorgen und verspürte einen tiefen Beschützerinstinkt, gegen den ich machtlos war. Das Jurastudium war jetzt vom Tisch, zumindest auf absehbare Zeit. Dan wollte nicht drei Jahre warten, bevor sie eine Familie gründeten. Britt glaubte, das Jurastudium wäre auch ohne Baby schwer genug. Also würde Brittany sich von großen Träumen und beträchtlichen Stipendien verabschieden. Ich hoffte, sie war sich sicher, dass sie diese Dinge wirklich aufgeben wollte.

Als wir wieder in Kalifornien waren, machten sich Brittany und Dan auf die Suche nach einem Haus. Nach einer ausgiebigen Besichtigungstour entschieden sie sich für ein reizendes Anwesen mit einem riesigen Garten und einem Pool. Aber ich spürte, dass sich meine Tochter mit einem Leben in der Vorstadt schwertat.

Und dann hatte Britt plötzlich mit ihrer Freundin Mina eine Reise nach New York, Boston und Massachusetts gebucht. Mehr noch, sie wollte auch zum Kilimandscharo fliegen und fing an, für den Aufstieg zu trainieren.

Nach Brittanys Rückkehr von der Ostküste unterschrieben Dan und sie die letzten Unterlagen für ihr neues Haus, und Dan machte ihr offiziell einen Heiratsantrag. Ich fragte Brittany, ob Gary und ich Dans Eltern einladen durften, um ihre Verlobung zu feiern.

Gary schlug Brittany vor, unseren großen Garten für eine kleine intime Hochzeit im Freien herzurichten, das wäre doch ein wunderschöner Ort. Er sagte, wir könnten den Parkplatz der nahe gelegenen Schule nutzen und die Gäste von dort zu uns nach Hause fahren.

Britt rümpfte die Nase. »Wir wollen im Sonoma Valley heiraten, auf der Beltane Ranch«, erwiderte sie.

»Ach so?« Gary zog die Augenbrauen hoch.

Danach besprachen er und ich einige Male, wie wir mit Brittanys anstehender Hochzeit umgehen wollten. Traditionell bezahlten die Eltern der Braut die ganze Feier. Offenbar hatten Dan und Brittany schon Pläne geschmiedet, die sie nicht mit uns besprochen hatten und die wir auch nicht unterstützten. Sie wollten eine komplette Ranch in Sonoma für eine Hochzeit im September mieten, mitten in der Weinsaison? Und ich würde bei den Hochzeitsvorbereitungen eindeutig keine große Rolle spielen, weil Brittany in der San Francisco Bay Area heiraten wollte und ich als wichtigste Betreuerin meines alten Vaters 720 Kilometer weiter südlich wohnte.

Wir waren nicht gerade erpicht darauf, uns eine unverhältnismäßig große Hochzeit aufzuladen, und wir glaubten auch nicht, dass Brittany mit dem Stress einer immer weiter ausufernden Feier zurechtkommen würde. Gary und ich fanden die letzten Hochzeitsempfänge, die wir besucht hatten, deutlich zu aufwendig und anstrengend. Wir hatten die Kommentare über die aufreibende Hochzeitsmaschinerie gehört, die von einer ganzen Geschäftsbranche genährt wurde, und hatten keine Lust, im Getriebe der Floristen, Fotografen und Caterer zerquetscht zu werden.

Nach reiflicher Überlegung beschlossen wir, einen festen Betrag beizusteuern, den Brittany und Dan für die Hochzeit oder irgendetwas anderes ausgeben konnten. Von dem Batzen Geld, den unsere Tochter kürzlich von einem entfernten Verwandten geerbt hatte, konnte sie die gleiche Summe drauflegen und sich eine wirklich schöne Hochzeit leisten.

Wir kamen überein, zwei große Häuser für Verwandte und Freunde zu mieten. In einem Haus konnten zehn Personen schlafen, in dem anderen sechs. Außerdem lud ich die Brautjungfern zu einem Wellnesstag ein.

Nachdem wir unseren finanziellen Beitrag geleistet hatten, erhielten wir von Brittany erst ein Dankesbriefchen, als wir sie darauf stießen. Auch wenn niemand etwas sagte, wurde uns deutlich vermittelt, dass unser Beitrag viel zu mager ausgefallen sei. Britt unternahm mehrere Anläufe, um mich in den Hochzeitsprozess einzubinden. Ich blieb standhaft und sagte jedes Mal, sie könne das Geld von uns ausgeben, wofür sie wolle. »Ach, das ist längst weg«, meinte sie.

Eine solche Behandlung waren Gary und ich mittlerweile gewohnt. Wir hofften immer noch, Britt würde aus diesen Verhaltensweisen irgendwann herauswachsen. Es tut weh, daran zurückzudenken, weil wir jetzt wissen, was sich damals in ihrem Hirn entwickelte. Bei dem Gedanken an die Vergangenheit machen wir uns heute Vorwürfe. Haben wir die schleichenden unguten Veränderungen übersehen, weil sie so langsam geschahen? Oder war Brittanys Teenagerbenehmen nahtlos in die durch den Tumor veränderten Verhaltensweisen übergegangen? Die Ärzte schätzten seinerzeit, dass der Tumor bei Brittanys Hochzeit seit neun Jahren wuchs. In neun Jahren kann eine Menge passieren.

Ich merkte, wie die Hochzeit immer mehr ausuferte. Gary und mir war völlig klar, dass wir Brittanys eingeschlagenen Kurs nicht ändern konnten. Ende Mai schickte Brittany mir eine Mail, die zeigte, dass sie unter Druck stand. Sie schrieb, sie hätte eine Panikattacke gehabt, würde ständig weinen und am 1. Juni die Möglichkeit verlieren, Jura zu studieren.

Einer der schönsten Abende während der monatelangen Vorbereitungen war für mich das Verlobungsessen Ende Juni. Gary und ich luden Dan, Brittany, Carmen und Barry zu uns ein. Das Abendessen verlief herzlich und angenehm, und schon durch ihre bloße Anwesenheit, durch ihre spürbare Herzensgüte zerstreuten Dans Eltern jeden Zweifel, den ich vielleicht gehegt haben mochte. Ein Junge, den dieser mitfühlende Mann und diese geistreiche Frau großgezogen hatten, würde meiner charmanten, aber schwierigen Tochter gerecht werden.

Was das Hochzeitskleid betraf, hatten Britt und ich völlig unterschiedliche Vorstellungen. Ich hatte ihr per Mail Vorschläge geschickt, die um die 800 Dollar lagen. Brittany sah sich Kleider an, die sechsmal so viel kosten sollten. Das Kleid, das sie am Ende aussuchte, war wirklich atemberaubend. Es war prächtig, sogar majestätisch, mit einem Bustier, das sich eng an ihre Kurven schmiegte, und einem mehrstufigen, voluminösen Rock. Jede Stufe war üppig mit einem dreidimensionalen, geschwungenen Blütenmuster besetzt. Brittany sah umwerfend darin aus. Unter dem Kleid trug sie Cowboystiefel.

Ich fragte gar nicht, wie viel dieses traumhafte Teil gekostet hatte, weil ich über den Preis für ein Designerhochzeitskleid aus New York sicher entsetzt gewesen wäre. Brittany erzählte mir, sie wolle das Kleid aufbewahren, damit die Blütenpracht, die sich von ihren Hüften bis zum Boden ergoss, später auf die Osterkleider ihrer kleinen Töchter genäht werden konnte. »Ich werde die Mädchen jedes Jahr zu Ostern in Kleidern fotografieren, die aus meinem Hochzeitskleid geschneidert sind«, sagte sie.

Am 5. Juli brach Brittany zu ihrer Kilimandscharotour auf. Wenigstens reiste sie zusammen mit einer Freundin und deren Freund. Die ganze Eskapade an sich war riskant, deshalb war es bestimmt besser, dass sie die Reise in Begleitung unternahm und nicht allein. Ich betete inbrünstig, Brittany möge nichts zustoßen, und bat jeden, den ich kannte, auch zu beten. Ich wurde das Gefühl nicht los, dass etwas Grundlegendes nicht in Ordnung war. Warum flog meine Tochter mitten in den Hochzeitsvorbereitungen nach Afrika und nahm an einer gefährlichen Bergtour teil? Obwohl sie ohnehin unter großem Stress litt? Was trieb sie dazu, an so weit entfernte Orte zu reisen?

Jedes Mal wenn das Leben etwas ruhiger verlief, schien

Britt es wieder aufzuwirbeln. Sie hasste Stress und reagierte mit körperlichen Symptomen darauf: Halsschmerzen, Rückenschmerzen, Kopfschmerzen, Tränen, Muskelermüdung. Trotzdem sorgte sie in vieler Hinsicht selbst für solche Aufregungen.

Dafür gab ich mir die Schuld. Hatte ich das in ihr ausgelöst? War ich zu streng gewesen oder nicht streng genug? Hatte ich sie zu sehr oder zu wenig behütet? Was hatte ich bloß falsch gemacht? Ich hatte gelesen, dass manche Menschen mit einer Charaktereigenschaft geboren wurden, die als »Sensation Seeking« bezeichnet wurde, als ständiger Wunsch nach Abwechslung und neuen Erlebnissen, und dass diese Eigenschaft zu etwa sechzig Prozent genetisch bedingt sei. Aber ich wusste, dass diese Beschreibung zu niemandem in Britts Familie passte.

Mitte Juli bekamen wir endlich eine Mail von Brittany. Sie war an Gary, Dan und mich adressiert. Aus der Mail konnte man die Gefahren und Risiken erahnen, die eine Ersteigung des Kilimandscharo mit sich brachte. Britt schrieb, der Aufstieg sei wunderschön, aber eine echte Herausforderung gewesen, und mit einer Giardieninfektion über den Himalaja zu wandern sei dagegen ein »Spaziergang« gewesen. Außerdem hatte sie eine Darmentzündung und »höllische Kopfschmerzen« bekommen, und ein Bergführer hatte sich ein Lungenödem zugezogen und war im Krankenhaus gelandet. Für Gary und mich klang die ganze Geschichte nach einer Tortur, aber Brittany erzählte uns später berstend vor Stolz, dass ihr Bergführer gesagt habe, sie könne alles schaffen, was sie sich vorgenommen habe, weil sie die richtige Einstellung habe und sich von ihrem Willen leiten lasse.

Nach der Bergtour unternahm Brittany eine Safari, auf

der sie wunderbare Fotos schoss. Ich war froh, dass sie in Sicherheit war und sich eine Pause gönnte. Wenn sie Anfang August zurückkam, würde sie vor ihrer großen Hochzeit voll durchstarten müssen.

Trotz der Hektik bei den Vorbereitungen wurde die Hochzeit wunderschön. Brittany hatte eine Traumhochzeit zuwege gebracht, und sie und Dan waren ein märchenhaftes Paar. Braut und Bräutigam lächelten hoffnungsfroh in die Kamera, und sie hatten auch jeden Grund, sich ihre Zukunft in rosigen Farben auszumalen.

Als die Familie und andere Gäste lächelnd auf ihren Klappstühlen saßen, inmitten der schönen Landschaft von Sonoma, konnten wir nicht ahnen, dass unter dem sorgfältig frisierten Haar der Braut, unter dem Schleier, den ich mit ihr ausgesucht hatte, ein großer Tumor gedieh wie eine überdimensionierte Orchidee.

27
Neunundzwanzig Jahre

Oktober 2014

»... und doch wird das Leben uns morgen trennen.
Jeder wird für sich den eigenen Weg gehen,
das eigene Schicksal und die eigene Art und Weise
suchen, dem Tod ins Auge zu blicken.«

Paulo Coelho, Die Schriften von Accra

Auf dem Flug nach Portland dachte ich darüber nach, dass Brittany erst neunundzwanzig Jahre alt war. Mir wurde klar, dass sie jetzt im gleichen Alter war wie ich damals, als sie als Baby in meinen Armen gelegen hatte. Meine Tochter starb in einem Alter, in dem ich neues Leben auf die Welt gebracht hatte. Ich war fast neunundzwanzig Jahre älter als Brittany. Mein Vater, für den ich gerade die Papiere für die Hospizpflege unterschrieben hatte, war zweiundneunzig, was die Umkehrung von Brittanys Alter war. Wir hatten den 29. September, den gleichen Tag, an dem Brittany vor gerade einmal zwei Jahren geheiratet hatte. Wäre ich Numerologin gewesen, hätten mir diese Zahlen vielleicht irgendetwas bedeutet, aber so waren sie nicht mehr als ein weiteres Rätsel, das sich auf alle anderen Ungewissheiten in meinem Leben türmte. *Ich begreife es nicht.* Dieser Gedanke ging mir immer wieder durch den Kopf.

Ich begreife es nicht.

Als ich das Haus in Portland betrat, lief ich sofort nach oben zu Brittany. Ihr Gesicht hatte sich in der Zwischenzeit durch die Medikamente so stark verändert, dass ich sie kaum wiedererkannte. Ich legte ihr zärtlich eine Hand an die Wange und sah sie mit aller Liebe, die ich in einen Blick legen konnte, an. Ich hoffte, dass mein Gesicht und meine Augen sagten: »Du bist immer wunderschön, und ich liebe dich.«

An diesem Abend sollten Gary und ich auf die Hunde Charley und Bella aufpassen, die mittlerweile in Portland waren, um Brittanys letzte Lebenstage bei ihr zu verbringen. Brittany hatte derart heftige Kopfschmerzen, dass wir Essen bestellten und neben ihr auf dem Sofa aßen, und das an ihrem und Dans zweitem Hochzeitstag.

Ich hatte ein Buch über Massagen mitgebracht und probierte die Techniken an Britts Hals und ihren Schultern aus, die ihr zusätzlich zum Kopf große Schmerzen verursachten. Außerdem schenkten uns mehrere Freunde Massagestunden in einem Salon. Die Medizin hatte uns in jeder Hinsicht im Stich gelassen. Die Ärzte, die eine Studie über Immuntherapien mit dendritischen Zellen durchführten, hatten Brittany nicht einmal erklärt, warum sie als Patientin für diese experimentelle Behandlung abgelehnt worden war. Der Arzt, der mit einem Polio-Impfstoff einige Erfolge erzielt hatte, hatte auf meine Mails nicht geantwortet. Wir hatten die letzten dreißig Tage erreicht, und es war keinerlei Hoffnung in Sicht. Britt verpasste ihren Plänen den letzten Schliff, aber nicht für eine Beerdigung, sondern für eine »Feier des Lebens«. Sie suchte die Musik, die Stühle und die Gedichte aus, die vorgelesen werden sollten. Sie wollte eingeäschert werden, und wir sollten ihre Asche in Kalifornien zwischen Mammutbäumen verstreuen. Für mich war das alles zu konkret. Selbst heute noch verschleiern mir dicke, heiße Tränen die Sicht, wenn ich daran denke, wie meine neunundzwanzig Jahre alte Tochter ihren Tod und die Zeit danach bis ins kleinste Detail vorbereitete.

In letzter Zeit stürzte Brittany immer wieder. Ihr Fuß konnte ihrem Gehirn nicht schnell genug Signale senden, wenn sie über einen unebenen Boden ging. Sie sackte nicht zusammen und fiel langsam, sie schlug der Länge nach hin. Ihre Beine, Knöchel und Füße waren angeschwollen und mit Prellungen übersät, was das Laufen noch gefährlicher machte. Trotzdem durfte weder ich noch sonst jemand ihren Arm halten, wenn wir Spaziergänge unternahmen. Sie fiel einfach hin. Immer wieder.

Wegen ihres aufgedunsenen Gesichts war Brittany sehr befangen, und ich sollte ihr bei einem Text helfen, den die Filmemacherin in ihr YouTube-Video einfügen konnte. Als Vorschlag schickte ich Britt folgende Zeilen. Trotzdem wurde in dem Video keine Erklärung für Britts »Mondgesicht« gegeben, was ihr sehr zusetzte.

Brittany Diaz nimmt zur Behandlung ihres Hirntumors mehrere starke Medikamente ein, die eine Schwellung des Gehirns lindern und zehrende Krampfanfälle so weit wie möglich verringern sollen. Leider gehen mit diesen Medikamenten belastende Nebenwirkungen einher, sie führen unter anderem zu Gewichtszunahme und einem geschwollenen Gesicht, das als »Mondgesicht« bezeichnet wird. Obwohl Brittany ihr verändertes Aussehen unangenehm ist, hat sie einem Interview über das Thema Sterben in Würde zugestimmt, weil ihr grundlegende Menschenrechte wichtiger sind als ihre Eitelkeit.

Ich schrieb meiner Schwester Sarah in einer Mail, welche Angst ich vor Brittanys Tod hatte. Hier ist ein Ausschnitt:

Was werde ich dann tun, Sarah? Werde ich jeden abwehren, der mir Brittany aus den Armen nehmen will? Aus dem Haus und in den Wald hinuntergehen, um zu schreien und zu weinen? Werde ich ohnmächtig werden? Mich ausziehen und meine Haut zerkratzen, bis ich blute? Werde ich ins Bett kriechen und einen Haufen Beruhigungsmittel schlucken? Und wenn ja, woher bekomme ich sie? Werde ich dann weggetreten sein? Muss man mich von einem Zimmer ins nächste führen?

Am 5. Oktober traf Brittany sich mit ihrem Palliativarzt wegen der letzten Kernspinuntersuchung. Was sie besprachen, änderte nichts an ihrem Vorhaben. Meine Tochter plante immer noch, am 1. November zu sterben. Britt, Dan, Gary und ich fuhren für ein paar Tage an die Columbia River Gorge, wo Gary ein Ferienhaus gemietet hatte. Wir hätten uns keinen besseren Zeitpunkt aussuchen können, um nicht zu Hause zu sein.

Am 6. Oktober veröffentlichte People.com einen Artikel auf seiner Website. Er verbreitete sich rasend, über 16 Millionen Menschen lasen Britts Geschichte. Die Journalistin, die der Geschichte zugeteilt war und ihr bis zum Ende folgte, war erfrischend offenherzig, geradeheraus und mitfühlend. Als Bildmaterial für den Artikel nahmen sie ein Foto von Brittany mit Charley, ihrer Deutschen Dogge.

Etwa zur gleichen Zeit wurde der sechseinhalbminütige Film, den die New Yorker Regisseurin mit Brittany, mir und Dan über Brittanys Entscheidung für ärztliche Sterbehilfe gedreht hatte, bei YouTube online gestellt, und auch er verbreitete sich rasend.

Am 7. Oktober bat Brittany ihre Facebook-Freunde, nicht mit den Medien zu sprechen und Interviews abzulehnen. Vor unserem Zuhause, dem Haus von Dans Eltern und dem von Freunden von Dans Eltern in Portland waren schon Nachrichtenteams aufgetaucht. Wir hatten keine Ahnung, was an dem gelben Häuschen vor sich ging, aber wir vermuteten, dass es gut war, nicht dort zu sein.

Am 8. Oktober war Brittanys Video auf YouTube über 3 Millionen Mal angeklickt worden. Außerdem gab sich jemand auf einer neuen Facebook-Seite als Brittany aus und hatte siebentausend Fans gesammelt. Wir konnten es nicht fassen.

Zur Ablenkung unternahmen wir eine malerische Spazierfahrt, knappe sechzig Kilometer durch den »Fruit Loop« von Oregon, das größte Birnenanbaugebiet des Landes. Es war wunderhübsch, man konnte sich Obststände und Weinberge ansehen. Leider erlitt Brittany bei einer Zugfahrt einen leichten Anfall. Danach war sie müde und wollte schnell nach Hause. Trotzdem war klar, dass es ihr besser ging, wenn wir aus dem Haus kamen und viel unternahmen.

Der 13. Oktober war für Brittany ein langer Tag. Den ganzen Vormittag über ließ sie sich in unserem Ferienhaus von CBS filmen und erklärte, wie bestürzt sie darüber war, dass nicht allen Amerikanern das gleiche Recht zustand, das sie mit dem Sterben-in-Würde-Gesetz des Staates Oregon in Anspruch nahm. Die forsche junge Frau aus New York, die das erste YouTube-Video gedreht hatte, nahm einen zweiten Film mit Britt, Dan und mir auf. Als sich der Tag dem Ende zuneigte, war Brittany extrem müde und hatte große Schmerzen. Sie sagte Dan, Gary und mir, dass die Filmleute endlich verschwinden sollten. Außerdem blies sie das geplante Interview mit Meredith Vieira ab. »Mir reicht's. Morgen nehme ich nur noch die Erklärung für die Gesetzgeber auf.«

Als ich nach unten ging, um Brittanys Nackenwärmer aufzuheizen, entdeckte ich vor unserem Küchenfenster eine Filmcrew. Ich schob das Fenster hoch und fragte: »Was machen Sie da?«

Die beiden jungen Männer blickten überrascht zu mir auf. »Hallo, äh … wir drehen ein paar Schnittbilder.«

»Gehen Sie jetzt bitte. Brittany ist krank. Sie ruht sich aus. Sie will im Schlafanzug mit Puschen herumlaufen können.«

»Dürfen wir Ihre Küche filmen?«

»Nein!« Ich schloss das Fenster.

Als ich Britt ihren Nackenwärmer und etwas zu trinken nach oben brachte, fing sie an zu weinen. »Ich bin so müde. Nicht mehr. Ich kann nicht mehr, Momma.«

An diesem Abend postete Brittany einen Eintrag auf Facebook, der mir das Herz brach.

Freunde, ich danke euch für eure große, aufrichtige Unterstützung auf meinem Weg in den Tod … Ich habe durch meine Medikamente/Steroide unkontrolliert zugenommen und bin zu jemandem aufgedunsen, den ich in den letzten Monaten kaum im Spiegel erkannt habe. Obwohl ich immer nach Kräften gegen solche eitlen Anwandlungen angekämpft habe, ist es für mich trotzdem sehr schwer. Ich kann kaum meinen Ehering über meinen geschwollenen Finger streifen, weil es wehtut. Dazu kommen zunehmende körperliche und seelische Schmerzen, die nicht in Worte zu fassen sind, furchterregende Krampfanfälle, gefolgt von vorübergehendem Verlust der Sprache, von Kopfschmerzen, die meine Welt entzweireißen, Übelkeit, ironischerweise Appetitlosigkeit… Und dann vor der Kamera eines großen Nachrichtensenders zu sitzen und über meinen Hirntumor, die Entscheidungen über meine Gesundheit, über Vernunft, Ängste, mein Leben zu sprechen und verletzlich zu sein… tief durchatmen… Das tue ich nur, weil ich es für ein GEWALTIGES ethisches Problem in unserem Land halte. Man MUSS darüber reden, muss sich für Veränderungen einsetzen, muss dafür stimmen, dass alle unheilbar kranken Amerikaner die gleichen Rechte haben. Wer so krank ist, hat es nicht verdient, dass ihm Möglichkeiten genommen werden, die anderen offenstehen. Ich bin erschöpft, unglaublich müde und bin es so leid. Ich bin es leid, dass ich in den Spiegel sehe und dieser grässliche Krebs zurückstarrt. Ich kämpfe, um stark zu bleiben, solange ich es kann. Und dann wird es Zeit, dass ich mich von all den Menschen, die ich unbeschreiblich liebe, verabschiede.

Hätte ich Brittany vor ihrem Tod noch einen Wunsch erfüllen können, hätte ich ihr die Fähigkeit geschenkt, sich selbst zu lieben, denn so hart sie auch mit uns umging, zu sich selbst war sie noch viel härter. Mit verschwommenem Blick schrieb ich als Kommentar:

Meine wunderbare Tochter. Immer. Der Krebs kann dich nicht unterkriegen. Er wird es versuchen, aber dein Geist brennt hell. Auf ewig.

Am nächsten Morgen hörte ich draußen eine Tür zuschlagen und stand auf, um aus meinem Schlafzimmerfenster zu blicken. Direkt vor unserem Haus stand ein riesiger Übertragungswagen mit einer Satellitenschüssel auf dem Dach. Wir hatten allen, die Brittany interviewten, gesagt, sie sollten möglichst diskret sein, weil wir den Standort unseres Ferienhauses nicht bekannt machen wollten. Es gab zu viele Verrückte, die versuchten, sich Gehör zu verschaffen.

Das hier war nicht diskret.

Wir hatten schon mit allerlei seltsamen Menschen zu tun gehabt, die zum Teil helfen und zum Teil schaden wollten. Anrufe von Wildfremden, die als Heilmittel eine reine Möhrendiät vorschlugen. Päckchen auf unserer Türschwelle mit selbst gemachten veganen Säften und Mitteln zur Darmreinigung. Mails, in denen Brittany angefleht wurde, ihre Medikamente nicht zu nehmen, Post von religiösen Fanatikern, die ihr mit dem ewigen Höllenfeuer drohten.

Einige Krebspatienten, die per Definition an einem anderen Krebs litten als Brittany, weil jede Erkrankung anders ist, schrieben Brittany offene Briefe (die von den Medien veröffentlicht und verbreitet wurden). Darin erklärten sie Brittany, wie sie mit ihrer Krankheit umgehen solle, und baten sie inständig, keine Medikamente zu nehmen, um ihr Leiden durch einen früheren Tod zu verkürzen. Diese Briefe waren am schlimmsten.

Ich warf einen Blick in ihr Zimmer, um zu sehen, ob sie wach war, und hörte ihr verschlafenes »Momma«.

Wahrscheinlich war es besser, wenn ich sie darauf vorbereitete, damit sie es nicht auf die gleiche Art wie ich herausfinden musste. Ich setzte mich auf ihre Bettkante und strich ihr übers Haar. »Schätzchen, draußen steht ein Übertragungswagen mit einer Satellitenschüssel. Hast du mit Dan noch mal darüber geredet?«

Sie setzte sich auf und schlug ihre Decken zurück. »Was soll der Scheiß?« Sie starrte aus ihrem Fenster.

Ich trug immer noch meinen Pyjama, als Gary zu mir ins Zimmer kam und zwischen den Lamellen der Fensterläden hindurch nach draußen sah. Dan tauchte vor dem Haus auf und sprach mit den Fernsehleuten. Brittany spähte auch hinaus. »Ich sterbe bald, und für ein Interview geht es mir nicht gut genug.«

Während wir beobachteten, wie Dan mit dem Filmteam redete, lief Brittanys Interview mit Jan Crawford von CBS im landesweiten Fernsehen. Auf Facebook meldeten sich zahllose Leute, die es gesehen hatten.

Später, nachdem der Übertragungswagen verschwunden war und wir gefrühstückt hatten, kam das Filmteam aus New York, um Brittanys Botschaft an die Gesetzgeber aufzunehmen. Brittany sagte Folgendes:

Ich heiße Brittany Maynard. Ich bin neunundzwanzig Jahre alt, und ich bin unheilbar krank.

Am Neujahrstag 2014 erfuhr ich zu meinem großen Entsetzen, dass ich einen Hirntumor habe. Meine Krebsart ist aggressiv, und trotz der Bemühungen der modernen Medizin gibt es zurzeit keine Heilung. Am Neujahrstag sagte man mir, ich würde an einem Astrozytom Grad 2 leiden und hätte nur noch wenige Jahre zu leben. Für meine Familie und mich war das ein großer Schock.

Nach einer Kraniotomie im Januar wies eine Kernspinuntersuchung im April eine deutliche Vergrößerung nach, was auf einen höhergradigen Tumor hindeutete. Man sagte mir, mir würden noch etwa sechs Monate bleiben, nach der Auswertung der Kernspinbilder handele es sich sehr wahrscheinlich um ein Glioblastom Grad 4. Ein GBM4 ist die gefährlichste Form eines Hirntumors. Für mich brach die Welt zusammen.

Wenig später zog ich mit meiner Familie von Kalifornien nach Oregon, weil Oregon einer von nur fünf Bundesstaaten ist, die Patienten ein Anrecht auf einen Tod in Würde zugestehen. Ich bin sehr unglücklich darüber, dass ich meine Heimat, mein Umfeld und meine Freunde in Kalifornien verlassen musste. Aber ich sterbe, und ich weigere mich, meine Würde zu verlieren. Ich weigere mich, mich selbst und meine Familie einem sinnlos verlängerten Leiden und Schmerzen durch eine unheilbare Krankheit auszuliefern.

Die Sterben-in-Würde-Gesetze ermöglichen eine ärztliche Sterbebegleitung. Sie geben entscheidungsfähigen, unheilbar kranken Erwachsenen die Möglichkeit, lebensbeendende Medikamente zu verlangen, die sie nach eigenem Willen einnehmen können, wenn ihr Sterbeprozess unerträglich wird. Die Freiheit, die Patienten mit diesen Gesetzen gegeben wird, ist die Freiheit, sich zu entscheiden.

Neben Oregon erlauben nur vier andere Bundesstaaten ärztliche Sterbehilfe: Washington, Montana, Vermont und New Mexico. Sterbehilfe zu kriminalisieren erschafft unangemessene Härten und Mühsal für Menschen, die unheilbar krank sind und enorm leiden. Es beschneidet uns in unseren Möglichkeiten und nimmt uns das Recht zu bestimmen, wie viele Schmerzen und Qualen wir vor unserem Tod erdulden.

Ich wurde gefragt, ob ich eine palliative oder terminale Sedierung in Betracht gezogen hätte. Manche Menschen behaupten, dieses medizinische Verfahren sei eine ebenso sanfte Alternative für Patienten, deren Symptome nicht in den Griff zu bekommen sind. Bei dieser Methode werden die Patienten medikamentös ins Koma versetzt. Man enthält ihnen Nahrung und Flüssigkeit vor, bis sie an ihrer Krankheit oder an Dehydration sterben. Wann das geschieht, kann niemand sagen. Aber jeder Patient ist anders und verdient die Autonomie und die Freiheit, diese extrem persönliche Entscheidung selbst zu treffen.

Ich kann mir eine solche Erfahrung nicht vorstellen. Vielleicht wäre ich noch geringfügig bei Bewusstsein und würde noch leiden, könnte aber weder sprechen noch mich bewegen. Das macht mir schreckliche Angst. Durch Sterbehilfe kann man viel schneller und friedlicher gehen. Aus logischen Gründen habe ich für mich persönlich diese Möglichkeit gewählt.

Ich verweigere mich einer Sedierung, weil ich bewusst leben will, bis ich sterbe. Der Rest meines Körpers ist jung, gesund und gut hydriert, deshalb würde ich bis zu meinem Tod wahrscheinlich noch Tage oder sogar Wochen durchhalten. Das will ich nicht.

Außerdem ist bei einer palliativen Sedierung gewöhnlich eine Einweisung ins Krankenhaus nötig. Ich will sichergehen, dass mein Mann und meine Mut-

ter bei mir sind, wenn ich sterbe. Ich will diese Erde in meinem eigenen Zuhause verlassen, in den Armen meines Mannes und meiner Eltern.

Ich kann nicht ändern, dass ich sterbe, aber ich werde die letzten Tage meines Lebens voll auskosten und die Zeit mit meiner Familie, meinen Freunden und in der Natur genießen. Und ich bereite mich auf den bestmöglichen Tod vor. Mir ist es sehr wichtig, ein Stück weit die Kontrolle über mein Sterben zu erlangen. Weil ich weiß, dass ich dieses Leben würdevoll verlassen kann, bin ich in der Lage, mich aufs Leben zu konzentrieren. Das war mir eine enorme Beruhigung.

Der Tod ist für uns alle unausweichlich; die breite Unterstützung und die überwiegend positiven Reaktionen auf meine Geschichte zeigen, dass wir als Gemeinschaft bereit sind, ein neues Gespräch über den Tod zu führen.

Die Entscheidung, wie ich meinen Sterbeprozess beende, sollte bei mir und meiner Familie liegen, betreut durch einen Arzt. Wie kann die Regierung es wagen, für unheilbar kranke Menschen wie mich Entscheidungen zu treffen oder unsere Möglichkeiten zu beschneiden? Leider haben die Gesetze in Kalifornien verhindert, dass ich über das Ende meines Lebens so bestimmen kann, wie ich es verdient habe.

Niemand sollte sein Heim und sein Umfeld verlassen müssen, um dem Ende beruhigt entgegenzusehen, um dem Leiden zu entgehen und Vorkehrungen für einen sanften Tod zu treffen.

Für die allermeisten Menschen besteht diese Möglichkeit auch gar nicht, weil ein Umzug Geld kostet, weil er der Familie Mühen bereitet und weil man Zeit braucht, um seinen Wohnort offiziell zu wechseln, neue Ärzte zu finden, seinen Antrag durchzubringen und das Medikament zu bekommen. Das muss sich ändern.

Jeder Einzelne von uns wird sterben. Dabei sollten wir entsetzliche Schmerzen, Scham oder einen langwierigen Sterbeprozess nicht ertragen müssen.

Die Gesetze in Kalifornien und fünfundvierzig anderen Bundesstaaten müssen sich ändern, um allen Amerikanern einen langen, unfreiwilligen Leidensweg zu ersparen. Als gewählte Amtsträger haben Sie die Macht, das zu bewirken. Bitte handeln Sie.

Jeder unheilbar kranke Amerikaner hat es verdient, sich für ein Sterben in Würde entscheiden zu können. Setzen Sie jetzt eine Bewegung in Gang. Sie haben es in der Hand, den Menschen diese Wahl zu ermöglichen; anhaltende Schmerzen und Leiden nicht ertragen zu müssen ist ein grundlegendes Menschenrecht.

Bitte gewähren Sie Patienten im amerikanischen Gesundheitssystem Zugang zur Sterbehilfe.

Vielen Dank.

Der Himmel war verhangen und grau, und Brittany war nach dem vorangegangenen langen Tag erschöpft. Für ein paar Minuten brauchbaren Materials musste die Crew viele Stunden filmen. Das gezeigte Interview war kurz, trotzdem mussten sie dafür stundenlang das Haus umräumen, Scheinwerfer aufstellen und viele Aufnahmen machen, die nicht benutzt wurden. Es war entsetzlich anstrengend. Der einzige Lichtblick dieses langen Tages war, als Brittany und ich Gary in dem kleinen Büro besuchten, in dem er sich mit den Hunden verschanzt hatte. Er hatte die Fenster geschlossen, die Vorhänge zugezogen und ließ leise Musik laufen, damit Bella und Charley während der Dreharbeiten ruhig blieben. Charley hatte Blähungen gehabt. Den ganzen Tag lang.

»Du … meine … Güte.« Brittany wedelte mit der Hand. »Hier riecht es ja furchtbar!« Sie beugte sich zu Gary hinunter und umarmte ihn. »Du bist der geduldigste, liebste Mann der Welt.« Und dann lachte Brittany, wie nur sie es konnte. Ich lachte mit. Die Regisseurin kam herein, um uns zu sagen, wir sollten leise sein, und musste auch lachen. Diesen Moment brauchten wir.

Die trübe Stimmung verwandelte sich in Regen. Nachdem die Fernsehleute ihre Ausrüstung eingepackt hatten und weggefahren waren, machte ich zum Abendessen Bananenpancakes. Brittany und ich setzten uns auf das Sofa und beobachteten, wie der Regen gegen die Fenster prasselte.

»Momma.« Sie griff nach meiner Hand. »Bei meiner Diagnose kann mein Leben nicht besser sein, als es jetzt ist. Was wir hier in diesem gelben Häuschen tun, ist das Beste, was möglich ist.«

Und für kurze Zeit war es das auch.

Am nächsten Tag kam die neue Ausgabe des *People*-Magazins in die Läden, und Brittany war auf dem Titelblatt. Die Überschrift lautete: »Meine Entscheidung zu sterben«. Vor aller Augen blickte mein Herzeleid, mein Ein und Alles, mein einziges Kind, meine wunderhübsche Brittany mit klarem Blick dem Tod entgegen.

Weil sie in einem Interview erwähnt hatte, dass sie vor ihrem Tod gern den Grand Canyon besuchen würde, meldete sich der Besitzer einer Firma, die Hubschrauberflüge anbot, um ihr einen Rundflug zu ermöglichen. Dan verwendete viel Zeit darauf, alles zu arrangieren. Freundliche Menschen reichten meiner Tochter die Hand, um sie zu unterstützen. Am 19. Oktober brachen wir nach Vegas auf, wo man Brittany und Dan eine prächtige Suite kostenlos zur Verfügung stellte. Gary bestellte am ersten Abend den Zimmerservice, und wir aßen ganz unter uns in der Suite.

Am nächsten Tag bekam ich eine freundliche Mail von der Journalistin Katie Couric, in der sie mir Kraft und Trost wünschte. Ich war wirklich gerührt, weil Katie ihren Mann und ihre Schwester durch Krebs verloren hatte. Sie wusste, wie weh es tat, wenn geliebte Menschen zu früh starben. Katie hatte selbst zwei Töchter, und sie schrieb, sie könne sich nicht vorstellen, ein Kind zu verlieren. Ihre Mail war eine Nachricht von Mutter zu Mutter.

Unsere Gastgeber in Vegas luden uns zu einem Abendessen und einem Besuch des Cirque du Soleil ein. Am nächsten Tag wurden wir von einer Limousine abgeholt, und die Mitarbeiter des Flugunternehmens behandelten Brittany extrem aufmerksam und respektvoll. Sie schützten Britts Privatsphäre, und unser Pilot wurde nicht nur nach seinem Können, sondern auch nach seiner Persönlichkeit ausgesucht.

Als wir über dem Grand Canyon schwebten, lächelten Brittany und ich uns an. Sogar Gary, der an Höhenangst litt, schien selig zu sein. Die vielleicht siebzig Millionen Jahre alten Felsschichten in rötlichem Braun, Zimtfarben und Currygelb unter uns hoben sich eindrucksvoll gegen den türkisfarbenen, mit Quellwolken übersäten Himmel ab. Brittany machte ein Foto davon, wie sich ihr Schatten über die steinernen Zeugen der Zeitalter streckte; es hatte eine Symbolik, die mir sehr gefiel. Auch wir versuchten an diesem Tag, die Zeit festzuhalten, sie zu verlangsamen.

Die Schatten wurden länger, das Blau des Himmels wurde tiefer, und es schien, als wären wir hier, um etwas über die Zeit zu lernen. Leben wir nicht alle vor uns hin und glauben, wir hätten Zeit? Als ich jetzt zurückdachte, wurde mir klar, dass manche Zeiten, von denen ich fand, ich hätte sie vergeudet, zu den schönsten Momenten meines Lebens gehörten. Jemandem, den man liebt, seine Zeit zu schenken, ganz bewusst bei ihm zu sein, ist das größte Geschenk. Meinem Mädchen und mir blieb kaum noch Zeit, und die Uhr schien immer lauter und schneller zu ticken.

Der Tag am Grand Canyon war ein Tag, um Ängste zu verdrängen. Auf dem Grand Canyon Skywalk, einer hufeisenförmigen Plattform mit einem Glasboden, gingen wir bis zu der Stelle, an der die Felswand 240 Meter steil bergab fiel. Der trübe Colorado River lag 1100 Meter unter uns. Gary legte sogar die beängstigende Runde über die gläserne Plattform zurück. Der Tod war schon nah, er drängte sich in unser Bewusstsein, egal, was wir taten.

Wir alle schienen uns von Brittanys Tapferkeit ein wenig anstecken zu lassen. Was machte es schon, wenn der Tod ein paar Tage, ein paar Wochen früher kam? Brittany hielt er schon fest umklammert – sie war schon fort. »Momma, ich lebe nur noch für andere. Ich lebe nicht mehr für mich selbst. Ich will nur noch Dans Geburtstag abwarten und dann loslassen.«

Ich dachte ständig an den Tod – an Brittanys und meinen. Die enorme Angst, Anspannung und Trauer, die ich spürte, waren Handlanger des Krebses. Ich stellte mir vor, wie der Stress Zellen schädigte und mutieren ließ, während ich an meinen Füßen vorbei durch das Glas den Canyon betrachtete. Meinem Gefühl nach würde es nicht lange dauern, bis ich Brittany folgte. Bei diesem Gedanken spürte ich weder Angst noch Traurigkeit.

Welche Mutter hätte sich nicht ebenso schrecklich gefürchtet wie ich? Ebenso hilflos und verzweifelt gefühlt? Genauso sehr gewünscht, mit ihrem Kind zu sterben? Meine Freunde beteuerten, ihnen würde es noch schlechter gehen, wären sie in meiner Situation. »Immerhin liegst du nicht zusammengekrümmt auf dem Fußboden«, sagte eine Freundin. »So würde es mir gehen, wenn ich meine Tochter verlieren würde.«

Meine Schwester und Gary vereinbarten für mich Termine bei einem Therapeuten in Portland, der mir mit einer Technik namens EMDR (Eye Movement Desensitization and Reprocessing, auf Deutsch Desensibilisierung und Verarbeitung durch Augenbewegung) half, mit dem Stress fertigzuwerden. Bei dieser Technik, die auch bei posttraumatischen Belastungsstörungen eingesetzt wurde, bewegte ich die Augen hin und her und dachte dabei an Situationen, die mich aufwühlten und beunruhigten. EMDR soll sich positiv darauf auswirken, wie das traumatisierte Gehirn Informationen verarbeitet, vor allem im Hinblick auf Momente, die durch Schock oder Leid »festgefroren« sind. Augenbewegungen können die Intensität immer wiederkehrender verstörender Gedanken reduzieren. Obwohl ich den Therapeuten nur ein paarmal besuchte, half es mir, diese Technik kennenzulernen. Nach Brittanys Tod setzte ich die EMDR-Therapie in San Diego bei einem anderen Therapeuten fort.

Kurz nach unserer Rückkehr ins Hotel erlitt Brittany in ihrem Zimmer einen Anfall. Ich wurde gerufen, um bei ihr zu bleiben, während Gary und Dan das Abendessen besorgten. Brittany schrieb auf Facebook über ihren Anfall, der zum Glück nicht im Hubschrauber über dem Grand Canyon eingetreten war:

In der letzten Stunde hatte ich den schlimmsten Anfall, seit ich krank bin. Ich habe schon gemerkt, dass dieses Mal etwas anderes im Anzug ist, und habe mich zum Glück hingesetzt. Ich wollte meinen Mann Dan rufen, konnte mich aber weder an seinen Namen erinnern noch ihn laut aussprechen. Dann bin ich offenbar bewusstlos geworden, habe mir auf die Zunge gebissen, das ganze Bett vollgeblutet und gezittert und mich gekrümmt. Als ich wach wurde, wusste ich nicht, wo ich bin, und musste nachfragen, warum wir hier in Vegas sind … Es war beängstigend, sehr schmerzhaft und verwirrend und tränenreich. Das Leben war zuweilen wirklich unfair (ist es für viele, das ist mir klar), aber ich habe versucht, tapfer zu sein, die Realität anzunehmen und mich für die Rechte anderer unheilbar kranker Menschen einzusetzen. Wie kann jemand, der selbst nicht in dieser Situation ist, es wagen zu sagen, wir hätten es angesichts des unausweichlichen Todes verdient, noch mehr körperliche und emotionale Qualen, Ängste und Verluste zu erleiden? Ich kann mich im Moment nicht einmal allein anziehen, und es wird nur noch schlimmer werden.

Leider konnte niemand Brittany davon abhalten, die abscheulichen Dinge zu lesen, die online gepostet wurden.

Ich versuchte, mir die Kommentare gar nicht erst anzusehen, aber ich war wie ein durchgedrehter Vogel, der sich selbst in einem Spiegel oder Fenster angriff. Ich las schreckliche, grausame Äußerungen. Absichtlich fuhr ich mit meinen Vogelkrallen über das Abbild meiner religiösen Vergangenheit, das ich in den Kommentaren erkannte, und konnte nicht damit aufhören. Ich las Hunderte von Beiträgen, bei denen ich mich schämte, dass ich jemals etwas mit solchen Vorurteilen und solcher Engstirnigkeit zu tun gehabt hatte. Anfangs war es, als knallte ich einem Vogel gleich gegen ein Fenster, wie ein versehentlicher Zusammenstoß mit dem Glauben meiner Kindheit, aber irgendwann flog ich mit vollem Bewusstsein mitten in dieses hässliche Bild und schlug mir dabei das Herz blutig.

Ich schickte Brittany Artikel von liebevollen, logisch denkenden Christen. Ich konnte nicht anders. Ich wollte nicht, dass sie am Ende *alle* Christen hasste. Zum ersten Mal in meinem Leben schämte ich mich, mich als Christin zu bezeichnen, weil vieles, was ich las, so gar nichts Christliches an sich hatte.

Brittany war religiös erzogen. Sie hatte konfessionelle Schulen besucht, wir hatten zusammen gebetet, und sie hatte in vielen schweren Momenten ihres Lebens um Gottes Hilfe und Gnade gebeten. Doch als sie jetzt dem Tod entgegentrat, wurde sie von vielen Mitgliedern der Kirche herzlos behandelt. Ein solches Verhalten konnte ich unmöglich verteidigen.

Wenn jemand Gebete, die Kirche oder den Glauben an Gott erwähnte, wurde Brittany wütend. Wie sollte es anders sein? Benebelt von Schmerzen und Schmerzmitteln las sie absolut widerwärtige Hasskommentare – von Menschen, die sich als »Christen« bezeichneten. Wer würde da nicht wütend werden? Ich war es jedenfalls.

Am 23. kehrten wir nach Portland zurück, und... Überraschung! Es regnete. Geschenke konnten Brittany selbst bei diesem trüben Wetter aufheitern, und Blumen und eine selbst gebrannte CD mit Musik von einer Freundin aus der Mittelschule verscheuchten den Trübsinn. Am nächsten Tag hatte sie einen Arzttermin. Wenn alles wie geplant lief, würde es der letzte Termin bei dem Palliativarzt sein. Es war ein Abschied, und entsprechend gedrückt war die Stimmung.

Der 24. Oktober war nicht nur grau, sondern dunkel. Weil nichts auf dem Terminplan stand, verging die Zeit, als hätte jemand die Uhr zu fest aufgezogen. Sie flog dahin und schien gleichzeitig stillzustehen. Wir sahen jetzt der letzten Woche vor Brittanys Tod ins Auge, und es war, als stünden wir am Rand eines schwarzen Lochs und wären auf ewig in einem Countdown des Elends gefangen.

Brittany kuschelte sich in ihr Bett. Ich setzte mich mit dem Buch, das wir gerade lasen, und einem vorgewärmten Nackenwärmer zu ihr. »Es regnet in Strömen«, sagte ich.

»Schon wieder? Ich habe gehofft, wir könnten einen Spaziergang machen«, murmelte Brittany. Sie seufzte, als sie die wohlige Wärme des Nackenwärmers spürte. »Kannst du den Diffusor einschalten? Ich habe das Gefühl, dass die Aromatherapie gegen meine Kopfschmerzen hilft.«

Ich goss warmes Wasser in den Raumbedufter und tropfte Öl hinein. Ich schlüpfte wieder unter die Decke, stellte den Kindle an und las Brittany vor, bis ich fast heiser war. Der Regen prasselte lauter gegen die Fenster, und die Bäume wiegten sich im Wind. Als ein Blitz das dämmrige Schlafzimmer erhellte, überlief mich ein Schauer. Auf ein leises Grollen folgte ein Krachen, bei dem das Haus zu beben schien. Wieder zuckte ein Blitz. Das Licht flackerte und ging aus.

»Mist«, sagten wir wie aus einem Mund. Ich stand wieder auf und zündete ein paar Kerzen an. Wir hatten schon einige Stromausfälle erlebt, aber noch nie bei Kälte. Ich beschloss, Brittany noch ein Weilchen vorzulesen. Mehr konnten wir nicht tun. Irgendwann schloss ich die Lese-app, und Britt drehte sich auf die Seite und sah hinaus. Der Regen strömte über die alten Sprossenfenster. Im Haus war es dunkel und kalt geworden. Ich überlegte, ob der Stromausfall die ganze Nacht andauern würde. Gary und Dan waren wahrscheinlich noch unten.

»Es wird nur noch endlose Schwärze sein und hohe Türme aus toten Babys, deren stinkende Kadaver die Luft verpesten«, flüsterte Brittany.

»Nicht, Britt. Sag so was nicht!« Das Bild ging mir unter die Haut, es ließ eine Vorstellung aus meiner Kindheit wiederaufleben, die ich versucht hatte auszulöschen. Ich hatte so sehr gegen die Glaubensvorstellungen angekämpft, die meine Eltern und Lehrer mir eingepflanzt hatten, hatte versucht zu entwirren, was man mir als Kind erzählt hatte. Ich hatte die Überzeugungen, die ich nicht selbst gewählt hatte, geprüft und gegen sie rebelliert.

Ich hatte mich bemüht, mich von beinahe sechzig Jahren religiöser Lehre zu lösen, bis ich so weit war, die Realität zu akzeptieren. Ich klammerte mich nicht an meine Tochter und flehte sie an, die Medikamente nicht zu nehmen. Ich war jetzt so weit, dass ein Teil von mir, der mehr Größe, Weisheit und Güte besaß, Brittanys Gefühle und ihr Vorhaben tatsächlich verstand und nachvollziehen konnte. Ich konnte jetzt neben ihr sitzen und zusehen, wie sie von eigener Hand starb.

Sie und ich hatten seit dem Tag ihrer Diagnose bei diesem Thema einen Eiertanz aufgeführt. Ich hatte immer wieder gesagt, ich würde sie unterstützen und keine Angst um sie haben. So wie ich ihre Stimme aus einer Schar lärmender Kleinkinder herausgehört hatte, würde ich ihr strahlendes Licht und ihre Energie überall im Universum finden. Ich gab mir Mühe, nicht direkt über Gott zu sprechen, aber dass ich glaubte, wir würden irgendwann wieder vereint sein, konnte ich nicht für mich behalten.

Und ich sagte noch etwas. »Ich weiß, dass du an andere Dinge glaubst als ich, aber ich glaube nicht an die Hölle. Und auch nicht an die Verdammnis.« Ich versuchte mühsam, die Bettdecke zurückzuschlagen und mich aufzusetzen, aber Brittany stand schon und baute sich im flackernden Kerzenlicht vor mir auf.

Ihr Gesicht war wutverzerrt. Sie schrie: »Du verdammte egoistische Fotze!«

Es fühlte sich an wie ein heftiger Schlag ins Gesicht. Ich war durcheinander. Entsetzt. Womit hatte ich das verdient?

Ich sprang auf. »Was sagst du da zu mir?«, fragte ich und hielt die geballten Fäuste neben dem Körper.

»Du hast schon richtig verstanden. Du bist eine verdammte egoistische Fotze.« Brittany machte eine abwehrende Armbewegung und rauschte an mir vorbei und aus dem Zimmer.

Verletzt und zitternd vor Wut lief ich ihr nach. »Warum redest du so mit mir? Du wolltest über Religion nicht sprechen. Ich habe versucht, das zu respektieren.«

»Ach, ehrlich.« Auf dem oberen Treppenabsatz drehte

sie sich um. »Du hast es verdammt noch mal versucht?« Sie stieg die Treppe hinunter Richtung Küche, und ich folgte ihr.

Jemand hatte im Flur und in der Küche Kerzen angezündet. Brittany schenkte sich an der Spüle ein Glas Wasser ein und trank einen Schluck. »Du verdammte egoistische Fotze! Scheiße, du denkst doch immer nur an dich.« Das zornige Gesicht meiner Tochter lag halb im Dunkeln. Die andere Hälfte war von der flackernden Kerze erleuchtet. Draußen grollte der Donner, als wolle er ihre Aussage unterstreichen. Brittany knallte das Glas auf die Arbeitsfläche und lief in der dunklen Küche auf und ab.

Plötzlich wusste ich, dass Brittany mich schlagen wollte. Ich wusste, dass sie mich schlagen musste. *Womit habe ich solche Wut verdient?*, dachte ich. Ich sah mein Kind unverwandt an und fragte: »Du willst mich schlagen, oder, Brittany?«

Sie kam auf mich zu und gab mir eine Ohrfeige. »Beschissenes Miststück!«

Die Worte schmerzten viel mehr als die Ohrfeige. »Du bist noch nicht fertig, oder? Musst du mich noch mal schlagen?«, fragte ich.

»Miststück!«, kreischte sie. Sie hob die geballten Fäuste über den Kopf und stürzte sich auf mich. Ich steckte die Schläge ein, ohne die Arme zu bewegen.

»Willst du, dass mein Kopf so wehtut wie deiner?«, fragte ich und neigte den Kopf, fast wie im Gebet. Ich schützte ihn mit meinen Armen und stellte meiner Tochter immer noch Fragen, weil ich dachte, sie sei bei Verstand und könne antworten.

Die Hiebe prasselten auf mich nieder. Ich fing an zu weinen. »Helft mir. Es tut weh.«

Gary und Dan kamen gleichzeitig herein, und Dan zog Brittany von mir weg.

»Brittany, du kannst doch nicht gewalttätig werden. Du darfst deine Mutter nicht schlagen«, sagte Gary und nahm mich in die Arme.

Brittany wollte sich auf uns stürzen und schlug nach Gary. Dan konnte sie nur mit Mühe zurückhalten. »Ständig verteidigst du sie, egal, was ist.«

Ich merkte, wie Britt sich aus Dans Armen befreien wollte. »Seht mal«, meinte ich, als würde ich eine wissenschaftliche Beobachtung machen. »Sie will mich immer noch schlagen.« Britt versuchte weiter, auf mich loszugehen. »Na los. Hau mich.« Ich blickte sie fest an, als ich das sagte.

Brittany riss sich los und prügelte wieder auf mich ein.

»Hau mich noch mal«, forderte ich sie unter Tränen auf.

Britt fuchtelte so wild herum, dass Dan mehrere Anläufe brauchte, um ihre Arme zu packen und sie von mir wegzuziehen. Ich weiß noch, dass ich mich wunderte, wie stark sie war.

»Ich habe sie nie verprügelt oder beschimpft«, sagte ich weinend zu Dan und drehte mich zur Treppe um. »Sie hat mir wirklich wehgetan.« Auf dem Weg nach oben wurde mir klar, dass ich nicht in diesem Haus bleiben konnte. Es war dunkel und kalt, und ich zitterte am ganzen Leib. In meinem Kopf hämmerte es, und mein Herz war in blutige Stücke zerfetzt.

Ich hörte, wie Brittany zu Dan sagte: »Sie hat es nicht anders gewollt.«

Gary und ich packten im Dunkeln leise unsere Sachen. Ich legte eine Hand an den Kopf und rief meine Schwester an. Ich beschrieb ihr, was passiert war.

»Ich habe mir schon Sorgen gemacht, Deb. Weißt du noch, als ich das letzte Mal da war, hat sie mich auch eine ›verdammte egoistische Fotze‹ genannt. Das kommt vom Tumor, Liebes, und von den Medikamenten.« Sarah weinte leise ins Telefon.

Ich schluchzte und zitterte ohne Unterlass. Die vernünftige Erklärung meiner Schwester konnte nicht auslöschen, was gerade geschehen war. Gary nahm mir das Handy aus der Hand. »Sarah, wir haben einen Stromausfall. Kannst du herumtelefonieren und uns ein Hotelzimmer in einem Teil von Portland reservieren, in dem der Strom nicht ausgefallen ist?«

Sarah rief zurück, als sie reserviert hatte, und ich schlich wieder einmal auf Zehenspitzen mit meinem Koffer in der Hand am Zimmer meiner Tochter vorbei und die Treppe hinunter. Ich weinte, als würde ich mein Kind nie wiedersehen. Ich wusste wirklich nicht, ob ich Brittany noch einmal sehen würde. Vielleicht war das ihre Art, sich abzunabeln. Bei all den Medikamenten und den Veränderungen, die der Hirntumor hervorrief, schien es auf diese Weise vielleicht einfacher für sie zu sein, als sich mit einem zärtlichen Lebewohl zu verabschieden. Was auch der Grund war, Brittany hatte die unsichtbare Schnur zwischen uns zu einem blutigen Stummel zerhackt.

Wir packten im kalten Regen das Auto und fuhren zum Hotel. Am nächsten Tag flogen wir nach Hause, um wieder zu Sinnen zu kommen und zu entscheiden, wie weit wir und ob wir überhaupt an der letzten Woche von Brittanys Leben teilhaben würden.

28
Verheiratet

September 2012 bis Dezember 2013, achtundzwanzig und neunundzwanzig Jahre alt

»Was für ein wunderbarer Anblick,
wenn ein schöne Frau für einen
Menschen kocht, den sie liebt.«

Thomas Wolfe, The Web and the Rock

Mit ihrer üblichen Energie und Entschlossenheit stürzte Brittany sich in ihre Ehe. Sie konnte hervorragend kochen, und Dan aß ihre Mahlzeiten mit Begeisterung. Auch Carmen war eine gute Köchin, und Dan wollte, dass Brittany einige Rezepte von seiner Mutter lernte.

Bevor wir es uns versahen, war es Weihnachten. Gary und ich flogen für ein paar Tage zu dem frisch verheirateten Paar, um mit den beiden zu feiern. Da für meinen Vater am 27. Dezember eine Hernienoperation angesetzt war, fiel der Besuch kurz aus. Daddy überstand die OP für seine einundneunzig Jahre sehr gut.

Im Januar flogen Brittany und Dan zu verspäteten Flitterwochen nach Patagonien, wo sie wanderten und Kajak fuhren. Gary und ich planten zusammen mit einem anderen Paar für den Mai eine Europareise ins Piemont und nach Katalonien. Wir hatten gemerkt, dass die Fürsorge für einen Menschen eine dankbare, aber auch anstrengende Aufgabe war. Wir brauchten die Aussicht auf einen Urlaub, etwas, worauf wir uns freuen konnten.

Brittany schmiedete Pläne für eine Bergtour, denn Dan arbeitete den ganzen Tag und baute abends und an den Wochenenden ihr neues Haus um. Aus Langeweile und Rastlosigkeit nahm sie Unterricht am Fliegenden Trapez und ging wandern. Ende Februar brach sie zu einem Gletscherkurs in Ecuador auf und wollte den 5897 Meter hohen Cotopaxi besteigen, einen der höchsten aktiven Vulkane der Welt. In Quito aß sie etwas Verdorbenes und war so angeschlagen, dass sie sich die ganze Nacht lang übergeben musste. Als der Morgen dämmerte, merkte Brittany, dass sie nur noch verschwommen sah; sie konnte nicht einmal die Uhrzeit ablesen. Weil sie gegen die Höhenkrankheit Diamox eingenommen hatte, dachte sie, die verschwommene Sicht und die Übelkeit wären auf das Medikament zurückzuführen, nicht auf das verdorbene Essen. Sie setzte das Diamox ab, aber trotzdem konnte sie an der ersten Tour nicht teilnehmen. Nach weiteren vierundzwanzig Stunden konnte sie normal sehen und schloss sich der Gruppe wieder an.

Brittany wollte unbedingt die Fall- und Bremstechniken, das Abseilen, die Seilhandhabung, die Navigation, das Gletscherwandern in Seilschaften und das Eisklettern lernen. Ihre Gruppe unternahm eine Akklimatisierungstour bis auf 4300 Meter Höhe, und am nächsten Tag bestieg Brittany mit acht männlichen Bergsteigern und mehreren männlichen Bergführern den Cayambe-Gletscher. Am 28. Februar brachen sie gegen Mitternacht zum Gipfel des Cotopaxi auf. Der zwölfstündige Aufstieg entwickelte sich zu einer reinen Eiskletterei, als sich das Wetter verschlechterte. Zur gleichen Zeit fuhr ich mit dem

Fahrrad am Strand entlang, bremste zu stark, flog über den Lenker und brach mir den Arm. Die Ironie dieser Geschichte entging Brittany und mir nicht.

In Guayllabamba in Ecuador traf sich Britt mit Mina, und sie erklommen einen weiteren aktiven Vulkan, bevor sie zum Galápagos Nationalpark weiterreisten. Von diesem Abschnitt der Reise, der so ganz anders war als das furchterregende Eisklettern, war meine Tochter völlig begeistert. Auf Facebook fasste sie ihn zusammen.

Unsere Galapagosreise war GROSSARTIG! Schwimmen und spielen mit Dutzenden Seelöwen, schnorcheln mit riesigen Lederschildkröten, 100 Jahre alte Landschildkröten, Meeresleguane und Blaufußtölpel entdecken und jeden Tag bei blauem Himmel am Meer aufwachen. Die Welt ist so schön.

Als Britt wieder in Amerika war, besuchte sie uns und ging danach am St. Patrick's Day mit Mina und Colette aus. Sie erzählte oft, sie wolle sich eine Deutsche Dogge zulegen. *Natürlich*, dachte ich, *es muss ein Riesenhund sein.*

Nach ihrer Rückkehr musste Britt sich daran gewöhnen, den Großteil des Tages über allein zu Hause zu sein. Sie unterrichtete ehrenamtlich in der örtlichen Bibliothek Englisch als Zweitsprache und arbeitete ebenfalls ehrenamtlich im Tierschutz. Es war nicht leicht, mit Britt zusammenzuleben, und Dan hatte mit den Renovierungsarbeiten alle Hände voll zu tun, das wusste ich. Was jedoch keiner von uns wusste, war, dass sich ein etwa neun Jahre alter Tumor tief in Brittanys Hirn gegraben hatte.

Am 9. April kaufte Brittany eine junge Deutsche Dogge.

Charley war ein hinreißender, faltiger, blaugrauer Hund mit einer ganzen Latte von Allergien. Außerdem war er wählerisch, was sein Fressen anging. Brittany probierte verschiedene Futtersorten aus und brachte ihn dazu, ihr aus der Hand zu fressen. Um eine Weile von der Baustelle zu Hause wegzukommen, mietete sie für zwei Wochen eine Hütte an einem nahe gelegenen See. Dans Eltern fuhren sie besuchen, und eine Freundin leistete ihr in der Hütte Gesellschaft.

Mitte Juli besuchte Britt ihre Freundin Mina. Im August flog sie nach Südkalifornien zu Maudie, und ich fuhr eines Abends nach Santa Monica, um mit den beiden essen zu gehen. Im September war Brittany wieder mit einem Freund am Fliegenden Trapez zugange und wollte vor der kalifornischen Küste in einem Käfig zwischen Weißen Haien tauchen. Gary und ich machten uns große Sorgen. Unsere Tochter hatte einen großen Teil ihres ersten Jahres als verheiratete Frau auf Reisen und fort von zu Hause verbracht. Das verhieß für das junge Paar nichts Gutes.

In einem Unternehmen in ihrer Nähe nahm Brittany eine Teilzeitstelle als Nachhilfelehrerin an. Sie hatte wieder eine Arbeit mit Kindern gefunden, bei der sie etwas bewirken konnte, und das erfüllte sie.

Im Oktober flog ich für eine Weile zu ihr. Bei einer Wanderung durch den Redwood Regional Park stießen wir auf viele tausend Marienkäfer. Staunend beobachteten Brittany und ich, wie sie sich für den Winterschlaf zusammenfanden. Als Brittany ein kleines Mädchen war, hatte ich ihr immer erzählt, es würde ihr Glück bringen, wenn ein Marienkäfer auf ihr landete. An diesem Tag war meine wunderbare Tochter von Marienkäfern umschwärmt, und ich hoffte, die Tiere würden sie mit einer glücklichen Ehe und Kindern segnen. Dieser Augenblick wird mich für immer begleiten.

Wegen ihrer gelegentlichen Kopfschmerzen hatte Brittany einen Neurologen aufgesucht. Zuerst hatten wir gedacht, die Schmerzen würden vielleicht durch Allergien ausgelöst oder Britt würde auf irgendeinen Giftstoff reagieren, den die Renovierungsarbeiten freigesetzt hatten. Aber mittlerweile war das Haus komplett hergerichtet, und Brittany litt immer noch unter diesen schrecklichen Schmerzen. Der Arzt hatte ihr gesagt, Frauen würden ihre Kopfschmerzen manchmal verlieren, nachdem sie Kinder geboren hatten.

Am 1. November war ich nach einem traurigen Anruf von Brittany so besorgt, dass ich ihr zutiefst bewegt eine Mail schrieb. Meine Tochter wirkte depressiv und unglücklich, und ich riet ihr, sich professionelle Hilfe zu suchen.

Aber Brittany ließ sich nicht auf meinen Vorschlag ein, sie war sogar beleidigt und schoss zurück, sie würde keine professionelle Hilfe brauchen. In einem hatte sie recht. Wegen einer Depression hätte sie nicht behandelt werden müssen; eher wegen eines riesigen bösartigen Hirntumors. Niemand, schon gar nicht Brittany selbst, ahnte, dass ihre Stimmungsschwankungen, ihre Reizbarkeit, ihre Traurigkeit und ihre Kopfschmerzen die Begleiterscheinungen eines Tumors waren.

Britt begann, Biolebensmittel aus der Region zu bestellen. Sie aß so gesund wie möglich, weil sie hoffte, dadurch die Kopfschmerzen zu lindern. Ihren neunundzwanzigsten Geburtstag wollte sie in San Francisco feiern. Sie buchte für sich und Dan ein Hotelzimmer und Massagen und plante, abends mit Freunden essen zu gehen und sich einen Dokumentarfilm anzusehen.

Am 18. November, einen Tag vor ihrem Geburtstag, postete ich ein Babyfoto auf Facebook und schrieb dazu:

Gegen zehn Uhr am Abend des 18. November 1984 fuhr ich in Anaheim, Kalifornien, ins Krankenhaus. Eigentlich sollte mein Baby erst am 17. Dezember kommen. Nur kam es schon jetzt, wie mir der Arzt sagte. Ich behielt die OP-Uhr im Auge. Um zehn Minuten nach Mitternacht hielten sie meine Tochter im Arm. Brittany Lauren.
Bevor sie gezeugt wurde … wollte ich sie. Bevor sie geboren wurde … liebte ich sie. Als ich ihr Gesicht sah … war ich bereit zu sterben, wenn ich ihr dadurch das Leben hätte retten können. Dieses Gefühl hält bis heute an.
Dieses Wunder durfte ich erleben. Ich werde dafür ewig dankbar sein.

Das Geburtstagswochenende schien gut zu verlaufen, denn Brittany postete auf Facebook eine fröhliche Nachricht.

Danke an meine Freunde und meine Familie für die lieben Geburtstagsgrüße! Ich bin sehr dankbar dafür, mein letztes Jahr mit einer 2 vorne an der Seite meines sehr fleißigen, klugen, witzigen und liebevollen Ehemanns Dan beginnen zu dürfen. Wir haben das große Glück, dass unsere wunderbaren Familien und großartigen Freunde von nah und fern für uns da sind. Bessere Eltern als Deborah, Gary, Carmen und Evaristo könnten wir uns nicht wünschen. Ich bin so dankbar für all die guten Dinge und Möglichkeiten, die das Leben mir in den letzten 29 Jahren geschenkt hat … und freue mich auf das 30ste.

Sobald ihr Geburtstag vorüber war, flog ich wieder hoch, um Brittany zu besuchen, und sie begleitete mich zurück nach Südkalifornien. Am 21. November zog sich nach einem überraschenden Schauer ein wunderschöner Regenbogen über den Himmel. Ich hielt an, um ihn zu fotografieren. Für mich war er ein Zeichen für Gottes Versprechen, dass mein Kind, mein einmaliges Mädchen, endlich gesund und glücklich werden würde. Ich dankte Gott für sein Versprechen, und später postete ich die Fotos und die Worte:

Hast du schon mal für etwas gebetet und Gott hat geantwortet? Diesen Anblick haben wir hier in Carlsbad, Kalifornien, nicht oft. Und Gott, ich habe deine Botschaft vernommen – laut und deutlich.

Britt half mir, meinen Vater in dem Heim, wo er im Bereich für betreutes Wohnen noch halbwegs selbstständig gelebt hatte, in die Abteilung für Demenzkranke umzusiedeln. Dort waren die Türen abgeschlossen, und auf jede Pflegekraft kamen deutlich weniger Bewohner. Wir verwandelten sein Zimmer, das schon sehr nach öffentlicher Einrichtung aussah, in ein gemütliches Zuhause. Außerdem traf Britt sich mit Mina, der »Schwester, die das Leben ihr geschenkt hatte«.

Als Britt nach Hause zurückkehrte, litt sie weiter unter Kopfschmerzen. Ich schickte ihr ein vorgezogenes Weihnachtspäckchen mit warmen Schlafanzügen und anderen netten Dingen, um sie aufzumuntern. In dieser Phase kümmerte ich mich besonders viel um meinen Vater, der sich an sein Leben in der Demenzabteilung mit neuen Einschränkungen gewöhnen musste.

Mitte Dezember erzählte Brittany, sie habe Schlafstörungen. Sie wollte uns über die Feiertage zu sich einladen und ein Schrottwichteln veranstalten. Ich nahm mir vor, den Wettstreit zu gewinnen und ein absolut scheußliches Geschenk zu finden.

Am 11. Dezember war Brittany ganz aus dem Häuschen, weil sie einen Jeep bestellt hatte. Sie wollte ihn in monatlichen Raten von ihrem Nachhilfegehalt bezahlen, weil ihre privaten Mittel durch die Reisen und die Hochzeit aufgebraucht waren.

Als Gary und ich bei Britt und Dan ankamen, hatte sie ihr Haus in ein Weihnachtswunderland verwandelt. Am Heiligabend kochte sie ein wunderbares, köstliches Essen, und anschließend spielten wir Spiele. Am nächsten Morgen hatte sie schon ein großes Frühstück vorbereitet, als alle aufstanden. Wir fühlten uns verwöhnt und geliebt. Der Duft von Zimtschnecken war für mich ein erstaunliches, wunderbares Zeichen für den Rollentausch.

Ich kann mich nicht daran erinnern, dass Brittany an den Feiertagen über Kopfschmerzen geklagt hätte. Sie strahlte einfach wunderbare, anmutige Weihnachtsfreude aus. Dan lief mit Beagle Bella auf dem Arm herum und zeigte ihr dies und das. Ich träumte von Enkelkindern, und Brittany und ich überlegten zum Scherz, wie sie mich nennen würden. Wir entschieden uns für »Mimi«, obwohl Brittany den Namen absurd fand. »Was spricht denn gegen Grandma?«, fragte sie.

Ich lächelte, weil ich natürlich auf jeden Namen reagieren würde, ganz egal, wie mich die Kleinen einmal riefen.

Dan und Britt wollten zu Neujahr für ein paar Tage nach Healdsburg, Kalifornien, fahren. Ich dachte, vielleicht würde Britt dabei schwanger werden.

Es war ein herrliches, entspanntes Weihnachten. Die Hoffnungen auf das neue Jahr, auf mögliche Enkel und eine glückliche, beständigere Ehe für Britt tanzten wie Zuckerfeen durch meinen Kopf.

29
Ich will sie zurück

25. Oktober bis 1. November 2014,
die letzten Tage vor Britts Tod

»›Ja, Mutter,‹ sagt sie nur und nimmt mich in die Arme. ›Ich sehe, dass du nicht unversehrt bist. Das hast du nie versteckt. Es ist das größte Geschenk, das du mir je gemacht hast.‹«

Alice Walker, Possessing the Secret of Joy

Als ich am 25. Oktober wieder vor meinem eigenen Bett stand, krabbelte ich sofort unter die Decke, rollte mich zusammen und schlief. Erst mitten am Vormittag wachte ich auf. Ich hatte über vierzehn Stunden geschlafen.

Gary fing Brittanys wütende Textnachrichten ab.

»Wo ist Mom?«, wollte sie wissen.

Mein Mann meinte, ich solle die Nachrichten lieber nicht lesen.

»Was sollte mir noch mehr wehtun als das, was schon passiert ist?«, fragte ich.

»Na ja, erst hat sie geschrieben, du müsstest mit Schlimmerem rechnen, wenn du noch mal sagst, dass dich jemand schlagen soll. Dieses Mal hätte sie nur einen Bruchteil ihrer Kraft eingesetzt.«

Ich hielt mir die Hände vor den Bauch; ich dachte, ich müsse mich gleich übergeben. »Und?«

Gary seufzte. »Und du bist nicht zur Trauerfeier eingeladen. Sie ist nur für geladene Gäste.«

»Und?«, hakte ich weiter nach.

»Deb. Hör auf.« Mein Mann nahm mich in die Arme.

In wenigen Tagen würde meine Tochter ein Präparat einnehmen und sterben. Ich konnte einfach nicht vergessen, dass Brittany mich nach allem, was wir in den letzten neunundzwanzig Jahren durchgemacht hatten, eine »verdammte egoistische Fotze« genannt hatte. Ich weinte unaufhörlich. Ich weinte, wenn ich trank, aß, duschte. Meine Tränen strömten aus einem endlos tiefen Brunnen, und ich weinte, ohne nachzudenken. Ich weinte, als Gary mich zum Arzt brachte, ich weinte in der Apotheke, als wir ein Rezept einlösten, und ich weinte, als ich mir eine winzige weiße Tablette zwischen die Lippen schob und sie schluckte. Dann schlief ich wieder.

Als ich aufwachte, versuchte Gary, mit mir zu reden. »Deb, das wird genauso sein wie neulich, als Britt meinte, du hättest als Mutter nicht gerade einen Homerun geschlagen, und du ein ganzes Fotobuch zu dem Thema gestaltet hast. Sie hat es nicht verstanden. Sie wusste nicht mehr, dass sie überhaupt etwas über Baseball gesagt hatte.«

»Ich glaube, sie musste die Nabelschnur durchtrennen«, erwiderte ich. »Ich glaube, sie hat auf alles eingehackt, das uns verbunden hat. Sie hat mich schon verlassen. Ich glaube nicht, dass sie mich dabeihaben will.«

»Vielleicht solltest du auch nicht dabei sein«, meinte Gary. »Vielleicht ist es für Brittany einfacher ohne dich. Hast du darüber schon mal nachgedacht?«

Bei diesen Worten, in denen so viel Schmerz lag – Garys

Schmerz, mein Schmerz und Brittanys Schmerz –, wurde mir klar, dass ich bei meiner Tochter sein musste, komme, was wolle. Aber ich hatte keine Ahnung, wie ich ihr Lebensende, ihren Heimgang mit ansehen sollte, ohne zu schreien und zu weinen. »Ich will niemanden weinen hören«, hatte Britt mehrmals gesagt und dabei ausdrücklich mich angesehen.

Wie sollte ich mich davon abhalten, ihr den Becher aus der Hand zu schlagen, so wie ich ihr einmal als Kind eine Spritze aus der Hand schlug, nachdem sie das verdreckte Ding am Strand gefunden hatte? Wie sollte ich es schaffen, das Gift nicht durchs ganze Zimmer zu schleudern? Ich wusste es nicht. Wie sollte ich verhindern, dass ich auf die Knie fiel und sie anflehte, das Mittel nicht zu trinken? Wie sollte ich mich davon abhalten, es ihr aus der Hand zu reißen und selbst zu trinken? Warum konnte nicht ich sterben statt meiner Kleinen, die noch so viel Leben vor sich hatte?

Ich wollte diese Bürde aus Verlust und Schmerz und Trauer loslassen. Ich wollte fliehen. Weglaufen, bis ich nicht mehr atmen konnte. Bis mein Herz barst, weil ihm der Sauerstoff fehlte. Ich wollte mit eingenähten Steinen in den Taschen ins Meer laufen und mich in die Tiefe ziehen lassen.

Hätte ich mit dem Teufel höchstpersönlich einen Pakt schließen können, um meine Tochter bei mir zu behalten, ich wäre egoistisch genug gewesen, es zu tun. Ich hätte sie versorgt, ihr vorgelesen, ihr auf die Toilette geholfen, sie endlos massiert, wenn sie nur bei mir auf Erden geblieben wäre.

Ich schrieb Brittany eine Nachricht. Ich bat sie um Entschuldigung für die Momente, in denen ich ihr Kummer verursacht oder sie enttäuscht hatte. Ich schrieb, ich sei dankbar dafür, dass ich ihre Mutter sein durfte, und dafür, dass ich als Mutter so viel von ihr gelernt hatte. Schließlich fügte ich noch hinzu, ich würde ihr verzeihen, dass sie mich geschlagen und wüst beschimpft hatte. Ich wünschte, ich hätte hinzugefügt, dass man nicht aus Traurigkeit weint, sondern nur aus Freude, wenn sich eine Raupe in einen Schmetterling verwandelt. Ich wünschte, ich wäre so weise gewesen.

Ich schrieb ihr, ich würde am 30. Oktober wieder nach Portland kommen, und ich versprach, ich würde nicht weinen, wenn sie mich bei ihrem Tod bei sich haben wollte.

Während ich zusammengerollt auf meinem Bett lag oder ununterbrochen weinte, ging Brittany mit Dan und ihren Freunden im Wald spazieren und erlitt einen erneuten Anfall. Sie stürzte zwischen den Bäumen, die sie so liebte, zu Boden und zuckte und zitterte. Wieder steigerte sie sich in eine unkontrollierbare Wut hinein. Dieses Mal galt ihr Zorn der Regisseurin aus New York und der gemeinnützigen Organisation, die das YouTube-Video veröffentlicht hatten. Brittany war wütend, weil sie das Gefühl hatte, sie hätten es durch den Schnitt der Aufnahmen vom 13. und 14. Oktober so aussehen lassen, als würde Britt ihre Meinung darüber ändern, wann sie sterben wollte. Um die Sache noch schlimmer zu machen, zeigte einer der größten Fernsehsender das Video und verdrehte die Aussage in Richtung: »Unheilbar kranke Brittany Maynard ändert ihre Meinung.«

Brittany verlor vollends die Kontrolle und ließ ihre Wut an Dan, ihren Freunden und einigen Leuten am Telefon aus.

Ich, in Südkalifornien, dachte naiverweise, sie wollten Brittany beschützen und die Medien täuschen, um sie an dem Tag, an dem Britt sterben wollte, von dem gelben Haus fernzuhalten.

Als ich am 30. Oktober, zwei Tage vor ihrem geplanten Tod am 1. November, nach Portland zurückkehrte, war Brittany immer noch aufgebracht wegen der Veröffentlichung dieser irreführenden Informationen.

Am 31. Oktober unternahmen wir einen Spaziergang. Unsere Gruppe bestand aus acht Menschen und zwei Hunden. Ich betrachtete die beseelten Augen der Hunde. Ob sie ahnten, dass sie bald ihre Momma verlieren würden? Ich glaube, ja. Brittany legte mir einen Arm um die Taille und sagte, sie sei froh, dass ich da war. »Ich konnte mich einfach nicht entschuldigen, Momma.«

»Mach dir keine Sorgen, Liebes.« Ich nahm sie auch in den Arm, und so liefen wir ein kurzes Stück zusammen weiter.

Britt wollte abends ausgehen, also luden Dan, Gary und ich Brittany, drei ihrer Freunde und meine liebe Freundin Sherri zum Abendessen in der Innenstadt von Portland ein. Es war surreal. Ein letztes Mahl in der Stadt glich zu sehr dem letzten Mahl eines Gefangenen vor der Hinrichtung. Wie soll man den Schrecken, das Leugnen, die Furcht hinter sich lassen und »ganz da sein«, wenn man mit seinem Kind, das am nächsten Tag sterben wird, zu Abend isst? Es war eine außerkörperliche Erfahrung. Ich war ganz einfach nicht da.

Am 1. November herrschte ein für Portlands Verhältnisse mildes Wetter. Gary und ich schlossen uns den sechs jungen Menschen in dem gelben Haus an. Einige von ihnen hatten sich um den Tisch versammelt und brunchten. Nach dem Essen gingen wir spazieren. Ja, an dem Tag, den meine Tochter ausgewählt hatte, um die Fesseln dieser Welt abzustreifen, ging sie noch einmal durch den Wald.

Nahm Brittany in diesen letzten Stunden ihres Lebens keine, weniger oder mehr Medikamente oder eine andere Kombination? Oder war sie vor dem Tod schlicht mit Gleichmut gesegnet? Meine liebe Tochter staunte über die Schönheit der Natur, während sie mit Freunden und ihrer Familie zwischen mehr als hundert Jahre alten Bäumen spazieren ging. Wir wechselten uns an ihrer Seite ab, tauschten immer wieder, alle wollten ihr nah sein. Gelassen und in sich ruhend, schon auf der Schwelle des Todes, ließ Brittany die Schönheit ihres letzten Tages auf sich wirken. Ihre Entscheidung, das Schöne um sich herum wahrzunehmen, Größe zu zeigen, so gut es ihr gelang – und dann zu sterben, bevor alles schwand, was sie ausmachte –, machte Brittany zu der mutigsten und klügsten Frau, die ich je gekannt habe. Als ich neben Brittany herlief, sagte ich, es müsse nicht heute passieren, wenn sie nicht bereit sei. Es könne auch morgen sein. Oder an einem anderen Tag.

»Doch, heute. Sonntag müssen alle wieder nach Hause fahren. Ich werde nachher bereit sein.«

Der Kloß in meiner Kehle war so groß, dass ich kaum schlucken konnte. »In Ordnung, Schatz.« Ich überließ Gary meinen Platz an Brittanys Seite, ließ mich zurückfallen und gesellte mich eine Weile lang zu Amber.

Brittany hatte genau festgelegt, wie ihr Sterben ablaufen sollte, wen sie im Zimmer haben wollte, wer wo sein sollte und was sie hören wollte. Sie hatte große Angst davor, sie könnte bewusstlos werden und uns trotzdem noch einige Zeit lang hören. Sie hatte uns ausdrücklich auferlegt, nicht zu weinen, keine traurigen Laute von uns zu geben und nicht über ihren Tod zu sprechen, bis alle sicher waren, dass sie verstorben war.

Sie suchte Gedichte von ihrer Lieblingsdichterin Mary Oliver aus, die vorgelesen werden sollten, nachdem sie das Medikament eingenommen hatte.

Als wir wieder im Haus waren, wurden am Esszimmertisch hundert Kapseln aufgebrochen und das Pulver wurde in einem kleinen Glas gesammelt. Es muss ein Vorgeschmack auf die Hölle gewesen sein, das Mittel vorzubereiten. Ich wollte es gar nicht sehen und lief schnell vorbei. Ich war dankbar, dass ich es nicht selbst tun musste.

Brittany saß an Kissen gelehnt auf ihrem Himmelbett und schrieb Karten. Eine Karte gab sie mir. Ich ging hinaus, um sie zu lesen. Sie ist das Letzte, was meine Tochter mir mit ihren schönen, schmal zulaufenden Fingern geschrieben hat. Die letzten Gedanken, die sie mit mir teilte.

Auf der Vorderseite der Karte stand nur das folgende Zitat:

> *»Was zählt, sind nicht die Jahre in unserem Leben, sondern das Leben in unseren Jahren.«*
> Abraham Lincoln

Ins Innere hatte Brittany folgende Worte gesetzt:

> *Bei dem Zitat vorne auf dieser Karte muss ich an das Holzschild in unserer Küche in Portland denken. Ich glaube wirklich, dass es so ist. Mom, ich kann nicht in Worten ausdrücken, wie sehr ich dich liebe, welch riesigen Verlust wir erleiden. Danke, dass du eine*

so wunderbare Mutter bist. Ich liebe dich mit jeder Zelle meines Körpers. Ich würde alles tun, um diesen Schmerz zu vertreiben und das Leben zurückzuspulen … aber das ist nicht möglich. Also werden wir als starke, kluge, fürsorgliche Frauen und Familie damit fertig. Ich wünsche mir MEHR ALS ALLES ANDERE, *dass du diesen Schmerz spüren, ihn aber dann loslassen kannst, dass du reist, Gary liebst, jeden wunderschönen Tag auf dieser prächtigen Erde auskostest. Ich werde eine Möglichkeit finden, dir von oben zuzusehen.*

Und ich werde lächeln, wenn dein Flugzeug in Peru landet.

Ich liebe dich mit jeder Faser meines Körpers,
deine Tochter
Britt

Ich schrieb Brittany ein paar Zeilen, ging in ihr Zimmer und gab ihr den Brief. Die anderen trugen Stühle herein und unterhielten sich im Hintergrund. In dem Brief versprach ich ihr, ich würde sie finden … ihr Licht … ich würde ihren Geist überall erkennen. Darunter schrieb ich: »Gute Reise.« Brittany las meinen Brief und steckte ihn sorgfältig in einen großen Zip-Beutel voller Karten und Briefe von Verwandten und Freunden. Nachdenklich sah sie mich an, dann klopfte sie hinter sich auf das Bett. »Hier, Momma.«

Ich sollte also hinter ihr sitzen, mit ihrem Kopf auf ein Kissen auf meinem Schoß gebettet oder an meiner Brust, während sie starb. Sie hatte vorher davon gesprochen. Dan und ich sollten links und rechts neben ihr auf dem Bett sein, wenn es so weit war. Aber Brittany lag nicht in der Mitte. Ich glaube, meine Tochter wollte, dass ich mich breitbeinig hinter sie setzte wie bei einer Geburt, denn durch den Nachttisch hätte ich meine Beine nicht seitlich vom Bett strecken können. Ich glaube, sie wollte ihren Kopf an meine Brust betten. Dachte sie vielleicht, sie sollte mein Gesicht lieber nicht sehen? Darüber hatte ich noch nie nachgedacht.

Sie wollte nicht, dass ich weinte, aber wenn ich ihr so nah war, würde sie meine Tränen spüren. Noch in diesem Moment betete ich, dass ich es irgendwie schaffen würde, leise zu weinen und nicht laut zu heulen.

Wenn ich so nah bei ihr saß, würde ich weder schaudern noch keuchen oder zittern oder sonst irgendwie reagieren können, wenn meine Tochter diese Welt verließ. Ich würde so dicht bei ihr sitzen, dass sie ganz sicher spürte, wie ich ihren wiederholten Befehl, nicht zu weinen, missachtete. Ich bewegte meinen Kopf um eine Winzigkeit, und offenbar gaben meine Augen die Antwort. Brittany machte sich an ihren Kissen zu schaffen, schüttelte sie auf und sagte nur: »Hilf mir, meine Abschiedsworte für Facebook zu schreiben.«

Ich nickte und zog meinen Stuhl ein wenig näher ans Bett.

Die Jalousien standen offen, und die Sonne des späten Nachmittags schien ins Zimmer. Plötzlich waren fünf Stühle besetzt. Brittany sah sich um und fragte: »Wo ist Gary?«

»Du hast ihm zu verstehen gegeben, dass er nicht kommen darf«, brachte ich mühsam heraus. »Du hast nichts davon gesagt, dass er hier sein kann.«

»Holt meinen Dad. Wir brauchen noch einen Stuhl.« Brittany hatte mehrere liebe Freunde eingeladen, die in den letzten Augenblicken bei ihr sein sollten. Es beruhigte sie, dass Maudie als Urologin ihren Puls nehmen konnte und uns sagen würde, wann er nicht mehr schlug.

Brittany verfasste ein letztes Posting für Facebook und las laut vor, während sie tippte. Wir alle hörten zu.

Lebt wohl, meine Freunde und meine Familie – ich liebe euch. Heute ist der Tag, an dem ich in Würde sterben werde, ein Entschluss, den ich angesichts meiner unheilbaren Krankheit gefasst habe. Dieser schreckliche Hirntumor hat mir so viel genommen … aber er hätte mir noch viel mehr genommen. Ich danke allen, die mir, ohne zu zögern, geholfen haben, die da waren, an deren Schulter ich mich (wenn auch selten) ausweinen konnte, aber die noch viel öfter ein Lachen mit mir geteilt haben. Die Welt ist ein wunderschöner Ort. Auf meinen Reisen habe ich …

Brittany zögerte.

»So viel gelernt«, sagte ich.

Brittany nickte, tippte und wiederholte:

… so viel gelernt. Meine engen Freunde und meine Familie haben mir unglaublich viel gegeben. Sogar jetzt, während ich das tippe, sitzen die Menschen, die mich unterstützen, um mein Bett herum. Ich liebe euch, Dan Diaz (mein lieber, kluger Ehemann), meine Mutter Deborah Ziegler (mein selbstloses, großzügiges Vorbild), Gary Holmes (der beste Stiefvater aller Zeiten), Adrian Diaz (fabelhafter Schwager) …
Leb wohl, Welt. Verbreitet positive Energie. Gebt Gutes weiter!

»Du wirst geliebt, Brittany«, sagte ich, als sie den Kopf auf ihr Kissen bettete. Sofort antworteten die anderen im Zimmer: »Ja, ja.«

Jemand brachte ein kleines Glas, in dem das verschriebene Mittel in Wasser aufgelöst war. Brittany nahm das Glas, betrachtete es kurz und trank es dann in einem langen Schluck leer. Sie verzog das Gesicht und sagte, es schmecke bitter.

Nachdem sie ein klein wenig Eis gegessen hatte, meinte sie: »Wow. Das wird schnell gehen.«

Britt legte den Kopf wieder auf die Kissen. »Erzähl mir eine schöne Geschichte, Schatz«, bat sie Dan leise, der neben ihr auf der Seite lag. Bevor Dan auch nur zwei Sätze einer Geschichte herausgebracht hatte, ließ sich meine Tochter tiefer in die Kissen sinken und schnarchte einmal ganz tief. Jemand reichte mir ein Laptop, und ich las mit zitternder Stimme mehrere wunderbare Gedichte von Mary Oliver vor. Unter Tränen las ich weiter, als könne meine Stimme Britt hier halten, hier bei mir.

Nach einer Weile tippte mir Maudie, die Brittanys Puls genommen hatte, auf die Schulter und flüsterte: »Sie hat es geschafft. Ihr Herz schlägt nicht mehr.«

Ich stellte das Laptop weg und lief auf den Treppenabsatz vor Brittanys Zimmer. Ich drehte mich im Kreis. »Nein … nein … nein …«, stammelte ich. Eines der Mädchen wollte mich trösten. Ich sagte: »Nein … nein … nein.« Ich lief nach unten, aus dem Haus und in den nahen Wald. Es regnete sanft. Mein Mann folgte mir. Im Schutz der Bäume hielt er mich in den Armen, während ich schluchzte und schrie.

Der Himmel weinte. Brittany, meine wunderbare, mutige Tochter, war aus freien Stücken friedlich gestorben, wie sie es geplant hatte. Der Tod war human, sogar gnädig, und ersparte Brittany enorme körperliche Schmerzen und seelisches Leid. Aber all das zählte in diesem Moment nicht. Weil ich egoistisch war und sie zurückwollte.

»ICH … WILL … SIE … ZURÜCK!«, schrie ich den Bäumen, dem Regen und dem Himmel entgegen. »Ich will meine Kleine zurück!«

Gary half mir das kurze Stück die Straße hinunter bis zum Haus. Nachdem ich ein letztes Mal zum Himmel aufgeblickt hatte, stieg ich ins Auto. Das gelbe Haus betrat ich nie wieder.

30
Staub zu Staub

November 2014 bis Oktober 2015,
das erste Jahr nach Britts Tod

»Vergesst aber bitte … nicht, dass niemand euer Freund sein kann, der von euch Schweigen verlangt oder euch das Recht streitig macht, euch zu voller Blüte zu entwickeln …«

Alice Walker, Die Erfahrung des Südens

Ich habe keine Erinnerung an den Tag nach Brittanys Tod. Gar keine. Ich weiß, dass ich in einem Hotel war. Ich weiß, dass Gary und meine Freundin Sherri bei mir waren. Ich weiß es, aber ich erinnere mich nicht daran..

Am 3. November flogen wir nach Hause. Ich kann mich entsinnen, dass ich wütend war, weil ich so kurz nach dem Tod meines Kindes fliegen musste. Die Leute am Flughafen sah ich wie durch eine nasse Glasscheibe.

Am 4. November postete ich auf Facebook:

Heute war ich am Meer und habe mich auf das Ende einer Buhne gestellt. Ich habe zwei Wörter geschrien, bis ich heiser war: »Warum?« und »Nein.« Das Donnern der Wellen kam so gleichmäßig, dass ich irgendwann die Antworten in meinem Herzen hörte. »Warum nicht?« und »Ja, es ist wahr … sie ist fort.«

Am nächsten Tag schrieb ich:

Den ganzen Tag lang habe ich wie ein Kind immer nur »Ich will …« gedacht. Ich will, dass die Erde sich rückwärts dreht … Ich will meine Kleine zurück … Ich will wieder mit ihr reden … Ich will, dass es nur ein böser Traum ist … Das Wollen nahm kein Ende.

Ich vereinbarte Termine, um die in Oregon begonnene EMDR-Therapie fortzusetzen. Sie war für Patienten entwickelt, die unter starker Belastung standen, und schien sich beruhigend und positiv auf meine Gedanken auszuwirken. Auf jeden Fall unterbrach die EMDR-Therapie den Bilderzyklus in meinem Kopf, und ich erkannte, wo sich meine Gedanken unnütz im Kreis drehten.

Eine Freundin meiner Tochter bot an, Brittanys Lebensfeier zu organisieren.

Als wir in den Wald fuhren, um Brittanys Asche zu verstreuen, fiel ich auf die Knie, sammelte ein wenig Asche mit den Händen auf und hielt sie fest. Meine Freundin Sherri kniete mit mir auf dem Boden, während Dan einen Teil der Asche unter einen stattlichen Mammutbaum streute. Ich las das Zitat von Mary Oliver vor, um das Brittany gebeten hatte. Es ging darum, ein Wesen aus Fleisch und Blut zu lieben und dieses irdische Leben loszulassen, wenn die Zeit dazu gekommen war.

Als ich aufstand und gehen wollte, sah ich aus dem Augenwinkel einen Rotfuchs vorbeihuschen. Sein buschiger Schwanz mit der weißen Spitze zuckte, als er durchs Unterholz sprang, und er drehte die schwarzen Ohren, als könne er mein Schluchzen hören. Ich wollte ihn Gary und Sherri zeigen, aber als wir wieder hinschauten, war er verschwunden. Egal, ob ich mir den Fuchs nur einbildete oder ob er wirklich da war, sein Anblick tröstete mich.

Unsere tapfere Nichte Erica kämpfte immer noch um ihr Leben. Sie unterzog sich gerade in Illinois einer Chemotherapie »mit allem, was der Chemiebaukasten hergibt«, wie sie sagte, und hatte schon mehrere Operationen hinter sich gebracht. Erica war in den Dreißigern und hatte zwei wunderbare Töchter. »Tante Deb«, schrieb sie, »mein Ziel im Leben ist Quantität – nicht Qualität. Ich muss meine Töchter großziehen.« (Erica hat heldenhaft gekämpft und enorm gelitten, und glücklicherweise lebt sie noch und liebt ihre Töchter, während ich dieses Buch schreibe.) Garys Bruder wurde am 9. Januar in Dallas in einer Notoperation ein neues Herz eingepflanzt (und auch ihm geht es gut).

Ich werde das Universum nie mehr fragen: »Was kann noch passieren? Wie viel kann diese Familie noch ertragen?« Diese Worte halte ich in meiner Kehle fest oder spätestens zwischen meinen zusammengebissenen Zähnen. Wenn das Leben über uns zusammenbricht, können wir das Problem manchmal nicht lösen oder überwinden. Und manchmal ist es auch gar nicht an uns, das Problem zu lösen. Wenn wir das Gefühl haben, wir hätten eine Antwort »verdient«, wir hätten ein Wunder »verdient«, machen wir es für uns und für andere, die leiden, zuweilen nur noch schlimmer.

Wenn der Boden unter unseren Füßen bebt, wenn wir keine Antworten finden, wenn wir uns an eine Hoffnung klammern, die es nicht gibt, berauben wir uns der Momente, die uns noch bleiben. Könnte ich etwas ändern, würde ich versuchen, mehr Sekunden, Minuten und Stunden mit Brittany zu verbringen, in denen wir beide das

Drehbuch, das wir vom Leben bekommen hatten, einfach akzeptierten und mit diesem Wissen sanft weiterlebten. Momente, in denen wir uns umsahen und die Schönheit um uns herum wahrnahmen, in denen wir die kostbaren Augenblicke, die uns geschenkt wurden, genossen, statt sie mit Sorgen, Angst und falscher Hoffnung zu verschwenden.

Ich staune und ich bin stolz darauf, dass wir in der Zeit ihres Todes überhaupt Liebe und Freude erfassen konnten. Das hatten wir nur dem brillanten Verstand, der Sturheit und Weisheit meiner Tochter zu verdanken. Sie hat die letzten Monate ihres Lebens geplant. Voller Tapferkeit hat sie sich bemüht, inmitten von Angst und Schrecken auch Zeiten der Harmonie und Schönheit zu erleben. Sie bat uns, mit ihr in die Natur zu fahren, an Orte, an denen wir uns an die Vorstellung gewöhnen konnten, dass sie sterben würde, und die uns mit Strukturen, Farben, Licht und Bewegung ablenkten. Kurze Momente lang konnten wir ungetrübte Freude empfinden. All das war durch das Sterben-in-Würde-Gesetz des Staates Oregon möglich. Wir konnten uns kleine Atempausen von den endlosen Gedanken an den Tod gönnen, weil Brittany einen Plan hatte. Die Möglichkeiten, die ihr offenstanden, gaben ihr genug Sicherheit, um an ihren verbleibenden Tagen wenigstens manchmal Freude zu empfinden. Ohne dieses Gesetz hätten wir nicht einmal diese flüchtigen Augenblicke des Friedens gehabt.

Auch in meiner Trauer ist mir Brittanys erstaunliche Entschlossenheit nicht entgangen. Sogar mit einem riesigen Tumor und angesichts des Todes konnte sie so umsichtig planen. Ich bewunderte ihre Entschiedenheit, ihre innere Stärke, ihre Fähigkeit zur Einsicht – und das, während die Krankheit und die Medikamente ihr Gehirn veränderten.

Schon zwei Tage nach Brittanys Tod verurteilte der oberste Ethiker des Vatikans, Monsignore Ignacio Carrasco de Paula, die Entscheidung meiner Tochter. »Ärztlich begleiteter Selbstmord ist eine verwerfliche Absurdität«, sagte der Vertreter einer Religion, der meine Familie nicht angehörte, ein Mann, der von der Diagnose und dem Kampf meiner Tochter keine Ahnung hatte. »Brittany Maynards Tat kann nur verurteilt werden …«, erklärte Ignacio der italienischen Nachrichtenagentur Ansa gegenüber. Am 15. September äußerte sich auch Papst Franziskus zu diesem Thema und meinte, die Bewegung für ein Recht auf selbstbestimmtes Sterben sei von »einem falschen Verständnis von Mitgefühl« getragen und eine Sünde gegen Gott und die Schöpfung.

Das war für mich der Tropfen, der das Fass zum Überlaufen brachte. Nicht nur die Katholiken meldeten sich zu Wort, auch von anderen religiösen Institutionen kamen unpassende, grausame und harsche Reaktionen auf Brittanys Entscheidung. Als Antwort an alle schrieb ich:

Ich bin Brittany Maynards Mutter. Ich schreibe diese Worte als Antwort auf eine Reihe von Kommentaren von Einzelpersonen und Institutionen, die in der Presse und online den Lesern ihre eigenen Glaubenssätze zu einem Thema aufzwingen wollen, das Brittany und ihre Familie für eine Frage der Menschenrechte halten.

Einem Menschenrechtsthema die Grundsätze des eigenen »Glaubens« aufzuzwingen ist falsch. Eine persönliche Entscheidung als verwerflich zu verurtei-

len, weil sie nicht den Überzeugungen eines anderen Menschen entspricht, ist unmoralisch. Die Entscheidung meiner neunundzwanzig Jahre alten Tochter, sanft zu sterben, statt körperlichen und geistigen Verfall und heftige Schmerzen zu erleiden, hat es nicht verdient, von Fremden auf einem anderen Kontinent, die weder sie noch die Besonderheiten ihrer Situation kennen, als verwerflich abgeurteilt zu werden.

»Verwerflich« ist ein hartes Wort. Es bedeutet »sehr schlecht; sehr stark kritikwürdig«. Den Ausdruck »verwerflich« habe ich als Lehrerin benutzt, um die Taten von Hitler oder anderen politischen Tyrannen und die Ausbeutung von Kindern durch Pädophile zu beschreiben. Als Brittany Maynards Mutter kann ich mir nicht vorstellen, dass jemand, der sie kannte, jemals dieses Wort benutzt hätte, um eine ihrer Handlungen zu beschreiben. Brittany gab anderen so viel. Sie arbeitete ehrenamtlich. Sie lehrte. Sie setzte sich ein. Sie bemühte sich, die Welt zu einem besseren Ort zu machen.

Dieses Wort wurde in der Öffentlichkeit benutzt, als unsere Familie noch verletzlich und unsere Wunden frisch waren. Als wir trauerten. Eine so herbe öffentliche Kritik von Menschen, die wir nicht kennen, denen wir nie begegnet sind – das ist mehr als ein Schlag ins Gesicht. Das ist, als würde man uns treten, während wir um Atem ringen.

Auch wenn Menschen und Institutionen, die sich das Recht herausnehmen, Brittanys Entscheidungen zu verurteilen, mich verletzen und mir unaussprechlichen Kummer bereiten, werden sie mich nicht davon abhalten, die Entscheidung meiner Tochter zu unterstüt-

zen. Im Augenblick versperren große Unkenntnis und Arroganz den Amerikanern die Möglichkeit, gelassen in die gute Nacht zu gehen. Ich möchte die Amerikaner dringend bitten, sich ihre eigenen Gedanken zu machen. Äußern Sie Ihre Wünsche deutlich, solange Sie dazu in der Lage sind. Achten Sie darauf, dass Ihnen alle Möglichkeiten erklärt werden, wenn bei Ihnen eine unheilbare, zehrende, schmerzhafte Krankheit festgestellt wird. Stellen Sie eigene Recherchen an. Bitten Sie Ihre Familie, auch zu recherchieren und sich gemeinsam mit Ihnen der harten Wirklichkeit zu stellen. Bitten Sie Ihren Arzt, Ihnen gegenüber schonungslos ehrlich zu sein. Und dann entscheiden Sie sich, wie es weitergehen soll. Es ist IHRE Entscheidung.

Die »Kultur des Heilens« hat zu dem Ammenmärchen geführt, Ärzte könnten all unsere Probleme lösen. Die Wirklichkeit haben wir aus den Augen verloren. Jedes Leben endet. Der Tod ist nicht immer und unbedingt der Feind. Manchmal ist ein sanftes Entschlafen eine Gnade. Irregeleitete Ärzte, die in dem ehrgeizigen Glauben gefangen sind, sie müssten das Leben um jeden Preis verlängern, fügen Menschen und ihren Familien unnötiges Leid zu. Brittany wehrte sich gegen jeden, der sie zu etwas drängen wollte. In ihren Augen hatte niemand das Recht, ihr zu sagen, wie lange sie leiden sollte. Das Recht auf einen selbstbestimmten Tod für unheilbar Kranke ist ein Menschenrechtsthema. Nichts anderes.

Debbie Ziegler
Brittanys Momma

Der komplette Brief wurde in *The Last Word with Lawrence O'Donnell* auf MSNBC vorgelesen. Danach griffen andere Medien die Geschichte auf. Offenbar hatte die Botschaft bei einigen Menschen einen Nerv getroffen. Schlagzeilen wie »Mutter greift Vatikan an« oder »Mutter formuliert scharfe Antwort an Vatikan« spannen die Geschichte weiter.

Am 18. November, einen Tag bevor meine Tochter ihren dreißigsten Geburtstag gefeiert hätte, beschlossen meine Schwester Sarah und ich, uns Brittany zu Ehren tätowieren zu lassen. Wir ließen uns beide »Sei sanft« auf den rechten Fußrücken stechen. Bei mir kam Brittanys Geburtsdatum dazu, bei Sarah der Tag ihres Todes. Das war unsere Art, Brittany zu würdigen.

Ich musste mich jeden Tag daran gemahnen, durch Brittanys Tod nicht hart und verbittert zu werden. Sie hätte nicht gewollt, dass ihr Verlust mir die Liebe zur Schönheit der Welt stiehlt.

Sarah besuchte uns wieder mit ihrem Mann und ihrer Tochter zu Weihnachten. Weihnachten ohne Brittany. Den Feiertagen schien jeder Funken Freude abhandengekommen zu sein. Brittany, die ihr Haus erst letztes Jahr perfekt dekoriert hatte, fehlte uns unglaublich. Vor ihrem Tod hatte meine Tochter zwei Geschenke für mich ausgesucht. Ich packte sie aus, und dann lief ich in den Flur, legte mich auf den Boden und weinte.

Das erste Geschenk waren Schuhe mit dem Aufdruck »Live your dream«, lebe deinen Traum. In einem Briefchen hatte Brittany dazu geschrieben, sie hoffe, dass ich sie eines Tages in Machu Picchu tragen würde. Das andere Geschenk war ein langer, weicher rosa Schal. In den Stoff waren weiße Buchstaben eingewebt: »Liebste Mom, ich liebe dich mehr, als ich in Worte fassen kann. Deine Liebe und Hingabe haben mich geprägt. Danke, dass du nicht nur meine Mutter, sondern meine Freundin bist. Es macht mich sehr stolz und glücklich, dich MOM nennen zu dürfen. Ich liebe dich heute, morgen und immer! Küsse, ich.«

Ein weiteres Geschenk von Brittany konnte ich erst nach einer Weile verstehen und mit Freude annehmen. Sie hatte für ein Jahr das »Obst des Monats« bestellt, das Gary und mir nach Hause geliefert wurde. Als ich zum ersten Mal einen Karton Obst auf der Veranda fand und feststellte, dass es von ihr kam, fiel ich auf die Knie. In dem Karton lagen in einzelnen Fächern Birnen aus Oregon. Sofort stürzte die Erinnerung an unsere Fahrt zur Columbia River Gorge auf mich ein. Die Birnen waren sehr groß, und von den neun Früchten war eine in Goldpapier eingewickelt. Sie sahen aus wie riesige, rosa angehauchte Tränen. Das Fruchtfleisch war so saftig, dass man es mit dem Löffel essen konnte. Ich bekam die Birnen nicht herunter. Sie waren noch viel zu sehr von Brittany durchdrungen. Meine Kleine wollte nicht vergessen werden – als wäre das überhaupt möglich. Ihre Geschenke reichten in die Zukunft und brachten mir ihre Liebe auf ganz greifbare Art jeden Monat an meine Türschwelle.

Von Mitte Januar an setzten Gary und ich uns nach Kräften für den End of Life Option Act ein, einen kalifornischen Gesetzesentwurf über selbstbestimmtes Sterben, verfasst und verfochten von den großartigen Senatoren Lois Wolk und Bill Monning. Wir spendeten Geld und Zeit für diesen Zweck.

Im März gab ich mehreren Zeitungen Interviews, eines zusammen mit einem Arzt, der seine Tochter nach einem langen, schweren Kampf an den Krebs verloren hatte. Außerdem wurde ich in Sacramento vom Senate Health Committee, dem Gesundheitsausschuss des kalifornischen Senats, angehört. Bei dieser Reise fand ich eine neue Freundin. Sie hieß Christy O'Donnell und besuchte mit ihrer bildhübschen Tochter Bailey die Hauptstadt unseres Bundesstaates. Wir mochten uns auf Anhieb. Christy war Anwältin, ehemalige Polizistin und alleinerziehende Mutter. Wir beide hatten jeweils ein einziges geliebtes Kind zur Welt gebracht. Beide hatten wir eine Tochter. Unsere Situation war umgekehrt, aber in gewisser Weise doch gleich.

Beim Abendessen erklärte Christy, dass wir beide durch den Krebs von unseren Töchtern getrennt wurden: Mir hatte der Krebs mein Kind genommen, ihr würde der Krebs das eigene Leben nehmen.

Im Laufe des folgenden Jahres bauten Christy und ich eine sehr enge Bindung auf, während ich meine Trauer verarbeitete und stärker wurde und Christy gleichzeitig schwächer – und schließlich starb. Wir sprachen uns öffentlich für unser Anliegen aus, demonstrierten zusammen für ein »Sterben in Würde«, führten Bailey zum Nachmittagstee aus, gönnten uns Massagen und Gesichtsbehandlungen. Als Christy schon sehr krank war, brachte ich ihr den alten Rollstuhl meines Vaters und organisierte eigens für sie eine Fahrt im Heißluftballon über die Weingüter von Temecula.

Ich putzte ihr Haus, brachte ihr Essen, und ganz am Ende saß ich an ihrem Bett und fütterte sie. Eine gutherzige Journalistin hatte uns zu unserer Freundschaft ermutigt, und ich kann Nicki von der Zeitschrift *People* gar nicht genug für ihre Bemerkung danken, Christy und ich hätten das Zeug zu einer ewigen Freundschaft.

Ich glaube, Christy hegte einen Funken Hoffnung, sie

würde von der Gesetzesänderung profitieren, für die sie so entschieden eintrat. Aber insgeheim wusste sie wohl, dass sie höchstwahrscheinlich sterben würde, bevor das Gesetz in Kraft trat. (Sie starb am 6. Februar 2016 im Alter von siebenundvierzig Jahren, etwa vier Monate bevor der End of Life Option Act am 9. Juni erlassen wurde.) Christy war eine würdevolle Frau, und sie und ich hatten darüber gesprochen, dass jeder Tod, egal, auf welchem Weg wir ihm folgen mussten, Würde besaß, weil das Sterben an sich ein geheiligter Akt war. Auch ein Soldat, der auf dem Schlachtfeld sterbend nach seiner Mutter rief, besaß Würde. Doch am Ende brachte dieser Gedanke nur wenig Trost. Christy vertraute mir nicht nur einmal an, dass sie sich für ärztliche Sterbehilfe entschieden hätte, wenn es rechtlich möglich gewesen wäre, statt die schrecklichen Krampfanfälle und den Verlust der Selbstständigkeit in ihrer letzten Lebensphase zu erdulden.

Das größte Kompliment, sagte Christy, hätte ich ihr gemacht, als ich meinte, ich könne an ihr erahnen, wie Brittany in ihrem, Christys, Alter gewesen wäre. Sie beide waren unglaublich kluge, witzige und starke Frauen.

Im Mai änderte die California Medical Association ihre Haltung gegenüber dem End of Life Option Act. Christy und ich waren überglücklich, als der Ärzteverband zugab, dass medizinischer Fortschritt und hervorragende ärztliche Versorgung für unheilbar kranke Patienten manchmal nicht genügten. Der Verband überließ die Entscheidung Arzt und Patient und nahm seinen Einwand gegen die Möglichkeit eines selbstbestimmten Sterbens zurück. Es war ein wirklich guter Tag, und Brittanys Energie war für mich deutlich spürbar.

Als der kalifornische Senat am 4. Juni das Gesetz verabschiedete, waren Gary und ich wieder mit einem Foto von Brittany in Sacramento. Nach der Abstimmung trafen wir uns mit Journalisten. Es war für alle ein bewegender Tag, und ich wusste, dass Brittany stolz gewesen wäre.

In den letzten beiden Juniwochen hatte ich eine Überraschung für meine Nichte Erica geplant. Wir wollten mit ihr und ihrer Familie in die Mammutbaumwälder fahren, ein paar Tage lang in San Francisco bleiben und dann die kalifornische Küste hinunter bis nach Carlsbad fahren. Brittany hätte jeden Teil dieser Reise geliebt. Während der Planung spürte ich ihre Energie und die guten Wünsche für ihre Cousine. Im Wald bekamen wir einen Anruf, wir sollten alles stehen und liegen lassen und in die Hauptstadt kommen, um vor der California State Assembly zu sprechen.

Bevor Gary und ich ein Auto mieteten und zur siebenstündigen Fahrt nach Sacramento aufbrachen, verbrachten wir mit unserer Nichte einen herrlichen Tag zwischen den Mammutbäumen, die zu den ältesten in Kalifornien gehörten. Wir fanden einen Momma-Baum, der von Feuern vernarbt war. Er war zerfurcht und leicht ausgehöhlt, stand aber noch – grün und wunderschön streckte er sich in den Himmel. Erica war durch den Kampf gegen den Krebs ausgezehrt, und in mein Herz hatte Brittany ein Loch gerissen. Als wir zu den Ästen aufblickten und die Knoten und Narben eines Baumes betrachteten, der Jahrhunderte überlebt hatte, schöpften wir beide neue Kraft.

An diesen Baum sollte ich noch denken müssen. Bei unserem Aufenthalt in Sacramento sagte mir einer der kalifornischen Abgeordneten, im »Leiden liege Schönheit«. Ich war so bestürzt, dass ich kaum ein Wort herausbrachte.

Als ich eine Antwort stammeln konnte, sagte ich: »Ich kann Ihnen versichern, dass Brittanys Leiden *nicht* schön war. Daran war überhaupt nichts schön.« Viel lieber jedoch hätte ich dem Abgeordneten meinen Pfennigabsatz einen Fingerbreit tief in die Stirn gedrückt und gesagt: »Ich will Ihnen nur einen schönen Tag bereiten. Ist es nicht toll, so zu leiden?« Die Gesetzesvorlage wurde vom Assembly Health Committee blockiert, und Gary und ich flogen zurück, um den restlichen Urlaub mit unserer Familie zu verbringen.

Im Juli reisten Gary und ich zu meinem Geburtstag nach British Columbia. Die Trauer traf mich schwer, und ich konnte kaum atmen. Ich dachte immer wieder, dass ich keinen Geburtstag mehr erleben sollte, wenn meine Tochter es nicht konnte. Trauer ist weder gütig noch logisch. Trauer schert sich nicht um den richtigen Zeitpunkt. Trauer kann abebben und anschwellen. Manchmal wird man zufrieden und denkt, das Schlimmste sei vorbei, und dann, rumms!, wirft einen die Trauer um, dass man keine Luft mehr bekommt. Man fällt auf die Knie. Die Trauer zerrt an den Eingeweiden, verdreht sie, reißt sie einem aus dem Körper.

Wir wohnten auf einer Farm. Sarah, ihr Mann und ihre Tochter stießen zu uns. Überall wuchsen Feigen. Wir pflückten frische Himbeeren, Brombeeren und Blaubeeren. Meine Schwester überbuk die Feigen mit Käse und beträufelte sie mit Honig aus der Region und bestreute sie mit gerösteten Walnussstückchen. Sie buk Beerenpasteten. Für meinen Geburtstag hatte Brittany mir drei Geschenke hinterlassen. Ich konnte sie einfach nicht aufmachen. Ich musste mir die knallbunten Päckchen für später aufheben. Ich würde wissen, wann der richtige Zeitpunkt gekommen war.

Zurück zu Hause saugte ich unser Sofa ab und nahm dabei die Kissen herunter. Im Sonnenlicht schimmerte ein silbernes Armband, das ich Brittany einmal geschenkt hatte. Darauf stand: »Lebe im Jetzt.« Nennen Sie es, wie Sie wollen: Fügung. Glück. Zufall. Ich nenne es eine Gnade.

In meiner Trauer zog es mich immer mehr zu etwas hin, was C. S. Lewis geschrieben hatte. Im Wesentlichen hatte er gemeint, wir seien Seelen. Wir besäßen keine Seele, sondern wir seien Seelen, die für eine kurze Zeit einen Körper besäßen. Ich begann zu glauben, Menschen seien nichts weiter als Energie, Licht und Liebe. Diese Vorstellung war umfassender als alles, was ich je in einer Kirche gelernt hatte. Ja, dieser neuen Wahrheit, die ich spürte, haftete etwas von Ewigkeit an, aber es ging mitnichten um Himmel oder Hölle. Es ging nicht um Engel mit Flügeln oder mit Gold gepflasterte Straßen. Diese Wahrheit war viel größer als diese Lehren meiner Kindheit.

Im August schickte Brittany mir Pfirsiche. Ich öffnete den neunten Karton mit Obst von meiner Tochter. Nach diesen vielen schmerzvollen Monaten konnte ich die Früchte in den Mund stecken und essen. Jeder saftige Bissen glich einem Sakrament, einem Akt der Liebe. Bei jedem Pfirsich von Brittany war es, als würde ich ihre Liebe in mich aufnehmen, als würde ich Freude und Licht und Liebe schlucken. Mein Mädchen, mein kleiner, kostbarer Pfirsich, schickte mir die Botschaft, dass ich unsere Geschichte aufschreiben sollte. Die samtige Oberfläche, die flaumige Haut über dem goldenen Fleisch, das in meinem Mund schmolz, schenkten mir Kraft und Liebe. Die Pfirsiche erinnerten mich an warme Tage und sonnengebleichte Äste.

Eines Tages, als ich an diesem Buch schrieb, donnerte, blitzte und regnete es. Für viele wäre das nicht weiter bemerkenswert, nur wohne ich in Südkalifornien, und wir steckten mitten in einer langen Dürre. Nirgendwo war diese schwere Trockenheit deutlicher spürbar als in San Diego. Manchmal blitzte es bei uns monate- oder sogar jahrelang nicht.

Es war so ungewöhnlich, dass ich aufhörte zu schreiben und hinausging. Ich wandte das Gesicht dem Himmel zu. Ich roch den Regen und die durstige Erde, und ich wurde tropfnass. Ich flüsterte dem Regen »Brittany« zu. Am liebsten wäre mir gewesen, der Sturm hätte nie geendet, aber er dauerte nur ein paar Minuten.

Ich tanzte nicht im Regen, aber nachher wünschte ich, ich hätte es getan. Ich erinnerte mich an die Zeit, als Brittany klein war und ich ihre Hand genommen und mit ihr zusammen in unserem Garten im Regen getanzt hatte. Doch an dem Tag, an dem ich diese Zeilen aufschrieb, war sie fort, und in mir war nichts, was tanzen wollte. Ich ließ den wunderbaren Regen einfach auf mich niederströmen, und er vermischte sich mit meinen Tränen. Nächstes Mal, versprach ich meiner Tochter, würde ich tanzen.

Am 7. September begann eine angespannte Woche. Christy, Gary und ich wollten die Abgeordneten in Sacramento dazu bewegen, den End of Life Option Act zu erlassen. Am 9. September wurde er nach einer bewegenden Ansprache von Susan Talamantes Eggman, einer seiner Verfasserinnen, von der State Assembly angenommen. Der Senat verabschiedete das Gesetz am 11. September. Wir waren erschöpft, aber voller Hoffnung. Jetzt musste noch der kalifornische Gouverneur zustimmen.

Christy und ich demonstrierten vor dem Büro des Gouverneurs in Los Angeles. Katie Couric hatte ein Team geschickt, das einen Teil unserer gemeinsamen Arbeit filmte. Christy war mittlerweile schon sehr schwach geworden, und mir war klar, dass das Gesetz auf keinen Fall so schnell in Kraft treten würde, dass es ihr nutzen würde. Als es dem Ende zuging, erinnerte meine Freundin mich unglaublich an Brittany. Es war, als würde Christys Lebenslicht in den Tagen und Wochen vor ihrem Tod voller Kraft und Bestimmung heller brennen. Das hatte ich schon bei Brittany erlebt, und ich bewunderte, dass viele Menschen von einem Ziel angetrieben wurden, das stärker war als ihr Krebs oder ihre Krankheit und ihnen bis ganz zum Ende Entschlossenheit und Durchhaltevermögen verlieh.

Am 5. Oktober 2015 setzte Gouverneur Jerry Brown seinen Namen unter das Gesetz über selbstbestimmtes Sterben, das für mich »Brittanys Gesetz« war. Gary und ich schrieben Gouverneur Brown Briefe und ließen sie als Eilpost über Nacht zustellen.

Zur Unterzeichnung des Gesetzes hatte der Gouverneur eine außergewöhnliche Botschaft veröffentlicht, die mein Herz berührte. Gouverneur Brown hatte offensichtlich sein Gewissen geprüft und sich mit Experten und Religionsführern beraten. Er hatte sogar mit Erzbischof Desmond Tutu gesprochen. Am Ende verstand der Gouverneur, warum es unheilbar kranke Menschen tröstete, wenn ihnen verschiedene Möglichkeiten offenstanden. Ich bewunderte ihn für seine mutige Entscheidung. Ich hätte ihm gerne eine Umarmung von Brittany weitergegeben. Vor ihrem Tod hatte Britt die Gelegenheit gehabt, mit Brown zu sprechen und ihm zu erklären, dass ihr das

Sterben so viel schwerer fiel, weil sie ihre Heimat und ihre Freunde verlassen und in einen anderen Staat ziehen musste.

So froh ich auch über die Gesetzesverabschiedung war, ich war emotional völlig erschöpft und fürchtete mich vor dem Jahrestag von Brittanys Tod. Ich sagte Gary, ich hätte das Gefühl, dass ich an diesem Tag nur an einem einzigen Ort auf diesem Planeten atmen könne: in Machu Picchu, wohin ich auf Brittanys Wunsch reisen sollte.

Ich bekam mehrere schreckliche Weinkrämpfe. Nach einem besonders schlimmen nahm mein Mann mich in die Arme. Ich konnte spüren, wie sehr er mich wieder ganz bei sich haben wollte. Ich fühlte seine unerschütterliche Liebe, als er sanft eine Hand an meinen Kopf legte und mit zittriger Stimme versprach, er würde mich nach Machu Picchu bringen.

Und das tat er auch.

Epilog: Machu Picchu

November 2015, genau ein Jahr nach Brittanys Tod

»Es ist eine Sache, sich auf dem rechten Pfad
zu wähnen, aber eine andere zu glauben,
der eigene sei der einzige Pfad.«

Paulo Coelho

Von irgendwoher kam ein Geräusch, das mich weckte, erst sanft, gerade wahrnehmbar, dann eindringlicher. *Was ist das?* Mühsam tauchte ich auf. In meiner Kehle kribbelte es leicht, und meine Augen juckten. *Wo bin ich?* Ah, der Geruch eines Feuers im Zimmer verriet es mir. Dank der Anteilnahme und Großzügigkeit zweier peruanischer Hotelbesitzerinnen war ich in einer Casita, einer Suite, des Inkaterra Hotels. Das Geräusch, das ich gehört hatte, kam vom Regen, und er ließ Rauch in meinem Kamin aufsteigen.

Unsere Gastgeberinnen hatten uns in Lima abgeholt, uns inmitten alter Ruinen zum Essen eingeladen und uns eine detaillierte Anleitung gegeben, wie wir mit Flugzeug, Zug, Taxi und Bus das winzige Städtchen Aguas Calientes erreichen konnten. Diese beiden wunderbaren Frauen verstanden, dass es um weit mehr als einen Urlaub ging. Aus ihren Augen leuchtete Güte, als sie erzählten, wie sie Britts Video auf YouTube gesehen und darin ihre Bitte gehört hatten, ich solle sie nach ihrem Tod in Machu Picchu treffen. Sie hatten sich angeschaut und wie aus einem Mund gesagt: »Das können wir ihr ermöglichen.« Und so kam es, dass die peruanischen Hotelbesitzerinnen uns nicht nur eine Unterkunft boten, sondern uns mit wohltuender Herzlichkeit und Aufmerksamkeit aufnahmen. Wir kamen innerlich zerbrochen zu ihnen, und sie behandelten uns mit Samthandschuhen.

Das anhaltende Prasseln auf den Dachziegeln wurde mal lauter und mal leiser, wenn der Regen in Strömen fiel. Ich ließ mich wieder in meine Kissen fallen und griff nach meiner Uhr. Es war 4.05 Uhr, die Zeit, um die wir eigentlich aufstehen wollten, um uns auf den Weg nach Machu Picchu zu machen. Ich zog mir die dicke Daunendecke bis zum Hals und kuschelte mich tiefer in die Kissen. Ich war froh, dass wir den Berg erst mittags in Angriff nehmen wollten, wie unsere Fremdenführerin es vorgeschlagen hatte. Aber ich hatte auch die richtigen Stiefel für Regenwetter, Hut und Regenjacke eingepackt. Nichts würde mich von Brittany fernhalten. Lächelnd schlief ich wieder ein.

Als wir uns mit unserer Fremdenführerin Carmela trafen, nieselte es nur noch. Carmela lächelte. »Heute Morgen hat es von vier bis sieben richtig geschüttet. Die Frühaufsteher hatten eine stürmische Fahrt den Berg hinauf. Ich habe das Wetter diesmal richtig eingeschätzt.«

Wir hatten am Vorabend etwa zehn Minuten lang erklärt, was wir uns von dem Besuch der versunkenen Inkastadt erhofften. Carmela würde intuitiv spüren müssen, wann sie etwas sagen, etwas erklären sollte und wann sie sich besser zurückhielt, damit wir mit unserer Tochter kommunizieren konnten. Ihr war sichtlich klar, dass es nicht um einen normalen Ausflug ging.

Als wir auf einem gewundenen Steinweg den terrassenförmigen Hügel hinunterliefen, sahen wir sechs verschiedene Arten von Kolibris. Diese winzigen, herrlichen Vögel mit ihren schwirrenden Flügeln schienen immer dann aufzutauchen, wenn ich Brittany am stärksten vermisste. Blauschwarze Prachtmeisen stürzten sich auf Bananen, die an einen Baumstamm gebunden waren, und ließen kleine Regenschauer von den wächsernen grünen Blättern spritzen. Milchig weiße Orchideen blühten üppig am Boden. Wir kamen an einem Wasserfall vorbei und hörten weiter unten den Rio Vilcanota rauschen. Im Nieselregen stapften wir durch die engen Straßen von Aguas Calientes.

Wenig später stiegen wir in einen brechend vollen Bus, der uns den Berg hinauffahren sollte. Die Straße war schmal, daneben fiel die Flanke des Berges fast senkrecht ins Vilcanota-Tal ab. Wenn uns ein Bus entgegenkam, musste unser Gefährt an den Rand fahren. Unterwegs entdeckte ich im Nebelwald pink-orange-farbene Orchideen, die Wiñay Wayna genannt wurden, was »für immer jung« bedeutete. Brittany hatte während ihrer Krankheit einmal gesagt, das einzig Gute am Sterben sei, dass sie nie Falten bekommen würde; sie würde für immer jung bleiben.

Als der Bus hielt, gingen wir zum Eingang von Machu Picchu und zu dem Stand, an dem wir unsere Reisepässe abstempeln konnten. Es ist wirklich ein Stempel zum Angeben, und ich weiß, dass Brittany auf ihren sehr stolz war. Er zeigt die Umrisse der versunkenen Stadt und der Berge im Hintergrund. Das Geräusch des Stempels – »Parque Arqueologico Nacional De MACHU PICCHU Nov 1, 2015« –, genau ein Jahr nach Brittanys Tod, bewies meine Entschlossenheit, sie hier zu treffen.

Wir schoben uns durch Drehkreuze und begannen unsere Odyssee. Exotische Pflanzen überzogen die Festung, die ganz in der Vegetation versunken war, als Hiram Bingham sie Anfang des 20. Jahrhunderts mithilfe eines Bauern zufällig wiederentdeckte. Carmela deutete auf die vielen Menschen in diesem Bereich der Stadt. »Ich kenne ein Stückchen weiter oben eine sehr heilige Stelle, die weniger überlaufen ist. Man ist da etwas mehr für sich, und vielleicht können Sie dort eine Verbindung herstellen.«

»Ich habe gelesen, dass der Intihuatana-Stein voller Energie sein soll. Und dass man sie spüren kann, wenn man den Stein mit der Stirn berührt. Wäre das eine gute Stelle?«, fragte ich schnaufend und keuchend, während wir die steilen Stufen hinaufstiegen.

»Den Intihuatana besuchen wir auch, aber er könnte Sie enttäuschen. Sie dürfen ihn nicht berühren. Er wird bewacht und ist mit einem Seil abgesperrt. Außerdem herrscht dort viel Betrieb. Da ist man nie ungestört. Aber ich bringe Sie zu einem besonderen Ort. Er liegt am Weg zum Sonnentor, ist aber abgeschiedener. An dem Platz hat man die Knochen eines Inkamädchens und seines Hundes gefunden, die dort im 15. Jahrhundert begraben wurden.«

Ich schauderte.

»Brittany hat ihre Hunde sehr geliebt«, erzählte ich, als wir Carmelas gedrungener Gestalt die ausgetretenen Steinstufen hinauffolgten. Wieder schauderte ich, als ich daran dachte, dass ich auf diesen schmalen, gewundenen Wegen wahrscheinlich irgendwann genau eine Stelle berühren würde, auf die Brittany ihren Fuß gesetzt hatte. Man ahnte auf fast unheimliche Art, wie viele Menschen über diese Steine gegangen waren und sie ausgetreten hatten.

»Ich glaube, der Platz wird Ihnen gefallen«, sagte Carmela. »Ich habe gestern Abend lange überlegt, wo Sie genug Ruhe und Frieden finden könnten, um in die mystische Verbindung einzutreten, die auf diesem heiligen Berg möglich ist.«

Die Steine, aus denen die Wege und Gebäude gebaut waren, wirkten beinahe lebendig, als könnten sie sprechen. Die Inkas konnten meisterhaft mit Stein umgehen und hatten eine besondere Bauweise ohne Mörtel genutzt, in der Werksteine so perfekt aneinander angepasst wurden, dass nicht einmal eine Messerklinge zwischen sie passte.

Wir legten viele Erholungspausen ein, in denen ich die Bergterrassen betrachtete. Sechzig Prozent der Konstruktion für die Terrassen und die Stadt befanden sich unter der Erde. Das ausgefeilte Entwässerungssystem hatte sicherstellen sollen, dass die Stadt für alle Zeiten überleben konnte, sogar an steilen Hängen mit fast 200 Zentimeter Regen pro Jahr.

Während ich weiter hinaufstieg, kam mir nicht einmal der Gedanke, Brittany könnte nicht hier sein. Ich wusste ganz einfach, dass sie mich hier treffen würde. Meine Tochter und ich hatten immer alles getan, um unsere Versprechen der anderen gegenüber zu halten, egal, ob es sich um große oder kleine Dinge handelte.

Nach einer Dreiviertelstunde bergauf blieben wir an einem Felsüberhang stehen. Vor dem großen Felsbrocken stand eine niedrige, ebenfalls terrassenförmig angelegte Mauer mit vier Stufen in der Mitte.

»Hier wurden die Knochen des Mädchens gefunden«, erklärte Carmela. »Sie hat ihren Hund in den Armen gehalten.«

Ich ging die Stufen hinauf und suchte den Fels ab. An

einer Stelle fand ich ein leicht schräges Oval, das aussah wie ein Gesicht im Stein. Ich drehte mich um, und Gary nahm mich in die Arme. Wir zitterten. Mein Mann schluchzte, was ich bei ihm noch nie gehört hatte.

»Spürst du es?«, fragte ich ihn.

»Ja.«

»Sie ist hier.« Ich wandte mich ab und versuchte, die Felswand zu umarmen.

Du kannst mich sachte anfassen, Momma, du musst nicht so fest drücken. Die Stimme meiner Tochter klang freundlich, liebevoll und leicht amüsiert. Ich löste erst einen Arm von dem Felsen, dann den anderen, bis ich den Stein nur noch mit der Spitze meines Zeigefingers berührte. Sie hatte recht. Ich spürte sie noch ebenso stark überall um mich herum wie gerade eben, als ich den Felsen umarmen wollte.

Wir sind eins. Ihre Stimme stieg glücklich und zufrieden in meinem Kopf auf. *Wir sind Liebe. Ich bin in dir, und du bist in mir.*

So hatte ich es noch nie betrachtet. Ich hatte über die Menschheit nachgedacht, darüber, dass wir alle weinten, lachten, bluteten, aber ich hatte noch nie geglaubt, wir seien eins. Ich war ganz sicher als Individuum, als eigenständiger, sogar einsamer Mensch durchs Leben gegangen, und wenn es je eine unabhängige, eigenständige und eigenverantwortliche junge Frau gegeben hatte, dann war es meine Tochter. Und jetzt sagte Brittany mir, wir seien eins? Ich wusste intuitiv, dass sie von einem kollektiven »Wir« sprach, nicht nur von Mutter und Tochter.

Alles ist, wie es sein sollte.

Ich wollte *»Nein… nein… nein!«* schreien. Aber ich brachte kein Wort heraus, ich zitterte nur wie eine gespannte Bogensehne. In mir spürte ich die Energie des Pfeils, der losfliegen wollte. Ich wollte Klarheit. Ich wollte die Antwort hören, aber nicht diese.

Gary kramte in seinem Rucksack herum und holte eine geheimnisvolle Papprolle heraus. Während ich voll entfesselter Energie und voller Sehnsucht dastand, rollte mein Mann ein Banner aus, das er als Überraschung für mich angefertigt hatte. Über einem Foto von Brittany und mir und einem zweiten Foto von Brittany allein in Peru stand in fünf Zentimeter großen Buchstaben: »Brittany ist hier!« Als Gary mir zeigte, was seine Liebe geschaffen hatte, war ich sprachlos und konnte mich im ersten Moment nicht rühren.

Blind vor Tränen bekam ich ein Ende des Banners zu fassen, und wir breiteten es über die Felswand aus. Die freien Hände legten wir gespreizt an den Stein. Carmela machte diskret ein paar Fotos und wartete dann einfach, bis wir empfingen, was Machu Picchu zu geben hatte.

Ich liebe dich. Wir sind eins. Du hast gut für mich gesorgt, Momma.

Irgendwann wandte ich mich von der Felswand ab. Gary ließ sein Ende des Banners los und drückte mich fest an sich. Mein Mann war vom Aufstieg noch schweißgebadet. Zitternd hielt er mich in den Armen. Ich zitterte auch und machte mir Sorgen, diese Erfahrung könne zu viel für ihn sein. »Geht es dir gut?«, fragte ich, das Gesicht an seiner Schulter vergraben. Ich spürte, wie er nickte.

Als wir gerade weiterlaufen wollten, kam Carmela näher und sagte, sie wolle uns noch etwas zeigen.

»In Peru bauen wir solche kleinen Steinhügel, die wir *apuchettas* nennen, das bedeutet ›kleine Berge‹.« Sie zeigte auf einige aufeinandergestapelte Steine, die mit Blättern bestreut waren. »Ich dachte, Sie würden vielleicht gern eine *apuchetta* bauen, um Ihre Reise zu Ihrer Tochter zu ehren.«

Als ich Steine sammelte und sie aufeinanderlegte, fühlte ich mich der Erde eng verbunden. Durch meine Tränen konnte ich kaum sehen, was ich tat, trotzdem platzierte ich andachtsvoll einen Stein auf den anderen, bis sie im Gleichgewicht waren. Ich wusste es noch nicht, aber ich brachte auch in meiner Seele einiges ins Gleichgewicht. Um mich herum sirrte noch Energie, während ich ganz versunken meiner Aufgabe nachging, um meiner Tochter Ehre zu erweisen. Beim Bau der *apuchetta* begriff ich, dass ich damit auch meine Bemühungen ehrte, Brittanys Tod zu akzeptieren und zu begreifen. Mit jedem neuen Stein spürte ich, wie die Last meiner Trauer leichter wurde.

Carmela verschwand für ein paar Minuten und kam mit einer rosafarbenen Begonie zurück. Ich legte die Blüte auf mein wackliges Steintürmchen.

Manchmal überlege ich, ob das Türmchen umgestürzt ist und ob das einen echten Durchbruch bei meiner Trauer symbolisieren würde. Falls ja, muss es umgestürzt sein, während ich im Bus den Berg hinunterfuhr.

Gary, Carmela und ich verbrachten den restlichen Nachmittag damit, uns die beeindruckende Festung der versunkenen Stadt anzusehen. Hier waren mehr Menschen unterwegs, Touristen und Schulklassen auf Besichtigungstour. Selbst inmitten der Besucherschar spürten wir noch die mystische Spiritualität. Carmela erklärte, dass Machu Picchu auf Quechua, der »Menschensprache«, »Alter Berg« bedeute. Niemand weiß, wie die Inkas riesige Steinblöcke die Berge hinaufziehen konnten, obwohl sie das Rad noch nicht kannten und keine starken Zugtiere hatten. Gary und ich waren von ihrer meisterhaften

Baukunst überwältigt, als wir den wunderbar gepflasterten, trockengelegten Wegen folgten und mit den Fingern über die Muster der Steine strichen und spürten, wie eng sie sich aneinanderfügten. Diese Mauern hatten verheerende Erdbeben in der Region überstanden. Die Inkas hatten diese makellose Stadt ganz offensichtlich für die Ewigkeit gebaut.

Ein Gefühl von Unvergänglichkeit, von Zeitlosigkeit durchdrang mich, während ich durch die uralte Stadt lief. Wir stiegen schmale Stufen hinauf. Unter uns am Fuß des Berges schlängelte sich der weiße Rio Urubamba vorbei. Über uns trieben weiße Wolken am strahlend blauen Himmel entlang und umhüllten die Berggipfel. Manchmal standen wir plötzlich in einer Wolke und warteten geduldig, bis sich die weißen Wasserschwaden neu ordneten, damit wir weitergehen konnten.

Der Intihuatana-Stein, der »Ort, an dem man die Sonne fesselt«, bildete den höchsten Punkt der Festung, zu ihm führten weitere siebzig Stufen hinauf. Er war auch das beliebteste Touristenziel. Der Stein war mit einem Seil abgesperrt, und ein Wachmann passte auf, dass niemand den Stein berührte oder auf ihn kletterte.

Wir gehörten zu den letzten Besuchern, die den Park verließen, und der Bus, der uns den Berg hinunterbrachte, war brechend voll. Gary, Carmela und ich mussten uns zu anderen Fahrgästen setzen.

Ich ließ mich auf den ersten freien Platz neben einem jungen Mädchen fallen, das rasch seine Sachen einsammelte, als wir losfuhren. Der Bus schlingerte um die Kurven. Diese Fahrt war deutlich nervenaufreibender als die Fahrt nach oben.

Auf dem Weg den Berg hinunter hatte ich das Gefühl,

Brittany würde mir wieder entrissen. Der Schmerz erinnerte mich an meine Geburtswehen. Ich legte mir eine Hand auf den Bauch und krümmte mich zusammen. Tränen fielen auf meinen Rucksack, als ich nach Taschentüchern kramte. Die Menschen um mich herum mussten bemerkt haben, dass ich weinte. Ich versteckte mich hinter einer Sonnenbrille und drückte meinen Rucksack an die Brust. Ich konnte nicht aufhören, zu weinen und zu zittern. Meine Lippen zuckten lautlos, mein Kinn bebte, und mir lief die Nase.

Dieser schmerzliche Prozess hielt mindestens die halbe Strecke den Berg hinunter an. Aufs Neue kam mir der hartnäckige und kindische Gedanke, der mir schon so oft gekommen war. *Ich will sie zurück. Ich will meine Tochter zurück.* Aus irgendeinem Grund brach ich bei diesem wiederkehrenden Gedanken immer völlig zusammen. Das Gefühl dabei erinnerte mich an Brittanys beeindruckende kleinkindliche Trotzanfälle, durch die ich ihr helfen musste. Derart kindlich intensiv war mein Verlangen.

Heulend und schniefend saß ich da und wünschte, ich könnte mit den Füßen trampeln, um mich treten und mich im Bus auf den Boden werfen. Wie Brittany als Kleinkind wollte ich schreien: »Das ist ungerecht.«

Momma, alles ist, wie es sein soll.

Ich hatte Brittanys Stimme in Peru schon zweimal gehört. Einmal in Lima, als ich von einem Hochhaus auf die gleichmäßigen grauen Wellen des Pazifiks geblickt hatte, und vorhin an der Grabstätte auf dem Berg. Jetzt hörte ich sie wieder, als ich in einer ausgewachsenen Panikattacke um Luft rang. Ich konzentrierte mich darauf, durch den Mund ein- und auszuatmen, und schnaufte dabei wie eine Schwangere im Geburtsvorbereitungskurs.

Wir sind eins. Niemand kann uns trennen. Nicht Ehepartner. Weder Freund noch Feind. Du bist auf ewig meine Mutter.

Ich hörte auf zu weinen, weil ich mich so danach sehnte zu verstehen. »Wir sind eins.« Lautlos formte ich die Worte mit den Lippen.

Ja. Wieder klang sie glücklich und ein wenig amüsiert. *Wir sind eins. Wir sind Liebe.*

Ich dachte daran, wie sehr ich sie liebte… wie sehr ich bei ihr sein wollte… wie sehr ich in Machu Picchu bleiben wollte.

Dieser Ort ist heilig, und du willst ihn nicht verlassen. Aber unsere Liebe ist auch heilig. Meine Liebe wird dich immer begleiten.

Diese Aussage überraschte mich. Sie klang beinahe religiös. Nicht wie etwas, das Brittany gesagt hätte, als sie noch lebte. Aber als wir die schlammige Straße hinunterrasten, fiel mir plötzlich ein, dass Brittany mir kurz vor ihrem Tod etwas Ähnliches geschrieben hatte. Sie hatte auf Shutterfly eine Seite eingerichtet und als Geschenk für mich Tausende Fotos hochgeladen. Und sie hatte mir auf dieser Seite eine Nachricht hinterlassen:

> *Lebe dein Leben gut. Nimm den Kummer ebenso an wie die Freude, den unaussprechlichen Schmerz wie die Liebe, die Demut wie den Erfolg. Betrachte keinen einzigen Augenblick als selbstverständlich. Das Jetzt zählt. Du hast nur diesen Moment. Verschwende ihn nicht… Erinnere dich an mich, wenn die Sonne untergeht und der Morgen dämmert, spüre mich in den Vögeln, in der salzigen Meeresluft und frischen Kiefern. Erinnere dich an mich, wenn du mein*

Lachen bemerkst und meine Schatten, die zwischen den Wolken tanzen. Erinnere dich an mich, in den sanften Linien deines Gesichts, die Ebbe und Flut – das Schöne und den Schmerz – des Lebens im Laufe der Jahre festhalten. Ich bin du, und du bist ich. Wir sind eins. Und ich werde dich über diese Welt hinaus und bis in die Ewigkeit lieben. Beruhige deinen Geist und lausche auf meine Stimme. Du wirst mich flüstern hören: »Ich liebe dich, und ich vermisse dich, meine wunderbare Familie«, und du wirst wissen, dass es stimmt. Glaube in deinem Innersten, dass ich immer bei dir bin, und ich werde dich nie verlassen. Ich werde darauf warten, dass du eines Tages in ferner Zukunft zu mir kommst. Ich werde mit Großmutter warten und mit meinem liebsten Großvater, wenn seine Zeit gekommen ist. Und eines Tages werden wir alle wieder zusammen sein …«

Außerdem schrieb sie auf dieser Seite:

An meine liebste Mutter

Vergiss nicht, dich selbst zu lieben. Lass dich mit offenen Armen auf das Glück ein. Verwirkliche deine Träume. Du bestimmst selbst über deine Zukunft und darüber, mit welchen Menschen du dein reiches und wunderbares Leben teilst. Du bist dir deiner selbst sicher, und das ist ein Segen. Lass nicht zu, dass mein Tod dein innerstes Wesen verändert.

Es gibt keine Anleitung dafür, wie man den Tod seines Kindes verwindet, aber du solltest deinen Instinkten vertrauen. Wie heftig und qualvoll es dir auch das Herz brechen mag, es öffnet eine Tür in ein neues Leben. Ein Leben, das nicht besser ist, aber anders und nicht unbedingt schlechter, nur verändert durch diesen Schmerz. Ich weiß, welche Kraft du besitzt, denn ich habe sie gesehen, ich habe sie gespürt, sie hat mein Leben verändert. Sie wird dich zu anderen großen Dingen in deinem Leben tragen … so bist du.

Für immer mit all meiner Liebe
deine Tochter Brittany

In meiner alles verzehrenden Trauer hatte ich ihre Worte vergessen. Das wunderbare Geschenk, das sie mir mit den Fotos gemacht hatte. All das konnte ich durch die Fürsorge meiner Tochter lesen und ansehen und mich darüber freuen. Ich lächelte und wischte mir mit dem Ärmel meiner Regenjacke das Gesicht ab.

Liebe dich selbst, Momma. Wenn du dich liebst, liebst du mich. Wir sind eins.

Wieder sagte Brittanys Stimme etwas, das mir bei der Brittany, die ich kannte, ein wenig befremdlich vorgekommen wäre und das auch meinem eigenen Denken fremd war. Tägliche Motivationssprüche, positives Denken oder kreatives Visualisieren waren nicht unsere Sache gewesen. Brittany und ich waren Macherinnen; wir bemerkten Probleme, und dann lösten wir sie. Das Leben war eine lange Folge von Herausforderungen, die man entschieden anzugehen und zu meistern hatte. Brittany hatte immer das Gefühl gehabt, es sei Eile geboten, und hatte Handeln ohne Umschweife immer beeindruckender gefunden als sinnloses Gerede darüber, was man tun sollte. Mit ihrem Esprit und ihrer Intelligenz hatte Brittany Tatsachen geschaffen.

Liebe dich selbst, Momma, so wie ich dich liebe.

Brittany hatte größte Probleme damit gehabt, sich selbst zu lieben. Uns beiden war es immer leichtergefallen, andere zu lieben. Wie oft hatte ich ihr bildhübsches Gesicht betrachtet und mir von Herzen gewünscht, sie würde sich selbst lieben, sie würde netter zu sich sein?

Wenn du dich selbst liebst, wirst du gesund. Werd gesund, Momma. Das Leben wartet noch auf dich.

Ich war durch und durch erschöpft, aber zugleich überkam mich ein wohliges Gefühl. Ich spürte, dass die Dinge meiner Obhut und ganz sicher auch meiner Kontrolle entglitten.

Nach den Monaten der Trauer begriff ich, dass Brittany nicht in ihrer Asche zurückgeblieben war. Sie war in den Küssen der Schmetterlingsflügel, die über mich hinwegflatterten. Brittany war in dem Lufthauch, der mein Gesicht streichelte. Sie war in dem sonnigen, wunderschönen Tag, der mich umfing. Schlagartig wurde mir das klar, und ich spürte, wie sich die Muskeln in meinen Schultern und im Hals lockerten.

Es war so einfach. Meine Tochter – ihre Botschaft, ihr Wesen, ihr Licht und ihre Liebe – waren von Leben erfüllt und umgaben mich ganz. Wut, Trauer, alles, was mich zerfraß, strömte aus mir heraus. Diese Gefühle hatten keinen Platz mehr in meinem Herzen.

Du bist Liebe.

Ein Lächeln breitete sich auf meinem tränennassen Gesicht aus. Ich war die beste Mutter gewesen, die ich sein konnte. Ich hatte eine leidenschaftliche, wunderbare Seele geboren, umhegt und großgezogen, die diesen verletzten Planeten zu einem besseren Ort machen wollte.

Brittany hatte in ihrem Leben genug Selbstwertgefühl

erlangt, um davon überzeugt zu sein, dass sie niemandem sinnloses Leiden schuldig war. Welch unerschrockenes, strahlendes Licht. Meine Tochter hatte so viel Leben gepackt, wie sie nur konnte, und gelebt – wirklich *gelebt*. Und als sie sich einem sicheren und qualvollen Tod gegenübersah, hatte sie sich selbst genug geliebt, um zu wissen, dass sie im Sterben mehr Frieden und Würde verdient hatte, als der Hirntumor ihr zugestehen würde, falls sie nicht einschritt.

Sie hatte nicht nur geredet, sie hatte gehandelt.

Als der Bus Aguas Calientes erreichte, gelobte ich, mich von nun an mehr zu lieben. Ich versprach, mit mehr Freude und weniger Angst zu leben. Ich war es meiner Tochter schuldig, keine einzige Sekunde zu verschwenden. Und ich schwor, ich würde das Buch über Brittany und das Leben als ihre Mutter schreiben, wie ich mir vorgenommen hatte.

Als wir den Hügel zum Hotel hinaufliefen, spürte ich einen kühlen Regentropfen. Ich wandte das Gesicht dem grauen Himmel zu, und ein Tropfen traf mich mitten auf die Stirn. Ich fühlte mich wie verwandelt, reingewaschen. Das Leben war schwer, aber unbeschreiblich schön. Niemand würde mir mit dem Finger drohen oder mir sagen, ich sei ein schlechter Mensch, weil ich mein Kind dabei unterstützt hatte, so zu sterben, wie es wollte. Ich würde auf niemanden hören, der mir sagte, ich solle still sein oder ich müsse meine Tochter in gläsernen Schuhen auftreten lassen, wenn ich die Geschichte ihres wilden und kostbaren Lebens erzählte.

Brittany trug sowieso lieber Wanderstiefel.

Danksagungen

Ich möchte meiner jüngsten Schwester Sarah dafür danken, dass sie mir während Brittanys Krankheit und beim Schreiben dieses Buchs mit tausend Dingen geholfen hat, im Großen wie im Kleinen. Meiner Schwester Donna danke ich dafür, dass sie mich im Laufe der Jahre stets ermutigt hat zu schreiben. Ich danke der gesamten Holmes-Sippe, die mich mit unerschütterlichem Rückhalt und Liebe umhüllte.

Ein ganz besonderer Dank gebührt meiner Agentin Jennifer Gates für ihr Mitgefühl, ihren Weitblick und ihre klare Zielsetzung, meiner Lektorin Leslie Wells, der besten Geburtshelferin, die sich eine Mutter für die starken, schmerzhaften Wehen bei der Geburt eines Buchs nur wünschen kann, und Emily Bestler, der Cheflektorin von Emily Bestler Books bei Atria Books, die von Anfang an die Kraft der Geschichte einer Mutter über ihre wilde und kostbare Tochter erkannte.

Vielfachen Dank den Tausenden Menschen, die sich auf der ganzen Welt mit Hingabe für Sterben-in-Würde-Gesetze einsetzen; den freundlichen und großzügigen Männern und Frauen, die meiner Familie und mir die Hand reichten, um einer sterbenden jungen Frau ihre Wünsche am Grand Canyon, in Machu Picchu und an anderen Orten zu erfüllen; den behandelnden Ärzten und Forschern, die weiter nach Heilung für todkranke Menschen suchen; und den mutigen Lesern, die weiter die Möglichkeiten eines besseren Lebens und Sterbens ausloten, auch wenn es kein Happy End gibt.

Mein tiefster Dank gilt meinem Mann Gary, der meine Tochter so reich mit unerschütterlicher Unterstützung und Liebe überschüttete und mir damit seine unermessliche Liebe bewies.

Quellennachweise

Zitat von Josephine Angelini aus: Josefine Angelini: Göttlich verdammt © Dressler Verlag GmbH, Hamburg 2011.

Zitat von Paulo Coelho aus: Paulo Coelho: Die Schriften von Accra. Aus dem Brasilianischen von Maralde Meyer-Minnemann. Copyright der deutschsprachigen Ausgabe © 2013 Diogenes Verlag AG Zürich.

Zitat von Eckhart Tolle aus: Eckhart Tolle: Jetzt! Die Kraft der Gegenwart. J. Kamphausen in J. Kamphausen Mediengruppe GmbH, 2012.

Zitat von Elisabeth Kübler-Ross u. David Kessler aus: Elisabeth Kübler-Ross & Kessler, David: Dem Leben neu vertrauen, Verlag Kreuz, 4. Aufl. 2011, Freiburg im Breisgau.